U0140592

本雅明及20世纪哲学大师们

Philosophes et Philosophies du XXe siècle

Guy Petitdemange

[法] 居伊·珀蒂德芒热 ◎ 著

刘成富 ◎ 译

深圳出版社

图书在版编目（CIP）数据

本雅明及20世纪哲学大师们 / (法) 居伊·珀蒂德芒
热著 ; 刘成富译. -- 深圳 : 深圳出版社, 2024.3
（大家译丛）
ISBN 978-7-5507-3919-2

Ⅰ.①本… Ⅱ.①居… ②刘… Ⅲ.①西方哲学—研
究 Ⅳ.①B5

中国国家版本馆CIP数据核字(2023)第222243号

版权登记号　　图字：19-2023-299号
Originally published in France as:
Philosophes et Philosophies du XXe siècle by Guy PETITDEMANGE
© Éditions du Seuil, 2003

本雅明及20世纪哲学大师们

BENYAMING JI 20 SHIJI ZHEXUE DASHI MEN

出 品 人　聂雄前
责任编辑　何旭升　胡小跃
责任技编　梁立新
责任校对　黄　腾
封面设计　花间鹿行

出版发行　深圳出版社
地　　址　深圳市彩田南路海天综合大厦（518033）
网　　址　www.htph.com.cn
服务电话　0755-83460239（邮购、团购）
设计制作　深圳市龙瀚文化传播有限公司（0755-33133493）
印　　刷　深圳市华信图文印务有限公司
开　　本　787mm×1092mm 1/16
印　　张　22.25
字　　数　324千
版　　次　2024年3月第1版
印　　次　2024年3月第1次
定　　价　68.00元

法律顾问：苑景会律师 502039234@qq.com

目录

瓦尔特·本雅明

（Walter Benjamin, 1892—1940）

瓦尔特·本雅明

"读书时我就要捂起耳朵。这已经不是我第一次听别人无声地讲故事了。可讲故事的人却不是爸爸。冬天，我有时会在温暖的小房间里临窗站着，就这样，外面的暴风雪便开始向我讲述故事，静静地。"① 很少有作品能像瓦尔特·本雅明的文字这样让人感受到如此的静谧。它们吸引并突然抓住读者，让人感觉自己像是被一个素未谋面的行人抓住了。他的写作是坚定的，思想积累着、压缩着，并从远处隐秘地浮现出来，然而其发展趋势却总是出人意料，就像山间的行者看到的风景一样。而难以预料、悬念式的总结更是加强了这种效果：人们永远都无法抵达旅行的尽头。这种呈现——这个词对于本雅明来说至关重要——方式中充满了奇遇，它展现了和文学作品一样丰富的事物：童年、一座座城市、一个时代，还有巴黎。总之，瓦尔特·本雅明的文风② 让人们无可置疑地相信，他算得上极少数几位思维不会被阅读磨损的大作家之一。这不仅是因为他的文笔优美，更因为他的**思想**在一篇又一篇作品中被展现、锤炼和追寻，却没有完全达到终点。他的直觉是转瞬即逝的，这其中有一种暗藏目标的幽灵穿越所有作品，却没有对作品进行理论抽象。人们多次强调了这项工作的支离破碎性。这是一种失败吗？又或是追求灵光闪现般的真理所作出的牺牲？还是两者兼备？本雅明曾强调卡夫卡的失败；是的，本雅明自己的作品带着一道伤痕，从他初期的写作开始就一直为一种悲伤的阴影所笼罩。本雅明不是

---

① 《驼背小人：1900年前后的柏林童年生活》，《唯一的意义》，巴黎：新文学出版社，1978年，第95页。

② "对于他们（乔·布苏克[Joë Bousquet]和本雅明）来说，话语有时突然中断了，或刚一开始便被堵塞，这是一种讽刺性和自我摧毁性的终极意识的产生，奇怪的是，表达的至高无上性在此过程中得到充分发展。"（皮埃尔·米萨克：《本雅明的踪迹》[*Passage de Benjamin*]，瑟伊出版社，1987年，第32页；这是米萨克在《批评》杂志上发表多篇论本雅明的文章之后又一篇力作。）有关本雅明用法语写作的文章，参考《法文写作》，由让-莫里斯·摩诺耶（Jean-maurice Monnoyer）作序，伽利玛出版社，1991年。

个激情四溢的人，但更不是一个不停地自我埋怨的人。本雅明从自己身上看到了一种坚忍的耐心。而本雅明持重的性格也深藏着难以置信的奥秘。并不是只有他的文章是安静的，他本身也总是生活在安静中。

1940 年 9 月 26 日，本雅明在西班牙和法国的交界处自杀身亡。当时他带了一只文件包，后来这只文件包一直下落不明，人们也就无法确切知道包里装了些什么[1]。那时的本雅明只为少数几人所知。他的朋友中有些人后来变得声名显赫（如肖勒姆、霍夫曼斯塔尔、阿多诺、布莱希特、克劳索维斯基[Klossowski]、马塞尔·布里昂[Marcel Brion][2]），他们很早便感觉到了本雅明过人的独创性和巨大的力量，同时也感觉到了其复杂性。表面看来，本雅明的研究方向五花八门，这使得他那些最亲密的朋友（肖勒姆、布莱希特）对他思想的严密性及其主导意义[3]产生了怀疑。很久之后，在阿多诺、肖勒姆、梯德曼（R. Tiedemann）和汉娜·阿伦特以及许多其他朋友的帮助下，本雅明进入了德国、意大利以及后来法国和美国的知识界，从此，对本雅明阐释的论战便拉开了序幕：哲学家还是作家，真正的或是虚伪的马克思主义者，彻底的还是失去了土地的犹太人，纯粹的随笔作家还是谨慎的学者，预言家还是空想家[4]……当然，本雅明的作品本身就不是为了使人们达成共识而写作的。但情况经常是这样，有些批评似乎除了所承认的动机外还别有用心，好像在某些问题上完全有可批评之处的本雅明还存在着一个更深层的、用耳朵听不见的或者说难以切入的问题。这是他失败的另外的踪迹吗？

下面几段文字是对于本雅明的评析，以此勾起人们对这个"过路人"的回忆。这几段文字之间并无一条主线贯穿其中，如果说有，那就是笔者有一个不知能否实现、或许不合时宜的心愿：想让人们从中隐约看到历史哲学的具体普

---

① 有关这一段，参考里萨·菲特科（Lisa Fittko）《比利牛斯山之路（*Le Chemin des Pyrénées*）——1940—1941 回忆录》，马恩塞尔出版社，1989 年。

② 马塞尔·布里昂，法国传记作家，同时有多篇论艺术的散文发表。

③ 对于肖勒姆来说，有着主导意义的是马克思主义，而对于 1938 年的布莱希特来说则是神秘主义。"神秘主义！即使他反对神秘主义，但神秘主义仍然是唯一的。这是对历史进行唯物主义构思的形式！这有些骇人听闻。"（《工作日记》，拱门出版社，1976 年。）

④ 汉娜·阿伦特十分清醒地意识到本雅明在各种"类型"之间的犹豫不定性：《瓦尔特·本雅明（1892—1940）》，《政治生活》，伽利玛出版社，1974 年，第 247 页。

遍性如何在不否认自身存在的基础上完成或实现更加抽象和理想化的普遍，以及艺术作品分散却真实而关键的普遍性。

本雅明其人

　　本雅明于1892年生于柏林一个被基督教同化的（圣诞节成为他家中庆祝的节日之一）资产阶级犹太人家庭。由于他母亲的缘故，他的家庭十分重视文化修养和文雅的生活，本雅明就在这种浓郁的文化氛围中度过了幸福的童年。在《驼背小人：1900年前后的柏林童年生活》那些最优美动人的篇章中，有一篇便是本雅明用"回忆的眼睛"对这种童年情景的追忆：那些摆设巧妙的画把意象聚集在一起，它们像是经历了时间的灾难之后获得了重生，沉浸在仙境般的狂喜之中，而这其中此处或彼处，却又被忧愁的细刀口割出丝丝印痕。本雅明早期接受了良好的教育，然而大学（弗里堡大学、慕尼黑大学、法兰克福大学）教育却没有在他脑海中留下任何重要印象，如果说有，那便是某个举止古怪的教师的形象。青年时代对他来说首先是从一些小团体生活和几段刻骨铭心的友谊开始的（其中特别要提到的是与弗利兹·海因勒[Fritz Heinle]的友谊。1914年弗利兹·海因勒的自杀给本雅明留下了一道难以愈合的伤口）。接着便是一系列的分别、结婚、更为循隐和勤勉的生活、具有决定意义的会面（与肖勒姆、布洛赫、罗森茨维格、让[Rang]……），还有失败，如1930年那场痛苦的离婚。本雅明在对多种研究角度进行探索之后，认为不在法兰克福做博士论文是一个明智的选择。他的论文《论德国悲悼剧的起源》于1928年出版，这篇文章十分引人注目，在那些学富五车的大教授看来，这篇文章有着深不可测的奥秘，以至于它震动了整个德国学界。而当时本雅明正为经济问题所困扰，这使得他与父亲之间的关系恶化到了极点，从那以后，本雅明不仅决定靠写作来维持生活，更下定为了写作而生活的决心。他开始在最优秀的报刊上发表文章（如《文艺世界》《德国贡献》《法兰克福报》《犹太汇报》等）。从那几年起，米萨克注意到本雅明"人类雕塑者"的特点得到了有力的彰显："搜集、阅读、写作、嬉戏。"①在童年风平浪静的生活之后，这段时间各种张力凸显，并不断地加剧，对于本雅明的一些朋友来说，这段时期是他的多产期，而对另一些人来说，情况并不是这样。

德语是本雅明的"母语"。后来他的法语知识和实践很快变得出类拔萃，而这种人们努力造就并会在你们身上发生的言语奇迹正是在德语这块园地中产生的。尽管犹太文化与德意志文化共生之梦在本雅明身上并非毫无反映，然而或许由于一种内部的距离，以至于在本雅明看来，这两者之间是一种友好的而非共生的关系。一方面，他与德意志文化紧密融合；而另一方面却又遭到流放，居无定所。战争的爆发、魏玛共和国的垮台、反犹主义、法西斯主义难以遏制的扩张，对于本雅明来说，这一切随着他1933年的最终离去而结束。从那以后，他大部分时间居住在巴黎②。

犹太教

于本雅明的朋友肖勒姆来说，从1914年起，犹太复国主义运动意味着和一个与他无关的世界永别。本雅明的态度则不那么坚决，他并不确信除了流放地之外还有其他的容身之所。这块在语言、文化、领土和大环境上都远离以色列的土地也是拯救自己和他者的地方："在这里有我要捍卫的立场。"他于1938年写道。1916年，本雅明与肖勒姆邂逅，一直到1923年肖勒姆动身去巴勒斯坦之前，他们之间都保持着紧密的联系。正是这个肖勒姆加重了本雅明对犹太教的迷恋以及对于这种神秘主义色彩浓厚的犹太传统的重新认识③。肖勒

---

① 米萨克：《本雅明的踪迹》，第49—92页。

② 尽管本雅明长期流亡在外，但他从没有将纳粹主义与德国混为一谈。1936年他出版了一套名为《德国人》(*Deutsche Menschen*) 的书信选集（其中有与泽塔纳工[Zeltner]，利希滕贝格[Lichtenberg]，荷尔德林，欧弗贝克[Overbeck]等人的通信)，每封信前面都附有一篇清晰明了而富有感情的概述，它们有力地表达了这些德国人在非理想状态的德国进行的反抗。这部作品由阿多诺作序。肖勒姆在《忠诚与乌托邦》中讲述了这部作品令人难以置信的历险。(加尔曼—勒维出版社，1978年，第123页) 肖勒姆在《瓦尔特·本雅明：一段友谊的历史》(加尔曼—勒维出版社，1981年) 中多次谈到他与本雅明的复杂关系。有关"共生"问题：《犹太性与德意志性》，*Pardès*，第五期，1987年；安佐·特拉维尔索 (Enzo Traverso)《犹太人与德国——谈犹太—德意志共生问题纪念奥斯维辛集营》，发现出版社，1992年。

③ 肖勒姆在这方面的影响是显而易见的，但不是唯一的。

姆想尽一切办法试图让他的朋友也来耶路撒冷，然而任何努力都无法说服没有行动意图的本雅明，他在这个问题上的态度是比较隐秘的。本雅明很快就决定取消这次"回家"的行程，从某种意义上说，这不是个悲剧性的决定。它并不意味着向犹太教告别，恰恰相反，本雅明通过其他心智和政治经验的积累，赋予他思想中固有的犹太因素以一切发展的机会。通过这样一个看似纯属悖论的手段，本雅明终有一天承认"神学"（或许可以称为后基督时代的犹太教和基督教）正在一步步地浸润他的思想[1]。有明显的迹象为证。更隐秘的是一些范畴，如托拉、启示、律法、救世主降临说、圣文——在最大限度内，将一切文本都作为圣文——以及言语所具有的深不可测的资源、语言的威严，一些具有多维意义的概念如救赎、身体、意象、回忆，与自然的关系等，它们与许多其他因素都证明了这种"神学"的渗透。但作为这种渗透建立基础的话语是如此的独特，以至于这些范畴有被歪曲之嫌，而这里本雅明仍然不会把澄清事实的任务简单化。

是什么样的马克思主义？

事实上，本雅明受到西方文化的熏陶是显而易见的事，这样说并不完全（或者说不只是）因为他对所阅读作品作者的选择，而在于他对历史起伏变化的敏感：罗马帝国（le Bas-Empire）、巴洛克风格、康德、德国的浪漫主义、19世纪、马克思主义，这一切对于通过强制力实现普遍性的文化来说都是极具意义的转折点。对于本雅明来说，发现马克思主义与邂逅阿丝佳·拉西斯（她从卢卡奇、科尔施[Korsch]、马克思和托洛茨基[Trotsky]的作品中汲取精神养分）这一偶然性事件紧密相关，而偶然性往往具有决定性。对于他来说，马克思主义或是共产主义的实践比起相关的正统理论来更让他感兴趣。长期以来，他一直关注历史环境，认为它能够解释一切精神作品产生的原因，他从马克思主义以及亲近的朋友那里获得了坚持这一观点的决定性动力。这其中便有像布

---

[1] 亨利·米肖尼克（Henri Meschonnic）发展了这一观点："本雅明的讽喻，犹太人的冒险。"《本雅明与巴黎》，塞尔夫出版社，1986年，第707—743页。

莱希特这样的朋友，本雅明十分欣赏他的才智和判断力。然而即便是最马克思主义化的文章的核心内容也不是简单的经济基础与上层建筑的关系。本雅明利用马克思主义找到了某种程度上说来最为有效的批评手段，这是比马克思主义理论体系使用范围更广的批评手段："资产阶级"思想的批评。这种批评观在启蒙运动中蓬勃发展，19 世纪随着工业的发展大获全胜。这一批评观认为，有了科学和组织，人类便能够不断进步，所向披靡；时间不是别的什么东西，它呈现出既没有倒流也没有脱节的线性特征。充满辩证色彩的西方理性必然将世界引领向更加高级的境地。与本雅明的观点截然相反的是幻影般的乌托邦主义。在他看来，这种乌托邦主义被禁闭在一种极其空洞和荒谬的存在观中，对于它所造成的暴力行为熟视无睹。作为一个逻辑学家，本雅明从未否认过这种令他颇为不快的分析模式和内容。战后所谓的法兰克福学派的研究大量地涉及这些主题。尽管本雅明进行这一系列分析，但他在阅读普鲁斯特、卡夫卡、列斯科夫（Nicolas Leskov）、瓦莱里和纪德的作品时却并没有过多注意这种方法的运用，至少他的关注是人们所看不见的。

旅行、言语

本雅明经历了蜿蜒曲折的心路历程，但这绝不是随心所欲的。或许可以说他的研究从没有绝对固定的对象，但本雅明清楚地知道在这种被寻找的不定性中有他要拒绝的东西。对此最好的解释就是他对于"旅行的痴狂"，这是一种癖好，但首先是一种必需和逃避。尤其是从 1924 年起，本雅明经常生活在异地他乡，这种生活为他思想的通风透气创造了必不可少的条件。物质生活常常是恶劣的，而且书籍匮乏，然而对于本雅明来说，写作与旅行似乎能够完美无瑕地结合在一起①。他四处写作，但与黑格尔恢宏的书信集相反，他的作品中找不到一丝对于故乡召唤的痕迹。旅行，对于他来说就是进入外部世界，是穿越边

---

① 从那不勒斯湾的卡布里岛、里加（属拉脱维亚。——译者注）、巴黎、马赛、莫斯科、伊比萨岛、圣雷莫（在他前妻处）一直到丹麦（住在布莱希特家中），最后又到巴黎，整个行程就像一座"没有弥诺陶洛斯的迷宫"，在到达"比利牛斯山之路"前有如此多的必经之地。

境线，是对于变化中的普遍所产生的一种几乎发自于本能的经验认识，是广阔无边、总揽全局的视野，像一本摊开的满是画面的书。旅行中还几乎总是伴随着一场最终在奇怪的风沙中迷失的艳遇。因此可以说，这种旅行是在向远方、向非我学习，**同时也**是一个坚韧不拔的辨识过程。本雅明是个永不疲倦的行者，他对所到之处描述之精细令人叹为观止。首先，在他的笔下，事物比感情更为重要；其次，这些地点以一种摄人心魄的组合方式交织在一起。[1]但与此同时，一座陌生的城市有着更深的意味，尤其是巴黎，再加上一个"女神"般难以征服的女人，这是他必须放弃的爱的对象，然而正是这种距离感使得他能够更清楚地认识它。[2]

　　言语对于本雅明来说极为重要。正是在这个意义上，阿多诺认出了他："他的所有作品都同处于中心位置[3]。"言语是工作的形式或对象，但同时也是一种赠予。它并非外在于我们，而是在一种贫乏的状态中以一种奇怪的方式向我们走来。人们像接受自己的身体一样接受了言语，并且使它常驻在我们身上，人们与言语就像与母亲一样有着千丝万缕的联系，它成为人们的一种迫切需要，像一片阴暗的角落，人们要在这里找到真理。表面看来，本雅明的言语理论发生了很大的变化。最初，在神学理论指导下，言语是各种语言的散布，巴别塔是人类的语言表达堕落的象征；言语仅剩下喋喋不休的长篇大论和沟通，而这正与其本质背道而驰。从启示的角度来看，言语的本质或许就是通灵之物的精神等同物。"亚当这个人类之父与哲学之父"在我们看来遥不可及。接着，在马克思主义的影响下，一场运动开始初现端倪：言语具有救世性。它显

　　① 参考《唯一的意义》《城市风景》，第245—320页，以及本雅明书信的许多章节（本雅明的书信是进入其思维运动的实验室）。

　　② 对于本雅明来说，对世界具体客观性的感知与他内心的波折始终是紧密联系在一起的。最能说明问题的资料显然要属《莫斯科日记》（1927年，肖勒姆作序，拱门出版社，1983年，第236页）：本雅明在莫斯科期间，经历了失恋的巨痛，出于对阿斯佳·拉西思过去赠予的感激，本雅明原谅了她的一切。同时，他紧密关注莫斯科的新政治动向，似乎最好的事物总是会在混乱的过渡时期出现。我们不否认这部日记的革命性，但同时也看到了一种双重的放弃：对爱情的放弃和对真理东方的放弃，从此不再需要来东方旅行，不需要为此做出努力。

　　③ 阿多诺：《本雅明的肖像》，《棱镜——社会文化批评》，帕约出版社，1986年，第201—214页。阿多诺自1920年与本雅明邂逅之后，写了大量有关他的文章（参考阿多诺《论本雅明》，伽利玛出版社，"弗里奥"[folio]文丛，2001年）。

示出批判和拯救的潜能。在本雅明对翻译进行精辟分析的文章①中（本雅明自己翻译了圣-琼·佩斯、波德莱尔、阿拉贡和普鲁斯特的作品），翻译不再是原意的一种损耗，正相反，它成为一种缓慢的凝聚过程，在此过程中，各种意义相互叠加，直至将一篇文章的所有潜能全部发挥出来。言语或许肩负着救赎的任务：把话语权交给没有表达能力的人，交给被遗弃的人，就像是唤醒只剩下一堆枯骨的以西结（Ezéchiel），而且用整体性以外的形式不断地呼唤着各个传奇人物。

真崇高的力量（la violence du vrai）在没有表达力的人身上显现出来，人们可以看到真是如何根据精神世界的法则来限定现实世界中的言语的。因为没有表达能力的人摧毁了在美丽外表下永存的事物的继承物：整体（la totalité）、虚假（la fausse）、迷惑（la trompeuse）——绝对（l'absolue）。②

这是本雅明狂热的野心吗? 总之，这是一种巨大张力的标志，它产生于马拉美作品的诱惑和不相协调作品的具体结果之间，人们写出了这些作品，把话语权交给没有表达能力的人以及被胜利者抛弃的人。这种言语是真理的考验。人们从它的散布中能得出什么结论? 迷宫中的耐心："迷宫对于那些很早便达到目标的人，不失为一条可行之路。"③或者说，是对于彻底毁灭的一种朴素的预感："我的存在中只剩下抛弃的残渣。"④本雅明圆满地完成了普鲁斯特的肖像：

米开朗琪罗曾站在西斯廷教堂的脚手架上，仰着头在天花板上作画。

---

① 《译者的任务》（1923年），《神话与暴力》，新文学出版社，巴黎，1971年，第261—276页。

② 本雅明又说道："只有不可表达才能圆满完成一部作品的同时将之粉碎，使它成为一部被分成块的作品，真实世界的一个片段和一种象征无头无臂的雕像。"（《神话与暴力》，第257页）

③ 瓦尔特·本雅明：《中央公园》，《查理·波德莱尔：发达资本主义时代的抒情诗人》，帕约出版社，1982年，第224页；卡特琳娜·佩雷（Catherien Perret）在极具个性和启发性的文章《没有命运的瓦尔特·本雅明》（区别出版社，1992年）一文中再次引用（有删节）。

④ 引自贝尔纳·维特（Bernard Witte）：《瓦尔特·本雅明自传》，塞尔夫出版社，1988年，第167页，注63。

如今，这样的脚手架再一次竖起；病中的普鲁斯特躺在床上，一只手举在空中，写满无数张纸，在其上创造他所看到的世界的缩影。[①]本雅明把自己比作拾荒者，而不是米开朗琪罗或普鲁斯特。

意象、死亡与梦幻

意象在本雅明看来是至高无上的。阿伦特认为，"意象"正是这位"诗意的思想家"逾越单一意愿藩篱的手段。然而最奇怪的是，在本雅明那里，意象与概念并非处于一种对立的状态中，似乎谁是最好的认知手段尚有待明辨。童年时那些"短小的意象"告诉本雅明，意象所具有的激发灵感的力量与死亡之间只是咫尺之遥。人们只是在童年时才有这种"对于至高无上性过时的陶醉"，但这种陶醉很快便被悄然而至的"短小的意象"所剥夺，它们使得童年时的人们成为"探测忧郁之源的人"："人们所能看到的正是这些最重要的意象，它们被包围在曾经经历过的瞬间的暗室中。正如人们所经常断言的那样，在垂死者或面临死亡危险的人眼前浮现的就是整个生活的原貌，它完全属于这些短小的意象。"就在意象显现的那一刻，它将各种异质元素统一在一起，但这种平衡是脆弱和转瞬即逝的。从某种意义上来说，意象让人感到盲目，它不代表任何意义，或者说仅代表摧毁，它是各种片段令人费解的组合，它显示出作为整体性内在表现的象征的不真实性。意象被切割成几块，恰到好处。它把各种元素放在一起，却不让它们互相联结。本雅明是阐释这种意象和讽喻的天才。悲悼剧的美与力就在于它从死亡那一刻便开始阐述讽喻，因为对于本雅明来说，在一般的文学作品中，讽喻总是使死亡提前产生。但本雅明认为讽喻还没有达到意象的顶点。他也对"辩证意象"这一难以阐明的概念进行了建构。个人或集体突然被压缩在过去的梦幻和现实的可能性的联合体中。时间的线性特征被销蚀。一种新的能量迅速爆发出来，它保存着过去别人的和如今我们自己的梦幻。本雅明赋予这些梦幻以巨大的力量，这其中的一种希望通过移动、

---

① 《普鲁斯特肖像》（1929年），《神话与暴力》，作品注14，第330页。有关本雅明"拾荒者"之说，参考本雅明研究专家欧文·沃尔法思（Irving Welhfarth）为《论德国悲悼剧的起源》所作的序。

审查、抑制或灵感闪现的方式表达出来。但这样的梦幻是没有政治效力的。与超现实主义者不同，本雅明需要对这种梦幻进行解释，需要把它唤醒。因此，他在肯定意象的同时，自始至终坚持辨识意象并蓄积其爆发力。

意象的力量来源于闪光、闪现与死亡的濒临，以及填补又撕裂它的东西在一定限度内的突现。与概念相反，意象同时意味着踪迹和距离。它使得现时四分五裂。这或许正是传统艺术的职能，本雅明把它概括为"灵韵"（aura）。这一概念在本雅明时代以及本雅明之后经历了坎坷不平的命运：从某种意义上来说，灵韵是稳定并扩大了的意象。它意味着什么？"远方的事物以独一无二的方式显现，它尽量使自己显得如此之近。"从传统艺术作品的原型以及原型的独特性角度来说，它是对于神性、远方的事物和难以探究的事物的神圣谒见。"灵韵"这一概念来源于文化层面，但本雅明在"世俗灵感"的启迪下赋予了它一种普遍的人类学意义。有了灵韵，艺术作品便为一种对其起到保护作用并使之熠熠生辉的光环所笼罩，它使得人们难以获得该作品的真谛，把握它的意义所在。它象征着唯一或者是一，使人产生距离感，但并不感到陌生或是敌对。从某种意义上来说，灵韵就是启示。本雅明从中看到了传统审美观的活力。然而现代艺术的复制方法弱化了独特性的冲击力，使得作品灵韵大失。人们认为，在一些艺术作品——如电影、戏剧、小说、绘画丧失了这一圈光环的情况下，将有必要采取另外的表现方式来反对不正当利用灵韵的政治革命手段（布莱希特、卓别林），如反对希特勒和法西斯电影把意象暧昧的力量赋予灵韵这一做法。

超越康德的评论体系

本雅明中年时曾写过一封信，部分目的是针对肖勒姆的观点为自己辩护，信中本雅明大胆地表示："他是德语世界中的第一个批评家，提出要使评论重新变为一种体裁。"对于他这一野心勃勃甚至是有浮夸之嫌的表白，唯一的解释就是他极限处境的激化。这段话对于德国早期浪漫主义的影射是明显的。然而本雅明作为批评家的身份是模糊的，他对于批评这一概念本身也没有进行完全明确的定义。批评家并不具有"这样一种迅猛的、转瞬即逝的、突然的却又极大的力量，能够将作品任意引入到世界各个角落的动荡不安中"[①]。他们要作出努力，"通过一丝微光激发出作品炫目的光芒"。本雅明没有对批评观作出完全明确的定义。[②]对于肖勒姆来说，这种评论是注释的一种形式，尤其是对宗教文本这一最为严肃（le plus religieux）的阅读形式的注释：它并不是减缩（réduire）其批评对象，而是还它以或璀璨夺目或面目狰狞的本色。

　　然而对于本雅明来说，批评这个词承载着他对于康德深重的回忆。毫无疑问，他的工作被打上了这种"前后联系"的烙印。年轻时的本雅明既强调康德的力量，也强调其"经验"概念的贫乏，这一概念在康德那里被削减为在唯一真正的知识——科学——中主客体关系的变化。本雅明在未将批评的任务理论化的情况下赋予它重大的意义，这一意义几乎完全被法兰克福学派采用。纵观全局，对于本雅明来说，批评并不完全意味着心智活动，而更多的是一种关注的形式。从消极的角度来说，在批评中显现的整体既像神话，又像总是一成不变或我们认为总是一成不变的东西。从肯定的角度来说，批评坚持赋予否定以意义，即赋予痛苦、幻灭和历史的未完成过去式以意义。本雅明对黑格尔的综述概括并不存在第三种时刻，由读者来总结。

　　他的几部主要作品极其透彻地揭示了这种来源于世界本身的否定。《论德国悲悼剧的起源》一文是对宗教革命时期西莱西地区的流行剧的阐释。对于本雅明来说，其灵魂就是讽喻，它在剧中得到了绝妙的展现。如果说讽喻代表的不是起统一作用的象征的分裂，不是使一切事物（如皇帝、父亲和暴君）变得模棱两可的破坏，那又会是什么呢？讽喻叙述并展示了世界的暂时缺失，以及由于这一损失带来的剧烈的痛苦，讽喻不能够仅仅盯着无表达力人群中的残渣碎屑而停滞不前，但它又不能不把他们放在心上。你重新遭遇贫苦、不幸

---

　　① 莫里斯·布朗肖：《批评的条件》，《观察家》，1950年5月18日。（莫里斯·布朗肖[Maurice Blanchot]，法国作家，批评家，生于1907年，作品有《晦涩的托马斯》《最后一个人》《文学怎样成为一种可能？》《文学空间》《无穷谈话》等。——译者注）

　　② 本雅明对批评观的研究方法是多种多样的。B.Witte en rapporte une des années 1930 en accord avec 布莱希特：《没有命运的瓦尔特·本雅明》注解17，第150—151页。这种方法蕴含着一种特殊的历史时间观。参考弗朗索瓦·普鲁斯特：《时间的交织》，《哲学档案》，1992年7月—9月刊。

和孤寂，出路不在于顾影自怜，即使你听见四处都在呻吟（其中也有大自然的呻吟），唯一的解决办法也只能是更加仔细地去审视具体的事物："只要还有一个人在行乞，我们就不能说弥赛亚已经来过。"如果我们只谈历史唯一的任务，那似乎弥赛亚时代离我们还很遥远。

《拱廊街》(*Le Livre des passages*)①一书以巴黎这座"19 世纪的首都"为中心，描写了与 17 世纪的西莱西村民大相径庭的巴黎众生百态，他们都处于一种疯狂却脆弱的群情沸腾之中，这里有胜利者，也有失败者，有无所事事的闲汉，也有行色匆匆的人群，还有建筑物的沧桑变幻和各种判断之间的矛盾。除了一些革命的特例之外，这种乐观主义的群情沸腾甚至感染了劳苦阶层的人们。然而，这是个虚幻的假象。痛苦地目睹一个已经消失的世界的崩溃过程，这和相信一个新救星的到来是一回事，对于这个新救星来说，他的前人只不过是个拙劣的草样。《拱廊街》中巴黎欢腾的场面将灵活得胜的资产阶级与现实中日趋衰退的个体存在之间的对比最大化。在本雅明看来，波德莱尔见证了这一令人难以承受的不协调状态，因为他看到了这种状态而且能够把它说出来②。

暴力的历史与回忆

对于本雅明来说，文学表达、思想建构和对于思维缜密性的关注是三个不可分割的元素，因为哲学已经从它曾经独霸的天空中移走。正如人们在 1800 年前后的柏林所预感的那样，文学意识到自身也成为思想的载体③。本雅明的思想总是更多地关注具体的历史，也即暴力的历史。面对普遍性，他会产生一种扣人心弦的紧张感，这种普遍性既非纯粹思想的普遍性，也非对于 19 世纪进步之梦的追求的普遍性。他正需要从这种紧张状态中觉醒过来，并只能像布朗

---

① 本书的部分完成稿被译为中文，以《巴黎，19 世纪的首都》为题出版，上海人民出版社，2006年。——编者注

② 恢宏的"巴黎拱廊街计划"早在 1930 年之前便开始实施，到 1940 年尚未完成，最初的中心思想是商品的拜物教特征。本雅明认为波德莱尔在其中起了决定性作用。参考本雅明《巴黎，19 世纪的首都——巴黎拱廊街》，塞尔夫出版社，1989 年，第 972 页（由让·拉克斯特[Jean Lacoste]译介到法国）。

③ 本雅明 1919 年答辩的博士论文题目为："德国浪漫派艺术批评的概念"。

基①，尤其是波德莱尔那样"勇猛地"觉醒过来。然而在这种逆向历史观中有一种令人惊讶的神学因素，即历史本身能够让人们感受到世界末日的裂痕。换句话说，这是一种能够摧毁现状的因素（这种因素至少与促使唯物主义解放的因素有同样的分量），没有了它，最坏的结果便有可能突至，即进步被推翻，变成一种灾难。摧毁或许是所有人得到幸福和公平的根本条件。本雅明似乎从未放弃对原始万物复兴的回忆②。

对个人躯体的回忆（同时也是社会躯体的回忆）和不断拓展的无意识回忆的空间使得这一观点更加可信。敢于接受对于往日时光的召唤，便要像考古学家那样去行动，本雅明以天才般敏锐的目光在他所钟爱的几位作家身上发现了他们进行这一搜寻和发掘工作的痕迹。没有比把沉默强加给回忆更糟糕的事了。本雅明所理解的批评便源自这种回忆。意象的展示唤起人们的回忆，如果这些意象被赋予了这样一种力量，它们就会变得活灵活现：

> 意象升了起来，脱离了与过去的一切联系，比如没有经过我们迟到的巧手装扮的房间中的首饰，以及收藏家的陈列廊中无头无臂的胸像……有些人只满足于清点他所发掘出的东西，却不能够指出过去这块土地与现在这块土地之间的关系以及其位置所在，他们是在自我欺骗。

很可能是回忆而不是其他各种成见阻碍本雅明形成自己的体系。如语言一样，回忆是无法消除的。它不是对过去的定格，而是心灵在当下的震动，它使得现时融入了历史。正是有了回忆，整个现代哲学才得以与科学体系区别开来。

本雅明既有对于革命性举动近乎宗教式的紧张，也有对于写作的耐心，他

---

① 布朗基（Louis Auguste Blanqui, 1805—1881），法国早期工人运动活动家、革命家、空想共产主义者。——译者注

② 参考理查德·沃林（Richard Wolin）《本雅明——一个无神论救赎者》，哥伦比亚大学出版社，1982年；史蒂芬·莫塞《历史的天使——罗森茨维格、本雅明、肖勒姆》，瑟伊出版社，1992年（"本雅明，历史的三种模式"，第95—185页）。这里无法详谈"天使"这一概念的意义。

把写作这一武器用破，亲身经历写作这一阶段。"写作并没有让我赎罪。"①对卡夫卡这段话的引用是坚决去神话化的表现。"写作就是生活"这种说法是不正确的。但在宗教文本的监督下有节制地进行写作不但具有涤罪的功能，而且能够培养耐心，其中包括，或者说尤其是在革命的弥赛亚主义的急迫中的耐心。对于我们来说，写作是一条通向知识和智慧的道路，它远远超越我们。对于那些落寞的"绝望者"来说，写作会让希望显现，"即便这不是为我们准备的"。在本雅明看来，写作在给予和付出，而这是超越一切善良意图的举动。写作，是为了让我们适应时间。上帝在说话，我们在写作。在冷漠世界的道路中，一筹莫展的本雅明只能在时间的不定性中找到归宿，他令人难以预见的性格最终使得他成为"绝对的象征"②，而不是地狱或是海市蜃楼。根据我们所遭遇、经历和创造的事物来看，历史的相对程度总是取决于调和的绝对程度。但是否有人谦逊和"幼稚"到会去调和？他会是什么样的？本雅明使一切有可能促成变化的历史的力量活跃起来。他清楚其中的瑕疵，却不相信此时此刻希望对于历代人来说是无效的。这就是弥赛亚降临的希望吗？

现时的门槛：瓦尔特·本雅明对历史实践的挑战

我们自己要意识到，过去需要赎罪，而这其中我们力所能及的只是微不足道的一小部分。在已经逝去的历代人和我们现在这一代人之间有一场神秘的约会。地球上曾经有人等待着我们。因为和我们之前的每一群人一样，我们也被赋予了一丁点儿弥赛亚的力量。过去需要它，也有权利得到它。它的传讯让人无法逃避。唯物主义历史学家对它有所了解。

瓦尔特·本雅明③

---

① 卡夫卡致马克斯·布罗德的信，1922年7月5日。（M.Brod<1884—1968>，以色列人，德语作家。他于1939年侨居德国，是卡夫卡的朋友，其作品深受卡夫卡影响，曾撰写过卡夫卡的传记，并写有自传《战斗人生》。——译者注）

② 阿多诺：《本雅明的肖像》，第203页。

③ 瓦尔特·本雅明：《选集》，法兰克福：苏尔坎普出版社，1980年，第1册，第3卷，第1260页。这里涉及的是第二篇论文《论历史的概念》，这是本雅明自己用法文写的。

　　瓦尔特·本雅明既让人着迷，又让人恼火，他为即将到来的舌剑做好了准备[1]。匆匆而过的他令人们震惊。其写作精当准确，大部分作品臻于完美，妙语连珠，旁征博引，然而尽管如此，本雅明交给世人的只是一些随笔。即使以书籍形式出版的两部作品也很可能属于这一体裁[2]。"这里的一切都超乎常态[3]。"1914—1940年接踵而至的散文作品反映了存在于他一生中的张力，标记了他的心路历程，就像他在芸芸众生间穿过那样[4]。他是个永不知疲倦，不乏好奇心的巡回者，他逃避着，寻觅着，当他迈向西班牙的步伐受到阻挡时，便以自杀告终，似乎他这一生注定要在永无尽头的旅程中度过。他的作品就是永恒的从头再来。但这并不是说本雅明的随笔都是一些草稿。而恰恰相反，它们是中止，是一种固定和总体化。他或许曾说，它们是"单子"，意即对作家、事件和风物的轮廓最明晰的描绘，而这种轮廓是近乎独一无二的。他的随笔从来都不是一锤定音，而总是在为下一次更严密的起草工作做准备。他的散文中最独具特色并永不熄灭的魅力之光，来源于一种极为少见的结构：将异质的内容压缩在一起，使得一种爆炸性的力量呼之欲出。本雅明加速深化他的整个思维，对其"原则"却缄口不言，似乎"原则"是需要寻找的东西。本雅明作品尽人皆知的晦涩性[5]，或许可以用写作源起中心的暗自慢速转移来作解释；这并不是说，他最初没有思想，而是说他的思想被尽可能地具体化了，以一种任何理论预测都无法赋予的形式出现。这种写作方式或者说写作艺术与历史之间紧密相连，这种联系意味着历史的影响，理解历史的决心以及理解历史的某种方式。

　　"公开主张历史唯物主义的人不会放弃这样一种理念：现时绝不是一个过渡，

---

　　[1] 有关这些争论，参考法文版《批评》，第267—268期，1969年8月—9月刊，尤其是皮埃尔·米萨克（Pierre Missac）的文章：《有关瓦尔特·本雅明的新观点？》以及《瓦尔特·本雅明：从决裂到毁灭》，《批评》，第395期，1980年4月，第370—382页。

　　[2] 这里涉及的该文为他的博士论文，写于1919年，1920年出版的《德国浪漫派艺术批评的概念》（《选集》，1/1，第7—123页），以及1928年的《论德国悲悼剧的起源》（《选集》，1/1，第203—409页）。

　　[3] 瓦尔特·本雅明：《普鲁斯特肖像》，《神话与暴力》，由岗蒂亚克（M.de Gandillac）译成法文，德诺埃尔出版社，1971年，第315页。

　　[4] 参考肖勒姆《瓦尔特·本雅明——一段友谊的历史》，加尔曼-勒维出版社，1981年，由P.凯斯勒（P.Kessler）译成法文，由罗歇·埃雷拉加注。

　　[5] 作为例子，参见写于1914年的《青年形而上学（对话）》，Alea，第6期，1985年，第11—18页。

它跨在时间的门槛上纹丝不动。"①"现时就像弥赛亚主义的一种模式，它高度概括了整个人类的历史，它与人类历史在宇宙中的形态是完全吻合的。"②如何对本雅明身上这种历史的浓缩进行解释？它又是怎样表现出来的？让我们尝试着用十分简短的注释来说明这些问题。

现时不容置疑的要求

对于本雅明来说，历史并不是通过科学性不容置辩的史料编辑工作来表现的，也不一定要上升为系统化的历史哲学，然而无论如何，它越来越广地渗透到本雅明的精神世界中。当他还是柏林的一名年轻学生时，他首先思考的是历史转交给他们这一代的任务，即彻底地重新审视知识理论，以纯思想的力量和柏拉图的思维形式为依托，实现精神的复活。这里所谓的柏拉图的思维形式是一种被更新的言语练习，它产生于年轻时代不断迸发的新思想的火花中。"历史的任务仅仅在于赋予这种完美的内在状态以绝对的形式，使它可以被窥见，并让它在现时中处于主导地位 …… 每个人都可以以知识为途径把历史的前途从当今被扭曲的状态中解放出来。"③尽管本雅明对于复国主义运动十分敏感，但他仍然在酝酿一种"纯粹的"前途，它与这种简而言之已经铸就、变幻无常、无关紧要的历史并无密切联系。然而他的思想很快就发生了改变。据肖勒姆透露，1915 年 7 月 21 日他们初次晤谈时，"他说他对历史过程的本质颇有兴趣，并试着对历史哲学进行思考"④。尽管在战火纷飞的岁月里，他俩在通信中对于世事风云始终保持一种十分低调的态度，然而"历史"这个晦涩的客体一直影响着他。对马克思主义经典作品的阅读，以及与阿斯佳·拉西斯、布莱希特⑤和法兰克福学派成员的会面，使他的这种兴趣出现了一种新的形式。马克思主义

---

① 《论历史概念》，《诗与革命》，德诺埃尔出版社，1971 年，论文 XVI，第 287 页，由岗蒂亚克（M.de Gandillac）译成法文。

② 《诗与革命》，论文 XVIII，第 288 页。

③ 《学生生活》（1914 年），《神话与暴力》，第 50 页。

④ 肖勒姆：《瓦尔特·本雅明——一段友谊的历史》，第 14—15 页。

⑤ 有关上述事件，参考肖勒姆 op.cit. 注 6，他总是认为，布莱希特的影响是"灾难性"的。

成为他的一个依托点和方法论上的支撑。①尽管本雅明对于马克思主义的运用是灵活多变的，但从他20世纪30年代以来的作品中，我们能够轻而易举地看出马克思主义的烙印。历史成为他关心的主要问题。《拱廊街》的写作这项未完成的恢宏工程从1929年开始动工，一直持续到1940年，其间本雅明总是力求使思考能够达到三重水平：调查研究，哲学视界和政治高度。本雅明的最后一部作品《论历史概念论文集》②中有些文章具有震撼人心的力量，同时亦不乏高深莫测之处，它们作为本雅明主要激情转移的征兆性标记，可以当之无愧地被称为是一种遗训。即使说在本雅明的写作中，历史很迟才浮至作品表面，变得清晰可见，在此之前，这一概念也已经深透地介入到他的文章中，这些文章从表面上看与《论德国悲悼剧的起源》一文同属纯审美性质，要想理解这些文章，需要先从"历史"这一概念入手。③

彻底性是本雅明向历史转移的显著特点。任何本体论的基石都无法掩藏救世的秘密。任何一道昔日的强光都无法驱散今日的阴影。历史不是审判法庭，它是人类的舞台。本雅明更确切地将之比喻为在现代性，也即在各种科技飞速发展的条件下加速到来的一场暴风雨。④由此，本雅明或许又回到了有关犹太人与历史的关系这一古老话题的争论上来。⑤作为一个出生于被同化的资产阶级家庭、具有罕见敏锐思考力的柏林犹太人，本雅明很快就发现自己处于时局的前沿和各种道路的交叉口，他面临着与他所作出的困难抉择同样多的障碍，而当时的时代（1920—1940）更是不断地使他的处境雪上加霜。更何况

---

① "马克思并不代表一种权威，他更多的是隐喻的源泉。" 让·拉克斯特（Jean Lacoste）（《夏尔·波德莱尔》的译介者，小图书馆拜约出版社，1982年，第257页）的这句评语似乎带有局限性。

② 本雅明自己曾将部分文章译成法文。皮埃尔·米萨克于1947年在《当今时代》中将其完整地译为法文，岗蒂亚克（M.de Gandillac）在《诗与革命》中再次将其译成法文。参考皮埃尔·米萨克《天使与自动木偶》（*Les Nouveaux Cahiers*）第41期，1975年，第43—52页。

③ "对于本雅明来说，批评的任务不是使死者复活，也不用残余的碎片重塑作品原型，而是将作品视作废墟，并唤起它作为废墟时现时的美。而为了做到这一点，本雅明需要创建一种以认知与历史的激进理论和极其个人化与晦涩的言语哲学为基础的批评方法论。"（罗森：《本雅明与他的废墟》，《批评》，第170期，1978年3月，第273页。）

④ 更确切地说，这场暴风雨是一种进步（论文IX），是"从天堂吹来的风"的爆发，从某种意义上来说，也就是被长期讨论的历史。

⑤ 对于这一问题有一种与此迥异的态度，参考大卫·凯斯勒（David Kessler）：《弗朗兹·罗森茨维格的犹太教与历史》，《哲学》，1984年1月1日，第81—94页。本雅明十分用心地阅读过罗森茨维格的作品。

正如汉娜·阿伦特说的那样，本雅明自己便像是一个迟到者，"一个19世纪的人"①。简而言之，他对于历史的兴趣首先来自现代历史的冲击。本雅明为自己订立了一条规定，即始终以现时为思考的原点。"进行任何历史考察工作，尤其是当作者宣称以历史唯物主义观为指导撰写历史时，事先要在即将成为历史陈列品的事物中明确地固定现时的地位。"②十分能说明问题的是，在对过去进行耗费时力的研究（悲悼剧，拱廊街）的间隙或者说同时，本雅明在他的书信和论证有力的随笔中谈及那些揭示现时断层的人，如克劳斯、布莱希特、卡夫卡、普鲁斯特，他们是一些"无情地浇灭幻想的人，没有对于自我、爱情和伦理的幻想"③的人。本雅明本人也目光敏锐，在针对自己断续写作而作的《唯一的意义》④一文，他以极端的笔触揭示了德国某种程度上的分崩离析，而在《驼背小人：1900年前后的柏林童年生活》⑤这一系列闪烁着作者往事火花的妙文中，他"从某种程度上来说"探讨了"在回忆的深度中进行一次孤独的探索"⑥这一问题。清醒过来，眼睛睁开却又不无忧郁，这对于本雅明来说似乎是接近历史的首要要求。

显而易见，将现时的这一特权赋予瞬间十分必要，它与时间概念不可分割，或许还可以作为革命性政治的跳板。阅读康德的作品很有可能是本雅明思想成熟过程中一个至关重要的阶段，但本雅明却为康德思想体系中经验概念的贫乏感到惋惜，他认为这是平庸的时间概念造成的后果。而究其根源，则是一种令人失望的历史哲学观使之然。⑦这一评价并不是一种新观点，也永远不会抹杀康德对于本雅明的影响。面对这种连续性时间观以及它所造成的后果，本雅明提出了瞬间、瞬间稍纵即逝和独一无二的闪现特性以及在井井有条的表

① 汉娜·阿伦特与瓦尔特·本雅明相识，对其思想洞察入微、理解深透，曾写过一篇研究文章：《瓦尔特·本雅明，1892—1940》，《政治生活》，伽利玛出版社，1974年，第244—307页。

② 致魏纳·克拉夫（Werner Kraft）的信，1935年12月27日。

③ 《普鲁斯特的肖像》，《神话与暴力》，第325页。

④ 作于1928年，亲笔题词献给阿斯佳·拉西斯。

⑤ 作于1932—1933年，亲笔题词献给其子史蒂芬。

⑥ 1932年9月26日致肖勒姆的信。肖勒姆：《瓦尔特·本雅明——一段友谊的历史》，第212页。所有研究集中到一点上或许就是本雅明思想中童年的主题，即"童年生活所具有的无穷的救赎力量"（《神话与暴力》，第119页）。

⑦ 《哲学来了》，《神话与暴力》，第99—114页。

面现象下的无序状态的重要性以与之对立，突如其来的回忆便是一个例证。作为艺术作品长久标记的著名的"灵韵"概念，是"一条特殊的空间和时间的线索：一个远处的事物如此近距离出现的唯一方式"①，它也属于被扩大了的时间的分块这一范畴。即便是在最默默无闻的日报上，本雅明也能极具艺术性地捕捉到令人惊奇的文字。瞬间存在一个悖论：它既承上启下，又是独一无二和静止的，它将静止重新赋予时间，从而使得不同时间段之间相似性的产生和平行比较成为可能，而这正是时间的连续性所疏远、埋没的。正因如此，本雅明经常赞扬这一"摧毁性时刻，它保证了辩证思想以及辩证学家经验的真实性②"。"书写历史就意味着用重要事件来呈现历史的概貌。"③

　　与时间的不连续性相对应，本雅明重新展开空间，并将其中无数的物品按照已有等级制度以外的顺序重新排位。传讯的目的在于尽最大可能使历史的所有配角和主要组成部分都能出庭到案，尤其是那些由于遭受失败或扭曲而被人们遗忘的部分。本雅明给自己确定的任务就是"凝视存在最隐秘的方面，即存在的残骸，以此来捕捉历史的真实面貌"④。拾荒者，这是本雅明最重要的形象，也是他对自己的称呼，拾荒者本雅明是"历史学家的良师益友"，他不仅知道如何选择和收藏，还懂得如何继承。阿伦特建议人们以恰当的方式来接近这位既继承传统又具有革命性的收集者。事实上，他是一个杰出的三位一体，他把拯救的行动、产生威胁的现时和被威胁的过去放在了一起。本雅明认为这就是历史学家任务的粗略图式。

"必须对习以为常的习惯进行干扰"

　　历史学家？这个词的常用义不适合用来指代本雅明的写作，本雅明没有停止过写作和对写作规律的探寻。他曾在人生中较为低落的一段时间里用法语写

---

① 《照相》，《诗与革命》，第27页，本雅明经常提到这一概念。
② 《爱德华·福克斯，收藏者与历史学家》，1937年，由菲利普·伊夫乃尔（Philippe Ivernel）译成法文，马库拉出版社，第三册，第四卷，1978年，第46页
③ 《中央公园》，《查理·波德莱尔：发达资本主义时代的抒情诗人》，第216页。
④ 致肖勒姆的信，1935年8月9日。

了一封著名的信，试图消除他取消前往巴勒斯坦的行程所带来的不良影响。对于肖勒姆来说，这是一个近乎武断和粗鲁的决定。他写道："我还没有完全达到给自己订立的目标，但不论如何，我已离它不远了。这个目标就是被公认为德语文学的第一位批评家。然而困难在于，五十多年来，德国的文学批评不被认为是一种严格的体裁。在批评界谋得一席之地，说到底就是要将批评重新创立为一种体裁。"①这封信中也提及的关于治史的工作被置放于一个更为广阔、没有被明确界定的整体中，而这其中只有批评是被明确限定的，很可能也是最精确的。然而他在具体实施过程中并没有少走弯路。阿伦特洞察了这一特点，并在她的一部作品中首先用一组否定句对其进行描述：

> 他学识渊博，却并非专家；他研究文本和文本阐释，却不是语文学家；他被神学和神学的阐释模式而非宗教所吸引，对于这种模式来说，文本本身就是神圣的，然而他却也没有因此而成为神学家，对圣经也并无特殊的兴趣；他天生是个作家，但他最大的抱负却是能创作出一部完全由引文构成的作品；他是第一个翻译普鲁斯特和圣－琼·佩斯的德国人，以前他还翻译过波德莱尔的《巴黎风景组图》(*Tableaux parisiens*)，然而他却不是个翻译家；他博览群书，并写过大量论在世和过世作家的散文，但他并不是文学批评家；他曾写过一部论德国巴洛克艺术的专著，并留下了大量未竟的研究 19 世纪法国的学术成果，然而他却不是文学史或其他类型史专家；我试图向你们展示的是，既不是诗人也不是哲学家的他却能够进行诗意的哲思。②

如果说事实上，"意象概念一直处于本雅明思维的中心"③，那么为了使"他想揽括于眼底的一切"显现出来，我们或许应当进一步对意象的衍生概念——"讽喻"进行探讨。一开始，对于讽喻的兴趣不是口头上的，而是视觉上的：

① 致肖勒姆的信，1930 年 1 月 20 日。

② 汉娜·阿伦特：《瓦尔特·本雅明，1892—1940》，第 247—248 页。

③ 米萨克：《天使与自动木偶》，第 44 页。有关意象的作用，参考雷纳·罗什利兹 (Rainer Rochlitz) 的《本雅明：意象的辩证》，《批评》，第 431 期，1983 年 4 月，第 287—320 页。

"意象，我莫大的原始激情。"①意象，或者说讽喻向我们昭示了本雅明写作中方法、焦点和选择之间的相互影响和相互渗透。

人们也许会说，这是对于风格的评注。这一点对于理解本雅明的研究和他撰写历史的抱负是至关重要的。在康德的影响下，本雅明总是梦想着"**客观地**"写作，这种写作形式的力量实现了在客观事物呈现过程中形式和本质的契合。"只有那些通过自己的选择与世界达成辩证的和平协议的人才能够把握具体。"②客观写作的迫切需要意味着在同一部作品中实现认识论、形而上学和政治上的思考的融合。

本雅明的整个作品体现了对于认识论和历史认识论的忧虑，他有时直接陈述这种忧虑，而更多时候则将它融入写作本身之中。人们认识到他所承认的许多方法：拼贴、追记难以察觉的细节、调查、利用新的发现等等。但只有当他为文章结构的顾虑所困扰时，他才能最完美地表达自己。他对于诸如用文章将观察到的小宇宙复制出来的计划很感兴趣，似乎这样的小宇宙中蕴含了大宇宙的规律。这种建构应该说是理论本身的应用和实证。《札记》的段落证明了认识论问题的持久性。

由来已久的形而上学的忧虑一直萦绕着本雅明，我们可以说这也就是深入事物本质，不忽视本源和终点问题的忧虑。这使得认识论上的问题变得复杂化。本雅明不时地借鉴神学但并不意味着他要引导人们去注视另外一个世界。这种借鉴的作用在于引入更多的方法和维度。随着时间和历史的发展，本雅明在研究中似乎更多地附加了相关的神学观念，把它们从遥不可及的天上请到了地下，使之产生一种即时的能量，尽管这种能量是微薄的。因此不难理解为什么在他年轻时写的一篇题为"政治神学片段"③的文章中，弥赛亚看起来拥有能够逆转世界潮流的反作用力，而在《论历史概念论文集》中，弥赛亚的形象却又变得模糊不清，从而使得留给我们的"微弱的弥赛亚力量"得以彰显。总之，形而上的忧虑也是一种整体合计：太阳底下不存在无意义的事物。那些我

---

① 《中央公园》，《查理·波德莱尔：发达资本主义时代的抒情诗人》，第245页。

② 《莫斯科》，《城市风景》，收录于《唯一的意义》，第248页。

③ 《神话与暴力》，第149页。

们本以为无意义的事物尤其值得关注。对此，最明显的影射或许就是**现时**与末日审判之间距离的拉近，以及在瞬间中所有现存和曾经存在的事物的出庭。

出于对自由的高度关注，写作活动与政治行动和选择意愿之间密不可分，这是非常符合逻辑的。本雅明在决定永不加入共产党之前也曾犹豫再三。他在莫斯科旅行时碰到了重重问题，那时的他想象自己的身份是"脱离于党和职业之外的独立作家"①。他与共产党之间，就像与马克思主义之间一样的邻近关系后来有所变化，这种关系在《苏德互不侵犯条约》签署后更是遭受重创，它成为本雅明与肖勒姆的友谊中最痛苦的话题之一。②这种邻近关系不仅仅是一种战略或者说是方法，它还意味着本雅明思想与"弥赛亚无政府主义"之间的深层相似性，对此本雅明从年轻时起便有所觉察。③对于他来说，"唯物主义历史观的基础应当蕴含三种动机：历史时间的不连续性、工人阶级的摧毁性力量、被压迫者的传统"④。尽管在本雅明看来，革命并不是历史的火车头，而是危险时刻的警报器，但他仍然无法驱散头脑中革命的观念。虽然本雅明在众多知识分子不辨是非的时候保持着强烈的政治忧患意识和清醒的头脑，但他绝不会回到他在致布伯（Buber）的信中曾表达的态度上来。在那封信中，本雅明拒绝使言语成为行动的先决条件⑤，即使有时某些惯用语颇有口号之势，然而言语在发音吐字之间本身就成为行动，行动的建议在言语所展示的事物中突现。

所有这些动机错综复杂，从某种程度上来说，它们在幕后同时发生作用，这使得本雅明的文章艰深而重要。而他在写作时特别小心谨慎，为了追求"理想"不断进行新的尝试，坚定地捍卫自己的灵感，有了这种灵感，他便能够进

① 《莫斯科日记》，拱门出版社，肖勒姆作序，让-弗朗索瓦·布瓦利埃译，第93期，1983年。

② 参考肖勒姆在《瓦尔特·本雅明——一段友谊的历史》结尾提到的他与本雅明之间关于历史唯物主义言辞激烈的通信，第252—256页。

③ 参考米歇尔·洛维有趣的研究：《瓦尔特·本雅明的弥赛亚无政府主义》，《当今时代》，1983年10月，第772—794页。在该作者另一本极富价值的书中，他研究了两次世界大战之间的一批德国犹太人，他们各自采取不同的方法，试图调和弥赛亚主义与乌托邦之间的矛盾。米歇尔·勒维：《救赎与乌托邦——中欧的极端自由主义的犹太教》，法国大学出版社，1978年。

④ 米萨克：*Les Nouveaux Cahiers*，第45页。

⑤ 1916年6月致布伯（Buber）的信，《通信集》，《选集》，第70页，第I册，第116—117页。参考"这种工作的方法（谈到拱廊街）：一座文学大山。我没什么好说的。只要去揭示"。霍纳·罗什利兹，《本雅明：意象的辩证》，第304页。

行独到的思考，这使得他感到自豪，但如此却更加剧了他文章的艰深程度。本
雅明其人也像是一个谜，这使得他经常抛出悖论，据肖勒姆透露，这其中有一
个论断是征兆性的。[①] 谜不仅是游戏。它既存在于世界中，也驻居在本雅明的
心中。1933年8月12日和13日，他在西班牙伊比萨岛撰写了同一篇奇文的两个
版本，文章名字叫"阿格西劳斯·桑坦德"（*Agesilaus Santander*），文中人们能
听到与自己同在的"秘密自我"的颤动声，这个自我也参与写作。人们要用尽各
种最精准的破译方法才能解开这个谜，它与本雅明整个作品体系几乎不可能实
现的统一性之间产生了密切的关系。对象征的拒绝、不讲策略的作品安排、心
智的凝聚力，这一切承认了揭示另外一种现时——Jetztzeit——的不可能性，但
它同时也是一种等待。本雅明这个伟大的审美家正是在这种被抑制的爆裂中发
现了美："对于所有我们称为美的事物/言语来说，正是类似性使之产生了悖
论的效果。"[②]

巴别塔和废墟

　　本雅明对历史的认知与他最初明显非历史性的言语概念，有着不可分割的
联系。1916年，在一篇概括性很强的文章《言语通论及论人类言语》中，他发
展了他的这一言语的概念。[③]总之，上述两者是相对应的，并且这种对应关系
是非外在的。我们的言语，不论是通俗的还是学术性的，或许都已经失去了它
最初的功能，乃至忘却了它所要达到的目的，即正确地给事物命名，而在这一
点上，只有上帝才能做到完美。在一种与人类的自省相关的堕落和一场来势凶
猛，乃至于卷走或是驱散外在的内向性运动作用下，言语或许已经变成了一个
神话，一种想象的结构，这是恐惧和近乎犯罪感的惰性的产物。言语不再符

---

　　① "后来在巴黎，我告诉他我对于他在这个工作上（撰写《苏维埃大辞海》'歌德'这一词条）思想
的跳跃表示吃惊，同时也和他谈了一些我的个人观点，他回答道：'为什么只有唯心主义者才能够走钢丝
（faire de la haute voltige），唯物主义者就不行？'"（肖勒姆：《瓦尔特·本雅明——一段友谊的历史》，
第176页）

　　② 汉娜·阿伦特：《瓦尔特·本雅明，1892—1940》，第259页。

　　③ 参考《神话与暴力》，第79—99页。依赫凡·沃尔法特（Irving Wohlfarth）十分清楚地揭示了这一言
语理论，见《论本雅明思想中的犹太动机》，《美学杂志》，第1期，1981年，第141—162页。

合事物的需求，因此，可以说这样的言语来源于知觉的腐化。虚构的言语或许就会演变为喋喋不休的空谈，任何事物或人都不会言语，也听不见什么。将自己禁闭在虚构的牢笼中就意味着放弃、蛰伏，意味着在外部有名无实的东西上空耗时间，而不是将历练自身。在这种近乎沉默的虚构中潜藏着一种致命的暴力。对于本雅明来说，启示是《创世纪》的开端，它展示了另一种话语。

正如对语言梦幻般的运用一样，同样也存在对现时梦游似的占据。认识由意识自发产生，也只有意识才有认识的能力，但意识所提供的认识十分容易引起错觉。它想象自己填充了整个当下，使一切都成为当下，进而更新并完成历史。当下意识的这种形式在新近的现代性背景下得到扩展，变为对历史的认识和把握，在它自己看来，这对于历史来说是至高无上的。《拱廊街》一书的初步规划所要达到的目的之一，便是安装和拆卸当下。本雅明正有意要劈裂表象，彰显隐蔽之物，让人们看到重复和它幼稚的否定，指出其中的制动因素，以便让当下爆发出来，让不连续和或许随之而来的另外一种当下产生的可能性突现出来。

当下意识具有欺骗性，在本雅明看来，现代性的这一特点早在19世纪时就已经显现出来。阐释这一观点的各种文章接二连三，相互引证，如《巴黎，19世纪的首都》（1935）、《波德莱尔笔下第二帝国时期的巴黎》（1938）、《论波德莱尔的几个主题》（1938），一本简明注释汇编，最后还有厚厚两卷收录了无数阅读和理论研究笔记的集子，这些笔记论述的都是同一主题，是为一本未曾面世的"空想书"而作的。①这一恢宏工程的建构工作时常处于动荡状态，这不仅昭示了作者实现对称性的意愿，同时也反映了本雅明对于这项工程的估价，也即他所押下的赌注。其主要目的在于揭示商品的拜物教特点，这一特点随着工业的发展有所加强，通过日常、社会、文化生活等多种形式在巴黎这座19世纪之城变幻莫测的缩影中反映或表达出来。与此同时，本雅明还意在更深地挖掘现代性经验，这是一种惨重的，具有杀伤性而非振奋人心的经验。此外，

①米萨克语，《世界报》，1983年2月11日。"有人问布列东（Breton）对圣·波尔鲁（Saint-Pol-Roux）的诗歌的看法，他回答道：'诗人想说的都已经说了。'同样，本雅明想要做的，他都做了，因此把《拱廊街》称为一部作品，或多部作品最终都是合理的。"

他还在完全掌控于这种经验之下的波德莱尔身上越来越清晰地发现了自己被提前了的形象，还有他对波德莱尔最清醒的判断：击剑英雄和"看世界"的边缘人。波德莱尔的文章具有一系列特点，尤其是其中的讽喻和它所承载的信息，本雅明借此与他对巴洛克艺术的洞察力重新建立联系；早在1930年以前，他就已经被波德莱尔的"平凡性的巴洛克"所深深打动。

在这片广阔的大地上，连接最紧密也是最具启发性的关节部位之一就是现时—过去的关系，也即历史的概念。对于本雅明来说，现代意识最明显的特征就是认为自己以一种连续的和向上的方式朝着更新和更好不断前进，即摆脱过去，尤其摆脱被认为是最破旧和最近的过去。这种热情所秉持的武器就是由进步缔造的一幅美轮美奂的仙景，时尚的胜利证明了这种进步，人们实现进步，并赞美进步。然而这种依靠新事物的闪光产生的金碧辉煌是可怕的幻影和骗局，它不自觉地催生了陈腐思想和极易使人产生错觉的历史意识，即对于现时、过去和未来的意识。因此，本雅明认为，现代幸福或许正是地狱。波德莱尔离"用无情的声音震撼了整个19世纪"的布朗基[1]并不是很远。（论文7）

历史不是一首田园诗。战胜自然并不意味着使历史成为被找到、重新找到或近在咫尺的天堂。当下表面的胜利遮掩了它屠刀之下的牺牲品，本雅明极为留心地在许多作者，尤其是波德莱尔，当然还有诸如恩格斯等人作品的痕迹中揭示出现今时代的残渣和废墟：老人、乞丐、妓女、穷困的工人、孤寂、知觉的萎缩、时间意识的丧失、遭受重创之后的神志模糊。这或许就是不论在何种动力驱使下历史发展所必须付出的代价。历史是残酷的。人们如若无视这一残酷性，那他们将会使这种历史无止境地重演。然而在这种情况下，发生彻底改变的将是这种历史观本身。过去提供给我们的并非对于今日的预兆，这种预兆或许多少让人体验到幸福和不完美。我们看到的首先是一片无边的废墟。有人认为，即使不说历史是灾难性的，它至少也是血迹斑斑的。而本雅明对于残酷历史的严肃态度则是这一观点的变体。"所有人不仅要把自己的生存归功于创世天才们的辛勤劳动，同时也不能忘了那些与天才们同时代却不同阶层的人们所

---

[1] 请阅读米格尔·阿本索尔资料翔实、具有警示性的研究文章：《忧郁与革命之间的瓦尔特·本雅明——通道—布朗基》，《过去—现时》，1984年，第71—100页。

遭受的无名的奴役。不论什么资料，如果它不能够记载蒙昧，也就无法记载文明。"①本雅明被悲悼剧所吸引的原因之一就在于，文中论述的这部通俗巴洛克悲悼剧是在灾难性历史观的指导下完成的。对于本雅明来说，历史家的任务就是要走遍并辨识这片废墟，"采集"废料，做一个拾荒者。②正如李格尔③为被人们普遍认定为衰落艺术的4到8世纪的艺术正名一样，本雅明写作《论德国悲悼剧的起源》的意图在于使大获全胜的文化的次要方面放射出璀璨的光芒。

远距离的实践

本雅明写作中最具代表性的举动之一，便在于设置和重建距离，似乎面对各种素材，认知的首要条件就是分离。我们与当下产生距离，但并不远离它，仍然目不转睛地盯着它。如果说这种距离没有使当下变得陌生，至少也使它变得奇怪。与过去的观点之间的距离被降级为所谓能够被超越的遥远，奇怪的是，它使得人们能够更接近过去，从它那里接收到其他信息。

布莱希特十分强调这种距离的必要性。由于对包围和倾轧力量的极度敏感，本雅明早在与之相遇之前就已经浸润在与他所熟悉的环境脱节的陌生环境中，并拉开一定的距离来审视问题。《莫斯科日记》便是个鲜明的例子，他于1926年12月6日到1927年1月底在莫斯科逗留期间写下的这部日记"或许是我们所拥有的本雅明最固定和最真诚的个人资料 …… 因为这些资料没有经过他自己的审查④"。当时处于情感、心智和政治等多重困境交织中的本雅明或许在试图寻找天生的自我、"家园"、依托点或者是历史领域的定位。他进行了一系列观察，不仅细致入微，从某种程度上来说还具有决定性作用。从那时起，一切都变得有意义。那是一段对于苏维埃历史来说至关重要的时期，就像

---

① 《爱德华·福克斯，收藏者与历史学家》，第45页。

② 依赫凡·沃尔法特（Irving Wohlfarth）最早对这一主题进行研究："作为拾荒者的历史学家的Et cetera?"《瓦尔特·本雅明与巴黎》，op.cit，第559—611页。

③ 李格尔（Riegl，1858—1905），19世纪末20世纪初奥地利著名艺术史家，维也纳美术史学派的主要代表，现代西方艺术史的奠基人之一。——译者注

④ 肖勒姆，《莫斯科日记》序言。

一段静止的时间，俄罗斯冬日冰封一切的严寒似乎加重了其凝固性。那时的本雅明努力将一切现实进行快速曝光，不让任何东西从镜头下漏出：马路、纪念碑、教堂、人民、天空的颜色、商店、食物、交谈、天气、纯历史环境。这样的文本是典范性的，其原因不止一个。首先是这种深层次的标记方式。他所关注的并非如画的风景，而是事物和举动的多重性，以及从它们内部打下运动烙印的方向性。他试图通过细节看到即将呈现出的倾向，看到革命思想问世的过程。可以说他的判断是精准的，但他从不宣告他的最终判断。这一文本的典范性还在于由于本雅明将这次旅行视为一种"失败"①，一次不乏强抑住哀婉凄凉的情伤的失败、一次全盘失败，于是他放弃了对发源地，对东方、晨曦和重新找回的青春的追寻。也正鉴于此，他又重新投入到不稳定历史的运动中，接受新的审查。他又回到了西方！回到了他即将在此走完一生的西方。

通过追寻细节拉开距离，这是本雅明的治史方法所坚守的原则之一。他同时还坚守这样一种思想，即对于物体和物质性的尊重。这一思想很可能发端于他的文学激情，并在伦理学的意义上获得了共鸣。一切物体就像文本一样，是一种建构、一个具有多意义层面的综合体，是各种符号的汇合。他认为论《拱廊街》的一篇随笔"不仅是对于存在者的存在的论述，更蕴含着深长的哲学意味，这是一个具有挑战性的观点，它更准确地把握了本雅明作品的意义，避免了对本雅明概念框架千篇一律的研究，而对于这一点，本雅明早已将之弃于杂物堆之中了"②。事实上，本雅明最先顾虑的，是能否发现所有这些所谓"实现了想法"的物体的痕迹以及它们内部的调整。本雅明对于这些描述、研究和回忆颇有兴趣，因为它们能够使无意义的事物绽放出美丽的花朵，让四处都产生意义，让各种物体或是大自然那失声的或是被压碎的多样性重新说话或者被人们听到。

在文学上，对于距离的意识将批评家和评论员分离开来。本雅明对歌德的《亲和力》卓有成效的研究明确了这种双重功能并使其发生作用。这一区分

---

① 1927年1月15日注，《莫斯科日记》，第132页。

② 阿多诺：《棱镜》，苏尔坎普出版社，1955年，第287页。转引自雷纳·罗什利兹的《本雅明：意象的辩证》。

被灵活地运用，它在本雅明所有的批评文章中发挥了作用。首先，对于评论来说，最重要的步骤就在于尽可能忠实地重构原作品的内容，而这种重构与其他一切类似的审视一样，建立在对当代历史和作者进行参考的基础之上。这一步骤的作用在于标记出远离的过程。没有任何一部作品、任何一个文本是超时间的。然而如果说作品还在说话，还在对我们施加影响，即还有一段后历史的话，那么就要由批评家来揭开"火焰之谜：活着的人之谜"，"就这样，批评家拷问真理，真理的火焰在过去沉甸甸的木柴上和往昔生活的轻烟中继续燃烧"①。炼丹术士般的批评家的任务就是通过远离，让如今仍使我们惊讶和充满活力的事物大放光彩。

　　本雅明按照自己的理解方式指定由唯物主义历史学家来完成迫切要求产生距离的任务。显而易见，他除了要求进行调查之外，还清醒地意识到要有所建构。正是这一举动在使过去远离的同时将它载入属于自己的现时中，这是一种不可触及（imprenable）的现时，人们将它视为一种"单子"，从而使一切直接接触的想法化为乌有。根据移情作用和通过直觉辨认历史的理论，由于"历史的纯洁性"②，大量连贯的证据使得曾经存在的事物复活，人们能够清楚地看到它们。对于这一理论的批评建立在历史客体坚忍的抵抗和时间的不连续性观念基础之上。这样的历史观只不过是对积累性神话的历史研究方法的一种运用；每一个时代都承载着一些更成熟的事物，而它们早在这个时代到来之前便已开始萌芽。当然，现代化便是这一过程令人欣喜的结果。这样一来，只要重新理顺这段凌乱的历程，我们便能够顺理成章地重新找回如在现时一般的童年。但本雅明并不认为历史就是这样平静的过程。他拒绝一切线性，甚至按照简单的辩证形式来对其进行构思。③它被设想为一些停顿的瞬间的连接，在此过程中产生了某些新东西，也有某些东西消亡。通过建构，"唯物主义历史觉察出了变化中具有弥赛亚性质的停顿迹象，换句话

---

① 转引自汉娜·阿伦特：《瓦尔特·本雅明，1892—1940》，《政治生活》，第248页。

② 弗斯特·德·古朗日（Fustel de Coulanges）语。《历史主义信条》，转引自本雅明：《选集》，第Ⅰ册，第3卷，第1230页。

③ 参考《爱德华·福克斯，收藏者与历史学家》，第42页。

说，即觉察出在对被压迫的过去进行抗争中革命性机遇的迹象"①。除了我们自己的时代之外，我们不属于其他任何一个时代。但是我们从这样建构起来的交织着光明与黑暗的过去中看到了点点闪烁之光。"过去真正的意象是转瞬即逝的。"②这被压迫的过去的点点闪烁之光中蕴藏着当下行动巨大的能量。

高强度的实践

把目光深入过去最容易被磨灭的痕迹的片段中，对阴暗角落的探寻，在文本与事物间建立联系的努力，这一切的首要目的不是要嘲弄历史学家，尽管本雅明为此进行了大量的笔战。这种现时的法则所支配的方法目的在于实现浓缩、强化，在于使这种能激起行动的爆炸性张力运作起来，在当前状态下解放一直以来受到抑制的力量，从而把当今的战胜者和主人们从历史中解放出来。"逆着笔锋描绘历史"③如果说不是意味着推翻现时，至少也意味着一种抵抗，意味着要找到一种形式来为《论〈亲和力〉》一文作总结："赋予我们的希望只是为绝望者准备的。"让思考脱离产生思考的时代，脱离一个被流放的德国犹太人所经历的战争迫在眉睫的时期，这明显是荒谬的。

说到底，本雅明的行动与波德莱尔的行动倾向是部分吻合的。"赋予现代性以形式。"④奇怪的是，本雅明只能在诸如普鲁斯特、瓦莱里、克劳斯、荷尔德林、歌德、波德莱尔、布莱希特（当时在世的最伟大的德国诗人⑤）等大作家和诗人那里发现这种心智上的努力。即使说他们的理论高度低于他们的艺术境界，但在本雅明看来，他们的伟大之处正在于他们出色地拉开了与现实的距离，在于他们与他们的世界之间以及与这种拉开的距离所孕育的表象和幻影之间的接触。《恶之花》这部诗集的题目本身便明确地表达了这种清醒的态度。本雅明痴迷于这部作品，他不仅从美学角度，还从历史的角度来解读它。他禀

---

① 《论历史概念》，《诗与革命》，第287页。

② 同上书，第287页。

③ 同上书，第281页。

④ 《查理·波德莱尔：发达资本时代的抒情诗人》，第118页。

⑤ 汉娜·阿伦特：《瓦尔特·本雅明，1982—1940》，《政治生活》，第262页。

受了现代性的教诲，但他试图从理论高度来阐释它们，同时很可能也在寻找萌生另外一种历史意识的源泉。

有两个主题似乎出现在诸多《论历史的概念》的论文中，这些论文显然是对波德莱尔研究的延伸。

首先，（历史的）连续性是灾难性的。放松警惕（这种警惕或许能够切断迷惑人的事件流），使自己随波逐流，对于事物发展放任自流，禁止自己通过另类的视角来看问题，摒弃一切敢于推动这种另类发展的叛逆，这些就是进步表象下真正的另一面。"应当把进步建立在灾难观基础上。事物发展继续'如此进行'，这就是灾难所在。这不是将要突发的事件，而是事物在每一瞬间被赋予的状态。斯特林堡的观点就是：地狱绝不是我们所等待的事物，我们等待的是'**这种生活**'。"①如果说现实即是如此，那并不是因为任何东西都没有被尝试；机会曾经呈现在我们眼前；但警觉性的缺乏、记忆的停滞以及征服者的喧闹和威力往往使人们错过这些机遇。

那么有无方法能够阻止这样的运动，使历史从重复毁灭性的循环中解放出来，达到成为门槛的"在现时"②？是不是说本雅明似乎从未抽象地提出过革命的可能性这样的问题？这个问题并没有销声匿迹。然而看起来更重要的是寻找对时间制动的方法，时间因为变成了当今世界的主人们的财产而变成了弥诺陶洛斯"拯救的工作紧紧围绕连续的灾难中的断层展开③"。按照本雅明复杂的辩证意象理论，对于或许是悲剧性的现时来说，大转变的机遇一直存在。他在《中央公园》一书中对此给出了一个尽管是针对波德莱尔但却意味深长的界定："辩证意象是闪烁的意象。因此有必要在当下保存过去的意象，即波德莱尔的意象，这一意象在现实时间和认知可能性的'现时'中不断闪现。以这种方式完成的拯救只能通过对因无法拯救而失去的事物的知觉来实现④。"辩证

---

① 《中央公园》，第242页。

② 有关这一主题，我们要注意三篇高水准的文章——科洛德·安贝尔（Claude Imbert）：《现时与历史》；温弗里德·门宁汉斯（Winfried Menninghans）：《门槛科学——本雅明的神话理论》，《本雅明与巴黎》，塞尔夫出版社，1986年，第743—793页，第529—559页；理查德·沃林（Richard Wolin）《本雅明——一个无神论救赎者》，哥伦比亚大学出版社，纽约，1982年。

③ 《中央公园》，第242页。

④ 同上书，第240页。

意象就像今天通过对历史进行另类解读后发现的闪光，它让我们看到过去为了摆脱压迫而进行的暴动，尽管这些暴动在当时是徒劳的，但从某种程度上来说，它们却促使人们重新开始实施"辩证的暴动"。

到达这个门槛的机会是渺茫的，本雅明也肯定不会独自一人从中获益。一种更精确、具有更强意识的历史记忆将对于压迫和绝境的回忆转化为一种责任、重担和义务，使之不再流于简单的回忆。记忆作为真正的历史实践，它唤醒了某种形式的乌托邦，这是由弥赛亚主义的神学传统所维持的最彻底的乃至近乎神秘的乌托邦。我们应当毫不犹豫地让赋予我们每个人的"微薄的弥赛亚力量"发生作用。这种微薄的力量或许是孤寂的本雅明所拥有的最隐秘、最不可侵犯和最难以为人们察觉的力量。阿伦特注意到，"世上从未有过比本雅明更寂寞的人[1]"。她的这句话并无谄媚之嫌。我们不能断言本雅明没有在政治活动家列宁身上隐约发现这种暗藏的力量。他注视着人们看见列宁阅读《真理报》时的意象，写道："就这样，他被一张即将翻过的书页深深吸引：诚然，他的目光转向了远方，但他那颗不辞辛劳的心依然关注着当下的瞬间[2]。"在本雅明看来，瓦莱里是十分值得钦佩的理论家，他也会思考这种谜一般的力量，它即将对表面看来不可逆转的事物发展趋势发起挑战。

本雅明不再用一个官员的目光来审视即将来临的世界，他的目光仍然只是一个海上气象预报员的目光，他预感到暴风骤雨即将来临，对世界的发展中将要突至的变更——清晰性和准确性的上升，力量的增加——了如指掌，他可以无视这样的事实：面对这些变更，马基雅弗利或黎塞留深邃的思想如今或许具有独裁者的价值或意识。这就是为什么"他总是站在思想的岬角上，瞪大眼睛注视着事物或是目光的界限……"[3]

---

① 汉娜·阿伦特：《瓦尔特·本雅明，1892—1940》，《政治生活》，第255页。

② 《莫斯科》，《城市风景》，收录于《唯一的意义》中，第298页。这一意象在《莫斯科日记》中已经出现过，第59页。

③ 《唯一的意义》，第293页。

瓦尔特·本雅明书信的十三个侧面

本雅明的作品发出沉闷的爆响，里面密密麻麻地堆积了各种惯用语，作者总是想用最凝练的语言来浓缩文章，因而使作品显得十分晦涩。他像魔术师般艺术地运用了对比、引语、出人意料之外的探索等手法，作品中调查研究的途径和领域呈现出多样性。最终统领全局的特点就是在这些看起来互不协调的作品和截然不同的研究手段的迷宫（labyrinthe）中贯穿了一条无形的阿里阿涅思想之线。本雅明的读者中有谁能够无视这种阅读的巨大影响？有一个词语能够暗示一系列作品和一段人生的这一鲜明特点，这个词就是"**张力**"。一天，本雅明梦见了巴黎圣母院，于是他被一种怀旧情怀所吸引，因为没有任何一样事物与巴黎圣母院相像：

> 为什么会有这种怀旧情怀？为什么会出现这个难以辨认的不合时宜的东西？——正是在梦中我无限地走近它，这种难以如愿的怀旧情怀来源于我所渴望见到的物体，它萦绕着我，但绝不是远远地唤起对意象回忆的那种感情。这种令人幸福的怀旧情怀已经跨越了意象和为物所困状态的门槛，它只对产生所爱之物的指称的力量有着清醒的意识，借助这种力量，念旧情怀在逐渐老化之后又重新变得年轻起来，本身没有意象的它却成为一切意象的避难所。①

普通的梦都有空白而且转瞬即逝，但其中又夹杂着难以做出解释的遗忘现象，而这个另类的梦是与这一切的突然分离，这里所提出的连续性绝不是一种概括。

《书信集》把这种已经存在的张力引入了作品。这部作品长期处于休眠状

---

① 选自《诗与革命》，德诺埃尔出版社，1971年，第55页。

态，一直为本雅明少数几个警觉的朋友所收藏。如今它大放异彩，或者至少说它吸引了人们的目光。然而由此引起的各种论战反映出一个涉及其本质的问题：从各个角度来看，它都像是未完成的、没有定论的作品。我们可以说文章的线索不停地被一些无懈可击的章节打断，一本书中有许多页始终是空白的。书信并不能够使本雅明的夙敌们放下武器。这部书信集与本雅明的其他作品几乎写于同一时期，内容广泛，洋洋洒洒，书信体这一特殊样式使得这类作品中间会略有间断，这一点即便对于本雅明来说亦不例外。毫无疑问，这部作品给我们提供了大量极其珍贵的资料。但它同时也是千疮百孔的：静寂的感觉贯穿始终，隐约的记忆从四处渗透话语。它既是作者内心世界的外露，同时也如作者思想实践的工作室。它镶嵌在整个作品之中，这并不是一部作者向世人吐露真言的集子。"对于我们每个人都认为很重要的东西，他很少用描写的形式将其表达出来。"①本雅明的书信与其他书信不同，人们只有同时阅读它所唤起、准备和围绕的另外一种写作形式的书信，才能更好地理解这些书信本身；从最大限度上来说，是整个作品体系反映了书信真实的、更为隐秘和完整的一面。

　　但这种互换性也使得他的书信恢复了原貌。很显然，这些信件是必不可缺的，它们具有很高的价值，就像名叫"德国人"的书信集一样。本雅明为了这部信件集的出版付出了巨大的心血。这些信件以自己为模板复制了写作的行动和风格。书信是本雅明所喜爱的一种过时的文学体裁，或许他渴望拯救它，并用一生来承载它，使之成为一种能够作出回应的表现形式，就像一条船，它在大海的呼吸声中、似乎要把它卷走的冒险的内在气息中扬起风帆。这些信是边缘人和当事者话语的记录，是经过的事物的回音和意象，是内心冲动、不幸和腐蚀的记述，是颠沛流离的生存状态的记录资料。作者在其中灵活地运用了自发创造的写作技巧，激起了人们一种模棱两可的感情：活生生的证据的冲击同时也是距离的魅力。奇怪的是，这种魅力与本雅明在"叙述者"身上发现的魅力是相似的。无可否认的是，它们同时也表达了肖勒姆勾起的对友谊和社团的怀念。最终它们在一种毒品引起的微弱的兴奋作用下颤抖，"这种毒品是所有

----

① 《论波德莱尔》，《诗与革命》，第240页。

毒品中最可怕的一种，它就是我们自己以及我们在孤寂中吞食下的东西"①。本雅明喜欢这些信件未经雕琢、不加修饰的初稿状态，读者们可以以第三者的身份介入其中。评注和注解所揭示的永远都只是些虚假的秘密，它们使得书信本身远离读者，让写作瞬间隐约的高强度思维黯然失色，从而剥夺了书信的本质。讽喻在本雅明书信中的地位是至高无上的，它呼唤更多的解释，并要求一气呵成的阅读。它也确实将读者引入到全面的阅读体验中来。阿多诺和肖勒姆所作的两篇序言也宣告了这种全面性。翻译损害了这种全面性，对于本雅明来说或许尤其如此。法语和法国对他来说意义甚大，他对于法语翻译的态度十分开放。而对于德语，他的态度非常灵活，根深蒂固，机智而具有艺术性。"没有专治哲学的缪斯，同样也没有专管翻译的缪斯。"②翻译是本雅明文学活动中拘泥于字面的一部分，他希望它不会过多地分散和掩盖他的灵感之光。

　　在本雅明整个作品的任何一部分中，他的思想都不是以整块的和高度集中的方式来表述的。他的书信也遵循这种呈现与逃逸、前进与自闭的法则。就像马约克岛（Majorque）的高更（Gauguin）的孙子一样，本雅明似乎也能够突然消失。他想起了长着双重面孔的③神；他喜欢让他的文本之间有着鲜明的对比，他自觉地突然改变观点，用交错排列法进行倒置。比起空白来，任何形式的唯一性都使得他心烦意乱；最清醒的意识看起来就像是遗忘的同谋而决定预示了更为致命和更为危险的节奏。正如我们所言，本雅明把**显而易见性和深不可测性**掺杂在一起。他的言辞倾向于简明、犀利、果断、凝练，但在周围却广铺着大片尚未有人涉足的记忆的荒地，时而夹杂半睡眠状态或处于等待状态的思维。游人认识并发掘他的居留地、异域、海滨和荒地、岛和人群，这些事物对他的吸引力在任何一个地方都没有被削弱，似乎外部世界这些混杂的人群等同于他内心中一刻不停的骚动。本雅明被波德莱尔式的闲逛行为所吸引，他按照自己的方式做一个闲逛的人，但他是个没有属于自己的城市的闲逛者，一个在废墟上或者说在即将到来的、令人心忧和狼狈的王国中的浪子。

---

① 《超现实主义》，《神话与暴力》，德诺埃尔出版社，1971年，第311页。

② 《译者的任务》，同上书，第270页。

③ 亚奴斯（Janus）……。罗马神话中掌管战争与和平之门的神。——译者注

退缩的倾向使得他对于新事物有着极强的接受能力；其书信的多样性和闪烁不定的特点就是证明。但"我很早就学会了把自己隐藏在词语中，这些词语是遮蔽我的云朵"①。他有着难以满足的好奇心，把搜集到的信息突然藏到不为人知的地方。他的书信具有叙事性，同时也具有战略性和探索性。从这些信件中可以看出，绝境中的本雅明有着明确的目标，他期望找到另一条出路。本雅明既有杂耍技人的灵活，也有近乎故意的呆板。他发愤图强为了得到他永远也不会占有的位置，或者在人们指派给他的位置上再下赌注。人们在等他的地方找不到他，在没人等他的地方他却令人吃惊地现身。在涉及命运或者选择的问题上，他不会武断地作出决定，谨慎的他似乎在保护着一种不可强夺的孤独。

这种均衡与本雅明言语理论的某些方面很可能是相吻合的。他在交流中看到了言语的原罪。它真正的本质在于名称的集合，在于名称在事物内部的产生过程，并无交流之顾虑。交流行为将物体斩头去尾，使其抽象化，并最终消失。在本雅明这里，知心话发生了方向上的改变，讽刺打破了感情的吐露，数次旅行、各种想法、书籍和邂逅扩充了他文章的篇幅，他与这些客体融为一体。一种沉重的内在顽念的困扰往往接近爆发的边缘，但某种举动出于"客观交流"的目的却又将其排遣。他的书信与私人日记是大相径庭的。书信本来就是一种交流，写作的良苦用心其实是绕了一个多余的弯，是一副面具，它使得交流像是另行出现的，更真实、更多地褪去了想要交流的原初冲动。

通观这些信件，其中的氛围有所改变。欢愉让位给疲乏。然而就在世事形势日趋严峻的同时，本雅明想要保持冷静，似乎冲突激烈的现实丝毫没有激起他的惶恐和畏惧。他对即将到来的灾难似乎毫不惊奇。最终陷入最艰难困境中的本雅明依然活跃，同时对他自己的命运几乎可以说漠不关心，似乎摧毁性事件与张力，即根本的调和之间有着秘密的关系。根本的调和这一概念在本雅明从1922年起对歌德的研究文章中得到了出色的表达："对任何人来说，与上帝之间真正的调和都是被禁止的。在实施调和的过程中，人类所拥有的一切都

---

① 《驼背小人：1900年前后的柏林童年生活》，《唯一的意义》，新文学出版社，1978年，第72页。

不会被损害，而最终我们只能在与上帝成功调和的部分寻找人类的踪迹。"①他的自杀并不意味着谜团的终结。

　　本雅明非常善于寻找能够一下子把一部作品、一种态度和一片风景扼要地表达出来的词语、动作和标记。他难道不像陪伴他走过一生的克利的天使吗？在他最后一篇文章中，他曾谈及克利的天使："它似乎想从迷惑的场景中抽身出来。"②本雅明是一个注重距离甚至是决裂的人。距离是不可逾越的，而决裂则是极端缓慢的。此外，人们要像忍受世界进程的黑色法则一样忍受死亡与分离。本雅明将这些被放弃和丧失了的东西进行奇怪的组合，就好像真（le vrai）来自远方，来自回音中一样。距离就像是本雅明的维度，穿越了本雅明的观察与聆听、前进与写作的空间。它就像是启示的条件；阻止了绝对操控和盲目使用，使得一切记忆、视野、遗忘和废弃之物，甚至是死亡恢复原状，似乎即时生活的范围太过狭窄，无法包容"这样一个事实：我们都没有时间去经历那些注定属于我们的真正的生存悲剧"③。大批量生产，复制，将一切减缩为同一副面孔，神话曾经吞噬了它们，商品使人异化，现今时代又强调它们。对于本雅明来说，决定性的政治选择代表了距离的意愿。这种意愿或许与本雅明的犹太教是相对应的，但在这一点上，这一意愿起决定性作用。从某种程度上来说，本雅明拒绝任何形式的感情同化，因为刽子手和他们刀下的牺牲者便由此而生，这种同化最终将粉碎一切。他不去构想没有将客观事物分离开来的距离尺度的批评，在这一点上他与拘泥于各自探索领域的历史主义者、语文学家、饱学之士都有所不同。分离的痛苦放射出光芒。本雅明正是在他人生的最低谷时写成了《驼背小人——1900 年前后柏林的童年》这样令人赞不绝口的回忆录。波德莱尔所深谙的城市的诱惑力或许就在于它在汇集一切的同时，也毫无止境地分离一切，使一切都走向其反面，荒漠、孤寂、黑夜："令城市人欣喜若狂的并不是第一缕而是最后一缕目光中蕴含着的爱。"④本雅明在写这些信的同时保留了某种不可触犯的东西。

①《歌德的选择性亲属关系》，《神话与暴力》，第237—238页。
②《论历史概念》，《当今时代》，1947年，第628页。
③《普鲁斯特的肖像》，《神话与暴力》，第326页。
④《论波德莱尔》，《诗与革命》，第242页。

本雅明在环绕着他的空间中留下痕迹，这并不是个空荡荡的空间。很少有人的思想像本雅明的思想一样充斥着"**物**"，被某种朝向客观化的地心引力所牵引，进行回归事物本身的运动，对像自然一样的世界和历史给予关注。他有着画家一般的目光。一切形式的客观性都与本雅明进行近乎身体上的接触，它们与本雅明的忧郁中所隐藏的朦胧的沉默相互抗衡。他喜欢并寻找差异性，尤其是在他被超越或者被战胜的地方。与一切唯心主义思想相反，意欲"拯救"客观物的他有时会不自觉地考虑在客观物中"拯救自己"，重新找回褪去个性化的宇宙的具体性。他的心智历程就是对具体性不断细致入微的要求。工作对于本雅明来说既是生命的必需，也是一处避难所，在他看来，它似乎可以等同于一种"研究"，这种研究对于卡夫卡来说则是一种"皈依"①，这里的"皈依"蕴含了这个词的所有含义。

本雅明书信的特殊魅力，就在于揭示了他早期对外部世界敏锐的洞察力。书信对他来说就是形式本身，就像闪电和转瞬即逝、突然闪现的亮光的片段，这其中，也只有在这其中，具体性才能在真理中闪现。这部完成的作品带来的仅仅是被减弱的回音和对作者最初的思维闪现的回忆，就像在斯宾诺莎的直觉中一样，真实或许会自动在其中显现出来。这部作品或许还是本雅明言语理论的起源所在："没有一首诗为读者而写，没有一幅画为美术爱好者而绘，没有一首交响乐为听众而作。"②言语由事物本身产生，作家只是其抄写者。在短语的字面意义这一问题上，本雅明从未像提出言语产生理论时一样显得才华横溢，按照这种理论，句子上似乎还留有出现的事物的踪迹。他曾经翻译过《阿纳巴斯》，这使人们想起了圣-琼·佩斯："如果像人们说的那样，诗歌不是'绝对真实'的，但在达到默契的极限范围内，诗篇中的真实似乎会自动显现，那么诗歌是最渴望和最顾及绝对真实的文学体裁。"③

本雅明重点研究的事物之一，就是**历史**。他没有参战的经历，但历史对他来说就像是一条隧道。经过这条隧道，他从略带神奇色彩的童年，有些忧心

① 本雅明致肖勒姆的信，1938年6月12日，《通信集》，第二册，奥比耶出版社，1979年，第245页以下。

② 《译者的任务》；转引自汉娜·阿伦特：《瓦尔特·本雅明，1892—1940》，《政治生活》，伽利玛出版社，1974年，第302页。

③ 《在诺贝尔颁奖会上的讲话》，《全集》，伽利玛出版社，"七星文集"，第443页。

忡忡但无衣食之虞的资产阶级家庭和对高深莫测但却显得有些局促的心智活动的要求一下子到达了混乱的德国。在本雅明看来，布洛克和克劳斯把混沌德国的模棱两可性淋漓尽致地表达了出来。而他自己作为一个知识分子同时又是一个犹太人，后来为这种混乱造成的影响付出了巨大的代价。心智的冲击在这里可以说就是历史具体的、近乎粗暴的启示。时间的连续性也被打破。各种社会、文化和个人都被拖进失败与成功相交替的轨迹中，其中有胜利者与失败者，有真假英雄，也有无名的牺牲者。本雅明一下子便过渡到另一种政治观；这种过渡从开始起就是向激进主义、无政府主义或革命的过渡。这个充满张力的人不会只厌恶一切形式所谓的社会民主，一切敌视暴力、主张温和过渡的倾向，而对切实存在的致命的暴力事件却熟视无睹。对暴力的批评处于本雅明思想的中心位置，这其中不存在畏惧或虚伪以遮掩暴露或潜在的暴力。追求进步的观点是人们最棘手的敌人之一。历史的同义词更准确地说或许是暴力而不是进步。

　　"原则上拒绝绝对的中间位置，公开表明对于极端观念的信仰，这是不是不同于辩证法的另类现象和思维的方法，也是此人生命的呼吸和激情？"[1]这句写于1928年论纪德的话难道不也适用于本雅明自己吗？对他来说，即使是唯物主义形式下的**辩证法**也不只是从外部获取并强制实施的简单方法。本雅明受马克思的影响远大于受黑格尔的影响，而托洛茨基或卢卡奇等人对他的影响则更大，人们从他的信中可以看出他的辩证法十分艰深玄奥，使他的朋友们感到困惑或不快。对于他来说，辩证法是思想结晶的工具；它满足了他这样一个心愿：拥有一种思维，这种思维既是政治性的，又能够介入历史和事物以及它们之间的内在关系中（如果我们斗胆这么说），也就是说拥有现时的思维和行动的心愿。另外，作为异常独立理论家的本雅明，比起为了理论而作的理论，他更关注作者的文风。他喜爱诸如纪德、普鲁斯特、克劳斯、卡夫卡等作家，并近乎盲目、坚定不移地拜读他们的所有作品。他注意到瓦莱里的一句话："在提其他一切问题之前，有必要向自己提一个问题，即那些问题各自有何价值。"[2]

---

　　① 《与安德烈·纪德的对话》，《神话与暴力》，第283页。
　　② 《保罗·瓦莱里》，《诗与革命》，第41页。

就辩证法而言，本雅明真正的老师或许是布莱希特。布莱希特的思维颇具创造性和挑战性，头脑十分清醒，他的言语意义观以及他对于艺术与政治之间衔接的研究成果颇得本雅明的欣赏；但本雅明对于他空谈理论这一点有所保留。然而不论布莱希特谈论东方还是西方，本雅明直到1940年临终之前似乎从来没有对他的正确性提出过质疑。"布莱希特是个难以把握的现象。"[1]本雅明对他作出了无人能及的简短评价。对于那些布莱希特不感兴趣的问题，他也曾有过考虑，但他依然感觉离布莱希特很近。他或许在等待这种对比和合作能够为作为"历史唯物主义的信徒"的知识分子划清位置。布莱希特似乎是本雅明惧怕的为数极少的几个人之一。许多人发现，这种畏惧使得本雅明置身于其思想历程中一个征兆不祥的十字路口中。

　　本雅明对巴黎、《拱廊街》和波德莱尔的研究是永无止境的，而且具有侵入性和吞噬性。单从字面意义上来讲，这一研究成果是无法解释的，而其内涵不会因任何外部因素而发生改变。本雅明在结束了对悲悼剧和浪漫主义的研究之后，又选择了一个能够加快促成其思考总体性的领域，对这一领域的研究可以使经常困扰他写作的那些秘密而又具有启发性的因素爆发出来。本雅明精通波德莱尔的作品，并对他的诗有着极强的接受力，他想以此来感受并构建一种**"艺术唯物论"**。这一理论尚不存在，因此可以说它超越了常规的研究论题的范围。波德莱尔在对我们说话，但同时他又极为隐秘地暗藏在他的世纪中。艺术作品并不是独立于时间之外的存在，但它确实超越了从各个方面浸润着其限定性时间。这种内在性如此强烈，以至于它甚至对作品的形式都起到了限定作用。这种形式是多变的、历史的，乃至自我演变的。本雅明于是强迫自己进行令人难以置信的档案搜集和理论化的工作。这项迷人的工作，既是波德莱尔的坟墓，也充当面具作用的自传，可视为一种考古学。它早于在柏林生活的孩提时代，展现了其个人经历的状况和层面。与其说本雅明研究上的迂回是为了确定一种学说，倒不如说他是为了借此证明他研究的出发点，即混沌甚至混乱的当今的正确性。1938年8月21日，他发现了布莱希特的一条格言："不要以美

---

[1]《布莱希特评注选段》，《论贝尔罗·布莱希特》，马斯佩罗出版社，1978年，第39页。

好的旧事物为开端，而要以丑恶的新事物为出发点。"①本雅明的现实性就在于对不折不扣的现实坚定不移的研究。

本雅明对波德莱尔诗中众多抨击性文字的特殊美感颇为关注，《中央公园》（1939—1940）中的那些短小精悍的文章便以此为出发点："它们从深渊中浮现②。"他在许多书信中都表达了对这种美的感触。某些事物对外部世界有着最深层和最顽固的抵抗力，而这一特征最彻底地揭示出这些事物的真面目，不论这些事物是某些人、某些艺术作品还是各种各样的物品。这些事物事实上只是以幽灵和远方事物的形式出现，它们并不构成结构化的世界，而是像一个个特殊的、各式各样的、孤立的单子，又像无数的结晶体。除了环绕着距离的几乎永不熄灭的光晕之外，"灵韵"还会是其他东西吗？经历灾难，这对于事物的命运来说应该不算陌生了，其深度或许是辩证法始料未及的。对于本雅明来说，它体现了历史的节奏。废墟、烟灰、残渣、遗迹，这些或许就是那些产生并演变的事物的终极本质，也正是我们需要找到并重构的东西。本雅明把他的批评设想为"拯救"，这是个特殊的宗教用语。它是否代表了一种意义的重构？更确切地说这是为了发现和认识一些符号，数不清的符号。它们之中有一些是不可辨认、没有单一意义的符号，不具备象征性、概括性和修复性的功能，对不断更新的辨识总是开放的。从某种意义上来说，一切都变成了"**讽喻**"、零散的段落、闪光点和没有意义的揭示："真理不是打破谜语的揭示，而是赋予其正义的启示。"③批评就像是政治，本雅明发现自己站在一个门槛上，他的任务不是宣告意义，而是观望、质疑，并激发所有符号的产生。在《北方的海》的一段凝重而美丽得让人感到惊讶的文字中，本雅明讲述了这样一段经历：一天晚上他发现有一艘南行的船和一群在其左右飞舞的海鸥，"左边的一切都还需要辨认，我的命运还悬挂在每一个符号上；右边的这种辨认已经完成了，那是一个单一的沉默的信号。这样的情况还要持续很长时间，直到我不再是我自己，而仅仅是道门

① 《布莱希特评注选段》，《论贝尔罗·布莱希特》，马斯佩罗出版社，1978年，第149页。

② 瓦尔特·本雅明：《迎向灵光消逝的年代：本雅明论艺术》，苏尔坎普出版社，1969年，第246页。

③ 本雅明致阿伦特，转引自阿伦特：《瓦尔特·本雅明，1892—1940》，《政治生活》，第294页。

槛，其上的天空中这些黑白相间的无名信使换了一批又一批"①。

在肖勒姆的记忆中，印象最深的就是本雅明是个哲学家。他的思想自然而生，永不停滞，极具个人特色。他或许属于形而上学大思想家中的一员。他的书信纷纷阐释了他对艺术、言语和历史的理论研究。本雅明批评作品巨大的内在力量就来源于他的理论研究，这是一种常新的、敏感的和颇有效用的理论，那些评语表面看似无关痛痒，但总能激起人们的好奇心，并几乎一定会令人们为之惊奇。这是一种标记，一种浓缩和聚集的艺术，它以一种选择性而不是彻底性为基础。作为作家的本雅明在实践方面的步伐是迟缓的，但他对问题采取果断的解决方法，直接研究问题的关键，用特有的敏感性进行探索。他的文本之间的差异性问题正是来源于理论和描写之间的紧密关系，来源于一种合二为一的双重写作。书信中对于理论问题的顾虑最明显的标志就是对认知理论有规律的回归。唯物辩证法是最后的方案，它或许只是为本雅明所厌恶的纯理论的研究方法。当两种互相矛盾的态度交织时，理论的必要性便会显现出来。这两种态度中一种主张突现和震撼，另一种则代表了"经验"这个短语所内含的意义，即传统和时间观。在本雅明的作品中，理论更多的是以**建构**而不是体系的形式表现出来的。本雅明正是通过建构来重新展现他的思想历程。建构在其中起到了组织作用，却没有把素材抽象化；它是有方向、有意识和可改变的重点概述；是一种蒙太奇手法；比起先验的理论，统筹整个结构的理论焦点才是能够独立存在的思想来源和观点。本雅明反对更能够自圆其说、更纯粹但也更抽象的逻辑，他与"法兰克福学派人士"之间的某些误解或许也就由此而生。"形而上学家是真正的行吟诗人，他们具有执着的理性思维。"②这也体现了一种比骑士小说中的贵妇人更高不可攀的理性。如果说各种文学体裁被打上了历史性烙印，并因此被定时定位的话，那么哲学也同样如此。辩证法确定的是一种法则而非一个体系；它为本雅明提供庇护，甚至可以说它是一道屏风，它让位给一种思想，让它去追寻普鲁斯特式的大量无意识的回忆。

---

① 《唯一的意义》，第326页。
② 《通信集》，第二册，第294页。

"人们曾说，克劳斯应该'已经战胜了他自己身上的犹太教'，他甚至从犹太教走向了自由。没有比这个事实更能驳斥这些观点的论据了：对他来说也一样，正义和言语是相辅相成的。欣赏言语——哪怕是德语神圣的正义，这就是真实的犹太教的危险飞跃，他想借此粉碎魔鬼的蛊惑。"①从本雅明的任何一封信中，人们都不会得出他拒绝与生俱来的犹太教这一结论。恰恰相反，这些信件证明了一种专注的归属，让人们看到犹太教在本雅明的历史和思想中的分量。犹太教代表了一种极大的吸引力，一种无处不在的命令。它以朋友、研究和事件为媒介，通过团结的意识，通过传统本身所体现的传统现象的意识，使得这种命令得以实施。取消了耶路撒冷之行，揭示了疑问的关键点之一：如今什么是传统的表意方式？记忆容量极大的本雅明，远离了犹太教与神学短暂和谐的年代，并让一种与自己融为一体的遗产，在几乎是不知不觉的情况下渗透自己的思想。那篇论克劳斯的文章就证明了这种过渡。"批评"是本雅明的几个关键词之一，其灵魂是言语，它试图使对世界和一切事物做出判断的迫切要求能够长存下去。这种判断具有普遍意义，它使得遗忘和痛苦这些被不公平的历史定义为无意义的事物完全裸露出来，并对它们进行释放、拯救和重构。本雅明的第一反应或许是分离，这种分离使他摆脱了神话的困境，摆脱了暴君的恐怖政策，摆脱了融合的沉醉。在这样的视野影响下，在本雅明不同的人生阶段②写的各种文章中，出现了另外一种远方的事物，即弥赛亚的宣告。本雅明的弥赛亚救世主义是一种有限范畴；它并不属于另外一种历史；它不是救世主义的结果，也不是对救世主义的摧毁。相反，它虽然出人意料，但仍然在人们的想象中。弥赛亚的形象中存在一种毫无杂质的纯洁性，这种纯洁性与指称的绝对性有着紧密联系。言语的正义性揭示了本雅明理论和认知的地位基本的和隐藏的特点：不论从概念角度还是从政治后果看，本雅明的理论和认知都具有一种论理学的特性。

苏珊·桑塔格（Susan Sontag）曾制定了一个极具启发性的草案，试图在地

---

① 瓦尔特·本雅明：《卡尔·克劳斯》，赫恩出版社，1971年，第95页。

② 参考《神学—政治片断》，《神话与暴力》，第149—158页，以及《论历史概念》，《当今时代》，1947年，第622—634页。

狱之神的影响下来重现本雅明的鲜明反差。[1]他或许就是地狱之神这种瓦解力量的猎物，孤独、寂静和忧伤就像致命的水一样引诱着他；唯一的脱身之计，就是从美人鱼无休无止的歌声中自拔出来，这是一个要付出巨大代价的持续的过程。本雅明的生活或许就是这场缓慢而无情的斗争。决裂、演变、高强度的研究，作为拾荒者所特有的呆板和顽固的性格，以及来生也一定无法完成的行为，所有这一切仅仅是对敌对的、阴险的举动作出的不那么明确的回应。实际上，本雅明只是在最初强大的**被动性**基础上进行思考。他只是在经历了一段或许是没精打采的，或受到深渊迷惑的偏航时日之后才觉醒过来，并做出反应。"那场病或许是为了让我重新拥有自己的意识而来。"[2]然而，强大的外在性同样也是模棱两可的，它或许是死亡或许是否定；也是宇宙本身、世系和历史，它们在一切认识之前将自己铭刻在身体和言语之上。本雅明的一切努力就在于利用客观化揭开神话的面纱。为了摆脱奴役，他突然出现并投身于一场交锋之中。通过这场斗争，他学会如何拥有经久不变的耐心。正是这种耐心让他永存的信念和忠诚变得更加成熟，也正是这种耐心赋予了他的文章一种力量，使得它们在今天看来仍具有一种奇怪新颖的特质。从某种意义上来说，本雅明需要四处借鉴。但在经历了长时间的考验和脱离了一切背景之后，他使得他所借鉴的东西具有了无可比拟的价值。

城市和历史中的个体；瞬间和时间；一年又一年逐渐熄灭的童年时的磷光，在文本中来了又去；始终围绕同一主题没有终结的意象；布莱希特的那条并不排斥超现实主义或是"神学"[3]思想火花的原则（通俗的思考）以及其他原则同样反映了本雅明张力的要素，这一切都突出反映了本雅明极限的和不可调和的立场，似乎未来之谜就在于这些要素是否能够在不被背叛的情况下被超越。本雅明重新阅读了卡夫卡生平的相关资料，在一封对卡夫卡进行精妙评论的信中，本雅明说他生活在一个"补充的世界中"[4]。或许我们可以说，本雅明拒绝充当替身演员。正相反，他投身到日常生活和他自身历史的时刻中去，并一

---

① 苏珊·桑塔格：《最后一位知识分子》，《纽约书评》，1979年。

② 《驼背小人：1900年前后的柏林童年生活》，《唯一的意义》，第88页。

③ 《论历史概念》，《当今时代》，1947年，第624页。

④ 《通信集》，第二册，第245—252页。

直探索到它们最隐秘的层面；各种矛盾相互接连的层面或许掩饰了本质，但本雅明没有考虑过任何其他的庇护："……有这样一种辩证的观点认为，日常生活就是捉摸不透的，捉摸不透的就是日常生活。因此，只有在日常生活中重新找到奥秘，我们才能够深入地了解它。"[①] 出于同样的考虑，本雅明似乎在酝酿着一个瞬间，一个独一无二的瞬间，它总是接近爆发的边缘，或许它就是真的决定性爆发和最终判断。本雅明心智劳动的结晶在于开发并感受一种极端的力量，这个极端意味着一切都被勒令到场，被提及，被听见，被召回，这样做是为了走出真理朦胧的状态。本雅明经受着深渊和摧毁的某种诱惑。这就是虚无主义，还是对起源无穷无尽的怀念的另一面？本雅明从未离开过矛盾这片土地。但矛盾中并不乏"**无矛盾**"，这或许正是这种固执本身产生的基础，同时作为基础的还有一种从未被本性所阻拦的欲望，欲望喷涌出来，却不具有摧毁性和欺骗性。每条路上都有一些孩子找到了他们的战利品，人们可能同样也会找到，然而这不过是充满和平与光的世界含糊的诺言。"没有任何东西会像一个早晨那样一去不复返。"[②] 但是一个又一个早晨接踵而至，当然，它们彼此并不相像。这些信件通过它们所讲述或让人预感到的张力，展现了原始的冲动和孩童时单纯的恩惠的回声，这或许正是本雅明书信的终极魅力之所在。人们在这回声中存在着而且在众人之间表达着思想。

---

① 《超现实主义》，《神话与暴力》，第311页。
② 《唯一的意义》，第300页。

莫里斯·梅洛-庞蒂

（Maurice Merleau-Ponty, 1908—1961）

现象的抗拒力

哲学用黑白双色作画，就像在绘铜版画，它没有让我们忽视世界的奇特性，人类也在很清醒地，甚至比哲学更清醒地面对这一奇特性，但他们像处在一种半沉默的状态。

《符号》，第31页 [1]

这里，那里，现在，当时的事物不再是自然地处于它们的位置上，它们仅存在于空间性和时间性发出的光线的末梢，这些光线从我躯体的秘密中发射出来，它们的坚固性与被思维审视的纯粹客体的坚固性不同，这种坚固性为内在的我所感受，我处在它们中间，它们就像有感受力的事物，通过我传达信息。

《可见的与不可见的》，第153页

现象学这门新兴科学或许已经走到了穷途末路 [2]。胡塞尔开始抱怨一些致命的异端的产生："几乎所有我以前的学生在研究中都半途而废了，他们对激进主义心怀畏惧，但是对于现象学来说，激进主义是其本质的必需。" [3] 雅克·加勒里（Jacques Garelli）则看到，现时法国现象学如此迅猛地成长，以至

---

[1] 本文主要参考书目：《知觉现象学》（*Phénoméndogie de la Perception*, 1945）、《符号》（*Signes*, 1960）、《可见的与不可见的》（*Le Visible et l'Invisible*, 1964）、《眼与心》（*L'CEil et l'Esprit*, 1989）、《课堂笔记》（*Notes de cours*, 1996），均由伽利玛出版社出版。

[2] 迪迪耶·弗朗克（Didier Franck）：《现象学之外》，《现象的悲剧》，法国大学出版社，2001年，第105—125页；乔斯林·伯努瓦（Jocelyn Benoist）：《没有客体的呈现——现象学与分析哲学的起源》，法国大学出版社，2001年。

[3] 致Dorian Cainrs的信，1930年3月21日。

于这样的总结方式看起来似乎是对一种决定性的离散的委婉说法①。对于梅洛-庞蒂来说，极粗略地看，现象学是一种"样式"、一种获得物和谐的变形，其目的是表述经验的影响和身体在事物中的旅行。这一旅行是通过不断地重新描述我们介入世界的行动来完成的。除此之外，人们对现象学还作出了何种独一无二的回应？或许还有就是现象学让人们触摸到了存在的厚度，这种存在如此含混，以至于意义既有可能从中显现，也有可能无可救药地瓦解，任何外在的保证都无法支撑人们为在这一厚度中定位所作出的努力。梅洛-庞蒂从一开始就与"自在"和"自为"之间一切形式的对立划清了界限，后来更是这样。这是一种"朴素的本体论"的对立。他认为，首先有"沉重的存在"、我与非我、自然、传统和文化这些已建立的事物之间难以厘清的交织。梅洛-庞蒂借长文的《哲学家和他的影子》向胡塞尔表达敬意。②作者以"远离的观众"的身份写作，但文章仍流露出清晰可读的感激之情。文中有精辟的言论：先验的分析，缩减和意识力量被赋予的最完整的影响之所以有这样的价值，只是因为它们在我们之外和之前带来了影子，它们是事物的一种坚定的特性，是难以企及的本质。忘记影子，思维就变得像在梦游一般，仅满足于平凡的事物。这里的影子就是胡塞尔的"非思"。这种对事物的把握和对现象的相抗对于我们来说是一种任务。"非思"并不是更高层次的领域中的新事物。不正是非思将我们以**另外一种**方式带回事物和我们自己中来吗？

那么什么是现象、现象的显现和现象化呢？这或许正是梅洛-庞蒂所关注的问题。它是螺旋式的疑问，是哲学的灵魂，是"理智的最高点……我们脚下土地的流失，疑问……一种持续的惊愕状态……"③"独特的追寻存在的方式……我们的问题的无声对话者"④。如果说某种程度上这个问题更多的是一种惊愕，那么它同时还对思想或事物中的一切即时因素进行否定，并为它们设置距离："哲学就是对理想化事物和偶像的摧毁，它的重生并不是回归任何人都未曾见过的空想中的即时性，而是回归不可分割的存在与虚无。从

---

① 国际哲学学院：《复数现象学》，2002年。

② 《符号》，第201—228页。

③ 《眼与心》，第92页。

④ 《课堂笔记》，第356页。

某种程度上来说，我们经历着并因此了解了这一不可分性。"我们应当怎样评价包围着我们的"远方事物的存在"？如果说"不可见是对可见的突出和深化"，而可见将我们定位，带走并扩大，让我们重新回到一种不可超越、负有责任的孤独状态，并使我们承担起只有我们才能独自承担的任务。那么被更新了的可见又是什么？

在法国的现象学界，梅洛-庞蒂占有与众不同的地位。他认为描述固执、细致而具有丰富的内涵，像是与事物隔着一段距离；它们或许是闪光的，并越来越像突然到来的事物一样起到震撼的作用。但它们可能缺少列维纳斯描述的光泽和悲怆感。列维纳斯对现象的关注是最极端的，但他同样也经历过与一切现象性和粗暴的限制的决裂，从某种程度上来说，这种粗暴的限制使得人们硬吞下世界悲剧的混乱带来的恶果，这只能用所谓世界的自满来解释。在梅洛-庞蒂看来，存在是开放的，世界是自在的。这是否意味着对事物的残酷性以及存在的欺骗性和自身的中立没有知觉？正是出于这种中立，使得一切事物因为被理解而被原谅。梅洛-庞蒂沉思的风格使得他处于隐退状态，但一种张力和暴力驻扎在他身上，这使得那些学院派的优雅举止烟消云散，因为后者怀疑一切不具有明晰性的话语。对于明晰性的肯定并不是对疑问的拒绝；它始终承载着疑问。如果说在梅洛-庞蒂身上能够找到悲怆感的话，它或许就在于腼腆和距离——他在柏格森身上发现了"暗藏着反抗的温和，空想中的赞同（l'adhésion songeuse）和无法反对的呈现"①。——为了获得自由而挣扎的不可平息的巨大力量。"这些人想占据统治地位，正如在这种情况下适宜的那样，悲伤的激情涌荡在他们心头。没有任何类似的东西威胁着我们，如果我们能够启发某些人——或许多人——让他们珍惜自己的自由，不要将它与其他东西交换，那我们就是幸福的。因为它不只是他们的东西，他们的秘密，他们的欢乐和拯救，所有人都对它感兴趣。"②一定是这样一个事实让胡塞尔也受到了震撼和启发：要在哲学上做到诚实，必须以与本我一同存在为前提，而这总是一场战斗。"与自己和为自己斗争，这样使人变得真，而在认知领域尤其特殊，这样

---

① 《哲学赞词》，第47页。

② 《辩证法的历险》，第341页。

可以使人们成为真正的哲学家。"①

　　思想的运动同时也是运动的思想。在梅洛–庞蒂于 1951 年之后所写的几篇零散文章的启发下，我们构思了一个有关思想的运动和运动的思想的提纲；将与存在之间的关系定位于联系与分离之间进行研究。当然这种构思同时缺乏长时间的耐性。1951 年后的梅洛–庞蒂正在摒弃《知觉现象学》中对于意识过于排斥的观点②，萨特也曾宣布要这样做，但最终因失去勇气而放弃了："从某一个意义上说，任何东西都没有改变他的论点，从另外一个意义上说，一切都是难以辨认的：他深陷入非知的黑夜，寻找当下被他称为基本的东西。"③这些文章熠熠生辉（列维–斯特劳斯用语），它们经常成为借口，使人们不去考察文章思维的构建，即其严密性。这些文章有时显得十分谨慎，在结尾时显得尤其隐秘，行文节奏紧凑，作者变得兴奋甚至是狂热，以至于预感到了死亡，这使得作者找到了适当的词语，让它们发出闪光并颤动起来，还让他对参考的资料斟酌再三。人们不可能感受不到作者思维建构中的张力，庄重和"基本的"庄严。此时任何事物都无所谓是文本的配角还是主角，胡塞尔、海德格尔、柏格森、蒙田……也无所谓是不是地区性概念。同样，任何东西都不属于政治历史层面，因此也就不同于梅洛–庞蒂的大部分作品。一切都由于对自己的忠实而变得天衣无缝，萨特曾敏锐地发现了这种忠实。

半开放的事物

　　　　……这或许就意味着忘记了他是有距离的存在，这是取之不竭的财富在此时此地一闪而过的显现，同时人们也忘了我们面前的事物只是半开放的，是被揭露的，同时也是被隐藏的……

　　　　　　　　　　　　　　　　　　　　　　　　　　　《符号》，第 212 页

---

① 致 Dorian Cainrs 的信，见前引。
② 《可见的与不可见的》，第237页。
③ 《当今时代》，1961年10月，第360页。

　　真理最"原始"的东西是什么? 最基本的东西又是什么? 使真理产生的沃土又在何方? 从哪里出发才能保证走上笔直的大道? 笛卡尔发挥了我思近乎无穷的力量, 其力量就在于上帝的真实性本身, 但事物只是空间或时间的范围。黑格尔的创造力是非凡的, 因为在某种程度上只是作为自然事物和历史事物而存在, 但是思路暗中的编织使得它们的内部活跃起来, 并将它们框定在一个完全承载了它们意义的概念中。梅洛-庞蒂不停地赞美这一黑格尔的瞬间, 并说他就在我们身后[①]。在对各种本质的直觉感触中会不会发现真? 能否在我们的经验、感情、想象、精神和历史经验的多样性中发现不变的东西? 在反省中难道没有不可减缩的、非反省的东西吗? 在我们经历着的, 还没有形成言语表达的事物中, 难道没有不容置疑地遗留在认知范围以外的事物吗? 梅洛-庞蒂的整个写作就是去面对这种产生问题的二元性: 事实与意义、事实与结构、存在与意义、具有吞噬性的自省态度和起到唤醒与解放作用的质疑。现象学宗师胡塞尔就具有这种二元性, 因为他既走得最近又始终离得很远。感性事物难道不是在抵抗构成的意识吗? 如果不是构成又谈何认知? 胡塞尔怀疑的是, 事物中某种讽刺性的残迹似乎总是向这种意识提出挑战。"有构成能力的意识是哲学家专业性的欺骗"[②]。"现象场是事物(choses)的摇篮。"

　　在进行判断之前, 我们需要更坚定地向后退一步**观察**——"视觉是(思维的)象征功能的基础, 就像使之生根的沃土。这并不是因为视觉是思维, 而是因为视觉是大自然的赠与。精神在一切希望之外需要利用它, 需要赋予它一个全新的意义。**精神**不仅需要利用它来实现肉身化, 也需要借助它实现存在。"[③]正如这一系列简洁的名言所说, "总之, 世界不在我们面前, 它围绕着我们"[④], "在我们周围", "这个世界有一种超验性 …… 我们的目光所要寻找的正是目光底下隐藏在世界超验性中的东西"[⑤]。主体—客体之间的关系不是最"自然"、最原始的关系。与其把世界无限地展开来研究, 不如说它

---

　　① 《课堂笔记》, 第269—355页。

　　② 《符号》, 第227页。

　　③ 《知觉现象学》, 第147页。

　　④ 《眼与心》, 第59页。

　　⑤ 《符号》, 第205页。

是"环境①"，我们浸润其中，却不是其中心。一切意识的突出都是圈套，原因就在于它忘记了这个首要的地点，"我们在世界中存在"，"世界的基础是秘密的秘密"。由此人们学到了"正如实际所见的**事实存在**②"。存在和"总是要么提前要么迟到，但从没有处于现时"的意识之间产生了距离，面对一个有着不同于主体—客体关系秩序的世界，"主体"中产生了一道裂痕："主体在抓住自己的同时逃跑了，或者说在逃跑的同时抓住了自己。"③触摸、观察世界，用身体来存在，这就是知觉的工作。"哲学的绝对知识就是知觉"④。

　　知觉信仰不是别的什么东西，它只是对一种外部的预先赞同，是一种肯定自身的信仰。这种外部既不是从我开始，也不是与我一起开始。其起源只有我的身体才熟悉，也只有它才是这种起源的回忆。知觉信仰存在自发性是毫无疑问的事实，它不会等得到意识的准许以后再发生，但也不会因此而丧失警觉性。知觉信仰不是不假思考的一时冲动；它有与之相配套的批评和对世界的"减缩"："在我能做出任何分析之前世界就存在了，……真相是一块结实的布，它不会等我们作出判断之后才把最令人吃惊的现象占为己有，才去拒绝看上去最真实的想象。……知觉不是世界上的科学，……它是一块背景，各种行动在其上显现出来，它们预先假定了知觉。"⑤知觉信仰是一种肯定，这几乎是从斯宾诺莎意义的角度而论的："我们处在真理之中，明证性是真理的经验"⑥，"这是个近乎疯狂的世界，因为它既是部分的又是完整的"⑦。精神（我们又回到了这个短语）在身体和世界的交织点，即在真的几何地点上找到了自己的位置。外部的任何解释都不是必需的。"现象学就像世界的启示，以自己为基

---

　　① 参考弗朗索瓦·达斯图尔（Francoise Dastur）对这一系列问题发表的几篇极具启发性的文章：《肉与言语——论梅洛-庞蒂》，昂克·玛丽出版社，2001年；以及克萨维埃·蒂利埃特（Xavier Tilliette）极具远见性的作品《梅洛-庞蒂》，赛格尔出版社，1970年。同时也可以参考贝尔纳·哈乌尔（Bernard Haour）没有出版的评语。

　　②《课堂笔记》，第69页。

　　③ 同上书，第69页。

　　④《哲学赞词》，第25页。

　　⑤《知觉现象学》，前言，第V页。

　　⑥ 同上书，前言，第XI页。

　　⑦《眼与心》，第26页。

础"①。休谟坚持以事物的超异域性为支撑点，胡塞尔思考着"存在的零点"问题，似乎一方面一切都丢失了，而另一方面人们又都得到了一切。对于身体来说，世界的事实最初（即在一个被遗忘的开端时）避开了这些强大的反对力量。休谟过于怀疑理性，而胡塞尔对理性则并非十分绝望。海德格尔把意识转移到"此在"中，这绝不是意识的另外一个名称。梅洛–庞蒂把意识植入**现时的**身体中，这种有操纵能力的意向性比由理性支配的行动要晦涩得多，也比它具有更大的意义。我们与外部之间或许存在一种活跃的关系，这种外部不论是像休谟阐释的那样是物质的分离，还是萨特所谓的自在的混乱，它都并非缘起于一种不可逾越的分离。外部与自我之间存在一种原始的近似，这是一种孕育关系。对我来说，在这之中他者确实突现了，与我有着同样的**隐蔽性**和明证性，或者至少有着同样的力量。

知觉信仰不具备任何如斯宾诺莎所看到的第一种类型的知识：这是一种模糊、朦胧、幼稚的第三人称知识，没有以自身为起点的言语。原始感觉或许就是认知的顶点，这是一个独一无二的时刻，一道闪电一下子把所有事物都照亮了，这是一个能够看得见、感受得到并持续下去的浓缩的过程："可见之物对我来说意义并不大，它有着绝对的诱惑力只是因为它蕴含着过去和将来巨大的潜在内容。这些也是它所预示和隐藏的。"②不论是在触摸还是观察世界时，同一种经验的自我组建都是根据两个时刻进行的，一方面是扩张，它让事物颤抖，并将它们从自身内部展开；另一方面则是掩饰，这种掩饰最终归于距离、差距和非占有性。一方面是在光线照耀中"可见事物散发出的光芒，及其内部的活跃性"，在世界不可逾越的不透明性背景下"事物让人感到幸福的活动范畴和它们的神，太阳"③；从某种程度上来讲的世界的生机，背景上形式的运动，和作为感性经验特性的移动——"感性事物始终是开放的"④。它绝不会被缩减为简单的客体，它孕育出时间和空间；不具有固定的同一性，但它是一种必需，就像一座山，或是别的什么场景。然而正是感性使得它处于一定距离之

① 《知觉现象学》，前言，第Ⅵ页。
② 《可见的与不可见的》，第153页。
③ 《眼与心》，第83页。
④ 《符号》，第215页。

外。"感性始终在距离中"①，是最令人吃惊的非融合。我们原以为已经据为己有的东西其实是不可以被据为己有的，如列维纳斯所说，在不可能与之融合的事物中存在着逃逸现象。"感性本体论状态的恢复"②就以这种分开和非覆盖为基础，这并不意味着并列，而是一场区分运动。对于梅洛-庞蒂来说，表达是中心概念，"表达的奇迹"并不是实现表达与思想一致的梦想，而是一种回返的行动，它唤起运动和能够被说出的特殊的融入，并将它们现实化；这不是回归首创意识，而更多的是柏格森所说的对运动着的事物的忠诚。

　　在现象学中，并没有一个优先的理念可以用来描述这一特殊经验，而我们可以有绝对充足的理由在科学或各种其他权威的名义下对其避而不谈。根据一条并不是全无道理的普遍规则，人们把现象学限定在心理学的漫漫尘沙中，这成为现象学从刚产生起就一直挥之不去的阴影。在《世界的散文》中，有一篇文章从各个角度看都具有开幕性质：《他者的直觉与对话》。这篇文章丝毫没有失去新鲜度和它作为开端的力量。梅洛-庞蒂在这篇文章中粗略地制定了将要决定语篇建构的言语的基本规则。作为语言源头的言语什么时候才会存在？我们在内心最深处赋予了语言近乎天生的威力，这或许就是语言具有的所谓能够复原 "全" 的力量。在世界上自发呈现的全向我们的身体开放。语言的**实践**从对全能的思考中脱离出来，把对已定位言语的限制放在前面。这一言语并没有使限制变得贫乏，正相反，它揭示了一切限制的多产性，激发了它的所有创造力，这种创造力正是对真的多样性和鲜明性的忠诚，这两个特性总是被赋予某个个体。这里的个体不是普遍意义上的个体，它是特定的躯体，在此时此地根据有操纵能力的意向性（被动综合）运动来实现空间化和时间化。与世界之间积极的、原始的和无声的联系使得这个身体成为我的，它在这样的限制下揭示了躯体的内在性。"对话，讲述，文字游戏，知心话，诺言，祈祷，辩论和文学，说到底就是这种第二可能性的语言，这种语言叙述的事物或观点只是为了打动某人……"③如果说 "美学

---

　　① "这就是我们称为感性的世界的主要意义所在：与自身总是保持相对的距离。"见 J.T. 德桑蒂，《哲学：赌徒的梦幻》，格拉斯出版社，1999 年，第 91 页。

　　② 《符号》，第 210 页。

　　③ 《世界的散文》，第 7 页。

世界的理念①"真有一种特权，这绝不意味着各种表达模式之间存在着等级。这里更多地涉及说话方式的一种态度："看这个东西"或"根据……看"。对"看这个东西"来说，我们认为客观化是第一位的；而真正第一位的，是"根据……看"，它把事物微微打开一点，让它们在背景上清晰地呈现出来，把它们激活但并不把它们攥在手里，让人们在一种区别中看到、触摸到和听到它们。"艺术并不是复制可见的东西，而是使之变得可见。"②"知觉是让我们一切行动显现的背景"③，它为语言勾勒出一条路，让它陷入感性。作为回应，感性让语言爆发出一种巨大的力量，这使得语言能够识别"感性奇迹般的多重化"，并赋予其意义④。现象学不追求比"极端客观主义和极端主观主义"⑤更微小的东西。我们在经历自身的时候没有错过事物，只有在与事物秘密的，但却可以表达的关系中，我们才能找到自我，在事物构成的世界中我们的相遇就像偶然，但这个世界却是个不容置疑的、谜一般的世界，完全就像我们的身体一样，就像被赋予别人那样被赋予我们，任何一种反思都无法使我们如一次意外一样脱离内身。自我与世界的发展是同步的。有操纵能力的意向性肯定会比表现走得更远。列维纳斯曾颇有预见地宣告了它的"灭亡"。这些半开放的事物不是理性的客体，而是身体的美学逻各斯中的事物，这一点并没有被顺带提及。它们所勾勒和呈现的存在说明了什么问题？

产生裂缝的存在

> 被知觉物的特性：已经在那，不因知觉的行动而存在，它是这一行动的原因而非结果。感觉性等于超验性，或者说是超验性的一面镜子。
>
> 　　　　　　　　　　　　　　　　　　　《可见的与不可见的》，第 272 页

---

① 参考雅克·加勒里的著名作品《美学世界理念入门：从柏拉图的空间到超验性的过分简化和"存在于世界"的现象学经验》，博彻斯内出版社，2000年，第610页。

② 《课堂笔记》，第57页。

③ 《知觉现象学》，前言，第V页。

④ 《符号》，第23页。

⑤ 《知觉现象学》，前言，第XV页。

半开放的事物产生世界，展开世界，它们本身就是一个"开口"，这个词对于梅洛-庞蒂来说十分重要。但半开放的事物同时也是一个缺口。它们在没有背景的背景上呈现了一个无法追忆的事物：存在。它不是装载、扣牢、压紧和锁住的一切。这不是一个密集的**存在**，可以说它也不是静止的。这是一个隐退的存在，从某种意义上来说是双重的，在前来的同时也在撤退着。它不是一个表象，因为在这个存在中我的身体本身能够被完整地感受到；它也不是存在的假象，而是开裂的、破碎的和爆炸的存在。梅洛-庞蒂则用了更多富有表达力的词如"炸裂、裂变"①等来表达这一存在，或许还有一个更有意义的表达："本原爆发出来，哲学应当在这个爆炸、非融合和区分的过程进行思考。"②知觉中的世界消失得如此缓慢，就像一团化作丝缕、变得朦胧的雾，以至于我们所感受到的震撼就是我们的本原，既隔得最近，又有着一段不可逾越的距离。存在的真实经验就是分界和非同一性的经验。

这里，涉及梅洛-庞蒂本体论中的一个决定性的因素。这并不是比母亲的胎腹更温暖和更让人难以割舍的事物海洋的内在性。梅洛-庞蒂对母亲这一形象的怀念经常为人们所批评。这一形象作为首要象征，从没有超越存在的范畴，它具有不会漫溢的内在性。恰恰相反，存在无可置疑的经验最具意义之处正在于走出纯粹在场的迷圈，也即摆脱与拉维勒③的思想有着反常的相近之处的思想。不过梅洛-庞蒂给予拉维勒极大的关注，因为她谈及了他的寻求本身。接触到存在的运动蕴含着并牵引出一条"否定的航迹"④。自从我们被嫁接到影响否定的存在上，这种从内部消融一切可想象的总体性的否定便开始向一切客观的事物回流。因此，任何事物都逃不过产生裂缝的命运，人尤其如此。

存在的经验也是即时的经验。即使是知觉信仰也需要自我的参与和发现，需要面向世界的计划，需要对于感性的赞同。并不是我们的行动产生了知觉世

---

① 《眼与心》，第81页。

② 《可见的与不可见的》，第165页。

③ 拉维勒（Lavelle, 1883—1951），法国哲学家，先后任教于索邦大学和法兰西学院，主要作品有《感性世界的辩证法》《论存在》《恶与它的痛苦》《论时间与永恒》等，在《感性世界的辩证法》中发展了"精神哲学"的观点。——译者注

④ 《符号》，第21页。

界，但没有我们的行动，后者也不存在。梅洛-庞蒂有力地阐述了这一悖论，他的话乍看起来有些奇怪："为了使我们能够获得存在的经验，存在要求我们具有创造性。"[1]梅洛-庞蒂不断强调有操纵能力的、激进的言语，强调身体的行动、风险和爆发力，强调发言。这些强调来源于开裂的存在这一视角，从某种程度上来说它总是事后才出现，总要迟到一点，它从来就不是一个客体，总是比客体少些什么。难以完成的操纵赋予存在经验以节奏，并让它用之不竭，似乎这一经验总是盘旋在自己的上空。"视觉从来都不是被一次性给予的"[2]。对于质疑，"人们不是构思答案来取消它，而仅仅是采取坚决的行动让它行之愈远"[3]。这样的质疑成为这种开放的精华。它无休止地使基础低音产生回响，这是"本体论"历险的声音，是偶然性。这种偶然性不仅仅是"存在唯一的闪现"[4]，作为一种基础的偶然性，它"既威胁到不调和的世界，又使之避免无序的厄运，并不让人们对其感到绝望"[5]，是"震撼一切存在的事物和有价值的事物"[6]的偶然性。

但愿我们被卷入"存在的旋涡，……存在唯一的旋涡和唯一的退缩中"[7]。它绝不是机械的，或许它使得我们能够预感到梅洛-庞蒂用占据他思维的自然观来审视的一切。首先，这不是科学所揭示的各种形式的确定性组织，也不是一种柔韧的物质，而是一种前期的和被克制的力量，一种真相的喷涌和力量，是运动的而非静止的存在。"谜中谜"使人们回想起如海德格尔所呈现的赫拉克利特的"自然属性"，"比一切都更古老的存在"[8]，同时也是如艺术家所发现的一种发展过程，它"总是好像在我们之前就已经存在，但在我们目光的审视下却又呈现出一副新面孔"[9]。"自然就在第一天/今天它就已经在那……原始不

---

[1] 《可见的与不可见的》，第251页。
[2] 《眼与心》。
[3] 《意义和非意义》，第168页。
[4] 同上书，第309页。
[5] 《人文主义和恐怖》，第206页。
[6] 《意义和非意义》，第192页。
[7] 《可见的与不可见的》，第283页。
[8] 《课堂笔记》，第55页。
[9] 《课程总结》，第94页。

属于从前。要在当下寻找世界的肌体……'常新的'和'总是一样的'事物。某种休眠的时间……感性和自然超越了区分过去–现在的理性经验，实现了内部从一者向另一者的过渡……不可摧毁的不规范原则。绝对'感性'就是这种稳定的爆发。"①它没有理性的原则，就像"没有为什么"的玫瑰。既非巨大的生命体，也非无限的客体，而是开裂的存在本身。这种存在向可理解性和操作性开放，但却难以领会，"没有根据的突现"②。我们思想的扎根成为一种奥秘，就像我们的生活本身，并超越生活："我重新发现了自然世界，正如在我手中、眼底，以及我身体所依偎的世界一样。我所重新找到的远不止一个客体，而是一个存在，我的视力成为其中的一部分，这是一种比我的操作和行动更为古老的可视性。"③他在最后几次课时的主要研究对象是"人类的自然历史"，当他思考这一问题时，所涉及的是整个存在，是显现与隐藏的事物交织中的存在。

感性的东西

> 不是头，也不是脚，而是身体。
>
> 《知觉现象学》，前言，XIV

对于梅洛–庞蒂来说，现象学是身体的经验、身体的科学。世界、身体和语言是不可分割的；它们是当下存在的支柱和极点，实际上，以它们为起点，我们出生的经验逐渐建立。我们在浩如烟海的宇宙中感到如此的迷茫，身体如醉舟，载着我们，拖着我们，它是我们唯一的心理方位标；晦暗而灵活的身体充当了领航员，它驾驶着，引领着，铭刻着。它走在一切意识和观点前面，与芸芸众生纯客观的冷眼观察完全是两回事。梅洛–庞蒂走向了极端：身体转向存在，揭示它，并潜入其中，通过这种融合产生了思想，它从来源处了解了自身的建立基础和为它打开一切事物的东西。从着手研究现象学开始，梅洛–庞蒂

---

① 《可见的与不可见的》，第320页。

② 同上书，第284页。

③ 同上书，第165页。

便对他研究身体的方法作了很大改动：客观身体和现象身体间不再是针锋相对的关系，而更多的是感觉着的身体——感性身体的转变运动，是二维的身体，它既是我们寻找的事物，也是正在寻找别的东西的事物。这绝不是分块，而是在被动性与主动性、感知与被感知、"重返自身"与"处于外部"之间不断进行的游戏。身体也不是"所有知觉判断的典型"，而是存在之筋脉搏动的秘密之地。从某种意义上来说，存在通过身体达到了意识。"身体性是存在的考验"①。它让人们了解存在和自我之间"晦涩的统一"："事物和身体是用同一种布料织成的。"②这里并不是原则上的肯定，而是建立在经验的移动状态基础之上的判断。这既不是颂扬身体也不是贬低存在，而是像在手指间和"物质与记忆"间流逝的一种结合。在柏格森一篇深奥晦涩的文章中，我们看起来很难定位，梅洛–庞蒂对这篇文章大加赞赏。普鲁斯特光辉的航迹在可见中无所不在，"普鲁斯特的真理——并不是说一切都是谎言，而这是谎言之中的真理"③，梅洛–庞蒂在普鲁斯特的真理和胡塞尔严格的区分之间打开了他自己的"第三条道路"。

　　"身体是事物，我居住其中"④，"现时的这个身体，我把它称作为我的身体，它是在我的言语和行动指挥下安静站岗的哨兵"⑤，就像"不移动的地球（se meut pas）"⑥。简单而强有力的系统阐述引起了众多人遥远的回应，比如莱布尼茨，这是一种通过具体化、通过一种引力和原则性的限制而建立的具有不可改变的决定性的单子论。这种原则性的限制对什么是我的身体一言不发，后者可能将我流放，也可能将我收拢，让我丢失，或把我保存。但我居住在那里，就这样，立刻向他者和语言开放，丝毫不容我怀疑。首先，他者的强行闯入使我的私人场景成为讨论的焦点，而我从他者身上最先发现的是另一种感受性。"别人的思想对我们来说从来都不完全是一种思想。"⑦他者的奥秘不是别的东西，

①　《符号》，第215页。
②　《眼与心》，第21页。
③　《课堂笔记》，第50页。
④　《符号》，第210页。
⑤　《眼与心》，第13页。
⑥　《课堂笔记》，第156页。
⑦　《符号》，第212页以下。

就是我的奥秘，我的无可置疑的身体，另一个无可置疑的身体，这是一种脱离了唯我论泥潭的身体间性，这里的唯我论除非是病理学，否则是难以长期立足的。

"'我能'和'另外一个人存在'已经同属一个世界"①。从某种意义上来说，我在身体中防备着自己，这种身体的实质是什么呢？是"作为我个人生活基础的匿名生活"②。身体装载着，但这同样是一片令人眩晕的空间，它使得意识在最亲近和最遥远之间浮动。反思最重要的时刻是重复的运动，但它无法摧毁身体的厚度，无法去运动，就好像身体不存在。无可争议的是，身体是我的地方，它向四面八方开放，实实在在地开放。

身体不是惰性事物，而是"视力和运动交织而成的饰带"③。身体的本质是运动机能，一种"我能"，就像精神（l'esprit）一样，是一种直接承载事物的运动性。知觉不是什么别的东西，它是主体—客体关系范围内的一种普遍触觉，一种相遇模式："躯体存在的奇迹表现在主体—客体关系之上。"④当然，区别始终存在，但这是尚未建立的实体之间的区别："感性是通灵之物，无须放置，存在便展现于其中。"⑤身体是"我们生活的方向盘……就像谜一样"⑥。它以无法抑制之势投入事物的洪流中，了解了有着双重家园的存在。它更多的是一种"尺度"，我们通过它发现了世界的高低起伏，发现了不同的维度以及在我和陌生人之间的分割，身体一经切割，就再也不是一个自我封闭的微型世界，不再是对整个宇宙的微缩的反应。身体的运动机能使得它产生了分裂，而不是意识所趋向的认同。

身体是一个被寄居的移动体，也是一个滔滔不绝地自我表达的移动体。但它的运动通向何方呢？其源头又是什么？梅洛-庞蒂没有犹豫：他使得存在成为可能的答案之一。人们通过接触，在一切思维判断之前初步了解源头的区别，这正是存在的首要属性。而思维判断在将这种区别客观化的基础上使之僵化、

---

① 《世界的散文》，第195页以下。
② 《知觉现象学》，第192页。
③ 《眼和心》，第16页。
④ 《符号》，第222页。
⑤ 《可见的与不可见的》，第267页。
⑥ 《符号》，第290页。

凝固，进而毁灭运动。存在通过身体以一种模糊却又肯定的方式达到意识；这就是"在我们身上说话的存在本身"[①]。以什么方式达到这一切呢？身体一上来就对整体开放，它是我对于整体的疑问，就像通向整体的探索。在梅洛-庞蒂那里，这种极为重要的接触遇到了一种结构、一种安排，这令人颇为吃惊。在身体和世界之间，这种相遇并不是在大量彼此相互封闭的事物间展开。它更多的是质量、形式和可理解性间的一种相互切合。当我们开始观察或触摸这种感性经验时，它便向我们诉说在原始的交织中轮流突现的身体和存在分别是什么。

有两个时刻是一目了然的。一方面是对身体一系列不断重复的肯定：内在的整体，近乎奇异的大陆，"匿名的层"，我们自身内部令人吃惊的不在场，在身体浓密和持久的厚度中的去主观化，"对于超越我之上的另外一个主体来说，在我在此之前便存在一个世界。这个主体标明了我的位置。这是一种被俘的或是自然的思维，是我的身体……"[②]这里说明了一个令人困惑的教训，即被赋予感性的客体的逃逸："所谓感性，即不言自明，在沉默中明证的可能性，感性世界所谓的积极性表现得正像难以捉摸的事物，最终能看清其本意的就只有内部被剪切成一个个整体的整体。只是思维比可见之物行之更远"[③]，就像不可见和不可触摸的东西。第一次接触就拉开了与世界的差距，裂缝、与连续性的决裂，两点间形成的反差。我所居住的身体本身在它自己的实践中变得晦涩，拉开距离。自身与自身之间并不比自身与存在之间更具一致性："认同性原则总是缺失的。"[④]一种"非反思"逃逸了，从某种程度上来说，它成形了，并且对一切"反思"无动于衷，它不是这种反思有些可怜的草图。身体是"由一种缺失进行内部加工的整体"。这个差距就是"出生的秘密"[⑤]。

一方面，这种差距不是纯分离、重叠、一种精神分裂症。这是一种张力，它打开了话语表达的空间，后者成为其接班人。话语不是投射，而是一种"扭曲"，一种向自我的回返，它使得"有着双重家园的存在"显现出来；话语是

---

① 《符号》，第225页。

② 《知觉现象学》，第294页。

③ 《可见的与不可见的》，第267—268页。

④ 同上书，第326页。

⑤ 同上书，第179页。

一种把握和反把握，梅洛-庞蒂称之为风格。因此从某种意义上说，这是对侧面的特殊标注，是一种倾斜的观点，从不直接深入看问题，这并非关系荡然无存的分离的非融合；恰恰相反，我们正是从非融合中突然出现的："起源不是只有一种类型，它不完全在我们身后，真实的过去和前存在的重建不是哲学的全部。实际经验并非空洞而缺乏深度和维度的，它不是一个我们会与之混淆的不透明的层。……起源爆发出来。"①梅洛-庞蒂之所以优先研究绘画和文学，是因为它们最先让人们看见这种分裂，在客观世界的同质性之内的非同质性，看到通过丈量和计算聚集到一起的一切事物，看到所有这些"名誉的存在物"。音乐则受到怀疑，因为它有抹杀区别的危险。而对于观点、概念、思维、本质、算法、"真理"，以及一切被梅洛-庞蒂称为"理性之谜"的极佳的表现形式的问题，人们则没有应对的答案，或者说悬而未决。真理的起源问题始终困扰着梅洛-庞蒂，它就在表达的行动中。这是一种完成，通过出现在明显知觉中的事物来实现，同时这也是困在沉默中的身体重新进行的地下历险："言语实现但又粉碎了沉默想达到却难以企及的东西。"②

　　能够进行表达的身体是一种现象化，是"事物"的表现。按照一种看似有些异常的说法，这里的"事物"以这些轮廓出现，"就像芦苇丛中的一张面孔"③。身体与世界上的事物不断进行着反复的接触，变成了"间接"本体论器官。这种本体论通过碎片发生衍射。还是那句口号："对本意的表达涉及无声的纯经验。"④应该获得一切无声的经验。现象学最终将归于本体论范畴，这是不可避免的。

---

① 《可见的与不可见的》，第165页。
② 同上书，第230页。
③ 《眼与心》，第66页。
④ 《知觉现象学》，第253页。

弱小的存在

> "存在，从来都是不完全的……"
>
> 《眼与心》，第92页

关系的另一种表达显露出来。二元性确实存在，但其首要形式并不是主客体之间笛卡尔式的对立或经验主义，它更灵活，更难以把握。梅洛-庞蒂将其称为"交错配列"，侵犯、一分为二、交织、通过套叠和"肌体"。"躯体"对于梅洛-庞蒂来说是首要的。在他看来，这个概念在哲学中的出现有悖常规，它将会是交错配列"结构"最具体的名字，这一结构是存在的关节。这既不意味着融合或统一，也不意味着总是以他者或自身的减缩或牺牲为终结的分离，而意味着一种"晃动"，一种不确定性。它赋予经验以节奏，并从某种程度上来说揭示了存在的"双重面孔"，即它的"奥秘"。

一方面，这是一种未经提纯的、用之不竭的存在，"野蛮的存在"[1]，"最初的"存在，垂直的、笔直的存在——"我想做的就是：描写垂直的存在"[2]：纯粹的、沉默的超验性。"减缩是必要的，也就是说要由我来一点一滴地慢慢揭去这个野蛮世界的面纱。"[3]这个世界上真实的超验性是"堆积，扩散和混杂的时间和空间，其间充满了完整倾向、思想的产生以及普遍性的生成"[4]，总之，这是一个不可追忆的领域，它覆盖了我们对整个世界的经验。梅洛-庞蒂用他所喜欢的怀特海[5]的话称之为"衣衫褴褛的自然"。世界并不是一人完全肯定性的世界。世界中有否定，正如克洛岱尔所提及的沉默："这种推翻本身……不是犹

---

① 加斯东·巴什拉（Gaston Bachelard, 1884—1962），法国哲学家，主要研究现代科学的认识论以及心理分析学问题。主要作品有：《新科学精神》《火的心理分析》《水与梦》《应用理性主义》《空间的诗学》等。——译者注

② 《可见的与不可见的》，第306页。

③ Dastur, op.cit. 注5，第208页。

④ 《可见的与不可见的》，第155页。

⑤ 怀特海（Whitehead, 1861—1947），英国哲学家、数学家。是英国数学逻辑与新现实主义的创始人之一。其哲学深受传统哲学（柏拉图、亚里士多德、斯宾诺莎、莱布尼茨、康德等）影响，反对过分抽象，提倡寻找具体。——译者注

豫、不是邪恶的信仰，也不是糟糕的辩证法，而是回归到符号深渊……这或许就是克洛岱尔的回忆：'对于所有那些为了不再存在而将要存在的事物来说，时间是向它们开放的方法。它是**死亡的邀请**，它使得一切语句在解释性和完整的合约中分解，在符号深渊的耳边不再会有溢美之词'。"①必要性、高度、无法企及性，以及其他一些词都可以用来形容梅洛–庞蒂所断言的隐退："如果说存在应当被揭示，那就应该在超验性而不是意向性面前揭示它"②，等等。如果说存在也有恍惚的时刻，那后者应当是对前者的表达，就像一个双重的身形勾勒出的轮廓。提到这一点十分切中要害："身体站起来，矗立在世界面前，世界也矗立在它面前，它们之间是一种相拥的关系。在这两个垂直的存在之间没有界线，有的只是一个接触面。"③

梅洛–庞蒂坚持认为存在是易碎的，并十分合乎逻辑地认为它是一种交错配列结构，它不断分裂却仍然存在，这是一个虚弱的存在（物），它也是开裂的，衣衫褴褛的："它并不是在黑夜中自在的，与自身具有同一性的存在物，而是一种蕴含了对自身的否定和感知的存在"④，"就像开放的/或内部被切割的存在"，一个从某种程度上来说难以分辨的、隐藏的存在，并不是一种力量，而是"多孔的，让人刻骨铭心的，具有普遍性的存在"。存在的闪现来自存在的不可见性和世界的不可见性，这是弗朗索瓦斯·达斯图尔的断言。在可见性中有一道不可见的斜坡，它赋予可见性以光芒、规模、永久的开端、变形的运动和对一切重复现象的超越。当我们对自己的行动和言语毫不怀疑时，自我和事物秩序的机密协定中藏匿的隐秘意义便由此而生："绝对确定，存在的非对称性、结构与框架都是通过人类而展现出来。"⑤"反思"查封并重组一切，然而虚弱和垂直的存在无须如此便能够使得彻底的思想和存在的运动成为可能。运动永远是第一位的。梅洛–庞蒂有时会赋予它一个说法，这一说法虽然令人吃惊，却能够正确地表达他所试图揭示的道理："真正的哲学等于把握一样事

---

① 《可见的与不可见的》，第233页。
② 同上书，第263页。
③ 同上书，第324页。
④ 同上书，第312、304页。
⑤ 《符号》，第228页。

物，这样使得事物走出自身就是回返自身，并反之亦然。对这种交错配列和翻转的把握，就是思想。"①

梅洛-庞蒂在经验论和唯心主义之间探索着"另一种纬度，这其中主体—客体间的区分成为问题"②。一种双重的逆转产生了。我们认为存在已经被减缩、被遗忘，但是它又带着一种模，在磷光和闪烁中发生回返，这种回返尽管无用却不可避免。我们在世界上所得到的经验、我们对与他者之间的特殊关系的反省，都使我们面临着一种不可减缩性，而后重生，与意识、理性和占领事物的最强烈的欲望背道而驰。主体与他者之间的关系就像是逐步分裂的力量是巨大的，但也是有限的。它处于一个身体中；在全面构建中失败，而后在这次失败中重生，并在差异中重新找到一个世界。这种差异切割并召唤主体。这里的自然意识失去常态，在它面对的所有事物中，它总是更喜欢客体。"意识被蒙骗和颠倒是不可避免的，原则上说，它从**另一头**审视事物，轻视存在，更看重客体。也就是说它与存在（物）决裂，将存在置于它所否定的否定之外"③。真理的另一片风景从平地上升起、展开，就像一个早晨。一些悖论在这种对于事物的新观点中突现出来。毫无疑问，它们向人们展示了梅洛-庞蒂思想起伏的曲线。

一方面，我们与世界和他者之间隐藏在回忆中的最具体的接触是一种偏移中心的运动。铭刻在我们身上的这些标记就像原初的伤痕。人们并不掌握什么；他们被带到欢乐、悲伤、陌生和蜕变中，这些是他们无法驾驭的东西，但他们并不因此而产生怀疑："……事物拥有我们而不是我们拥有事物……言语拥有我们而不是我们拥有言语。"④**感性**经验在它最隐秘和最深邃的开端时就是这种奇怪的但又是可以理解的转移，就像许多目光注视着世界，使我免于陷入疯狂："不是我们在知觉，而是事物在那里被知觉——不是我们在说话，而是真理在言语深处说话。"⑤出乎一切意料之外，感性颠覆了对于世界的看法，转移了世界的中心。"对世界的感知性开放，其性质中更多的是剥夺，而不是占

---

① 《可见的与不可见的》，第252页。

② 《符号》，第205页。

③ 《可见的与不可见的》，第302页。

④ 同上书，第247页。

⑤ 同上书，第239页。

有。它并不想独占存在。"① 我所构建的客观秩序建立在一种更古老的秩序基础之上，即现象的、出现的秩序。它对于主导性话语不是那么顺从，因为从某种程度上来讲，它使得一种起源的观点发生震动，我不是这种起源：当本源被遗忘，而身体和世界共存时，思维就变得绝对，成为胜利的言论，就像"一切理性的故国"②。本体论领域既非"面临绝对他者的恐惧或人类本位论的要求"③，也不是对命运的信任，它实现了从自我向自我以外的他者的转移，梅洛-庞蒂对此深信不疑。

另一方面，对中心的偏移不会通向另一个并列的世界，从某种意义上来说，我占据着这个世界的位置，它使得人们以从我出发之外的另一种角度来审视事物。对中心的偏移把我们更深层地推向自我，使我们获得说话和行动权利，"把偶然的历史抓在手上"④，这是一部"噩梦与困倦之间"⑤ 的历史，是"唯一一出我们不知道是否会有结局的戏剧"⑥。偏移中心的存在无法确保任何神意事物具有确定的意义与和谐；它没有告诉人们什么是应该的存在，而是进行回掷运动。哲学家被重新掷回到"世界中"⑦。由他自己来发现自己的任务，并用一层又一层的灰色勾勒出比唤醒注意力、回忆和疑问的思维经验更加鲜艳、更加突然的共同经验。普遍言论，即可能处于某种处境之外的话语是不存在的。对于所有人来说，存在的首先是"我们出生的荒地"⑧。西方言论通常把自己当作理性的声音，它或许因其理性形式而显得与众不同⑨。但它不是这块荒地，它在对共同经验的"反思"中有着自己的任务；通观其历史，它并不是适当的言语，而是接连含混不清的表达。人们在东方透过一层帷幕找到了它。"年轻人有着'不惜任何代价'追求真理的决心，他们疯狂地钟爱真理。不，我们在这种没

---

① 《符号》，第215页。
② 《知觉现象学》，第492页。
③ 《课堂笔记》，第46页。
④ 《符号》，第285页。
⑤ 《眼与心》，第12页。
⑥ 《知觉现象学》，前言，第XIV页。
⑦ 《课堂笔记》，第71页。
⑧ 《可见的与不可见的》，第155页。
⑨ 《符号》，"到处和无处"。

有品位的事物中已经找不到欢乐……我们不再相信，如果揭去真理的面纱，真理是否还会成为真理……对于今天的我们来说，合适的做法是不要试图看到一切事物的裸露状态，不要想目睹所有事物，理解和'知道'一切。"梅洛-庞蒂领会了尼采《欢乐的知识》一书的含义。他认为这本书极富价值，并满怀欣喜地对其进行评注。现象学在它蕴含的内容基础上有所延伸，它使得人们用另一种眼光来看待事物，事物不是事物，它们是结构、框架和生活中围绕着我们的星辰①。**思想**也是如此，它们不是对被感知事物的捕获："本质在哪? 存在在哪? 如在和存在又在哪? 我们面前从来就没有纯粹的个体，没有不可分割的存在的冰川，也没有时间和地点的本质。这并不是因为它们存在于别处，在我们可及的范围之外，而是因为我们是经验，也就是说是思想，它在其身后感受到它所考虑到的空间、时间和存在的重压……"②

简而言之，这是一种"超级辩证"的平衡："感性的激流"就是"存在，它触及了我的内心最深处，但这同样也是我在未经加工或荒蛮状态之下达到的存在……"，"它不仅仅是事物，也是一切在其中显现的即使是中空的东西，同时也是一切留下痕迹的、在场的东西，即使它们之间存在着距离，就像某种不在场"③——它甚至是陌生的事物，是荒蛮的、不可调和的部分和一种具有操纵能力的否定性。当我们发现绝对的精神并不存在，而只存在时间、地点中的自我时，这种否定性便铸就了我们在世界中生活的厚度和暴力，以及回返自身时深深的孤独，一种在生活、死亡和他者面前坎坷而无可挽救的孤独。梅洛-庞蒂流畅的笔锋使人们淡忘了他那生硬、干涩、朴实而犀利的思想。胡塞尔正是在过多顾虑的情况之下提出了非思，但就像卡夫卡笔下的主人公一样，他停在了门槛上。"我们知道得更多，尤其重要的是，我们从另外一个角度了解了它"④。对于萨特来说，这种崭新的快乐的知识仍然是一种自我的投射；对于梅洛-庞蒂来说，这是自我的担忧，也是自我的缺陷和第二次生命。

---

① 《可见的与不可见的》，第273页。

② 同上书，第154—155页。

③ 《符号》，第215、217页。

④ 同上书，第206页。

埃马纽埃尔·列维纳斯

（Emmanuel Levinas, 1906—1995）

列维纳斯: 现象学与犹太人的世界观

> 只有当我们意识到武力的制约但并不屈从的时候, 我们才有可能去爱,
> 才有可能产生正义感。
>
> 西蒙娜·薇依:《希腊源流》

有些事我们不宜谈论, 因为谈起来很不得体, 甚至会失之偏颇。下面要谈的一种关系就是如此。这种关系不是哲学与宗教间的关系, 而是宗教传统, 即创伤和启示, 与思想自律性之间的关系。思想出于准确性而要求自律, 列维纳斯为此感到极为困惑。不得不承认的是, 列维纳斯具有异乎寻常的研究现象学的能力, 这种能力体现在作品的字里行间, 包括在他的一些短文之中。在其两部长篇论著《整体与无限》(*Totalité et lnfini, 1961*) 和《异于存在或在本质之外》(*Autrement qu'être, 1974*) 中, 这种能力得到了充分的展示。作为具有创新和启发意义的现象学力作, 这两部作品既涉及了方法也涉及了对象。就法国而言, 能够与之相提并论的, 只有梅洛-庞蒂: 他们的著作都善于抓极端, 并进行普遍的揭示, 而且都努力进行"统一"的推理。他们的文章写得很出色, 具有柔性。不过, 即便如此, 我们也不能对列维纳斯作品中表现出的犹太人的世界观熟视无睹。他的这种犹太人的世界观并不是一种外部参照, 而是一种思想渗透。列维纳斯没有把犹太人的世界观作为论据, 也从来没有使之具有神秘的色彩。这里所说的犹太人的世界观, 与喧嚣的、吵吵嚷嚷的、卫道式的或传教士的犹太教不同。在揭示精神之前, 它是个隐而不露的传统, 与自身的躯干一样神秘, 也就是一种文字—写作—躯干。它是一种争取话语权的要求,

不是出于什么意愿，而是早已植根于谱系之中。①但是，令人费解的究竟是什么呢？倒不是因为列维纳斯表明了其犹太人的世界观，而是因为这种世界观有损哲学语言的准确性。在哲学语言中，人们从自己说起，不需要把某种权威作为武器引入到哲学之中。列维纳斯的思想是否就是一种受到保护的思想呢？如果说笛卡儿的著作是一种隐性哲学，对神学构成过威胁，那么我们是否可以说，列维纳斯的思想恰恰与之相反，是一种隐性的"宗教"，而且赋予了哲学语言以巨大的表现力呢？凭借敏锐的洞察力和非凡的勇气，多米尼克·雅尼柯（Dominique Janicaud）破天荒地提出了这样一个问题：在以列维纳斯为代表的法国现象学研究的过程中，是否出现了"神学的转折点"？②对多米尼克·雅尼柯来说，这背叛了现象学，也就是要屈从于直觉，或者至少在不知不觉中听任事先的安排，屈从于既定的意义。③在列维纳斯的作品中，这种所谓的模糊之处激怒或者得罪了一些人。不过，另一些人则从中得到了好处，有如在宗教战争中得到一种武器。德里达是列维纳斯的忠实读者，毫无疑问也是目光最为锐利的读者：列维纳斯……"既不是犹太人，也不是希腊人"，或者更确切地说，"**既**是犹太人，**又**是希腊人"，一种双重的、未被超越的、经过验证的知识，一种更为明显的撕裂。④这些年来，德里达并不想解决这种裂变，而是在某种没完没了的痛苦中，使列维纳斯的复杂性变得名正言顺。这种无尽的痛苦，也就等于重新认识列维纳斯的复杂性本身，因为它永远不能放弃令人难以理解的联系，"它会强迫我们"。这些联系远比任何断章取义、小团体的论断更有意义，更能够说明问题——无论这些论断是哲学性的，还是宗教性的。⑤在德里达这句"它会强迫我们"的精辟论述前面，我还想加上一句"它将不可

---

① 《困难的自由：论犹太教文集》以及若干《塔木德讲义》显然都是"植根"的最佳表现。坚持这种坦诚是幼稚的，只看到其中犹太人的世界观也很幼稚。

② 多米尼克·雅尼柯：《法国现象学中的神学转折点》，艾克拉出版社，1991年。

③ 参见乔瑟兰·伯努瓦：《什么是既定的？思想与事件》，《哲学档案》1996年10—12月。有关现象学问题作为当代哲学的基础，可以参阅让-图森·德桑蒂的作品《哲学的命运》，格拉塞出版社，1982年。关于这一主题，还可以参见胡塞尔对亚历山大·洛夫的介绍《现象学思想》，法国大学出版社，1970年。

④ 雅克·德里达：《书写与差异》，瑟伊出版社，1967年，从写给列维纳斯的100页的文章"暴力与形而上学"中得出结论。

⑤ 雅克·德里达：《永别了，列维纳斯》，加里雷出版社，1997年。

避免地"。这位哲学家顽固不化，特立独行：这里有限的篇幅只是想勾勒出列维纳斯的心路历程，他某一阶段的心路历程。

当今时代，在任何与概念相关的信仰之上，都悬挂着一把达摩克利斯的宝剑：双重真理。哲学研究意味着思想自由。信仰，甚至是"脆弱的信仰"都有可能在自由面前退缩，有可能迁就那些打断他者话语的力量，损害有限性的光辉，拒绝其自满或英雄主义。而一种具有黑格尔色彩的理想主义——无论是有神论的还是无神论的，都有可能失去其意义。宗教也许一向是种盘算，一种超验性的虚幻经验，一种虚假的牺牲品。因为无休止的消耗以及直面禁忌，几乎无一例外地带来诸如色情这样的结果。巴塔耶（Bataille）讥讽的救济院里的轻浮青年、庙宇里的小商贩，以及司汤达所说的"纨绔子弟"，哪有什么忠实可言。①康德曾以优雅的讽刺手法写道：让神学家变得诚实（Redlichkeit）真是难于上青天。即便这样的评价很中肯，并且极富价值，我们能否就此否认信仰的经验呢？——这种信仰可能既不是双重的真理，也不是通过不断地重复一种绝对的、明显的、事先有所保障的真理来告别自己。甚至是斯宾诺莎，也曾毫不留情地批判过任何想象的认识，也就是几乎所有人的认识，确切地说这样的认识都只把自己视为源头，其蔑视并不存在：因为直接地实践正义与博爱，毫无疑问会使人走向上帝；上帝的真知并不是属于某个哲学家的特权，或者说不是属于少数哲学家的特权。列维纳斯带着对宗教的这种记忆，似乎无法逃避令人难以察觉的分裂。这就使其哲学出现了疑点，因为他的哲学里显然带有神学的背景，在列维纳斯的著作中甚至有过分的言论。列维纳斯严肃且苛刻，具有近乎不公正的挑衅色彩。他毫不留情地以最纯粹、最超脱的神的名义，深刻批判了各种神学以及各种圣物，而且由此为犹太人的世界观赋予了异乎寻常的特权。他认为，犹太人的世界观没有其他任何宗教的糟粕和分歧，犹太人的世界观是宗教的真理和哲学的真理。

列维纳斯的作品远远不只是一场胜利，而是表现为一种更为谦虚的不断体验，是写给那些**为他**的事物，而不是写给那些**智者**，很明显也不是写给那些坚

---

① 我们必须用"蓝天"的虚无性来替代上帝。

定的**信徒**。列维纳斯**转移**了话题，因而触怒了他的信徒们，哲学家和异教徒感到不悦，同样，教徒也感到不悦。

斯特拉斯堡、巴黎、法国与现象学

清醒与觉醒

我们只需阅读列维纳斯 24 岁时的早期著作就足以了解，他投身于哲学语言的研究是为了揭示思想控制与虔诚不再自相矛盾。[①]他的文字生动如画。那么，何谓思想？它是对世界的适应，是对世界的安排。列维纳斯从胡塞尔和海德格尔那里初识现象学，其中的狂喜不言而喻。与现象学的相遇使列维纳斯明白，精神实质与**外界**是如此的不能分离，就像是在现象学基本定义中被着重强调过的那样，例如在意向性中：在我们内心最深处，**精神实质**是一种关系、一种开放性，只有在不断地与外界交流的过程中才能达成其自身。所有的定义都是来自这种最初的交换。而矛盾的是，除了自我与自我间的密切联系外，哲学还可以从自我、理性、依据世界而形成的世界"观感"、世界的扩张以及知识中生发出来。

对于列维纳斯来说，这种经由现象学走进哲学的方法很快就练就了他富有才华、受控于语言的研究方法和审慎的注意力，后者要求一种灵活的写作以便应对以一定结构组成的冗长的感受，应对绝对理念的神秘联系，应对理性不可比拟的神圣。此时，每个人都站在自己的立场上讲话，同时又对他者讲话。论证就是对话，批判就是断言。哲学写作是一种无限的节奏，保持着在语言中尽可能展现**每个人**的力量。没有任何外部的力量能够支配其法则。列维纳斯敏锐的分析，来自他令人惊愕的对于所写事物和所陈述内容的关注，以及对于所指意义中超出意义的重视。[②]

在列维纳斯的作品中出现的理性，总是被超越其笼络能力和驾驭能力的事

---

① 参见《胡塞尔现象学中的意向理论》，弗林出版社，1963 年第二版。或《海德格尔与伦理学》，1931年；《和胡塞尔、海德格尔一起发现存在》，弗林出版社，1967 年。

② 列维纳斯谈及每位作者的时候，这种受到神启的虔诚便转变成描写人物的艺术，例如，在《专有名词》中阿格农、布伯、策兰、德罗莫、杰贝兹、克尔恺郭尔等。

物所要求。理性在其行为中自主地学习，学着对那些超越了标准，超越了直观的**超验性**知觉，或是表现得更为敏感的无限性的语言自主地学习。它自主地学习，不再作为一种意向性，而是作为对陷入深深泥沼中的现实的**见证**。《以胡塞尔为基础论清醒中的意识》[1]（*De la conscience à la veille à partir de Husserl*, 1974），是一篇绝妙无比的文章，阐释了理性内部极其强烈的趋势。例如，论述理性的章节"暗夜深处"，就像他可以凭借其关注发现启示的内容本身，一种如烈焰般的理性："无意向性的清醒，但只是在其清醒的状态中不断地再度苏醒，为了达到比自我更深刻的境界而从其同一性中清醒过来。"[2]这种极端的差异并不是"启示"的补充部分，相反，是缺失的部分，似乎这种差异是在衰落或消失的风险中变得日益明显："警觉性——在觉醒中的清醒——表示对同一性的背叛，这并不是指同一性的消亡，而是指被后来者替代——无论是有序的，还是无序的，理性在其中不再是种认识，也不再是种行动。而他者使得理性从自身状态中跌落……理性与他者（近似于后来者）之间建立了一种伦理关系。"[3]这样，通过严肃地使用语言，通过理性语言所消耗的一切，同样也通过语言所提供的无与伦比的、新鲜的事物，一种表达方式的"仪式"就服从于人类的责任，即获得启示。那么，哲学是不是等同于摩西十诫中的第二诫呢？

饱和

理性由此走向了边界地带。这边界不仅仅限定了超越部分的范围，同样为仅够自己享用的内在性域划定了界限。但理性的能力并不止于此。列维纳斯写过一篇仅30多页的短文《论逃避》（*Del l'évasion*, 1935），但一直以来，这篇具有萨特色彩的文章的光环都被后来的《整体与无限》和《异于存在或在本质之外》掩盖。在《论逃避》中，列维纳斯完美地指出了这种指向研究本质的极限[4]，我们可以从中品出许多怀旧的意味。忽然，唯一进入躯体的理性显示出了

---

① 《论到观念中的上帝》，弗林出版社，1982年第二版，第31—61页。

② 《以胡塞尔为基础论清醒中的意识》，第51页。

③ 同上书，第60页。

④ 《论逃避》，法塔·莫尔加纳出版社，1982年。本文由雅克·罗兰翻译并注释。

存在的寒冷、孤独与疲惫。①所有对精神和对肉体的赞叹也因此失去了价值，只剩下厌烦抱怨的人们感到一种任何反抗、任何英雄主义都不能减轻的苦闷，即使是顶撞或欠清醒的方式也不能使之减轻。在冬季的冰期到来之前，秋天忍受着，坚持着。黑夜与沼泽的阴暗气氛，"本体论的青绿色水流"，汩汩的水流声不是哀悼——因为我们一直继续存在于普遍的存在之中，生存者和已逝者同样冷漠地存在着——而希腊人在地下世界的忧伤，也是从这个世界开始。人们变得冷漠，因为躯体不再是愈发沉重的躯体，而且再也不能以这种形式存在了。唯一延续下来的，是如洪荒中的那只鸽子一样脆弱的希望、逃避的希望。这种希望超越了生者的焦虑不安，超越了生与死。在《论逃避》中，死已经变得无足轻重。问题在于生与死的外在性。这种有关外在性的观点是指向乌托邦式的外在性，对于列维纳斯来说，是"人类自身的形而上学"②。它并不是秘密的卫道，为某个没落的宗教牟利而存在，而是从人类自身揭示出的一种意义。这种意义在所有奖惩观点之外，而存在于对既定现实的穿越、压迫以及即时性中。**思想**，思想的空间，曾经一度超越了其他所有领域，如计算、尺度、恐惧以及"摩西式的"颂扬。对"另类"的形而上的渴望，则揭示了存在者身上还存在的自然存在之外的某些东西。自然存在"不思考"，因为它对外在性一无所知。③它并不是没有意识，但其意识"是一种没有疑问的意识"④。《整体与无限》的第一部分是对有生命自我的精彩的现象学论述。列维纳斯在此处更多的是坚持自我的极乐时刻，唯一的激情时刻。这一时刻恰当地在自我走向边界之前，对其进行了认定。在这种边界上，对自给自足的严厉控诉**并不是**对自我的毁灭，而是通过存在之外的他者对自我进行颠覆。

《论逃避》这篇内容丰富、文字优美的文章是关于被放弃的存在以及在存在中放弃存在，而其中自我并没有被忽略的问题。恰恰相反，自我一直处于被

---

① 关于疲惫作为存在的基本现象的存在，参见让·路易·克里汀的《论疲惫》，子夜出版社，1996年，第172页。

② 出自梅洛-庞蒂的《意义与无意义》，同样出现在《自我与整体》中，1954年，载《我们之间》，第25—53页。

③ 《论逃避》，第25页。

④ 同上书，第26页。

困扰的状态。因为身体已经用尽前途，它苍老地、无意义地而又没有未来地存在着。此时生与死都已经无足轻重。贝克特出色地描述了这场没有尽头，或是无尽地生存而无法摆脱的葬礼。而事实上，直面死亡与应该死亡的感觉是完全不同的。尽管如此，列维纳斯从未隐藏过他对海德格尔的崇敬和亏欠之情，他认为海德格尔对于死亡的思考，是"本世纪最有影响力的哲学思想"。在海德格尔的著作中，后来由于本体论的差异以及存在与存在者之间的差异而导致的迂回，并没有从"向死而生"的戏剧化现象学中带走什么。后者在《存在与时间》（Sein und Zeit）中起到了支配性作用，而其中"存在者"是面向那些自柏拉图的形而上学著作诞生以来就洗耳恭听的人。列维纳斯对这种现象学始终铭记在心①。死亡就像是存在中心的反抗势力，这股势力如此强大，以至于所有的消遣和慰藉——无论这些消遣和慰藉是来自可见世界还是来自不可见、不确定的内心世界——都无法对它产生任何影响。在人类所有的可能性中，死亡是"不可能中的可能"，也就是毫无保留的消失，至少我们会基于有限性而隐约地感觉到死亡，亦即基于适合于我们的唯一一种观点而感到死亡。死亡并不是对自我的侵蚀，它是自我作为存在的终结，是自我身上的存在的消亡，是虚无的降临，而虚无若不是一种想象，则没有什么事物可以被称作存在或存在之外，在我们眼中隐约出现的外在事物中，又有什么是不可能的呢？死亡并不是一种过渡或是改变，也不是我们想象或希望存在于我们自身形象之中的变体。它并不是严重的事故或缓刑，而是所有自我表征的毁灭。随着**自我**的死亡，一切都坠入深渊，势不可当。对海德格尔来说，当今的哲学产生于对这种绝妙的限度的认识中：非存在的粗暴性突然出现在自我身上，这即使不是表面的效果，也表现得似乎什么都不存在，也不曾存在过。1929 年列维纳斯出席达沃斯会议期间，罗森茨维格不顾海德格尔的傲慢，从他的作品中，而非在卡西尔的理智主义中看到了现代思想的起点。②死亡的绝对强烈性，使得出现在我们面前的可能性又退回到了有限存在的范围**内部**。存在无处不在，它是一种超越性的运

---

① 我们还可以在列维纳斯1975—1976年最后的精彩讲义中看到这一点。雅克·罗兰曾小心翼翼地将其整理为《上帝，死亡和时间》出版，格拉塞出版社，1993年，第278页。

② 罗森茨维格的《救赎之星》中有关死亡的最后一部分明显地启发了列维纳斯。

动，与其说它是对死亡的挑战，不如说是死亡的另一种形式。

面孔

正如哲学中的一贯情形一样，作为哲学家的列维纳斯，只有被付诸文字、被完全理解时才能产生影响力。他关于面孔的"理论"，只有被应用于情感心理学的时候，才能具有决定性的力量或是强度。与他者之间的关系显然遵循着"情感"的秩序，这种关系既不是构建或推理的，也不是既定或强加的，但从来不会缺少对强制性的认识。没有人从一开始就被迫接受作为表现者的面孔，或是接受面孔的语言。现象学的模糊性也就在于此，这种模糊性在胡塞尔、海德格尔和梅洛–庞蒂的作品中显而易见：已知条件并不具有不容置疑的实证性，也不是自然而然的事实。在对初次提到的事物进行坦率陈述的过程中，并不存在证据，只存在言语的丰富性与一致性。在现象学中，作为原则或开端出现的内容，并不像亚里士多德作品中的存在、斯宾诺莎作品中的物质、康德的批判或黑格尔的精神实质那样，具有集中的、某种程度上先验的绝对性。其中的线索是感性的经验以及感性所浸淫的模糊状态，但是在这种模糊状态中也存在着理性的"秘密构成"，而理性本身事先并未被限定。

在列维纳斯的作品中，正是他者的面孔，像面孔一样的他者——这个在哲学中的全新事物——阻断了同一的延伸，扰乱了其不断的重复以及将自我融进他者中的能力，这种能力就像大海或森林中蕴含的最强大的自然力量。在列维纳斯的作品中不存在本体论的善恶二元论。简而言之，列维纳斯眼中的存在显然比我们以为的存在更为宽广，且具有并遵循着自己的秩序。但是形而上学的欲望出现了什么变化呢？列维纳斯将面孔精确地描述为一个道路的交叉口，在存在的不可否认的力量中，混入了一种他者性**感性**的谜，同时，他者性中充满了与生存的力量、能量、**本质**以及表达相对立的一切。① 列维纳斯在对面孔进行

---

① 在1974年海牙尼浩夫出版社出版的《异于存在或在本质之外》中，列维纳斯发明了 "essance" 这一术语。"essence" 这一术语，我们不敢将其写为essance，因为essance将es-se与ens区分开来，将存在的过程或事件、存在与存在者区分开来。"（《异于存在或在本质之外》，第3页，注释1）列维纳斯坚持认为，存在是一种行动。笔者曾对此著作进行专门论述，见居伊·珀蒂德芒热：《埃马纽埃尔·列维纳斯——在外面，永不回返》，参见《对他者的回应》（全集），纳沙特尔市：拉·巴高尼埃尔出版社，1989年，第71—95页。

描述的过程中增加了侧面描述（Abschattungen），而且从未忘记让人们从中看到其特性：现象与非现象，存在中的呈现或存在的呈现与存在之外，甚至可以说是其他"事物"，或者说是"差异"。①

　　一文不名与高高在上，出身卑微与尊贵显赫，不断抗争与脆弱可笑，哀求的话语与形成法律的话语，有形与无形，存在与缺失，显现与非显现，这些元素并不像所有的可被感知的对象那样（如花朵、天空、海洋或是康德哲学中的超越感受界限的对象），可以利用新视野中的能力：面孔是**他者性的显影**，是它所经之地，是它的圣母瞻礼图，**因为**有一双眼睛注视着自我，有一句并非出自我之口的话语，有一个自我并不在该处，并且永远不会在的起点。对于列维纳斯来说，他者性并没有得到有效的证明，即他者性与自我、与上帝——通常类似于一个扩大了的自我——之间不存在根本差异，它们通过与他者相遇，轻易地表现出他者性。但他者并不是自我，而且永远也不可能是自我——没有他者的一席之地——自我，隐没在本体论的无限寂寞和冷漠之中，除非我能够在**其他**事物中，而非在近似矿物的、布满石子的存在力量中，完全找到或失去自己。

　　如果我们拒绝接受这种与他者之间有直接关系的经验，拒绝相信已被经验证实的知识，拒绝对海德格尔术语中"本真存在"（Ereignis）的感知，那么，列维纳斯的著作也就不足为信了。②本真存在中包括到来之物、归属于我之物，以及从别处凝视我之物。"辩论"并不是既有的超验性想法的"幻影""图像"或"反映"。上帝的存在于人类的**经验**中得到肯定或否定。《圣经》与伦理传统的相似性是接受这种经验的特殊性的前提，而伦理传统是建立在前两条戒律平等的基础上。从列维纳斯的哲学作品中，可以看到一种近似于压力的确定性，即后者并不是对前者的证明，而是前者的基础。世界是基于与他

---

　　① 论及面孔展现与非面孔展现之间的极性时，列维纳斯谈到"他人本体的光荣"，《我们之间》，第45页。在众多对面孔的介绍中，一篇1988年才面世的文章这样写道："无论是否注视着他我，'他都看到了我'，我必须对此作出回应。我将那些在他人身上注视着自我的目光称为面孔。面孔在背后呼唤一种态度，这种态度展现在其面孔上，在它的放弃、不抵抗、必死性以及对古老责任的呼唤中展现出来，就像是世界上唯一的被爱。"（《我们之间》，第257页）

　　② 海德格尔：《在通往语言的途中》，伽利玛出版社，1976年，第28页，注释8及其他。

者的关系而存在的，他者给出了与上帝的关系的正确方向，其中，居于首位的是由恐惧所引起的想象。

从这些早期结论中不难看出，在其双关性与事实性方面，有两个系列是必不可少的。

一方面，主体性不再是自我意识中的主要特点，或是在自我意识中自我的处境，也不是自我的知识或自我的占有物。这种变化并不是以失去自我的独特性为代价的。相反，自我的独特性在这一过程中得到了加强，并不是通过自我对其自身的肯定，而是在他者对自我的认可中得到加强。他者将自我本身引向了另一个自我，而这一点是自我本身做不到的。自我被剥夺了主动性，却保留了责任感，他与戏剧中作为中心人物的专横跋扈的帝王不同，戏剧中的帝王通过其"本质"的呈现而显得活跃。自我是"宾格形式"，是"本我""脆弱""罪恶""激情""顽念"，它总是姗姗来迟，从未及时出现。但是这种体系并没有废除本我，反而使它具有了一种持续性，一种其他任何存在都不能赋予的"物质性"。由于他者的存在，我们不再仅仅被限于存在及其表现形式中，我们首先是被限于被督促、被呼唤并且不能被他者所替代的自身当中，在一种无休止的有限中备受困扰，同时陷入无限之中，却对无限性一无所知。自我止于"静止"之中，但并没有削减其行动的职责。这一点无关乎思想，而与**感知**有关。《异于存在或在本质之外》这部作品通篇都是对自我的着力展现，而自我本身只是对自身的"歪曲"，就如同持续刮来的风使山中的树木倒向一个方向，继而使其被侵蚀。但是在整个被他者否定的过程中，这种缩减并不是毁灭也不是麻痹；相反，这种过度的展现将自我引向了最高程度，甚至超越了其自发所能达到的程度：**经由**他者实现的自我牺牲是一种某种程度上已知的善甚至是被强迫的善，尤其是在被满意消除的状态下。列维纳斯一直对西蒙娜·薇依持严肃的态度，他毫不犹豫地重新审视她那最为大胆的神秘言论。[①] 在这些言论中，

---

① 所有引号内的词语均出自《异于存在或在本质之外》，这些词语并没有用完《异于存在或在本质之外》中各种主题名称的储备。我们可以引用书中一页特别精彩的内容："在本我身上，正如在本我流放的踪迹中，也就是说正如从本我中解脱。"列维纳斯引用西蒙娜·薇依的话："父亲从自我中剥离出肉体和灵魂，为了用它们构成'你'的事物，并且使得自我仅仅通过这种剥离而永远存在。"(《异于存在或在本质之外》，第76页)

善与剥夺合为一体，人们在失去自我的过程中毫无选择地变得更为接近自我。我是一个善良的人，但是我并没有意愿想要成为善良的人，甚至也不知道自己是善良的。只有这样我才能够具有善良的特质，这是通过从善行中得来的赠予实现的，而并不是通过使自身变得高尚来实现。在这一点上参照斯宾诺莎的观点是很合适的。但是在这里起决定性作用的并不是物质而是邻人（prochain），这一概念要比物质更为审慎，而对于本我来说，"邻人"这一概念比"自然的"更陌生、更遥远。自然仍然属于斯宾诺莎所指的物质范畴，是自我通过无所欺骗并能够给予快乐的自我而重新认识到的一个世界。

另一方面，他者的伦理学包含一种**批判力量**，在列维纳斯的著作中很早就涉及这一点，甚至在理性觉醒以及作为觉醒的理性的论述出现之前就已涉及。我们来引用一个非常重要的章节，虽然它如今已成老生常谈。在列维纳斯看来，"当今时代的精神危机"是源于我们不能够赋予超验性一个表明其概念的内容，这里涉及没有自我批评的启示宗教或者是那些通过大胆的斯宾诺莎主义而变得纯净的宗教。

1954年，在明显带有过渡色彩的《自我与整体》①中，列维纳斯以不甚明确但高度概括的、讽刺的方式证明，社会暴力的挑衅、人类世界中的暴力和犬儒主义，是启示宗教信誉扫地的真正根源——在这个世界上，受害者成千上万地消失或正处于消失的过程中，世界的历史比以往任何时候都更像杀气腾腾的"战场"——正如黑格尔基于某些"土地所有者"的利益而提出的。为什么会这样呢？因为在上述根源中，超验性表现出对这种暴力的宽容。"启示宗教所提供的本体论纲要试图要调和这些矛盾。"②本体论的表现又引出了什么呢？一种与超验性相似的、具有密切关系的事物，它可以在其他词中间拥有这样一个名称：爱。由爱产生的关系被置于一切关系之上，而这种关系过于重视自我行为中所包含的不可饶恕的错误，但行为的结果又经常被自我忽略。自我并不能以最纯粹之爱的名义在这些错误的结果中洗清自己，而纯爱则通常被认为是自

① 《自我与整体》，1954年，载于《我们之间》，第25—53页。
② 同上书，第30页。

我行动的缘由。"爱并不包含社会现实。"①"宗教危机的原因就在于一种意识，即社会中充满了爱……虔诚的意念、对罪恶现实的遗忘。"启示宗教的双重缺点在于：坚持"内在的社会"，但这种社会只存在于善的辩证法之中；相信"出离上帝"的可能性可以带来一种更为高尚的观点，马上就可以为对抗社会混乱的行为洗脱罪名。此时，与居于本体论"中心"的爱的至高的超验性相比，犯罪的影响力要小得多。这篇具有隐秘的反基督教性质的文章，其意义略显单一，但是列维纳斯坚定地提炼出了本体论角度的上帝，也就是超验性的通俗体现。从某种程度上讲，上帝已经开始上路了。简而言之，上帝并不是内心深处的你，他就像是迷失在人类苦难的面孔中："上帝首先应该是一个对话者，是一个他者，也就是说，他是任何人，而后才能成为上帝。"②面对历史的毁灭性暴力，诸多神学言论都是伪善的安慰，是不适当的补赎，是关于"上帝是什么"的谬论。上帝在许多人眼中是非常重要的，而另一些人则认为上帝无足轻重。对列维纳斯来说，并不存在"无神论的人文主义戏剧"，这种戏剧是"信仰人文主义者的戏剧"。启示宗教是对过分的暴力及其制度的顺从的一种简单适应；人们已经习惯了超验性。

但是，启示的宗教动摇了这种习惯。在一篇震撼人心的文章《哲学与宗教》③中，列维纳斯对让·拉克鲁瓦（Jean Lacroix）进行了善意的反驳。他指出，让·拉克鲁瓦又回到了当今时代的精神危机的问题上来，而且试图用三本书阐释和超越这一问题。这些文字对列维纳斯所有的观点进行了复杂的综合，但我们不能对其进行简单的总结，因为列维纳斯的整个观点已经达到了其最有力的程度，我们只能逐一评论。一句话，其目的是什么？正如人文科学强调的那样，在马克思、尼采、弗洛伊德影响下的当代哲学的特点是对意识的偏离，是一种反人文主义。这是出于认识事物秩序的愿望，并没有留下任何自我欣赏

---

① 《自我与整体》，1954年，载于《我们之间》，第33页。

② 同上书，第34页。

③ 参见《哲学与宗教》（载《专有名词》）。这里所有的引用都出自这篇文章。列维纳斯对人文科学的影射，部分是因为它们当时已经达到了顶点。当时的一篇文章《没有身份》（1970年）明确地提到了这一点。该文章出自《他人的人道主义》，法塔·莫尔加纳出版社，1972年，第83—105页，尤其是第85—89页。心理分析学在"人文科学"中存在已久，而列维纳斯在后者中的地位究竟是何时才系统地建立起来的呢？

和自我满足的余地，因为自我欣赏和自我满足将会损害朴实无华的纯知识。一个超验性的上帝怎样才能不与非人类中心不可替代的理性相冲突，并关注于不惜任何代价而获得认知呢？——简而言之，这就是列维纳斯所谓的西方理性。

答案是斯宾诺莎的《哲学的真理》(*la vérité de la philosophie*)。斯宾诺莎比康德、胡塞尔、黑格尔更具说服力，因为他提出了"一种必需的无他律的秩序"。在这种秩序中，人类各居其位，不是作为"一个帝国中的帝国"，而是作为一种物质属性的样态存在，具有完美的认知能力和拯救自己灵魂的能力，同时以最少的认识实现这种救赎。根据《新约》所述，这种行为只能通过"比哲学家更高明的人"来完成，《新约》最终通向《圣经》中的教义。列维纳斯用两页文选的篇幅阐释了斯宾诺莎的这一理论，并指出这一理论"并没有抑制住基督教的灵魂"。拉克鲁瓦也重新考虑了这一理论："它是大胆的、巧妙而有分寸的，因此是可以被列入考虑范围的。"而列维纳斯则用质询的方式建议了另一种途径，不再是"存在于**所有标准之外**的、与绝对存在相等同的上帝"，也正如我所强调的，"从试图保护它的墙壁后苏醒过来的超验性"。这种超验性同时揭示出了超验性的所有表征。列维纳斯为超验性的另一种构思的现实体现命名："文学、写作（诗学）、错乱、鲁莽（质疑所有的既有秩序）、与邻人的接近性，这种接近性不能被简单地归结为存在于'集中'之外的类似性或真实性：'我对一个朋友诉说，而他已经不在了——他已经故去'。"（《圣经》旧约卷五）"意义的发展时期并不是在信仰中表意，也不是在希望中表意，而是在对存在的过度消耗中、在一个人为另一个人打破收支平衡的过程中：在没有等待致谢的'出租的意义中'、在超出了长生和永恒的夸张性中表意。"这些长篇引用比任何阐述都更为清晰地让我们看到了另一种取舍的途径，对列维纳斯来说，他仅需要再指出这种途径并不排斥知识，虽然这种知识可能不是使斯宾诺莎主义——严格地讲，也包括让·拉克鲁瓦——获得荣誉的那种纯知识。

众神……

从广义上来说，列维纳斯通过他者的面孔看到了他律。其中，他者往来不断，并且依据前所未见、闻所未闻的尺度为一种超验性开辟了空间。基于这种他律，列维纳斯建立了一种批评，那么这种批评的核心又是什么呢？

在一篇既有美感又有力度、令人叫绝的文章《伊利亚特或有力的诗篇》（*L'lliade ou le poème de la force*,1939—1940）中，西蒙娜·薇依指出，希腊人是"类别与类型的大师"①，是非神话的大师，是"耐心讲话的派别"，是用生命记事写作的派别；他们向来只认为人类是有限与无限的交叉点，而且从自上而下的统治中就感受到了这种关系。《伊利亚特》是"西方世界拥有的唯一真正的史诗"②，只有福音书才能够与之相媲美：它是神的力量、神的需要，人类不能够从这种力量的统治中逃脱出来，在神的纯力量的展现过程中，人类通过一种更高层次需要的力量，对神的力量进行复制。人类认为在某些例外情况下能摆脱神或自然的控制，然而这仅仅是一种幻想和徒劳。神的力量也就是他者拥有了"将一个活人变成一个物体"③的能力。荷马的伟大之处就在于依靠一种绝无仅有的"公正"，以纯粹的状态，在战争、泪水与哀悼中展现了神的支配能力，这一切超越了对敌人的憎恨与蔑视，以及由此带来的破坏与不幸：

> 主人公的痛苦就像是什么东西在尘土飞扬的马车后面拖拽着……我们品味着这种痛苦，而且任何令人安慰的虚幻都不能改变它，任何给人以慰藉的不朽性、任何平淡都不能使它得到赞扬或怜悯。④

对于整个希腊哲学来说，神话、紊念和幽灵就是神的直接力量：此时超验性处于支配地位。而超验性无尽的力量是通过众神出现在哪怕最隐秘的角落中而表现出来的。我们不能摆脱众神，因为我们不能够摆脱他者。在这一点上，我们总会想到长发女魔戈尔工（Gorgone）、酒神狄俄尼索斯或是野人，面对他们的时候我们通常会感到死亡的威胁。⑤

---

① 参见《希腊源流》，伽利玛出版社，1953年。

② 同上书，第39页。

③ 同上书，第13页。

④ 同上书，第12页。

⑤ 参见让·皮埃尔·韦尔南：《神话与政治之间》中的《从他者到思想本源》《眼中的死亡》，瑟伊出版社，1996年，第56—61页及第73—94页。

对于列维纳斯来说，这正是神的古老象征，惊惧与恐慌是其手段，此外还包括不情愿的顺从、屈从以及对被更强大力量划分的存在的认同，而存在本身也让这种认同付出了代价。对西蒙娜·薇依来说，希腊人之所以能够作出无与伦比的贡献是因为他们没有撒谎：我不能摆脱上帝，因为我是"自然"的一部分，而不是以力量形式出现的自然的傲慢主人。就是这种希腊式的思维、思维中的希腊式差异及其大胆性，既没有否定也不接受"既有秩序"，而是"开拓了思维"，并使得思想面向了其他事物而非面向神的支配力量，而这种支配力量是作为超验性的唯一踪迹存在的。超验性的最后一个名称——一种中性的名称——命运。正是由于承认命运的存在，我们才能够摆脱命运。对于西蒙娜·薇依来说，希腊人敢于正视这一点：

> 希腊人通常具有一种精神的力量，这使他们不去说谎，因此他们可以得到奖励，并且懂得任何事物都要达到其清晰、纯粹以及简洁的最高境界。①

西蒙娜·薇依在《圣经》②中也发现了相似的描述。

"本原"对于列维纳斯来说是非常精练的，他将其命名为"绝对观念""自然"或"自由"，正如斯宾诺莎的"物质"、海德格尔的"存在"以及黑格尔的"精神"。在这些概念中，一条神话的线索仍然束缚着超验性的体现。在其最为原始的时期，哲学与神的支配，与未消失的记忆相关，而这种记忆就是众神的盲目出现。在神的位置上，本该有一种原则或是存在的绝对观念，它对人类知识的透明性不持任何反对态度，并使我们看到了自我在整体中的相对位置。但列维纳斯认为，这种非常现实的对整体的归属是很

---

① 参见《希腊源流》，第40页。

② 福音书是希腊天性最后一次完美的体现，正如《伊利亚特》是其最初的体现一样。在福音书中，希腊的精神不仅体现了它所必须探究的"天主的国度与天主的正义"，同时也展现了神和人身上所体现的人类的不幸。对受难的叙述表现出了与肉体相统一的神的精神，这种精神因不幸而改变、在困难和死亡面前颤抖。在上帝与人类分离的悲痛中，这种精神体现得尤为明显。对人类苦难的敏感赋予了希腊人一种简洁的语调，这种语调正是天才的标志。（《希腊源流》，第39页）

值得怀疑的。它在与神斗争时难道不是对希腊人的模仿吗？一方面，存在一种过于邻近的、在某种程度上与我们的力量相似的超验性，即统治的力量。似乎我们变成了神，在力量方面与之平等而且能够相互较量？另一方面，既然我们"处于神的统治之下"，那么我们是否也同样"在存在本质中"① 臣服于无情左右着我们的外在性呢？从斯多葛派到黑格尔，再到海德格尔，所有这些人都意识到认知所要求的偏离的代价。但许诺的自由只是另一种法则之下的某一过渡阶段，这种法则被认知所接受，每个人都在自己的位置上努力，就像身处一个大型的悲剧性游戏当中。人们看到了世上的不幸，但这不幸是合乎常理的，是"在世界的日常生活中，被迫害的人们脑中出现的不真切的事实"②。从《伊利亚特》到纯哲学，其中所表现出的超验性不正是西蒙娜·薇依所提出的**物质**的超验性③吗？建立在另一种基础上的另一种**精神特征**是否就不存在呢？哲学理性剥夺了天国的力量，但是这里的天国仍然与我们自身的形象过于相似。哲学家经常会预感到我们与天国之间界限的不确定性，而且这种预感比所有尼采式人物的预感更为强烈④。列维纳斯更乐于将其形容为"理性的清醒"。在醒悟之余，他是否感觉到了另一阵清风呢？

启示与理性

德里达有一种确信无疑、直截了当的说法——"坦率地说话，直接对他者讲话，而且在谈及我们喜欢和欣赏的人之前，首先站在他们的角度讲话"⑤。根据这种观点，现象学的实践是非常特殊的，它毫不隐瞒自身的幻想和历史，这

---

① 《异于存在或在本质之外》，第229页，参见本书晦涩而紧凑的结论。

② 《他人的人道主义》，第98页。

③ "……这首诗（《伊利亚特》）是一个奇迹。痛苦仅仅是由痛苦的原因造成的，人类的灵魂从属于自然力量，也就是说从属于物质。"（《希腊源流》，第38页）

④ "通过尼采式的超人观点而动摇了世界的存在，不是通过括号而'缩减'了存在，而是通过前所未有的动词达到目的，通过舞蹈与笑的非话语形式进行扰乱。……由警句式的词语构成的世界，遭到了这些词语的毁坏，通过永劫轮回的思想而退到流逝的时间中……"（《他人的人道主义》，第94页）尼采不断地回到列维纳斯的战略观点中，成了他青春的神秘象征，成了真正的超验性青春的神秘象征（这种青春不仅仅存在于哲学家身上）。

⑤ 德里达：《永别了，列维纳斯》，第12页。

种实践逐渐将列维纳斯引向了一种概念的转移，引向了一种变革，引向了一种革命。渐渐地，就像逐渐漂移的大陆板块一样，一种意料之外的局势形成了。从存在的精神的过渡，再到处于存在世界中的我们的内在，对此我们将谈到三方面的内容，其中充满了激烈的矛盾。

圣洁

一切围绕着我们的面孔转动。这里涉及一种可感知的经历，感知性的一种特殊经历。感知性超越了知识的能力，使得"相近性的绝对不对称性成为可能"①。通过与康德哲学行为相近的作用，自我与邻人带来的他者性之间出现了一种分离。列维纳斯将这种面向超验性的开放定义为圣洁。②这种超验性的程度高到人们无法触及，同时，它像一种不可追忆的事物触动着我们，如果没有这种不可追忆的事物，也就不会有记忆存在。圣洁正是差异的最高级形式。圣者与神圣的贪婪没有任何关系。它恰恰是一种相反的运动：它是缺失的，并总是已经缺失。他者的躯体就是这种形式的现今化，而且形成于其中。③对最纯粹的圣洁表示出最为纯粹的敬意，就是对与邻人类似的躯体作出公正的评价，邻人正在为此呼唤甚至是"呐喊"。

自我并没有因为圣洁的突然闪现而"一下子"变得一文不名。自我慌张失措，被迫处于矛盾状态，自我既作为本我的体现，同时其自身又伴随着一个未知的深渊，似乎是圣洁将其引向了深渊的底部。而主体性正是一种激情，一种

---

① 在《异于存在或在本质之外》中常见的术语，由"第三者"的普遍存在所修正的"不对称"。

② 圣洁的概念在列维纳斯的著作中占有越来越重要的位置。在之后的一篇文章（1988年）中，他写道："在所有这些思考中，圣洁的价值清晰地显示了出来，正如由于人类的诞生而产生的存在与思想的深刻动荡。"《我们之间》，第258页）我们来回顾一下德里达引用的列维纳斯的用语："您知道，我们在谈及自己所做的事情时，通常会提到'伦理'，但是最终使我感兴趣的并不是伦理，不仅仅是伦理，而是圣人，是圣人的圣洁。"德里达补充道，他人的圣洁，即人的圣洁，正如列维纳斯所写，"比合为一体更为圣洁——圣洁与允诺，不过是裸露、孤独与荒芜，是一堆木头或石头而已。"（《永别了，列维纳斯》，第15页）。

③ 《从神圣的到圣者，塔木德新解五篇》，子夜出版社，1977年。

极性。①众多的定义围绕主体性而存在：犯罪（非事先过错）、迫害、创伤、痴呆、疯狂、牺牲、迟、太迟、远远不够、"在还清过程中不断增加的债务"。在列维纳斯的思想中没有恶的理论，因为这一理论已经开始不被看作是犯罪。为了弥补这种缺憾，列维纳斯找到了他喜欢的一个同义词：人质。但是人质在正义中仅能做到三点：首先是其自身的解放，即从其深远的意义中解放出来；其次是其在自由中的诞生，而这种自由并没有被封闭在存在之中；最终是其精神变异，成了既定话语中的灵感。

这里的**理性**就是正义，也就是列维纳斯最大限度重复的术语，或者，更确切地讲，正义就是理性，也就是满足圣洁要求的唯一恰当的答案。从这一层面上讲，理性限定了人类。理性即知识与认知，但是这种认知却并不是以对自我的认知为开端，而是一种自我所不能够产生的认知，一种没有开端的认知。同时，这种理性所涵盖的领域也是有限的，其中所有形式都是被选定的，这些形式在所有存在之物的多样性中为其赋予了正当性。正如人们常常提到的那样，这种知识被圣洁的差异所束缚，其最初形式面前就是**批判**、以无限为名的批判，同时也是一种永恒的非神圣化作用，也可能是神圣化作用。我们可以看出，哲学对列维纳斯来说并不是**思考**②，它是尺度，是耐性，是对世界纷繁事物的观点。哲学是"为爱效忠的爱的智慧"，是"独一无二的思想，它考虑的范围甚至超出了它本身所能容纳的内容……具体的智慧存在于对命令的遵从之中，而且使自我在他者的面孔中遭遇到另一个人——这就是'未来的目标'，它超越

---

① 参见《他人的人道主义》，第100页，注释8是对主体性的一个很好的解释。另见"主体的责任感在其身份的深层发生异化，这种异化并没有使其身份变得虚空，而是用一种不可拒绝的指定来限定它，主体因此被割于一个人称之中，而这个人称却无法替代主体"。主体此时具有一种独特性，位于概念之外，作为一种疯狂的心理现象，或是已经发生病变的心理现象，此时它不再是自我，而是一个被指定的自我。主体在没有责任的条件下被替代是不可能出现的事，身份指定正是为了回应这种不可能性中的责任。对于这种不断出现的明确指定，其回应只能是"我在这"，此时的第一人称主语变成了宾格形式，它在衰落之前便已经被拒绝，被他人所拥有，是病态的、同一的。"我在这"，其灵感既不是来自优美的言语，也不是来自歌唱。为了给其减压，为了给满满的双手减压，也就是为实体性减压。（《异于存在或在本质之外》，第180—181页。）利科对这一主体理论的态度非常谨慎，参见《作为他者的本我》，瑟伊出版社，1990年，第387—393页。

② "无论如何，哲学研究不能集中于对本我和对存在的思考。这种思考仅仅给我们展示了对个人经历、个体灵魂的叙述，它不断重复着，即便有时候叙述的情况似乎已经消失。人类只是为其自身提供一种并非权力的制约关系。"（《我们之间》，第24页，1951年版）

未来，是真正的'现象学'"。①

章句

启示是与文字相关的，绝对的启示——圣书中称之为隐藏的上帝。那么当这种启示不能够作为保障他者性经验的补充知识时，它又能作为什么存在呢？——他者性甚至可以通过进行理解而忽略这种启示。在这里我们不可能对列维纳斯的文献解释学原理，以及他眼中所谓的神圣②文本进行展开分析。我们仅对推理过程的曲线简要回顾一下。

首先，我们来看克尔恺郭尔仔细探寻的路径。③《存在与美学》写于1963年，这篇文章远不能概括出列维纳斯对克尔恺郭尔异常复杂的解读，但是它不无挑战地让我们看到了差异。对于列维纳斯来说，克尔恺郭尔是位宗教思想家——如果这意味着是对一种受辱的真理的信仰，意味着一种"遭受痛苦和迫害的真理"、一种历经磨难却具有启示意义的真理的信仰。这并不是对理性的不容置疑的肯定，而是在使人难以应付的脆弱中展现理性（尤其是让那些本有自己财产的教会机构感到难以应付），是基督在其最大的秘密中所展现的圣经文字的神秘性，正是这种神秘性使骑士们在其自身最隐秘的地方看到了信仰。列维纳斯所批判的是什么呢？是信仰者在这样的启示面前表现出的个人主义。只有这种启示在信仰者的内心最深处命令着他们。此时信仰是在"与上帝单独会面"的寂寞中得以完成的，而"与上帝的单独会面"是出离本我的唯一方法；这是一个无限的领域，但同样也是一个"贫乏的存在"的领域，这种"贫乏的存在"源自一种彻底的贫困，源自一种不可救药的贫困，源自一种绝对的饥饿，总之，就是源自罪孽。对于克尔恺郭尔来说，伦理仍然是普遍的，而不是"无尽贫乏的、因本我而焦虑的自我秘密"。对于列维纳斯来说，这种从某

---

① 《从此到彼》（1983年），载《我们之间》，第174页。

② 参见《在章句之外：塔木德解读与讲座》，子夜出版社，1982年；以及阐释学及更多，见《论到观念中的上帝》，第158—173页。

③ 《专有名词》，第99—100页。在这篇文章之后，还有一篇有关斯宾诺莎的文章（1966年）。有关克尔恺郭尔和列维纳斯对亚历山大牺牲的阐释，参见若埃尔·让诺：《我在这。克尔恺郭尔与列维纳斯，责任感趋向》，《哲学档案》，1997年1—3月版。

种意义上来说是客观的启示，暗含了对责任的压制。责任过渡到了第二位，启示并没有使得责任加强，而是使之减轻了。一种"宗教"方法，即关于整个宗教的方法，只要这种宗教依赖于由其实证性决定的启示，那么，这种方法就是一种回避。对启示的呼唤甚至还存在着一些暴力，克尔恺郭尔在对主观性的辩解中也没能避开这一点。

那么，根据所谓活跃的、具有实效性的"启示宗教"的意义，这些启示表明了什么呢？在列维纳斯看来，启示要比受了磨难的真理更为审慎和难以辨认。因此，启示是圣经中所提出的一个**问题**（也可能是一种预言）。说它是个问题，是因为封闭的知识甚至是信仰将其包围在一种特殊的、客观的、与本我相距甚远的内容里，而且能够涵盖正义的首要任务；说它是个问题，还因为它刚好出现在一片广阔腹地的地平线上，这片腹地隐约呈现出与他者之间的责任关系。我们可以举出两个与克尔恺郭尔相共鸣的例子，似乎能阐明这种启示。"一方面，无限并不是出现在其证人**面前**，而是在外部或是在相反方向，在人们触及范围之外，内心的想法层次太高因而不能被推到最前面来。"[1]而且，"在这一箴言里，不明确的地方（一个以人的身份讲话的神与一个不信仰任何神的人所构成的谜）就是启示的**基准点**，是闪烁的光芒的中心点"[2]。此处的问题并没有掩盖需要被揭示的纯理性秩序，而是凸显了一种至高责任的秩序。从那时候起，圣经的章句，即"启示语言"就不那么具有权威性了，而是成了出人意料的不朽之作，成了一种召唤，这种召唤通过一封神秘的信激起了人们对不可追忆的事物以及对圣人的回忆，这封信的文字非常隐晦，而我们应该对其给予最为广泛的关注。

在阅读克尔恺郭尔著作的过程中，我们甚至会自问，如果说明其源头的启示与超验性真理的本质并不相悖（超验性此时仍然肯定其自身权威，虽然这种权威对于世界来说是那么苍白无力），那么我们就可以产生这样的疑问，真正的上帝是否能够以真面目示人？讲出来的真理是否不必假装没有被

---

① 《异于存在或在本质之外》，第190页。

② 同上书，第196页。

提及过？是否这样就可以逃过历史学家、语言学家以及社会学家的审慎与客观的态度？这些人以各种各样历史的名义装扮着真理，他们将真理的声音压制成战场喧嚣或集市音的细微回音，或者将其改变成由一些没有意义的元素构成的概貌。我们会产生这样的疑问，是否启示的第一个词句并不是来自人类？犹太教礼拜仪式的祷告经文中说，犹太教信徒不是对自己所得到的东西表示感谢，而是对这种感谢的过程本身表示感谢，然而事实上是否并非如此呢？①

毫无疑问，这是列维纳斯的犹太世界观，但却是一种特殊的犹太人的世界观，是带有经验偏见的**托拉五书**，而不是正统的犹太人的世界观或犹太人的声音。夏尔·莫普齐夫曾经做过有关"列维纳斯与犹太人对《旧约全书》的传统解释"的研究，他总结道，"列维纳斯的思想是一个作家的哲学，而并不是非个人化的传统教育的凝固……，它总是与犹太文本保持一定的距离，其中包括《塔木德》"②。传统是什么呢？传统就是教我们重新开始。

无身份

在列维纳斯看来，以现象学和犹太教为基础的所有运动、所有概念的轮换，都是非物质化的运动。将上帝非物质化为一个不为人知的上帝、一个**没有名字**的上帝，将上帝由第二人称转变为第三人称，"使其避免第二人称的主题和纯粹的直接性，就好像得到了自我解脱和自我超越，而且自动转变为第三人称'他'"③。采用极端的说法，即使"人化上帝"这一想法可以加以考虑，那么其具体化也仅仅是在最大限度**隐姓埋名**的情况下才可行。例如：传统故事中的弥赛亚，一个由上帝化作的人，在罗马的城门前像乞丐一样来回游荡，而上帝的超验性就在其消失、退缩，在其非物质性及其极端"精神化"中显现了出

① 《人性的上帝？》（1968年），载《我们之间》，第72—73页。

② 查理·莫普西克：《列维纳斯的思想与犹太人对旧约所作的传统解释》，出自《黑尔尼手册》，1991年，第378—387页。这本内容丰富的手册由卡特琳娜·夏利耶和米格尔·阿本索尔编辑，其中包括让–路易·克里斯蒂安的一篇十分尖锐的文章《债务与遴选》，该文对萨特与列维纳斯的对比，令人感到十分意外，见第262—275页。

③ 《我们之间》，第175页，注释1。

来。人的非物质化也是如此：不是本质甚至也不是主体，非常混乱，"没有内在性和独特性，不依赖于本我的自我，是所有人的人质，在每一个回归本我的运动中迂回的本我——没有身份的人"①。列维纳斯对这种"没有身份"不厌其烦地进行锤炼。例如，在著名的戏剧文本中，他写道："没有名字。荣誉没有旗帜。"②身份这一裂缝，是对摩西十诫的肯定，是对戒律在其纯身份中的肯定，使自我的行为及其历史、过程激进到了一定程度，以至于死亡**对于**自我来说，已经是另外一种东西，而不是对其自身死亡的忧虑；这其中存在着失去与传播——而列维纳斯从来就没有掩饰死亡的力量，尤其是在屈辱、悲痛或遗忘中的死亡——但是在慷慨的行为中，在人类可能采取的最后行动中，这种死亡本身可能会变成自我的献祭，变成在某种程度上既定的行为：为……而死。③

当然，像所有刚刚创立的思想一样，其理论还不够成熟，列维纳斯也提出了许多他没有阐明的问题。而丝毫不错的是他思想中巧妙而有力的严密性。这种思想来自一种总是更具蔓延性、更为极端的灵感。在现象学原理与犹太人记忆的交叉点上，列维纳斯着手进行并完成的最出色部分，就是对忠顺的改变。在由战争主宰的**秩序**中，众神与人，在神之间以及人与人之间的竞争、嫉妒、敌意或致命的复杂性，由于他者性的觉醒而被一种节奏、一种**失序**、一种谜一样的阴谋所取代。这种阴谋被引向一种陷入忧虑和爱的"恩惠"中的和平。同样的节奏在那些阅读章句的人和哲学家中间产生了作用，它受感知中的他者性原则支配，也就是说，在一定时间里，成千上万的人同时出现在世界上，出现在此处令人惊讶的现实中，包括躯体、面孔、暴力、破坏多于和平。如果说上帝考虑得更多，或者说上帝使一切发生转变，那么上帝是谁呢？"如果我不对

① 《他人的人道主义》，第99页。

② 1966年版《我们之间》中的一篇文章，第177—182页。列维纳斯在文章中回到"遴选的不幸"这一问题上来，因为"他人与我无关，并在我的掌控之外"。《异于存在或在本质之外》的精彩结尾正是由这篇文章开始的。文中，主体在其固定"身份"的位置上，不再仅仅是个"代词"，而"我在这"与"上帝的在场"联系到了一起。

③ 《为……而死》（1987年），载《我们之间》，第219—231页。这篇文章与海德格尔的观点大相径庭，其结尾写道："'为……而死'并不是一个死后才被研究的生命，而是一种过度的牺牲，是慈善和慈悲中的圣洁。在爱中所呈现出的死亡未来，很可能就是时间的最初秘密性之一，处于一切隐喻之外。"

我负责，那么我将会是谁？如果我只对我负责，那么我又是谁？"（列维纳斯经常引用的 *Pirké Avot* 中的名言）整个宇宙都在为列维纳斯喘息，因为一种超验性在宇宙的中央、在关系的直接性中喘息，这种超验性使一切事物都围绕其直接性运动——启示与理性亦如此。

此或彼，本体论之争：海德格尔—列维纳斯

对于那些在海德格尔揭示、恢复以及转向的哲学动作中没有完全追随其思想的人来说，很难不再回到海德格尔曾经为神学家所指定的位置上。[①]神学不需要而且也不应该需要哲学。这里涉及两种迥然相异的人文态度。如果说哲学与一种背离不一致——对被思想遗忘的、无声的能量的背离，那么哲学就是空谈。在大量的形而上学思想沉默地目睹其终结的时候，这一点表现得尤为明显。哲学的出现，必须以新思想的出现为代价。新思想以崭新的面貌回归，再到断裂、到差异，而存在本身则从中全然退出。哲学家关注的是存在。但是，为了适应其退却与掩饰行动——存在也试图从中表现——从某种程度上说，思想必须与分析行为及自省行为结合到一起，专注于其原始的基本节奏。然而，只有哲学思想、海德格尔的思想，才从中得到了体现，而且没有打上作者的烙印。不需要内部证据，甚至也不需要得到什么认同。一种可理解性出现了，它与生俱来，自给自足。"对思想变化的本原进行抛弃就已经说明了一切。抛弃并不带走什么，而是给予。"[②]海德格尔的思想与孤独、不可模仿的写作紧密相连，他成果丰硕，历久弥坚，尤其是他不为某一个对象服务，这似乎提前消解了一切评论。一则评论至多只能唤起简单的、起纠正作用的观点，从根本上来说，它置身于哲学之外，其态度是合理的，但是，我们就离开了理解和对话的平台。

---

① 海德格尔：《神学与哲学》，《哲学档案》，1969年7—9月刊译。

② 海德格尔：《乡村之路》，奥托·波格勒在《作为适宜事件的生命》中引用了此书。本文出自《黑尔尼手册》第45期（1983年），第250页。这本手册内容丰富而精彩，包括对海德格尔的翻译、研究以及总年表。

分离

存在就如同在世界上迷失而无人继承一样，集中于一种人类能够企及的理解中，它的后退决定了存在者的出现，而且使人们想到了存在的命运。任何物质、任何固定基质都是概念中不可缺少的，存在从某种角度上来讲仅仅是被集中于统一的、前所未有的**理念**中，这种**理念**产生于对存在及存在者两者分离的注意，而且在各个历史时期都有其特定的定义方式。这是因为总是由存在构成开始（Anfang）。海德格尔对"开始"的定义让人印象深刻：

> 开始即再次。它并不像过去许久的内容一样在我们身后，而就在我们眼前。作为最有力的事物，开始已经预先凌驾于将要发生的一切之上，因此也就凌驾于我们之上。它陷入到我们的未来之中，并维持着一种支配权，远远地命令我们重复它的重要性。①

新事物不断地从最近到最远的地方涌现并繁荣起来，在表现的整体中，在对死亡的遗忘或是毫不担忧中，以实质和事物的双重形式展现出来——因为死亡只是最后的封印，是一种边界。没有这种边界，就没有明确的呈现，因此也就不会有哲学。要否认海德格尔**理念**的力量是不可能的，他的理念更新了我们对文本以及历史的看法。它似乎同样属于一个边缘，我们可以将其与艺术作品相比较。就好像在我们时代反复出现的存在问题，只是以一种美学样式自动展现出来。

而对于列维纳斯来说，他者就是开始。因为语言包含了一种几乎总是被忽略或遗忘的压力，这种压力要比变化多端、隐秘的存在压力更具挑衅性。此时的存在并不具有我们所假设的绝对的反抗力量。而纵容或是顺从并不像在胡塞尔或是笛卡儿的著作中那样对外界存在产生一种精神上的怀疑。"海德格尔

---

① 海德格尔，引自让-吕克·马隆的《从类似到相同》，参见《黑尔尼手册》，第182页。

的革命性著作"①从外在性方面恢复了其基本的、无可辩驳的可靠性。在这一点上，列维纳斯承袭了海德格尔的思想。的确，列维纳斯也认为，意识在外在性中得以复苏。对于意识来说，这种外在性并没有被消解，而是一点点、一个个地消失了。它的所有形式都逐渐朝着畸形转变，变形为沉闷的、令人担忧的概要，周围一片黯淡，深不见底，形成了人们幻觉和噩梦的源泉。在这一空间中，连语言都不能引起任何反应。存在似乎分解成了一种基本的混乱状态。存在是孤独的，但是它并没有消失，而是失去了形式和理性。这时存在似乎仅仅是世界的背景，而这个世界则是通过行动和表现产生的。

列维纳斯追溯了一个更为形象、唯一经建构的意外事件。在这一事件中，阻力是无法战胜的，这种活跃的阻力建立了一个最终的主题，并且通过一道不可违背的规则将这一主题与外界联系起来。他者是独一无二的防波堤。列维纳斯的理论建立在不容置疑的、对正义意识的忧虑之上，这种正义是他者的回忆，任何东西都不能将其真正毁灭。列维纳斯不断地强调与他者所创立的差异、不对称性以及混乱。②这里并不存在展现的问题，而涉及一个表达的问题，也就是说，语言是其最初的充分表露，是以其从未有过的方式呈现出来的、一种比存在隐藏得更深的隐匿。在所有的优先关系中，如亲族关系、爱情关系或知己关系，他者的临近性与其他都不尽相同，它就是一种差异。"非世界"在世界上闪烁着光芒，它彻底毁坏了世界周围的一切事物，也包括存在。混乱引起了一种不同于世界上其他任何元素的冒险，即向不为人所知的他者世界过渡。

列维纳斯曲曲折折的反复分析，只能通过一种完全不可动摇的决心来解释，但这种决心明显是强制性的。一个词语产生的反响越大，人精神上的震动也就越强烈。它并不是惊讶或震惊，因为它对同一的外部给予重击，而且毫不留情地扰乱其本原。列维纳斯有个基本观点，即"割破的伤口"，很少有概念与之类似。对他者出现的描述如此含糊和富有争议性，只能说通过他者建立了一种分割。这种分割不仅仅是面向存在自身的深远层面，同时也面向超验性，面向一个其他。因此，它将对语言及其功能产生一定的影响。精神震动不关乎

---

① 《和胡塞尔、海德格尔一起发现存在》，第39页。
② 例如在《谜与现象》中所提及的内容，同上书，第203—216页。

思想，虽然表面上相像，它也并不类似，它是被强化了的事件。它的作用就是阻止以及颠覆那些遣返、静修及适应行为，以达到一种普遍性。这种普遍性首先是毋庸置疑的，它与自然行为截然相反。列维纳斯将这种创造性的分离称为伦理：

> 我们将这种术语之间的关系称为伦理。术语既不是通过对理解力的综合而得到统一，也不是通过主体作用于客体的关系得到统一。在后一种关系中，通常是一个影响着另一个，一个强加于另一个，或者一个对于另一个意义重大。在这种关系中，术语通过某种手段联系在一起，这样，知识既不会被耗尽，也不能被厘清。[1]

而正是伦理的坚定力量，使人们绕过本体论的大陆到达了"存在之外"。这种存在之外，使得人类及世界的结构中出现了新的面孔。

这种方法可以被阐释为经验主义。也许，这标题用字精当，但是康德也同样论及了实践理性这一**主题**。他者这一主题成了不断涌来的评论所适用的原则，这种评论针对一种通过归纳而变得简略的知识；针对知识的力量，无论它们产生了怎样和平的保障；针对**理念**，虽然它们是统一的，是被包围起来的。他者这一主题中存在一个面向超验性的缺口，正是通过这一缺口，他者建立起了自然与社会之间一种无限的距离。而在社会中，在各个独立的"存在"之间，世界的界限模糊了，存在的大地崩塌了，而存在的新领域出于某种强烈的必要性建立起来。这种必要性与精神震动的必要性是同样有力的。列维纳斯在一篇结构紧凑的文章中阐释了超验性、上帝、无限三者之间的巧妙联系。文中，一个表达法被反复使用：差异变成了"非无知觉"（non-indifférence）。人类秩序中这种绝无仅有的特殊性被有力地表达出来：

> 超验性是伦理，而相互主体性是他者的责任，是对他者的约束。相互

---

[1] 《和胡塞尔、海德格尔一起发现存在》，第225页。

主体性归根结底并不是"我想"（这是表面的现象），也不是超验的统觉，它被视作他者的责任，也是对他者的约束。自我是比任何被动性都更为被动的被动性，因为它从一开始是宾格形式，是本我。出于他者的控诉，它从未变成主格，虽然它并没有过错。作为他者的人质，自我在听到命令之前就已经开始遵守命令，在没有确立约定之前就已经忠诚于约定，在还未经历现在之前就已经忠实于过去。①

我们已经轻而易举地远离了海德格尔的思想吗？通过重新引述海德格尔的文章，尤其是有关荷尔德林的评论，我们就不得不考虑，列维纳斯是否并没有仓促地绕过一个看似广阔而实际狭小的领域；我们也不得不考虑，列维纳斯是否由于一些未被承认的原因而没有认识到本体论领域的深度。在该领域中，存在是无法被攻破的，是在一定距离之外开放的，它在人们身上唤醒了对他者的敬意，并且这种情感是在不享有任何条件的情况下产生的。不久前，舒尔曼（R. Schürmann）使人们隐约看到，除了朝着一种无秩序状态发展的生命以外，还有掩盖隐藏，还存在秘密以及审慎态度。②这种无秩序不仅意味着，有关生命存在的思想在政治上并不存在等价物，同时，这种思想也没有衰弱下去，它毁坏了所有人类主体的同一化思想，并只将人类主体视作一个解答者，而这位解答者对于疑问者来说又总是遥不可及的。疑问者对沉默和晦涩进行保护，而沉默和晦涩却伤及了疑问者自身。那么，除了语言风格之外，海德格尔与列维纳斯的差别仍然那么明显吗？答案是肯定的，因为海德格尔思想中处于首位的部分，例如对可理解性的忧虑，对某种观点的自豪，以及与当下的偏离，在列维纳斯那里都处于次要的地位。存在的能量，也就是存在的"行程"，都集中在难懂却有说服力的语言中，它同时为存在和历史提供了一种确定而谨慎的理解方式。列维纳斯理论中的分离是更为明显的，这种分离与理解的顺序彻底决裂：在这一点上，主体的被动性成了首要但无法解释的定义或原则。列维纳斯也同样阐释了一种无秩序状态。

---

① 《论到观念中的上帝》，第113页。
② 莱纳·舒尔曼：《无政府主义原则，海德格尔与行动问题》，瑟伊出版社，1982年。

　　自我的主体性因此就像是对命令的遵守，甚至是在听到命令之前就已经遵守命令，这同样是一种无秩序状态。①

但是分离与距离是不同的。前者是一种无秩序状态，在这种状态中，只有他者对这种混乱或者说暴力进行了抵制。从某种程度上讲，意义产生于可理解性之前："无限性明确地表示出了其表现范围内的内容。"② 从那时起，列维纳斯的著作就不再为历史哲学留有空间。时间的历时性与时间的综合性是相反的。时间在主体的苍老和衰弱中中断、缺失或增加。也许知识和表现的建构都是可能的。但除了作为一种阐释外，言语最终还是一个命题。命题化只是一种对他者讲话的方式，无论占据还是解脱，理解还是批评。分离禁止了主体的神秘直觉和自由的神情恍惚。但是责任先于自由，而他者的要求是先于一切观点的。"在我可能作为观众的地方，我首先是一个责任者，也可以说是一个讲话者。一切都不再是戏剧，戏剧也不再是一种游戏。一切都是严肃的。"③ 列维纳斯著作中的无秩序状态首先从存在中衍生出来，并且揭示了一种完全不同的节奏。"异于存在不是游戏，它比游戏更放松，在这一点上，它比存在更严肃。"④

重读海德格尔

　　特殊性的衰落或同一化的缺失确认了人类的选举：自己的选举是为了服务，但是他者的选举是为了他者自身。

列维纳斯：《他人的人道主义》，第 96 页

列维纳斯不断确立并完善其思想脉络，而他者的他者性打开了列维纳斯思想的突破口。他没有抑制自己的思想，将本体论差异置于一种全貌中，其中无

---

① 《他人的人道主义》，第78页。

② 《论到观念中的上帝》，第110页。

③ 《他人的人道主义》，第79页。

④ 《异于存在或在本质之外》，第72页。

限性与由他者所揭示出的超验性的强烈程度并非休戚相关。列维纳斯似乎恰如其分地接近了他与海德格尔共同之处的本质。有人认为这是一种简要的再次解读，这种解读同时概括了众多的耐力和注意力的练习。在距离扩大的同时，如同在黑暗中战斗——在此期间，一种思想通过梳理另一种思想寻找出路，前者向后者挑衅，并将其作为一个陷阱，但同样是在一种严格的、秘密优先的模式下进行的。而在这种模式中，人物与思想同时被牵连进来，此时这种既定的距离使人们能够更清楚地分辨思想的层次性、重要性及其轮廓。海德格尔的哲学不但想象力极其丰富，"普遍性"①也同样是其思想占据的"领域"：这一始于亚里士多德的思想过程和存在的逻辑非常灵活，但又总是从同一个起点重新开始。②然而《异于存在或在本质之外》基本上平息了本体论的纷争，而《他人的人道主义》则从总体上构成了《关于人文主义的通信》的非本体论对称物。

这是否回到了对希腊人和犹太人之间二元对立的枯燥无味的重复？希腊人以为自己看见了，事实上他们却没有看见，而犹太人并没有装作看见，却已经懂得。事实大概并非如此。虽然列维纳斯对可理解性非常担忧，而且他深受西方理性语言传统的困扰，但是如果这种理性语言不能够以对自然及对人类的独裁为终点，不能够变成人类和自然的语言、评论，不能变成对其神秘剩余物——这种神秘的剩余物中，超验性内在的各种各样的干扰引起了毁灭性的无差别——的探索，列维纳斯并不想反对这种传统而满足于伦理修辞和超验性修辞。他从这个传统中认识到，无论是在笛卡儿或是柏拉图的著作中，在海德格尔那里，还是在海德格尔全力保证的"理性醒悟"③中，超验性的完全衰退是不可能的。从某种程度上来讲，列维纳斯第一次将紧张冲突引入到**理念**中，在超验性与世界上更为具体的事物之间的关系中，这种联系将得以阐释。如果说希腊哲学是通过一种对客体一贯模糊的结构构建起来的话，那么列维纳斯就是要通过在经验论中对近似的、不容置疑的、不可比较的客体进行思考而使哲学思想重新活跃起来，不可比较是因为他者同时也拥有话语权。这种针锋相对并

---

① 《论到观念中的上帝》，第10页。

② 从亚里士多德到海德格尔的发展过程，令人们想起罗森茨维格著名的"从伊奥尼到伊奥娜"。

③ 《论到观念中的上帝》，第184—185页。

没有削弱语言，它在语言实践的内部使得语言重新活跃起来。

让我们抛开细微的差别，从宏观的角度来总结一下。列维纳斯不断毁坏的哲学，不可避免地在其转化为语言的过程中与完成、禁忌交会在一起。在这一禁区当中，存在与语言相互承载；语言在其中找到了最终的保证，将内在与存在的整体相联系，使本我之外空无一物。认识于是得到了满足。也许，这是一种双重集中引起的不可避免的同化，这种同化居于历史进程中各种系统最为多样的特征之上。一方面是表现的特权；语言不断地展现出多样化表现的能力和致力于"客体"的产生、呈现或是学习看到决定性的不间断链。表现是灵感的显现；而哲学就在瞬间的灵感中产生，列维纳斯大胆地将其归纳为："哲学是在……展现的过程中找到其内容和形式的。"①另一方面，表现的这种特权又依赖于主体行为的卓越性。从某种程度上来讲，表现实际上是控制与能力的同义词，它被强加、掌握于大量的感觉以及对事物的反映之上。"主观的过程并不是来自外界。"②其标准是由主体首创性的可能性以及由基于本我的语言及行动的可能性给定的。将表现固定于行为，是通过建立一种相似的哲学氛围、建立表现的必要性而实现的："……思想（倾注、幻觉和综合），仅是掩藏在一种表现之下，而且代表了这种表现、使这种表现再现或任其存在。"③同样是基于这一点，在其雄心或冲动中、在其现实化过程中，哲学交付出了所能交付的一切：内在性。"哲学并不仅仅是对内在性的认识，它是内在性本身。"④

列维纳斯曾以非常确信的洞察力注意到，海德格尔本人最终也与内在性的哲学传统联系起来。事实上，列维纳斯对海德格尔耐心的重新解读，可能也正是源自于此。从《时间的本体论》开始，列维纳斯就在海德格尔对未来的心醉神迷状态中发现了他继承的踪迹："从某种意义上来讲，也是出于这一点，理想主义术语作为存在力量的哲学被保存了下来。"⑤在一篇思想敏锐的短文《从新层次上论无忧的缺陷》中，海德格尔重述了对理性的预感，而且对其细微之

---

① 《论到观念中的上帝》，第97页。

② 同上书，第101页。

③ 同上书，第105页。

④ 同上书，第101页。

⑤ 《和胡塞尔、海德格尔一起发现存在》，第87页。

处及其特有的结果进行了分析。列维纳斯在对海德格尔思想的解构中，重复了"欧洲大陆哲学传统的实现"①。海德格尔的思想是引人注目的、严谨的、革新的，它甚至被转化成了一种思辨或质疑的思想，并成为一种完全受限于人类自我的、固定不变的模式，而自我主要是通过首创的、开放的力量被定性。这种力量虽微小，但非常坚定，因为它是与同存在对象难以进行的沟通联系在一起的，这种力量同样还与某种主体的缺陷相联系，与几乎固定的警觉状态相联系，与失败的意识相联系。但正是在这一点上，海德格尔哲学中令人怀疑的特征暴露了出来。然而，内在性哲学总体上来说已经超越了模糊的思想，但是，这种思想并没有放弃意义或权力，此时存在的命运已经引起了一种平静的、被一种不可控制的内在性所理解的思考："没有参与者也没有筹码的游戏，没有主体的游戏，没有严谨理性的游戏：斯多葛、斯宾诺莎、海德格尔的游戏。这种在轻率的游戏中重新体现出来的意义危机，虽然具有一定的模糊性，但它正是人类的彻底失败中最为玄妙的程序样态。"②因此，实质上，对于海德格尔来说，没有什么是非自然的或多余的。他仍然是同一的囚犯，在当今这个特殊的历史时期，海德格尔表达出了内在性思想最终的无奈情形，使我们从令人苦恼的与"此"一方的对峙中解脱出来，也就是说，脱离了一个受伤的自我，这一自我只能带着对过去的怀念，带着一种面对新伤的勇气来表达思想。

面向他者的卓越性在主体的消极性中得到了确认；表现转变为言语行为——其中言语行为先于所有的客观结构，而且控制着这种结构，使这种坚硬的结构产生变化；因此，中转就出现在存在的范畴之外。对于列维纳斯来说，这种卓越性、转变以及中转都不是异化，因为我们关于无限的思想总是面向着一种能力。这种能力只能从亲身实践中得来，而且一旦学会，它就成为一种"积极"的流浪行为。

无限中的"无"并不是简单的否定，而是时间与人性。人并不是"失宠

---

① 《论到观念中的上帝》，第81页。
② 同上书，第85页。

的天使思念着天堂"，他属于无限的内涵本身。①

这对于存在的范畴来说是非常怪异的使命，但是这一使命又是最隐匿、最具教唆性的，它引出了一种绝无仅有的活力，他者的欲望，一种仁慈和天资——而非控制："我们生存在他者的欲望里，在最为平凡的社会经验中，他者的欲望是最根本的运动，是纯粹的运载，是绝对的方向，是意义。"②当存在的重量在某种程度上寓于一个无力的自我当中，而这个自我正在迷失的痛苦中流亡，这时"含义就通过他者的取代而变成了一种自我的伦理解脱③。在残酷的本体论之争过后，列维纳斯并没有停止揭露，或者说至少是没有停止展现这种巧妙的、细微的革新，它产生于一致性，一种"摆脱了他者对思考的质问状态"④的一致性。

这种转移只是在这里被提出来，它并不像是骗人的、幼稚的魔术一样脱离哲学理念的内在运动。或者更确切地说，它要求对理性的概念进行一种扩展，而这种理性的概念将"不需要存在的证实"⑤。在思想的锻炼过程中，需求、欲望、问题，或是"思想最初的休眠状态"⑥在客观力量的作用下恢复到了最初的状态，而在这种"思想最初的休眠状态"中，思想的表达既是提供内容，同时又是批判和等待。如果列维纳斯不是怀着直接的忧虑就是对上帝的怀疑，他在所有哲学家的声音之外确认了一个平等的位置，或者至少保留了一个位置，给摩西、以赛亚、耶利米、大卫以讲话的机会。保留这一位置几乎是个疯狂的举动，但却呈现出了一种异常的现象。这种异常现象几乎比其周围的存在、比他者荒唐的临近性更容易被遗忘；在这种临近性中呈现出绝对、无边、不可追忆的东西。这种远古之物并不是存在的主人，而是其"兄弟的守卫者"⑦。这种监护并没有缩小其范围，而是在我们不知情的情况下勾勒了众多前景——这些前

---

① 《论到观念中的上帝》，第88页和第105—106页。

② 《他人的人道主义》，第46页。

③ 《异于存在或在本质之外》，第209页。

④ 《论到观念中的上帝》，第185页。

⑤ 同上书，第81页。

⑥ 同上书，第185页和第98—99页。

⑦ 同上书，第118页。

景可能就在存在的面前——直至在存在的差异中产生一种不可名状的震惊。

　　这是否意味着一种毫不留情的两者择一的情形呢？从"此者"的思想到"彼者"，是否意味着一种无情的、无动于衷的态度呢？在一篇有关让·拉克鲁瓦的选择的文章中，列维纳斯曾经明确地陈述了各种可能性，而且没有掩饰其喜好。[①]列维纳斯的分析和提问所体现出来的认真与严谨，不是将界限排除在外，而是进一步深化界限，通过这世上沉重的、永不失效的界限，使目光变得更加敏锐和不安：你无法消除这一点。在这学院式的几行字中，也许没有什么能让人察觉到其敏锐的痕迹，但它重新教会了我们思考，也许，对其自身、对此、对彼都是慷慨的。

埃马纽埃尔·列维纳斯或有关他者的问题

　　谈论一种哲学难道不是徒劳吗？几个符号似乎就足以概括冗长的言论。哲学中所有的关键似乎都集中于某些概念。从一种言论到另一种言论，我们只是在转换背景而已。而在传统意识极为敏锐的今天，我们在众多箴言的喧哗声中显得不知所措：那声音在我们日常生活的上空盘旋，在不再照亮我们前进道路的阳光下自我毁灭。语言将会失去力量，粗浅得不值一提，就像是一首由同义词罗列而成的叙事诗。重复并不起什么作用，也不能扭转局面，至多只能引发一些不触及要害的争论。这远不能抹去人们对它的厌倦和冒险的印象。

　　哲学在我们看来是艰涩的、敏锐的、没有边界的，它是否能够反映我们的行为呢？哲学的必要性束缚着我们。有谁能够体会我们在确定意义时的无助？由于缺乏知识，我们就只能满足于两者之间模棱两可的部分，有时轻率冒失，但通常都是悲伤和疲惫。而两者之间有一种中间色，这是可以被接受的。

　　然而对语言的渴望并没有减缓。虽然沉默与退缩的欲望十分强烈，我们仍试图避开必要性的旋涡，在手心中采集生命的光泽，但这仍然还是为了重新

---

① 参见《专有名词》，第119—130页。

赋予语言以影响力和坚固性。因此，哲学留下的缺憾造就了一个古老的梦想，一个知识的梦想。出于天生的才干，历史的机遇，甚至是出于职业原因，哲学家非常熟练地造出了这种梦想。好比一个耐心的守夜人讲述着在白天到来的时候，一种被遗忘的简单，也就是我们的存在本身，是如何在混乱之中慢慢展开的，其轮廓和阴影中的空洞只是偶然出现的。了解了我们的过去，我们就能够在这种运动中理解为什么在经历了构建哲学史的各种尝试之后，今天这样的尝试是不可能实现的。

在当今时代，科学不断尖端化，我们对至高主体的意识也受到各种冲击。最完美的简洁性似乎已经消失。众多的因素在我们的动作、我们的选择、我们的语言中发挥作用，而我们却不知道这些因素来自何方。在不变的知识中寻求安宁，倒不如使之抽象化来得快。这是科学的负面影响吗？的确，我们同时继承着不计其数的遗产，但其意义仍然处于萌芽状态，因此我们的行为很大程度上依赖于偶然性。

所有这一切真的如此新奇吗？人类是否曾经很简单呢？现在，我们是否需要等待一段时间才能够发现人类生命的曲折、因果关系的复杂、语言的怪异？简而言之，我们是否需要等待一段时间才能发现言语阐释中非透明的、不可抗拒的因素呢？困难始终存在，即使今天已有了有效的方法保持言语表达的清晰性。确切地说，哲学家们试图揭示过去的言语是依据何种条件形成的，又是依据何种布局协调其在暴力中的位置的。

列维纳斯的选择是在同一个世界上进行的，但却具有不同的特征。他打开了一个缺口，以一种境遇为基础，以全新的方式阐述传统。这种境遇即"面对面"，人与他者的关系。这是他的初次尝试，但很快就被划掉了。在这部花了四十年时间写就的著作中，列维纳斯一丝不苟、坚持不懈地展现了这种境遇的独特之处。伦理——对他者的尊重——变成了第一哲学，取代了作为真理最终表现形式的封闭性语言。尽管与希腊传统决裂，但它仍然是一部结构庞大、论述严密、涉及了各类主题的哲学著作。它象征着一种进化，但同时一种忧虑贯穿其中：如何在人类的历程中展现他者的特殊位置。

在这里我们不谈希腊与希伯来的"影响"，不谈某个作者引起的有待探讨的阐释，不谈某个历史问题或某个文学事件的参照[①]，我们在这里要特别强调的是，《整体与无限》在《和胡塞尔、海德格尔一起发现存在》一书里收录的文章中偶有阐释，但却不受胡塞尔和海德格尔指出的修改意见的影响，我们只远远地暗示列维纳斯带来的一种开放性。但他的行文结构中尽是限定，这限定增加了人们理解一种语言的难度。这种语言不仅一向十分考究，并且其声音和节奏意义丰富。这种意义异常清晰，而且充满反响，使得任何过于轻率的阐释很快消失，新的语境巧妙地揭示着传统的术语。但令他担忧的是，如果这些必然性之中多了败笔，那么简化就会变成掺假，我们想要认识的事物就会变得不可认知。

知识与欲望

思想，广而言之，就是精神生活。它是否等同于知识呢？知识本身相对哲学知识而言究竟属于什么性质呢？哲学如何确保其知识的有效性呢？这些问题丰富了列维纳斯的伟大导师之一胡塞尔[②]的研究。

在1930年完成了一部关于胡塞尔的重要著作[③]后，列维纳斯就经常回顾胡塞尔的思想。他受到后者的启迪，也发展了其思想，但是并没有步其后尘。但列维纳斯在其方法论中仍然忠实的某种风格不难让人们想到胡塞尔。[④]除了语言的相似性之外，在列维纳斯的著作中，我们还可以发现对不同经验方式的同一种尊重，对构成理论要素的同一种研究，在其理论之外，同一种描写意愿，同一种自在的言语。列维纳斯书中的语言也是呈螺旋形的，内容紧凑，语气肯定，但色彩更加浓郁；此外，他对感觉的探究胜于胡塞尔。然而，就其本质而言，列维纳斯站到了胡塞尔的对立面。

在19世纪末纷繁杂乱的理论中，胡塞尔提出"以一种卓越的方法而著称

---

① 多卷本《困难的自由：论犹太教文集》。

② 参见《和胡塞尔、海德格尔一起发现存在》，第125页。

③ 《胡塞尔现象学中的意向理论》第二版，阿尔康出版社，1963年。

④ 见《现象学方法思考》，引自《和胡塞尔、海德格尔一起发现存在》，第111—123页。

的方法论,因为其本质是开放性的"①。这种方法比《沃尔加农》更有意义——
"对于人类来说,这是一种存在的方式,通过它人类完成其精神使命"②。胡
塞尔凭借坚忍不拔的意志和试图沟通的思想,重新论及了真实——事物和思
想——从中揭示了意义的基础和理性的可能性。在揭示的过程中,胡塞尔并没有
排除我们在这个世界所获得的无法抗拒的多样性经验,也没有把外部世界纳入
到阐释性的思想框架中。虽然把一种灵活的思想简化为一种建议的想法是十分
幼稚的,但是我们注意到,对于胡塞尔来说,真实只有被意识接受,来源于意识
的命令才会有意义。意识并不解释外部世界,而是被世界的各个方面死死地缠
住,与事物和事件联系在一起,就像它是躯体中的一部分。它只是存在于这种关
系之中,因而它能够凭借自发的冲动而改变,能够在一种综合行动中赋予意义,
能够在认识中显得至高无上。它既不吸收这个世界,也不置身于世界之外。相
反,列维纳斯指出,胡塞尔一向对躯体极为关注,几乎关注到肌肉运动,甚至关
注激情、感觉和实际经验的起伏中令人困惑的意义,"意识无法摆脱默默无闻、
黯淡的生活,而要恢复成它认为处于自己掌控之中的状态"。但是,精神对一切
开放,并始终处于未完成的状态,而且集中于一个至少显现的统一体之中。就意
识而言,这种阐释中没有什么是绝对陌生的。同样,即使意识能赋予意义,那么
这种意义也并非从一开始就能成为一种清晰的思想。胡塞尔关注显而易见的事
实,关注一致性,因而他通过回顾具体条件下的躯体行为,延缓了两者出现的时
间。这两者在具体条件下逐渐变得明朗。因此,一切都是通过意识的一种创造
性行为、一种"组织结构"而完成的。在这种结构中,意识创立并阐发其意义。
简而言之,虽然胡塞尔认识到世界的外在性,世界从没有被简化为只作为意识
的客体,而意识却将外在性世界的权限降到最低。居于主导地位的框架仍然存
在,即使不是主体对客体,也至少是一种不平等的关联,即"作为活动的意识"对
"作为对象的意识"。"所有可能发生冲突的一切"③消失在清晰的视野里。

　　这种知识是对自由的表达,但它远不能在普遍性中将主体消解,而意识

---

① 见《现象学方法思考》,引自《和胡塞尔、海德格尔一起发现存在》,第111页。

② 同上书,第8页。

③ 《胡塞尔现象学中的意向理论》,第96页。

正是在这种知识中得以实现的。意识标志着与展开的、已知的、受控的世界决裂。把知识从事物的掩盖下和外在性中解救出来，并将其重新建构。一切都受到了已有秩序的惩罚，一切都受到了创伤。在这个已完成的世界上，知识是自由的。真理即知识，是有关世界的知识、基础的知识以及理论，引用列维纳斯曾在一篇文章中使用过的词，就是"理解的关系"①。人类的存在可以重复为最错综复杂的情形，因为它"根据自身"②为自己赋予了意义。

列维纳斯从未怀疑过胡塞尔论文的价值及其新颖之处，但是他拒绝接受知识的崇高性、理论的类比，以及对自由的辩护作为其最终态度。

列维纳斯在巨著《整体与无限》开篇数页的语气是那么肯定，令人咋舌。作者论述了他所关注的问题，并把我们希望了解的问题的效果和困难和盘托出。这里涉及的是一种**形而上**的欲望，简要的介绍也许有助于对这一概念的理解。

知识并没有最终发言权。在各种事物中死里逃生的思想，都不能保证人类的自由。因为意识具有欺骗性的意向，无论它走得多远，都永远不能走出本我，而只是与本我进行对话。除此而外，人类内心存在一种意向，更深入地说，是一种力量，这种力量不同于使世界服从于我们的需要，而是一种最重要的力量，即**欲望**。欲望与意识相反，意识明确了其自身对外部世界的驾驭，而欲望需要与外部、与变化、与需要的不一致性建立联系。只有这种极端才适合欲望。在由认识所强加的秩序中，它预先假定了一种根本性的混乱；在被知识掌握的语言中，它更喜欢听到语言中出现新东西。它希望所知的一切都不能达到精通的地步，希望拒绝掌握这一切。它是一种朝向本我以外的运动，是真正的超验性，像所有映入眼帘的可见之物一样，它只能**置于不可见之上，是形而上**的欲望。它真正的名字叫善良、慷慨。它的"客体"不是事物，也不是虚无，而是一个他者。

对他者的认识是由胡塞尔提出的一个问题，同时也是列维纳斯思考中的一个中轴。欲望正是在他者与社会的有效互动中呈现出来的。根据其本质，它并

---

① 《和胡塞尔、海德格尔一起发现存在》，第51页。
② 同上书，第51页。

不是倾向于融合，恰恰相反，它要求一种分离的制度：从某种程度上来讲，圈于自身之中，并变得自由和谦逊，自我已经对此满足了。

　　　自我……在欲望中实现自我超越，这种欲望来自他者的出现。欲望存在于已经非常幸福的言论中：欲望是幸福中的不幸，是一种奢求。①

　　由此可见，知识应该从中发现其限度，而自由也该发现其规则。并不是所有一切都能渗透到精神之中的。精神可以接受它所不理解的东西。最为真实的精神运动并不是通过知识将他者占为己有，而是希望在他者出现的同时走向他者的运动。

揭示与启示

　　面孔在各种现象中显得很脆弱，而其最初的光辉在一种任何事物都无法达到的深度照耀着我们。词语的脆弱性，如标签、长翼之物、通用货币，词汇的影响比任何事物都要深远，它们来自他者，并成为他者宣布自己成为主人、使自己不受约束的唯一符号。从这时起，有了在同一中的简化或认识，积极性或消极性的双重途径（"忧愁的表情"）。认识不是瞬间完成的，也不是在过程中实现的。认识是立场的"反面"，而它并未完成一种关注，与一种存在方式决裂。因此，认识是绝对化的经验，在其中，人类面前呈现出一块欲望的领域，由此，将本我创造为他者的能力建立了一种并不贪婪的交流，但此后就无法说出其目的了。

　　在列维纳斯理论中，启示的定义至少产生于《整体与无限》时期，是作为对认识行为本质的阐述。它与"揭示"②相对立。"揭示"指自我使事物出现或任由事物出现的所有活动，即使在其中存在着计谋、迂回和等待，自我

　　① 《整体与无限》，第34页。
　　② 其后列维纳斯又发现了其他名称；参见一篇总结性的文章《他者的踪迹》，《和胡塞尔、海德格尔一起发现存在》，第187—203页。

仍然是其表演的主角，揭示只是在**自我的阐释**中、在逐出不可见的过程中，最终进入一种自我居于主导地位的相互关系而使事物呈现出来。而启示则意味着"完全改变"。[①]

> 在自身的显现过程中，存在与我们毫不回避、毫不显露地联系着，而自身的显现对于存在来说并不意味着被揭露，也不意味着被一种目光发现——这种目光将存在视为阐述主题，并占据着对客体绝对的支配地位。对于存在来说，自身的显现意味着独立于我们对它采取的一切态度而对我们说话，以及自我表达和对我们表达。与客体可见性的所有条件相反，存在并没有置身于他人的阐释中，而是出现在这种显现中。这种显现只应该宣布存在的出现，存在的出现似乎引导着这种表现本身——存在的出现先于显现，而显现仅仅展现着存在。绝对经验不是揭露而是启示：通过具有优先权的他者的显现，陈述与陈述者相互重合，实现了形式之外的面孔的显现。[②]

起源不再归于自我。客观性被破坏，平淡的相互关系也不存在了。其中显现的他者也跳出了这一范畴。同样，真理的任务就在于对他者的启示的证实，在于根据作为他者的表现来对待他。真理即正义。我们最终不会离开语言的范畴，因为认识在这种范畴中才得以完全进行。只不过语言要求的正是启示的主动性。这种主动性就是听与说，即行为。

爱、死亡、踪迹

直至现在，对"杰出经验"[③]的思考仍然总是以一种对立的方式出现，但同时已经开始朝着新的方向发展。尽管其表现形式还不够明确，但是我们仍要尽量进行总结。

---

① 《整体与无限》，第235页。
② 同上书，第37页。
③ 同上书，第81页。

在一段别出心裁的对爱欲的描述中①，列维纳斯试图阐明这种关系中未被察觉的某个方面。在爱情的冒险中，人们竭尽全力地赞颂他者与欲望，这种冒险看似可以提供一种特殊的内容。因此，它可能是对本我、对时间、对他者的新的观察。爱欲是"主体的变形"②。与陌生人的相遇以及从美丽中醒悟，是脆弱甚至是退却的温柔游戏，在他者身上证明的不断重新开始的童贞，爱抚的不断游移就像是"一种看不见的脚步"，而在"快感"这种感觉的特性中，不可能的占有证明了分离。整个性爱过程都是对本我的剥夺，这种剥夺是如此彻底，以至于欲望开始寄希望于得到简单的可能性之外的东西。它试图转移到不可预料的事物身上并翻番——欲望的欲望，善良的善良。在本我的狂热奉献中，并不包含计算的成分，而是一种对未来的设想。欲望的实现并不是在贪婪之中，而是在产生的过程之中。"我们在某一方向上与自我相遇，而爱将自我引向相反的方向"③，引向了一个"隐秘之地"，在这里，自我的迷失与身份相互重合。孩子就是这个隐秘之地，"是相对于自我存在的陌生自我"④，是"非自我本身的自我"⑤。

这种爱欲经验揭示出了人类关系中的真正本质。父性丝毫没有剥夺孤独，也没有将它变成一种不育的孤独，或简单地说，背叛的孤独。任何作品都不像儿子，不是来自完全的给予，也没有任何作品能够使本我出离自身。由此，繁殖战胜了老化，战胜了衰老，战胜了现象的减弱；父亲死了，但是他不带有任何嫉妒地在年轻儿子的身上看到了自己。在对父性的肯定中，消耗的时间和被遗弃的力量得到了某种原谅。时间的非延续性并不意味着死亡，而是意味着复活。⑥因此，将人们统一起来的联系就找到了真正的名字：博爱。每个人都是唯一的并且都受到约束，都是来自自己以外的另一个人，每个人都由于先天的身份特点而必须担负起对其兄弟的责任。

不可客观化的他者性与未来之间的关系似乎非常紧密，甚至触及了死亡的

---

① 《整体与无限》，第四章。
② 同上书，第248页。
③ 同上书，第242页。
④ 同上书，第245页。
⑤ 同上书，第248页。
⑥ 同上书，第260页。

力量。这并不意味着对死亡进行阐释，或者通过梦幻将死亡的力量减弱。但是对于列维纳斯来说，自我通过自身的死亡得到了一种经验，通过思考能够得知，自我并不能够逃避一种感觉，即死亡并不是简单的自然波折。这里提到的对死亡的考虑，正是在死亡逐渐靠近的情况下，在死亡的力量逐渐增大而自我所剩的时日逐渐减少的情况下进行的。死亡似乎属于意愿的范畴，似乎不怀好意。死亡高于事物的发展进程，虽然它是以事物为中介产生作用的。这种对模糊的死亡的质疑，目的并不在于唤醒罪恶的力量；更确切地说，是对事件本身保持沉默，而且至多是通过介入到他者之中解决问题。在这里，我们冒险深入，任由他者将我们引向未来，而他者性给这种未来赋予了神秘性。死亡也是如此，其位置很难确定，因而也变得神秘。

　　这些评论仅仅是一种讽喻，主要希望是面向他者性的积极方面，也就是《整体与无限》的后一部分所重述的"踪迹"的概念。外在性实际上并不仅仅是存在的同一表面上的一个小小缺口。他者不仅仅是扰乱意识，使表现迷失方向。在一切革新之前召唤自我，它从一开始就将自我置于下人或罪人的位置。但他者并不是外在性的暴君。更确切地说，它是谜一般的过渡。列维纳斯经常动用大量的艺术技巧来重述面孔的脆弱性，这一**几乎什么也不算**的内容似乎很容易就被简化为一种形象；他经常随意地将不那么沉重的话语加入到自我言语的延续性中来。但是更确切地说，这种陌生的存在中充满了掩饰、荒谬、倒退。他者的出现就像一种踪迹。这并不是虚无，因为自我服从于它。这并不是存在，没有任何人注意到它。他者就像对过去的再现，他者就像是过去发生了的一切，引导人们面向未来，但是也引起一种不可抗拒的先在性，使自我脱离正确的道路。道德意识经过这样的煽动，遭受到一种强大恐惧的威胁而陷入非理性中，为了不接受他者的任何东西而试图摆脱它看似是不可能的，因此这种担忧也将盈满。

　　列维纳斯的作品明显涉及宗教领域。在《整体与无限》中，这一主题又被沿用。①如"取代""赎罪""荣誉"等概念，从来都不是抽象于文章之外，而

---

① 参见《和胡塞尔、海德格尔一起发现存在》，第187页。

是包含着其主题。再者，他的书中，虽然很少看到明确的引自圣书的段落，但那些引用并不是装饰性的。其中也暗含着对圣经以及对犹太教教义的引用，这一点也是不可否认的。①

然而，这部作品并不是对东方智慧的秘密改编。"他者的哲学传统不一定必须是宗教性的。"②同样，就"无限"的思想而言，列维纳斯认为利用他者性这一"主题"，能够触及柏拉图在超越个人的善的思想中对"无限"的看法，尤其是触及了笛卡儿所创立的"无限观"。从形式上来说，无限的观点意味着一种他者性，而没有任何证据可以证明他者性是完全从属于思想的。对于列维纳斯来说，"无限观"是通过面孔在我们身上体现出来的，而他者的面孔将这种"无限观"看作一种过渡。这种观点不属于注视的范畴，而是一种欲望。为了保持其纯粹性，这种欲望就必须保持正义，保持对他者的有效认知。然而，从《整体与无限》开篇数页，列维纳斯就提出"将宗教称为在同一与他者之间所建立的一种联系，而并非构建为一个整体"③。这是否意味着"无限"是被分割的存在？列维纳斯并未给出肯定的答复。他并没有写出一篇有关上帝的"专论"，而是指明了在他眼中的唯一途径，人与上帝之间的关系通过这种途径就能够建立起来。

上帝是不可见的，这并不仅仅意味着上帝是不可想象的，同样也意味着上帝是存在于正义中、不可接近的。伦理是精神方面的观点……理想并不仅仅是一种以极端形式存在的存在，或是客体的理想化，或者在爱情的孤独中，是你的理想化。我们需要一部有关正义的著作、一种面对面的坦率以铺设通往上帝的道路，而且还需要一种与这部正义著作相互交会的"观点"。从那时起，形而上学在社会关系发挥作用的范围内发挥着作用——也就是在我们与人们的关系中发挥着作用。在这之中不存在任何关于上帝的"认识"，这种认识是从上帝与人类之间的关系中分离出来的。他者就是这种体

---

① 《困难的自由：论犹太教文集》对这一主题进行了非常精彩的论述。
② 《和胡塞尔、海德格尔一起发现存在》，第171页。
③ 《整体与无限》，第10页。

现自我与上帝之间关系的形而上的、不可缺少的真理的归宿。①

　　不是所有这些都能够集中表现人与人之间的关系，这种关系并不是宗教最高的形式，却永远是宗教最初的形式。②

　　这样的文章——不胜枚举——瞄准了宗教领域对知识的同一种争论，就像我们在哲学领域所揭示的那样。在存在和虚无的范畴之外谈论上帝，是否可行呢？如果主体与客体的关系仅仅是由故步自封的言语引发的，那么，在主体—客体相互关系之外谈及上帝，是否可行呢？究其根源，存在着另一些更为丰富的东西。列维纳斯再一次将宣称认识了神性的思想与主体间的经验对立起来。在这种经验中，他者只能够在"不再重要的"善的运动中存在。③本体论总是或多或少具有偶像崇拜的性质，哪一种神学——不论积极或消极——能够逃避本体论呢？关于上帝，除了我们所感受到的对他者的"神圣"的认知以外，存在又证明了什么呢？④虽然踪迹并不是"出现的剩余物"⑤，然而，在这种存在于他者周围真实的先在性中，在这种逃离的存在中，人们感觉到了某个"他"，体现在他者身上这个"他"的符号命令着自我、纠缠着自我，而且将增长与慷慨从自我身上解放出来。空谈上帝没有意义，只有在第一经验中，在第一经验中无限表现为"没有胆量的上帝，由于与失败者联盟而遭到了流放和驱逐。从那时起，上帝成为绝对，因而消解了它赋予并宣告自己无可替代的时刻"⑥。

　　因此，一种观点似乎很坚定：超验性所有的经验都始于尊敬。而他者总的来说就是尊敬的创建者和保证人。上帝可以转变成一个如此模糊的概念，以至于它比其他概念更快地落入了贪欲的支配中。通过恢复他者的特殊位置，列维纳斯阻止了将无限置于同一之中的企图。在那些鲜为人知的本原角落里，自我猛然进入到同一之中，并在其中得到满足。

---

　　① 《整体与无限》，第51页。

　　② 同上书，第52页。

　　③ 《本质之外》，《形而上学与道德杂志》，1970年第3期，第281页。

　　④ 《整体与无限》，第267页。

　　⑤ 《和胡塞尔、海德格尔一起发现存在》，第197—202页。

　　⑥ 同上书，第208页。

上帝的超验性问题与主体性问题是相辅相成的，而这种主体性问题在本质层面上是必不可少的，在本质的内在性中也是如此。①

在《批评》杂志上，列维纳斯针对让·拉克鲁瓦的作品发表了一篇评论。②作者又重回到最初的情形。上帝死了，奥林匹亚山上的众神受到了威胁，连俄狄浦斯也被追捕，圣书变成了资料，信徒们深受折磨。为了增强这种确信，最好试着重述一下斯宾诺莎的观点。但是，为什么不从更低的地方重新开始呢，"从过度的花费开始，如果有必要的话，为什么不从所有他者的人质中的某个人的责任开始呢"？③或者，为什么不从由终结引起的、以各种形态呈现出来的骚动开始呢？

这是否意味着，类似竞争的关系是在善之象征逐渐消失的过程中介入到普遍的道德教育之中呢？但这难道不是在一种哲学中犯错误吗？这种哲学没有排除任何特殊的命题，而且试图追溯其源头及规则。我们是否反过来回到私人生活中呢？我们曾在私生活的时间中，在特权关系的可能性中实现"奇迹"。而随之而来的公共生活则走上了非理性的道路，残忍与伪善不可避免的装腔作势使神话学、哲学、政治只能掩饰个人主义。这是不是一种狂妄的伦理学呢？列维纳斯的野心似乎被限定了范围。它意味着认识关系的唯一领域，这种关系扰乱了躯体、意识、语言；它要求行动，警惕神秘哲学；它出现在他者面前，捍卫着内在性，使人们对所有言语的活力惊叹不已。然而自相矛盾的是，受尊重的他者就是对本我的阐释和启示。我们的渴望不仅仅是出于需求，也不仅仅是为了消费。我们在社会中制造意义，我们与无限共处于这个社会，总是在新的结构毁灭了理解之后才明白，但此时我们又接受了一种满足感，"使我们产生一种已被填饱的饥饿感"。

在一篇研究深入、问题不断的论文中，德里达思考着这样一个问题：究竟

---

① 《本质之外》，《形而上学与道德杂志》，1970年第3期，第279页。

② 《哲学与宗教》，载《批评》，1971年，第532—542页。

③ 同上书，第540页。

是哲学还是经验主义呢？[1]的确，在阅读列维纳斯的过程中，我们梦想着——这是不可能实现的梦——一种确定的、囊括一切的、易于领会的语言。列维纳斯似乎一直将这些问题进行转移，并且不断地阐述，使人们有所期待。[2]这几页论述只让我们看到了他想要诉说的广度。

"面孔显灵"

对于列维纳斯来说，绕过本体谈论本原，必将先谈论话语和理念，但是我们说这种理念是被挖掘出来的，这个词中包含的说话比话语分量更重，而不需要剥去其价值。由理念预先设定的一种关系使得理念活跃起来，而且理念也正是在这种关系中形成和瓦解的。本原不再是水、空气或能量，也不再是存在、物质或思想，不再是概念、矛盾或阶级斗争。这里提及的是所有表意的、被置于语言关系之中的事物，而正是这种语言关系使得事物非物化。因为语言首先是一种关联——一种或好或坏的交际，但是这种关联是一个人与除了本我之外的他者之间的关联，它从异国他乡或流放之地产生出来，而且总是在圣母瞻礼前发抖，这种圣母瞻礼比某些存在更加不可征服。列维纳斯笔下的本原，是他者作为他者的表象，正如列维纳斯所说，是"面孔显灵"，是永远不成为客体的事物在各处凸显。也正是由于这样，一种无法控制的混乱建立起来。谈及伦理学，也就是任由这个作为开端的断裂突然发生。[3]

这种一直被沿用的观点在这里变得非常简化，使人们看到了哲学家在各个分散的方向上所作出的努力，他们通过近似法使本原变得颇有意义。但是，无

---

① 《书写与差异》，第117—229页。

② "哲学在哲学家之间引起了一场戏剧，同时也引起了一场主体间性的运动，这场运动不同于科学上组员之间的对话，也不像是柏拉图学派的对话，因为柏拉图学派的对话与其说是一场戏剧，不如说是对戏剧的回忆。这场戏剧依据一种特别的结构将其主题思想如哲学史一样呈现出来——在哲学史中总是不断地出现新的对话者，他们进行重新阐释，而前人则重拾话语，对他们的阐释进行回应。在此过程中，即便缺少'进程中的确信'，也依然不允许任何人分散精力或者缺乏严谨性。"（《异于存在或在本质之外》，第283页）

③ 关于语言的思考始终占据了这部作品的中心位置。对《话语与说话》的简要综合，载于《新贸易》第18—19期，1971年春季版。另见E. 菲宏的研究：《伦理、语言和本体论》，1977年1至3月号，第63—87页。

论这些观点是敏锐的还是粗浅的，它们都在本原仍具活力的时候，以本原已被剥夺为借口宣布了本原的终止。哲学家们不断地与这些论断进行斗争。思想的平衡是与他者之间的关系，其中，控制的要求在某种程度上是一种全凭经验的东西。这种经验论常被人们提起，用一种精练的语言来讲，它能够使学者和内行一起前行。[①]而在今天尤其令人惊讶的是，对意识中的一丝可争议和已被否认的部分的依靠，以及对其最后的支持者——语言的依靠。这里所说的意识，并不是价值的圣殿，也不是整个清晰性的聚集地，而是所有已被承认的批评和限定。每个人在这里都最为接近自身。这并不是为了在世界的发展中梦想其道德的完美表现，而是为了见到或不见到他者，听到或听不到他者。对自我的剥夺，在系谱的遗产中，在社会系统中，在世界的活动中将自我变得分散，而与之相反的是，列维纳斯仍然使自我与所见、所知、所决定的事物联系在一起，他并没有否认科学所发现的相互团结。这种团结发掘了一种所谓的无懈可击的主体性，为了深入到这个研究的反面，将自我带到损害自己、削弱自己、阻止自己逃跑的人——他者那里。

列维纳斯从犹太人的世界观、克尔恺郭尔、萨特，或许还从康德那里，继承了对所有总体结构和所有巧妙概念所表现出的近乎直接的不信任。他们所造成的包围与组成的万物、构成他者的任意自我膨胀十分相似。而另一方面，列维纳斯一向是典型的哲学家[②]和希腊人的朋友，他从未忘记过一种被打断的通向不可怀疑的思想运动。他并非要寻找一段与哲学相一致的历史，而只是关注着焦点问题。[③]他的批评从来不缺少一种不完结又热情的好奇心，而怀疑主义中也总带有一种尊重。重新引入伦理学并不是重新介入到这种冒险之中。列维纳斯并没有放弃对广度和深度的探究、意味深长的提议，以及最为广阔的宇宙的节奏。从柏拉图到海德格尔，这种节奏纠缠着所有的哲学家和所有的人，而

---

① 雅克·德里达在《书写与差异》中用《暴力与形而上学》一文对列维纳斯做了非常详尽的研究。

② "无论我的经验如何，无论哲学的起源怎样，我都会一直带着这种疯狂的想法，那就是我曾经进行哲学研究或深陷其中，甚至是启发哲学的圣经经文进行评论。"（《与列维纳斯对话》，莱德，1975年5月20日）

③ 也许正是由于列维纳斯对围绕在他身边的焦点的感知，对历史与文化、政治结构与理论的感知与格鲁克斯曼不同，所以列维纳斯的评论与格鲁克斯曼不可阻挡的反政权论战也迥然不同。

列维纳斯试图详细说明这种节奏。

　　究竟如何在同样的空间里设想政治的地位呢？列维纳斯既不是经济学家，也不是政治学家，甚至也不是政治哲学家。因此，在最初的关系与纯政治要求的多样性活动之间，他并没有试图建立一种即时的联系。这并不意味着在任何情况下，以一种愚蠢的友情的形式，把本原的秩序重新纳入到公众纲领中，本原提供理由亦有所批判。有距离，但并不是取而代之或摧毁。但人们说在他眼里，如今没有任何思想是与政治无关的，海德格尔最思辨的哲学也是如此。那么，如何定位列维纳斯的哲学呢？也许在这个政治不再有自己界限的时刻，希腊的城邦已经覆灭，斯宾诺莎的自由共和国与黑格尔的国度也会同样覆灭。当对于所有人来说政治重新成为一种不可避免的、基本的要求时，列维纳斯对政治提出了质疑。

人类、历史、国家

　　　　我们没有必要通过赫拉克利特隐晦的残卷来证明存在的显现对于哲学思想来说无异于是一场战争；也不必去证明这场战争对存在的影响不仅仅是将它当作最为明显的事实来对待，而是将其作为明证本身，或是当作真理、现实。

《整体与无限》，第Ⅸ页

　　作为行动以及非同一性的理论，列维纳斯的思想如果不是与历史结合在一起，那似乎完全像是与一种史实性的理论结合在一起。没有概念的结合，将哲学的变化置于哲学的中心，而且将历史作为言语的背景，这是否属于黑格尔哲学类型呢？是的。但随之而来的是持续的、异常激烈的对历史定义本身的批判。

　　事实上，它既不是关于永恒生命的思想，也不是关于即时生命的思想：它是一种关于生存的思想，是关于噩梦之后的另一种即时生命的思想。战争就是噩梦。列维纳斯的思想始终围绕战争展开。它产生于战争之后，但是并没有遗忘战争。这种思想重新开始，就像世界本身重新开始，就像以色列令人惊奇地重生。我们仍然存在，这难道不是奇迹吗？这种奇迹成为对历史进行另一番思考的平台。并不是对别处，而是对此处进行思考，对一种确定的但十分令人怀疑的复活情形进行思考。

的确，战争就是永恒的危险。除了残酷性之外，战争还是一个复杂的事物。战争并不是表面现象、一种偶然的入侵或一些不可避免的灾难的回潮，这些灾难必定造成惨重、令人追悔莫及的后果。即使不认为战争是一种净化，至少它应该值得关注。根据人们不同程度的阐释，战争在列维纳斯看来似乎一直具有毁灭性，因为战争的规则就是置人于死地。一场战争的爆发可能有成千上万个理由，但是归根结底它总是有关霸权，是一种对权力狂热、阴险、梦游狂似的兴趣。

毫无疑问，这样一种历史哲学是哲学中的新鲜事物。但当它开始关注意义、神学、完全从属于方法的目的研究，列维纳斯便从中看到了伦理学的回归，但这种伦理学是"水平主义"的伦理学。它仅仅是整体性的另一副面孔。在整体中，一个人的支配权意味着他者的服从。这位站在边缘的犹太人，长久以来就已经注意到缩小的威胁，因为这关乎罗马帝国，涉及某些基督教的合成产物，或是黑格尔哲学的现代视角，他必须重新否认自己的想法以便掌握这种支配权。如果想认识真理，或者是了解一段十分明智的历史经验中第一个粗略的阶段，就只能作为一副面孔。[1]

历史的进程并不是历史中某种理性的发展过程。列维纳斯这位理性主义者以自己的方式，在最为自由和大胆的理性中（也就是减少天空中人口数量的西方理性），看到了一种解放力量，因为这种理性是批判性的。同样也是这种理性最好地、最为平和地在神学或政治的氛围中保护了我们。但是，这种保护是在坚持苏格拉底的立场、言语以及因为他者的问题而绞尽脑汁的语言条

---

[1] 我们又回到了《困难的自由：论犹太教文集》中的几篇具体的文章中《人与人物》、《对以色列的看法》（关于克洛岱尔）、《黑格尔与犹太人》，甚至是《斯宾诺莎研究》。

件下进行的。从某种程度上说，变成唯一意义的历史，就是一种无法控制的语言，摆脱了束缚的语言与存在的语言是一回事，而客体占据了自由中最重要的位置。

历史的进程就是对这种学科超否定的过程。任何历史哲学及其实践甚至历史学家的规范的致命滑坡，都只是对胜利者进行的叙述。其意义也就是胜利者们强加于历史之上的意义。而那些认为占有了历史的人，通常已经做好了充分准备，无条件地对其强行规定，因为类似的承认掩饰了本我自身，掩饰了邻人，掩饰了与他人的接近。同样，历史是成功者的历史，历史只有被围绕在迷失、死亡和他者性的恐惧中而建立起来的时候，才能够变得至高无上。通过一种骗人的虚构，这种历史才被证明是合理的。这种虚构将大多数人置于毫无价值的境地，如对作品的虚构，以及对计算、衡量的虚构。人就是这种无价值的产物。除了可见的重点标记和事物的标志，没有什么可以取代这种活跃的关系。历史的法庭并不能对本质进行裁决。历史不过是胜利和失败的罗列。但是，列维纳斯拒绝了这种权威。即使存在判断，它也不属于我们。一个人是不能首先出现在其作品中的，其最初行为是在他人面前的一种被动行为。

作为一个现实主义者，列维纳斯不可能推翻他在政治上反对的东西。在《整体与无限》的精彩序言中，我们首先看到的是争论围绕着政治展开。针对由战争问题引发的冷静、必要的逻辑性，列维纳斯提出了一种"和平末世论"[①]。这个说法令人发抖或发笑，它集众多形象于一身，这些形象厌倦了现代理性，预感到了神秘主义的到来。而今天，神秘主义衍生出了另一个世界、和平主义以及对政治的拒绝。但是，和平的末世论并没有表达时间在日夜之间的飞速流逝，也并不意味着要蒙上自己的双眼，对他所定义的至高无上的政治视而不见。列维纳斯始终明白，他不是全知全能的哲学家，只是处于一个边缘的位置。因此他提出了一种最不盲目的观点。和平末世论针对当下，目的是削弱具有侵略要求的权力及其阴谋和代价，似乎这是对人类生活作出裁断的最终诉

---

① 《整体与无限》绪论，第9—18页。

讼。这并不意味着向内在退缩，也不意味着朝外在过渡。与一种武装起来进行防御的致命恐惧相对，它意味着使另外一种对他者开放的行为变得有价值，这种行为存在于政治背景中，与政治相同，甚至超越政治创造了一种未来。为了衡量这一定义的所有力量，我们在这里还应该补充上有关《塔木德》的精彩评论中涉及摩西这一形象的部分。列维纳斯必须指出，这一形象只有在它以极端现实的名义，为了摩西及其作品的尊严，为了坚持"摩西即我"① 的尊严而存在的时候，才能够具有意义。和平末世论并不是一种寂静主义。总体而言，它是旨在将历史付诸文字，使历史不被毁灭地传承下去。而历史的终结，是否与死亡的终止相距甚远呢？

在列维纳斯的作品中，时间的至高无上性是一个特殊的部分。人类当然可以互相残杀直至最后，但与此同时时间也失去了效力。然而，列维纳斯并没有证实这个假设，也没有幻想过一种自然的时间，因此在他的历史与时间的概念之间产生了一种不一致性。历史仍然是一种概念，一种不可缺少的、被强加的结构，但却被切分为各种各样的碎片。时间在离我们很近的地方等待着我们并且将我们带到更远的地方。它是一种过渡，是每个人的过渡，同样也是整体的过渡，这种过程具有比历史的裂缝还要神秘的断裂性和延续性。似乎没有任何一种历史理论可以承受时间永恒而无限的汇流，而这正是必须思考的问题，这也是为什么列维纳斯没有建立起有力的历史理论的原因。

列维纳斯关于政治制度的判断也是如此。这些判断没有确立任何理论，但却以极端的形式进行了评论，而且总是符合某种思想方向。伦理学就在此时出现，它维系着权力与思想之间的隔阂。

由于纳粹主义的影响，列维纳斯似乎对任何民族主义都表现出极端的不信任，因为这些民族主义被希特勒推向了顶峰。希特勒的行为已经远远超出了保护他所要保护的文化遗产的范围。列维纳斯从他的身上看到了一种政治的变化，希特勒拒绝了在各种差异中的一种差异，在其本质上这是对一种植根行为

---

① 参见《困难的自由：论犹太教文集》中的《弥赛亚文章》，第83—133页。

的怀念，这种植根在宽恕一切罪行的宇宙力量中具有优先权。在经历了许多迂回之后，列维纳斯将民族主义归于本体论的幻想中，归于他最明显的腐化堕落之中。所有民族主义背后所隐藏的首先是对本质的诱惑及其解放出来的暴力。民族主义是一种农村的、乡土的、神圣化的现象。通过对土地、种族和鲜血的歌颂，通过解除景物及礼拜仪式中的魔法，通过歌唱死亡，纳粹主义将其盲目、残忍和可能的变化趋势的本质公之于众。在这一点上，列维纳斯并未完全原谅海德格尔曾说过的为了死亡而存在、被遗忘的存在、高贵的生存，而后者是以退出世界舞台的形式表现出来的。

我们还可以在另外一个极端，即在国家形象中发现这种连贯性。在国家形象中展现出了同样的暴力，但首先其本质是不同的，因为国家是意愿和理性的产物。即使今天我们不再举例来阐释，其威胁（可能是一种时间的标志？）对于列维纳斯来说还是更具扩散性，而其影响，是通过某种不那么野蛮却模糊的方式施加的。然而国家确实需要同样的普遍动员为其服务，需要同样的统治使本我迷失。但其内容却不那么自然，它将是一种思想自由发展在其本身的产物。但是如果国家象征一种逻辑的力量，那么它就有可能成为一种纯粹的逻辑。从斯宾诺莎和黑格尔的著作中，列维纳斯都觉察到了一种比意义更广的普遍控制的语言，而这种控制可能会再一次带来暴君。此时，他者性混入了逻辑和秩序的洪流中，而留在其自身的他者性仅仅是对粗暴力量的活力的一种歪曲版本。

背景

我们很难总结，列维纳斯在20世纪60年代的基督教世界刮起了一股怎样的新风潮，这股风潮首先在荷兰掀起，随后蔓延开来。这就像是从一个迷失在我们当中的国度传来的陌生声音一样，其中包括说教主义和神学的仓促回归。这种声音从隔绝中被解放出来。它再次呼吁公众的关注，而这种关注可能是它最深刻的教训。

严密的意识世界，也就是说无法从阴暗的地下逃跑，到处都光芒四射，不是为了看清观点，而是为了禁止这种逃避；失眠的首要意义就在于意识，而意识的正确职责显然是对形式、图像及事物的感知。①

列维纳斯喜欢清晨的空气，就像是阳光在经受了黑夜的束缚之后安定了下来：

某些事物在黄昏与清晨之间发生了些事，在黄昏中它失去了（或是迎接）最让人心醉的意向性，而这种意向性的追求太过切近：清晨，从意识中清醒，但是对于值得歌颂的时刻来说，已经太晚。②

列维纳斯没有引入表面对立的一些矛盾——光明与黑暗、内部与外部、出现与缺失，而是引入了一系列新的、紊乱的范畴，这种范畴与一切知识和启示的实证主义决裂，从中产生了另一个精神形象，"并不是在一劳永逸的话语中，它是'说话'，从同一和他者之间穿过，此时一切都不再共通"③。

在这种出人意料中存在着两个中心，而非两个相互独立的世界。一方面，列维纳斯利用早已被人熟知的现象学的力量和科学性为自己呐喊，但这仅仅是现象学的一个变体，因为列维纳斯希望通过一种思想的必要性使现象性代替其他。这种思想力图寻找一个通往超验性的意义，即通向"存在之外的令人难以置信的样态"。另一方面，像列维纳斯这样不容置疑、毫无掩饰又特殊的犹太人仍然存在。在当时引起了广泛共鸣的马丁·布伯，他的文章极具多样性，其中不乏非常珍贵的部分。④这些文章在一个完全无知的世界里唤醒了阿西迪姆主义，一种以复合形式展开的能量的承载者；这也许是文中的一个显在方面⑤，但是一种不可比拟的秘密传授也是通过阿西迪姆主义完成的。列维纳斯站在一

---

① 《专有名词》，第63页。

② 《和胡塞尔、海德格尔一起发现存在》。

③ 分别出自《谜题与现象》，《和胡塞尔、海德格尔一起发现存在》，第203页，以及《专有名词》，第12页。

④ 《阿西迪姆启示》，出自《绝对的神》。

⑤ 肖勒姆的《马丁·布伯及其对阿西迪姆的阐释》，出自《犹太教的弥赛亚》，1974年，第333—359页。

定的高度来审视阿西迪姆主义，并且以另外一种方式将其表达出来。1967年，
德里达以两个疑问句完成了他引起轰动的文章："我们是犹太人吗？我们是希
腊人吗？……我们是希腊人吗？我们是犹太人吗？"[1]列维纳斯重新将身份问题引
进来，修正了这些身份之间的关联与区别。很明显，这在当时是全新的观点。

　　不可否认，犹太人的注释是一个重要的结合点。或者更确切地说是断言，
而非"注释"。在基督教世界中，继佩吉和其他同样不十分出名的人之后，曾
有巨大的声浪质疑这种著名的超越其能力的设想。雅克·马利坦曾经从完整的
基督教背景出发，以一种完全不同的方式接近"以色列体系"。过去的人们通
过秘密礼仪的魔力生存下来，根据这种想法，一个富有生命力的世界存在于当
下，这是一个由血肉之躯和智慧构成的世界，因为这种智慧，唯一的阐释总是
处于戒备状态，而且以这样或那样的方法摧毁了"完美"。马利坦毫不含糊地
从不可回避的开端的临近性中得出了政治结论。[2]加斯东·费尔萨的父亲，一
位耶稣会会士，也简明扼要地强调了基督教与犹太教之间绝对的精神关联。这
种关系并不是在观点的灵气中产生，而是在具体的历史中产生的。[3]此外，如卡
尔·巴特也加入到这简洁却又激烈的讨论中来。

　　各种各样的情形集中在一起，即使不是为了削弱纷争，也是为了将其转
移。一方面，在天主教学者的影响下，一种杰出的历史批评主义注释发展起
来，对希伯来人的认识不断得到加深。例如，像约瑟夫·邦西尔旺（Joseph
Bonsirven）这位无法为其定位的学者，敏锐地感受到了传统使文章出现了重要
的变形。而马利坦清楚地看到，首先要提到的就是《圣经》，即对"文字的神
秘性"进行简要的回顾，同时对躯体的神秘性、对历史和文化进行回顾；所有
这些现象时而偏向新混合主义，时而发生更多的中断情况。但是就总体而言，
我们可以说这些现象已经脱离了神学本体论的想象。另一方面，埃德蒙·弗莱
格（Edmond Fleg）、安德烈·内尔（Andre Neher）先从一种受启示的犹太教开
始，而后从一大批启蒙者入手，使人们开始解读这种不断更新并将未知的文字

---

　　① 《暴力与形而上学》，见《书写与差异》，1967年，第227—228页。
　　② 雅克·马利坦：《不可能的反犹主义》，在此之前的《雅克·马利坦与犹太人》，皮埃尔·维达纳克
著，戴斯克莱·布鲁维尔出版社，1994年。
　　③ 例如在Pax nostra中，第136页。

传播给公众的阐释运动。最终，对所有人而言，浩劫是在人们不知不觉的情况下发生的，而在语言获得解放之后一下子就大白于天下。这场浩劫以残酷的证据强制人们发现马西昂教派的企图并与之斗争：与隐秘、古老又落伍的《旧约》相对立的，是与一切表意的背景相联系的《福音书》，它体现了奇妙的纯粹普通性。

在这条道路上，列维纳斯有一位杰出的先驱弗朗兹·罗森茨维格作指引。在当时，罗森茨维格的著作犹如旭日初升，震惊了整个世界。列维纳斯从不吝惜对罗森茨维格的感激，同时这也提升了罗森茨维格的名誉和地位。罗森茨维格在基督教研究上具有超凡的智慧，既是直观的，又是有据可考的；尤其是他利用了"路德"时期所采用的方法，正是路德使语言问题、主体问题及权力问题[1]以其全貌出现。因此，罗森茨维格使得肖勒姆极为震惊。但瓦尔特·本雅明从肖勒姆的身上看到了一种类似于卡夫卡悲剧式的惨剧，在德国人—犹太人共生的潮流中，无所不在的基督教几乎等同于文化，罗森茨维格在此时此地选择了犹太人的差异性，选择了历史和存在"使命"中犹太民族从出生起遭遇的迫害。不论是异教徒、犹太人还是基督徒，都是在处理与神灵的关系的过程中形成历史模式。笃信宗教的罗森茨维格并没有将个体纳入比较的范围：对他来说，在我们的世界中，持正当的意图（la kawannah）就能开辟正确的道路[2]……但历史并不是以个体为基础形成的。它既是一种超前，又是一种滞后。犹太民族的建立及其特点并不需要每个个体的介入，它作为上帝语言的一种形式而与众不同。上帝从未使犹太民族老去，或是使它被取而代之。犹太民族的长久生命力并不是一种幼稚的强加的结果。正相反，所有人都在历史的巧合中被赋予了善，但这一必然却是神秘的。我们需要犹太人的桀骜不驯——作为基督教的诺斯替主义的对立面——以保持语言的**事实**，在第一时刻保持来自外部和他者

① 弗朗兹·罗森茨维格的《书写，动词以及其他评论》，由让-吕克·埃瓦尔翻译注释和推荐，法国大学出版社，1998年。

② "在通往西奈山和格尔他山的出路上，我们一定可以遇到上帝，上帝也不再拒绝这样的会面。然而这里的出路是不存在的。没有任何一座寺庙足够接近我们，使人们感到路途并不遥远而得到安慰；没有任何一座寺庙远到人类的手臂永远无法触及；没有人类无法到达的地平线；没有人类不可栖息的森林；也没有任何一首大卫的圣诗会永远萦绕在耳畔。"（《新思想，监视之夜手册》，1982年，第55—56页）

的呼唤，并使之在系统的逻辑中不会自动消失。

宗教启迪并不是列维纳斯的出发点。他者是一种原始现象，在其经验论中消除了理论言语的诱惑和浮夸。法则即他者的戒律——因此也就是所有的戒律，其中包括摩西的戒律——都标记了这一不可超越的批判和重新开始的时刻。戒律从某种程度上变成了一个交叉点，一种全新的概念。从这种怪异的开端出发，列维纳斯既是一个开创者，同时也是一个标志。他吸引读者是因为他流畅的文笔，他所应用的语言充分表达了他所有的才能。此外，他并不担心会产生陈旧的世俗主义，他又重新回归到通常被各种定义所禁止的思想表达（启示、人质、圣母瞻礼、赎罪……）中来，因为这些定义曾经是神学的载体，而后又在法国的理性言论中变得不合时宜。梅洛–庞蒂在他最后的课程中曾指出，黑格尔的出现已使得某些悬念尘埃落定。而胡塞尔、海德格尔，甚至包括克尔恺郭尔、尼采，都仍然被禁锢在这种系统之中，但同时他们又提出了一个个新的开始，这些新的开始在列维纳斯的作品中表现得尤为突出。[1]列维纳斯的作品其实是与最近的历史紧密相连的：这种"记忆的肿瘤"、这种"1940—1945年间不同凡响的孤立"、这种对"混乱和虚无"的感受、"对激情的不可言说的冲动——在这种激情中一切都得以实现"[2]，所有这些审慎的回想都表明了一种思想的历史定位。列维纳斯对之后所见的一切都不感到震惊，他并没有带着恐惧或忧伤对"上帝的死亡"，或将"上帝的死亡"看作对时间的挑战或某种思想的初露端倪。[3]

意外

《整体与无限》问世之初，并没有引起太大的反响。对这一奇葩的认识需要一定的时间，但现在它在现象学领域已经尽人皆知。列维纳斯发表了众多著述——其重要性也在不断增强，但是，任何一部都比不上《整体与无限》的活

---

[1] "某些事物已经被黑格尔终结了。黑格尔之后的哲学出现了空白……"《课程总结》，伽利玛出版社，1968年，"原样"丛书，第142—156页。

[2] 《专有名词》，第178页。

[3] 在《哲学与宗教》（与让·拉克鲁瓦的对话）中有一个绝妙的例子，《专有名词》，第119—130页。

力——"来自他者的活力"。

列维纳斯出色地运用描述、"全景的分解"①的手法，带着现象的定义——"出现并处于不在场状态的存在"②——以及他者的定义横空出世，后者通过"他者的出现"对现象进行颠覆。"他者的出现"，即他者在各种表现中的过度表现，并不是自我的慷慨行为，而是因为他者说道："透过遮盖眼睛的面具，就能读出眼睛中不可掩饰的语言。眼睛不发光，但它们在说话。"③高处的面孔"凭借它本身的新生力量"破坏了这种结构，并且从中打开了一个缺口，无论是建立秩序还是制造混乱，总之它都居于支配的地位。存在，存在的行为，也就是列维纳斯所说的"存在的**本质**"，难道是它造成了偏移吗? 列维纳斯并不赞同这种观点。他者像任何人、任何事物一样进行指挥。他者对本我的忧虑毫不在意，它享有这一权利。通过"可被他者性感知的谜团"，通过与"人类之间的计谋"相似的躯体观，"在这种计谋中，自我首先与他者联系在一起，而后才与我自身的躯体联系在一起"④，通过责任感的授意，以及个体化的真正本原，列维纳斯使那些广为流传的关于躯体的思想和观点具备了合理性。这一躯体在被赞颂为"灵魂"之前受尽了煎熬。躯体重新回到第一的位置上。

在《整体与无限》中，"本我意识"的思路对黑格尔的理念进行了回顾。或者更确切地说，这种思路是"上帝影子中的躯体"，被绝对隐秘的精神所引导而付诸文字。形而上的欲望的实现——这种欲望被置于我们在世界上的经验迷宫与节奏之中，而世界并没有消除欲望，也没有对其进行任何限制; 从一个阶段到另一个阶段的辗转，从自然存在的享乐和满足到对明天的担忧、对死亡的恐惧，以及表现采取的笨拙而又必不可少的调整，世界由此变得更加坚固，更能进行自我保护; 由面孔所引出的变化是一种本原，"在这种本原背后，什么也不存在"，"它克服了展现过程中不可避免的麻痹"; 而后是在内在性的考量范围之外的、不可估量的无限，它在历时性中与各代人相遇，并且通过其后代又重新开始一切: 这是一个飞速改变的过程。有哪一种"基督教思想"对**躯**

① 《整体与无限》，第270页。
② 同上书，第270页。
③ 同上书，第62页。
④ 《异于存在或在本质之外》，第123页。

体和生命的赞颂，以及对某种满足和善之创造的赞颂不感到"欣喜"呢？——这种创造是由造物主自身给予的，简而言之，是由一种作为主体身份的具体化赋予的。①

此外，通过世界之外的"他者的出现"，列维纳斯使形而上学产生了回转，并改变了**无限**的定义与方法。如果神圣性不是分离，那么它究竟应该是什么呢？这种分离不能借助表象的实践被克服，而是通过"不计回报的善"开辟出崭新的道路。本我的忧虑、本体论的遗忘与他者的脱钩，使他者无法再衡量本我的形象、对神圣性的保证或献祭牺牲：在其结构严谨的文章中，列维纳斯似乎重新为神秘的流派赋予了实体。例如耶稣会，最形象的表达，就是一个时代的一个标志。②在分离的躯体中所表现出的无序变得具体化了。随着这种具体化的加深，列维纳斯将自身的躯体看作土地，但同时通过他者的切分，他又使躯体发生了变形，使之"扭曲"，通过无处不在的"气流"，夺去它在某地生根的魅力和迷惑性。③在自满和赞扬声中，英雄般地自我终结了：

> 英雄主义的存在，孤立的灵魂通过为自己找寻一种永恒的生命而获得救赎，就像其主体性能够在持续的时间中转向本我，而不转向相反的方向——反对这种英雄主义的存在。而在这种持续的时间中，身份性本身就好像不会显示出一种顽念，处在最荒谬的变化内部的身份中就会产生厌烦之感，而且不能获胜，"这种厌烦是乏味的'不好奇'的结果，而不好奇则决定了不朽的程度"。④

他者，任何的他者，对汉娜·阿伦特来说都如此亲近，而使他者重归于矛盾中心，就是基督教中的根本所在。它所承载的内容是平凡的。因为首先他者

---

① 西蒙娜·普鲁德尔在《埃马纽埃尔·列维纳斯，相异性与责任》中对这点进行了展开论述，塞尔夫出版社，1996年。

② 米歇尔·德·塞尔托：《神秘主义的寓言》，伽利玛出版社，1982年。

③ 埃马纽埃尔·列维纳斯：《有关希特勒主义哲学的几点思考》，附米格尔·阿本索尔评论，里瓦歇出版社，1997年。

④ 《整体与无限》，第284页。

并没有在自我的鸿沟中延伸。由此，列维纳斯似乎唤醒了一种以基督教为中心的西方思想，并与之对话，尤其是以"不可逆转"的名义与之对话。由于他者这种杰出性，列维纳斯从某种意义上依赖于我们之中最优秀的人。"它并不意味着使超验性主体化，而是使主体感到震惊。"①

质问

我们会很明白——或者我们试图思考，列维纳斯的思想不能简化为这里所提出的类似教学的剪接内容。他的思想是一个清晰的整体，通过伦理而避免了来自世界的错误指向。同时简洁地将其呈现出来。对束缚和存在限度的不断揭示，某些关于艺术的激烈论争，一种紊乱的思考——正如在女性或裸体面前感到害臊，任何讨论宗教的文章都是一种内部争论……一种滞后的、无法赶超已革新的超验性的问题体系，一种由"他者显象之前所引起的同一忠顺于他者"②的现象导致的转折，一种超越思想的思想，无重合性的顽固思想，"一种没有被揭示的隐秘、一个不会消散的黑夜"③和视觉谎言的影响，一种戏剧性、嘈杂、围绕着"伦理学明证"思想的氛围中的诸多踪迹，而这种思想很快又引入了其他与"明证"决裂的术语："创伤""病理学""强迫观念"等，所有这些不过是不同的图像。④除了有关"注释"救世主降临说和礼仪的"争论"以外，一个极为特殊的问题出现在基督教思想所形成的精神当中。此处将稚拙地对其进行阐释。

伦理关系在其最深层次上触及了主题。在《异于存在或在本质之外》中，本我是自我的"非核化"，本我中只剩下了人称代词，在其内部与海德格尔的"人"相对立。该理论并无明确的破绽，但是如果说我们能从中发掘出一个的

---

① 埃马纽埃尔·列维纳斯：《上帝，死亡和时间》，格拉塞出版社，1993年，第196页。
② 《异于存在或在本质之外》，第32页。
③ 《整体与无限》，第291页。
④ 《异于存在或在本质之外》，第277页，参见关于意义的荒谬的精彩内容（第227—233页）以及在为他人的消耗（同上书）中，关于人类的呼吸的内容："深呼吸，直至变成被相异性的风阻断的气息。"（第227页）

话，接下来就会发现更多。伦理学的出发点难道不是强迫存在的外在性固定为面向各种其他存在的脸孔吗？"存在宽恕关系的关系"，"没有关系的关联"，如此之多的晦涩语句。如此全面的叠置，难道不是分成若干"个体"的碎裂或一种普遍总体性的取代行为吗？这种取代如此彻底，以至于在过度的切分与分离中存在着一种关系的破裂。列维纳斯不断地提起他对所有类型的融合、无区别和包含的恐惧，在哲学界，上述这些内容的代表人物就是斯宾诺莎和黑格尔。

"造物主"这个词不断重现，然而它似乎与其本原相分割。两者之间的距离如此遥远，以至于创造的世界变成了不幸或罪恶的地狱，以至于存在不过是牢笼或欺骗。外在性将被不断扩大，因此所有创造物将转向其相反的方向。而居于伦理学核心的"赎罪"将是自我存在以来所要付出的代价。"责任"则成为脱离幻想和走出原初的误解的保证，除了脱离别无选择。本质（最好说essance）是被存在包围的运动。在错误给定的个人中，或是在本体论的独裁中，在创造的最初面孔中，它具有一种魔力。怎样理解这样一种远离，以及这样一种在排除中转为厄运的分离呢？列维纳斯避免或者说回避了这一最初的问题，因为用内涵来表示一种相近的整体性是极其危险的。无限就是一个深渊，但如果分离是无限的，那么还属于有限和感知的范畴吗？这种范畴变成了谎言，或许是罪恶，总之是变成了不幸。那么选举呢？善的问题逐渐谨慎地出现在列维纳斯的作品里了，作者却从未以"爱"为之命名（人们做任何事不都是以"爱的名义"吗?），而是以非常谨慎的方式，指出了在近乎绝望的"本体论"矛盾面前的一种退缩行为。他用绝妙的篇章道出了一种命运：

> 自我总是被暴露在指定的责任之中，就像被置于一个铅质的太阳下面，没有起保护作用的影子，一切神秘的剩余物和不可告人的想法随之消失，逃避随之成为可能。[1]

这难道就是主体性的命运吗？

---

[1] 《异于存在或在本质之外》，第185页。

列维纳斯，无论从哪个角度看，我们对他谈论越多，就越与独占相关联。他谈论了一个极少有人涉及的**处所**。列维纳斯最为独特的地方，也就在于探寻一种**普遍概念**，一种最具即时性、最具体、最确定的普遍概念。这种概念与地图学中的定位一样准确。而地图学是根据事先了解的知识和特性进行定位的。列维纳斯的特性又是事先构成的，是通过本质甚至是通过使命而构成的。最吸引人的思想之一就在于它不作任何预言：讲话者的思想是否正直，是否没有隐藏致命的阴险，是否在语言中保留一种真实的话语踪迹——这种踪迹在诗歌和"圣书"中尤其占有优先的地位。因此，言语内容中理性的审慎态度是非常适宜的，这种审慎可能出现在讨论中，而非沟通中。在这里，存在一种意识形态上抵御抽象和过度表现的尺度、谨慎以及保障，而这些表现往往忽略了其受众；同时也可以防止本原层次中的生根，这种生根用血与土壤的力量规定了一条道路——困难的自由。

围绕着整部作品的审慎氛围，使它在缓和的气氛中具有了感人的力量，而又启迪出一种强烈而难以辨认的力量：**流亡**。在关于阿格农（Agnon）的一篇文章中，他曾大胆地回顾了一个奇迹般热情的世界，在这个世界中，个体与他者无比临近，但是对于革命而言，它却是如此遥远，如此不可接近。它被"排犹运动"对应的词汇所清除，而这一词汇本身也已经被清除掉，以至于只有死去的躯体再度复活才能够与之等同。[①]在这种神秘的形象化之后，我们从此处于一种冷漠的整体之中，人们互相面对，互相联系，其中每个人都被呼唤、被选定，为了构成一个比过去不可思议的世界更不稳定的人类世界。其代价也更昂贵：落入了本我的深渊，容忍了宾格形式，容忍了指责和负担，这种负担粉碎了自我的身份，使我几乎如沙漠中的岩石一样裸露出来，同时还容忍了语言，容忍了将伦理看作精神的风气，容忍了联盟以及剥夺之中的联系。其中不存在对恩惠的安慰，也不存在回报；但此处正体现出了被"为他"的行为所遗忘的

---

① 《诗学与复活。有关阿格农的注释》，《专有名词》，第15—25页。"它（死亡）失去了它借以赞扬生命的东西，而生命一直到死亡的边缘都承载着它的忠诚。死亡也由此超越了其自身的本质，超越了它的极限，品尝着复活的滋味。"

"条件"。列维纳斯几乎算不上喜欢西蒙娜·薇依，虽然他曾很欣赏并且理解她的作品。他只在某些策略性的部分才引用了她的作品。他并不确信在这种如此自由的思想中，是否会出现一致性。因为其中的不一致性如此深刻和持久，并意味着一种"与神秘哲学完全不同的精神阴谋"[1]。

归根结底，从我们注意这部作品之初，它便载我们开始了一段旅程：从面对深夜的地平线而产生的一种眩晕开始，我们就被导向了一种"灵魂的不安"[2]，直到回想起一种被遗忘的命运。路途上一直充满着无限的欲望或是呼唤。这呼唤并不仅仅是一种怀念。它在此时此地进行着约束："无限的思想使主体性从历史的判断中解放出来，并使之随时表现出成熟的判断力。"[3]但是，缺失的意义同样已经被事先给定，即一种对世界来说的不现实，一种使主体性失去特点的超现实："思想有限性中神奇的无限是对意向性的颠覆——一种对阐释品位的颠覆，与缓和了意向的饱和度相反，无限使其观点变得沉默。"[4]在不幸的流亡史的断壁残垣之下，世界并非沉湎于乐土缺失的悲伤之中。世界上存在着真正的但脆弱的幸福，但是这种幸福漂浮在一切之上，正如洪水之后的诺亚方舟。世界上存在着被无限所认同的"善的朴素的幸福"，而无限"在善良中拒绝了它所激发出的欲望，并使得这种欲望倾向于他者的责任"[5]。列维纳斯并未在其具体性中逃避这个世界，逃避我们行动的景象、我们思想的来源、肉身语言的深井和躯体话语的气息。这是一种剧烈动荡的哲学，它在对哲学与神学令人忧虑的交织中冒险，并彻底地改变了基督教徒对最强烈的诱惑、唯灵论以及与之相反的物质主义的看法。这种改变同时也作用于其他人身上：对自我有价值的东西，也将对他者产生价值。

---

[1] 《超验性与可理解性》，拉保尔·埃·费德出版社，1996年，第19页。

[2] 此处是为了重复卡特琳娜·夏利耶的书名。

[3] 《整体与无限》，第14页。

[4] 《他人的人道主义》，第54页。

[5] 《整体与无限》，第268页；《异于存在或在本质之外》，第196页。

保罗·利科

（Paul Ricoeur, 1913—2005）

保罗·利科：悲剧的记忆，头绪

我们仅仅是一个符号。[1]

弗里德里希·荷尔德林

　　一个标点。保罗·利科的著作中，有关悲剧的篇幅常常会大批出现，而且出现的时候，彼此挨得异乎寻常的近，充满了灵感，通常具有优美的文学性，似乎此时只有比喻才能够摆脱束缚。这些篇幅虽然不大，但是对于利科的思想来说似乎起决定作用，而且构成了一种权威。[2]悲剧，是一种标记。悲剧不断地呼唤思想和行动的正确性，并作为两者之间正确关系的征候而出现。标点。利科在这里显示出了一种无与伦比的感受性，只有《圣经》才能使其思想得到升华。正是带着这种悲剧，"哲学才具有了在其自身之外的来源"。而"之外"如此坚定，以至于体现了利科哲学的总体特点：一种没有绝对的哲学的过激意志，一种对"失去的纯真"的加强，一种不可避免的反诺斯替主义的激化，一种日益扩大的思考的要求，道德的行为，在有限范围内的责任，简而言之，即哲学中的谨慎。从某种意义上来讲，悲剧不容置疑地表明了某种事物，这种事物与经验主义中的停滞相反，而且与理想主义的疯狂也不同。利科并没有一直深入到尼采所进行的强有力的归纳中[3]，深入到事实的悲剧存在中。他可能没

---

　　① 荷尔德林的诗句（1803年），其下句为，"……没有任何意义，我们没有痛苦，我们几乎已经失去了对陌生人的话语（语言）"，亨利·马勒迪奈在《思想、人类以及疯狂》中引用了此句。格勒诺布尔：米龙出版社，1991年，第9页。在此感谢阿里克斯·德赞斯基和奥列维耶·蒙甘的支持以及他们的合理校正。

　　② 我们对这四篇文章作出评价，《凶恶的上帝和存在的可见性悲剧》，《终结与罪恶》，奥比耶出版社，1960年，第199—217页；《重申悲剧性》（同上书，第285—289页）；《哲学的前沿：论悲剧)，《精神》杂志，1953年3月版，第449—469页；《幕间插曲：行为的悲剧》，《作为他者的本我》，瑟伊出版社，1990年，第281—291页（此后简写为《本我》）。以及很久以前的序言《诗歌不是概念性地发展》（《本我》，第285页）。

　　③ 在《本我》中，对尼采的引用为数众多。

有注意到，通过各种渗透作用，尼采的颤抖已经渗入其中。因此，物质是无限的。这些篇幅不过是一些次要的注释和评注，是有关一些没有被解决的也无法解决的问题。但是，这些问题永远不会被忘记。

悲剧与哲学

悲剧，尤其是希腊的悲剧，不仅仅是记忆的轮回，而且是记忆本身。对于利科来说，悲剧即对哲学思想产生时期所存在的事物的记忆：幻想的言论中断，而且从总体上引入哲学言论。悲剧并没有废弃什么，它只是宣布中断。众神与人类似乎都被送回到其深层的意义中。其操作者并不是思想，而是躯体、痛苦，是使人不安的讶异。"但是'被影响'仍然属于'做'的范畴。"悲剧在黑格尔否定性的可及范畴之外，黑格尔的否定性的力量如此强大，似乎吸收了存在的所有夜景画面，而且朝着一个平静的黎明开放，朝着一种知识之光开放，在这种知识之光中同时包含着原谅。对于黑格尔来说，悲剧仍然只是一个阶段，虽然利科在黑格尔的著作中看到了对悲剧的透彻理解。[①]在利科的著作中，悲剧标志着最初的间隔：它作为或曾作为与现在对比的一种轻微的差距而出现，正如现在中的一种断层。对于所有的思想来说，悲剧都是一个决定性的十字路口，因为思想在经过这里的时候都会不可挽回地受到损害。解释学方法被认为是重新给出了一种完满的意义，但是这种方法是否能够使得悲剧的切口减弱？利科有规律地回顾这一点，以使自己记住宗教经典解释学在其艰难的破译过程中也同样没有忘记悲剧的教训。

那么，悲剧的卓越特点究竟主要体现在什么方面呢？利科着重强调一种经常处于默默无闻状态的要素：悲剧是一场**演出**。它使看不见的东西显露出来。为了所有参加这场演出的人，形象化变得具有创伤性，而且将那些人物从某种程度上集中到一种清醒的一致性，通过简要的说明而折射其自身：主角盲目而失落，合唱队高声演唱一种平凡的意义，时而呻吟，时而激励，观众们从恐

---

① 《本我》，第284页，第296页，利科忠实于黑格尔的政治观点而非历史观点。但是在利科的著作中，有哪些战略性观点没有涉及黑格尔呢？即便他同时也谈及康德。

惧到同情，而且更好地理解了触动他们的情节。因此，观众们认识到了一种秘密的净化过程，它就像是一种驱邪仪式，像是朝着智慧迈出的崭新的一步。带着这种悲剧，演出使所要展现的事物得以实现：演出的结束，表现的结束，"看"的溃败，至少是"看"的推迟。整个阐释都归于上帝，而不是归于死者。但是，这种失败并不意味着存在的荒谬，更确切地说，它是对每个人本质的考验，而这种本质植根于人类生存空间之中。这种特殊的修辞，是掌握，也是智力和情感，从埃斯库罗斯到莎士比亚，再到贝克特，它都是为了表现"因为形式受到制约，所以观点就更为光芒四射"①。悲剧是在令人惊奇的寂静中结束的，这种寂静是筋疲力尽的躯体恢复和苏醒过来时的寂静。悲剧激发的力量和说服力，来源于焦虑所构成的主体，绝对地突出，而且与**一种**观点相联系：只有这一点是共同的、普遍的，这就是痛苦。利科曾有这样一句简单而绝妙的名言："反生殖**是**一种痛苦。"②没有比这种否定更为透明的东西：痛苦的躯体，无视其秘密的、无传统观念的躯体。走进悲剧给利科思想带来了一种模糊的转折，挑衅性的英雄主义、《圣经》中平静的智慧都没能阻止这种转折的实现。"悲剧性逻辑思想"③，似乎在时间流逝的过程中，直至我们消失，本我、他者和世界仍然与没有面孔、而且不能制服的对手相对峙。在利科的著作中，意志哲学首先是通过对躯体的纠缠开始的。梅洛－庞蒂曾经说过，躯体是谜一般的。而利科将这个谜装饰成了黑色。

这令人感到吃惊吗？本我如他者一样是鲜明的：不是专横的我思论，也不是受伤的我思论，不是狂热的主体，也不是受辱的主体；我思论具有一双被折断的翅膀，而主体将变成伦理的朴实无华的英雄。在这种伦理中，亚里士多德式的本我带着"整个第一哲学领域中的无尽哀伤"④受控于康德的权威之下。

---

① 波德莱尔，致阿尔芒·弗雷塞的信。

② "远离我们的形象不仅仅是在经历痛苦，它更是痛苦本身。"《本我》，第285页。

③ X.蒂利埃特：《思考与象征——保罗·利科的哲学事业》，《哲学档案》，1961年第16期，第587页。

④ 《本我》，第385页。

理论力量的完结，其后留有一种或多种意义。①

哲学被置于自反性之上，而且通过在悲剧影响下的最初醒悟，通过历史的教育②，哲学失去了能将自身控制于理性范畴之内的思辨性冲动。这种理性的冲动主要由各种作用构成，这些作用既局限于某一处，又相互调节相互制约，而不需要结束系统。从柏拉图到笛卡儿，再到黑格尔、尼采，各种相互结合的狂热，使得哲学时而倾向于由知识所构成的各种事物的基础，时而倾向于通过讽刺或愤怒而对同一种知识进行传播。现在，只剩下有关世界伦理学的观点了，这种观点将可能的领域划定了范围，同时对幻想的可能性作了限定。黑格尔辩证的敏锐性，现象学传统中令人头晕目眩的怀旧，对现在不会再产生若干有益或无益的重复，即对辩证法这种思考整体的方法的重复。面对形而上学的衰落，康德的著作仍然表现出一种不安。而在利科的著作中，这种激情消失了。我们必须进入对行为本身的分析中，进入语言的功能中，进入一种没有尽头的经典解释学中，力量就来源于这种卑微，这种清醒的缺乏。通过这种力量，主体才能前进，才能在媒介和证明了的无限性中展示自己，而这种证明则是"本书的文眼"③。"证明是信仰的一种非臆断形式，本我的理解通过信仰才能成为可能，此时这种本我是无限定的，而且是被间接表明的。"④但是我们能不能避免用某种方法考虑整体呢？⑤逃避，是否就意味着避免这种悲剧的冲突呢？或是

---

① "这种意义即'第一'哲学，因此，'其他的言语'只能够存在于未完成的原则影响之下，这种存在正如在行动的意义中不断出现的意义的召唤，而召唤本身只能是相异性和非'证明'。"（马克·里希尔[Marc Richir], *Annuaire philosophique* 1989—1990，瑟伊出版社，1991年，第45页）而后，里希尔以一种友好的方式对《作为他者的本我》进行了批评，但这种批评并不是毫无根据的。他很吃惊地感觉到，在利科的这部著作中，怀疑、猜忌、批评以及一种减轻了的悲剧性似乎都已经逐渐消失或者从属于一种证明。"在我们看来，这种证明可以限定确定性的程度。传统解释学从两方面对这种确定性进行了肯定：首先是笛卡儿对我思论进行颂扬，其次是尼采及其后继者对它的侮辱。"（《本我》，第33页）

② 利科：《时间与叙事》，t. Ⅲ，瑟伊出版社，1985年。保罗·利科《时间与叙事》，1985年，《放弃黑格尔》，第280—300页："我们的一切已经如碎片飞逝，这便是这三个术语相互重叠的部分：自我精神、发展和差异——这三个术语共同构成了发展的阶梯进程的概念。"（第296页）这是否便是黑格尔辩证法中最精华的部分？利科指出了一个极端，这个极端并没有通过辩证的破坏而否定一切有关历史哲学的文章。

③ 《本我》，第335页，n. 1。

④ 《保罗·利科论战中的时间与叙事》，Cerf出版社，1990年，普科普咖啡馆丛书，第211页。

⑤ 在其著作《荷尔德林，悲剧性与现代性》（安克尔·马里纳出版社，1992年）中，弗朗索瓦·达斯图尔指出，对于荷尔德林来说，正是考虑全局的现代不可能性使得悲剧性成为可能。"希腊人的特殊之处便在于对怪异事物的开放与宽容，而现代的特殊之处便在于个体的审慎与自我封闭。"（第23页）

在冲突之后坚持下来?"①

　　虽然界限已经被无情地划定了，但是这些界限并没有造成一种压力，并没有减少对可思考之物的思考。在我们身上，这些界限具有另一种力量，尤其是记忆的力量，这可能是利科思想中最为内在的光芒。正是记忆在宗教经典阐释学的路上重新点燃了火焰，而不去担心耀眼的阳光就在本我身后，而且这种阳光正是我们要寻找的意义。记忆似乎将自身全部的活力都用在对悲剧的恢复上面。从某种意义上来讲，也正是记忆才引起神话、悲剧和形而上学之间最为激烈的矛盾，似乎我们曾经一直就是悲剧的，因为我们有躯体，而不幸一直侵袭着我们的躯体。"不幸的意义直至最后一天都仍然是隐性的，这就使得悲剧能够在未挖掘的无意义和过于清晰的意义之间摇摆不定，这就够了。"②这种思想通过各种不幸而被悲怆地聚集在一起。希腊的悲剧特征纯粹就是对这种戏剧理论的揭示。没有观众，没有合唱队，没有导演，如今的不幸能不能通过悲剧的意义被阐明呢? 能不能阐释一种思想——在这种思想中，信念变成了"净化之外"③，变成了试金石? 无论如何，悲剧与阐释学者之间涉及他者："可能性，即有理性的他者，是宗教经典阐释学的灵魂。"④利科思想的严谨性在这里得到了体现。记忆变成了他者的记忆，紊乱的记忆。这种记忆没有被固定下来，而是在不断地对过去的召唤和对未来的呼唤之间摇摆，对未来的呼唤就在此时此地，却更不易被听见。

---

　　① 利科经常引起人们对他的怀疑，有人认为他想要在对哲学的抱负基础之上，以一种没有被承认的理论观点为依据建立一个批判哲学的框架。参见《保罗·利科论战中的时间与叙事》中所总结的激烈争论。利科为此不断地进行自我辩护："我们注意到这种论据中所展现出的禁欲主义。我认为它标志着我所有的哲学论著都引向一种哲学，这种哲学中并没有切实地提到上帝，并且有关上帝的问题作为一个哲学问题依然悬而未决。我们也可以认为，这一问题是不可知的。"(《本我》，第36页)这样一种观点显然值得进行更深入的研究。

　　② 《精神》杂志，1953年，第466页。

　　③ 《本我》，第288页。

　　④ 让·格朗丹在其著作中重新提到伽达默尔。参见Godamer, repris par Jean Grondin dans son livre si éclairant, *Einführung in die philosophische Hermeneutik*, Darmstadt, Wissen- schaftliche Buchge- sellschaft, 1991年，第160页。

论悲剧

在利科提出的各种悲剧方法中，我们认为有四种方法是整体性的，非常紧凑，而且已被定性，确定无疑，虽然不具有总结性，但拒绝保持一定距离的理解。在《有限性与犯罪》中，悲剧**出现了**：神话具有一种高超的说明性（被缚的普罗米修斯的形象就有很强的说服力），然而在这种说明性的对立面，突然出现了障碍和纯化，即某些拒绝语言的东西。[1]虽然希腊的悲剧被限定在乌托邦的种种作用中，虽然已经被各种技巧和规则编码，虽然持续的时间很短而且发生了转变，但是仍然无与伦比，因为突然之间它强加了一种不可抗拒的寂静。这种寂静造成的空白不可弥补，而且我们在其中看不到任何希望。弗朗兹·罗森茨维格凭借一种非常敏锐的直觉发现，悲剧的英雄通常是默默无声的。[2]利科赞同他的这种观点，当人类的自由力图被众人接受的时候，它首先表现出打动人心的样子，而且盲目地与一种敌意相冲突。命运，没有面孔的他者的角色，这两者比"将我们自身看作敌人的意识"[3]更甚，这种意识打断了我们的呼吸和话语，使话语显得恐慌不安，使英雄沉浸于自身之中，陷入一种彻底孤单的幻灭之中。利科好像对悲剧的神学意义过于敏感，其敏感尤其表现在具有历史联系的两个方面：一方面，在戏剧中可以看出超验性的背信弃义阻碍了宿命论的论题向恶的方面转变[4]；另一方面，也是后来索福克勒斯提到的众神的远离，以及他们相互之间的沉默，正是这种沉默使得本我的谜语变得模糊起

---

[1] 它的力量（高傲无礼的提坦民族的力量）可能与远古时代的人性之恶有关，这种人性之恶永远是一种既在事物。同时它也与现实的各种野蛮方面有关，这些野蛮的表现本身便证明了一种对道德行为或对美的抵制思想，例如，一群无形的怪鸟或受到雷雨侵袭的高加索——埃斯库罗斯笔下的普罗米修斯便被囚禁于此。

[2] "这便是（在雅典悲剧中）本我的显著特征，是其光荣的标记也是其脆弱的烙印：本我保持着沉默。"（《救赎之星》，第95页）在整部书中，罗森茨维格对艺术的各种形式之间的关系进行了细致的区分。

[3] "命运便是自我本身的意识，但是它看起来似乎是敌人的意识。"马勒迪奈在一篇有关忧郁的精彩长文中引用了黑格尔的话，由此我们看出在黑格尔著作中"理性"具有重要的影响。同时，达到纯粹自我意识的不可能性，保持清醒与独立，不依靠与清晰性相对的不真实但有效的表现，在黑格尔的著作中也占有不可低估的地位。

[4] 正是在这种直接或间接的"非解释"的条件下，犹太人大屠杀才能够保持其骇人听闻的质问力量，这同时也是对牺牲者的一种尊重。世界上没有达到这种程度的其他不幸（如果我们可以区分不幸的程度的话），在要求斗争行为之前同样也要求第一种行为。

来。第二方面更有力地唤起了悲剧的伦理学效力，而且最先从某种程度上来讲也是单纯地在观众的态度中感觉到存在于自由与无名的仇恨之间的恐惧面临着黑夜的联盟，感觉到这种恐惧永远不能够对牺牲的英雄表示怜悯。

希腊的优先性究竟来自哪里呢？来自悲剧没有作为一个范畴出现的地方，即来自预先的否定性之中。确切地讲悲剧并不是创造一种自动屈服的语言。悲剧出现在**行动**中，由行动展现出来。所有的行动都展现于悲剧的可能性中，因为所有的行动都包含不透明性、决定性、一部分无知和一种不可估量的冒险。行动在此既具有伦理性也具有政治性，它介入了本我之中，同时也介入了死者与众神所构成的共同体之中。让-皮埃尔·韦尔南（Jean-Pierre Vemant）认为，"真正的悲剧人物……是乌托邦"①。作为一种社会惯例，悲剧使人们看到并重新看到了建立乌托邦的代价。如果乌托邦意味着对人类世界相对自主性的选择，向这种自主性的转变就构成了悲剧时刻。乌托邦是如何在人与众神之间进行权力转变的呢？乌托邦的出现似乎是与对全新的本我的认识混为一体的，全新的本我使人们看到完全不同的本我与众神，而且使两者处于敌对状态，使之通过事物的力量成为对手，但是这一过程并没有真正地损害众神的霸权。似乎谈及本我自身就成了自己的敌人，他者性在这种明确的阐释中变得更为清晰。但是同样由于这一点，习俗完全受到了扰乱。人类再也不是其自身，也不是他们所信仰的神。悲剧同样阐释了一种多方面的差异，一种已经形成的差异。乌托邦首先是伴随着一种一直存在的过去，而且它在分裂中逃离了这种过去，因为由习俗统一起来的身份已经显示出来而且互相对峙，而更高级的秩序还没有产生。在此之前，存在一种众神傲慢的保护性的临近性，而后，"神性在人们的行为中相遇"②，而神圣的世界在其"形成冲突的"③整体中显现出来。悲剧面临着一个选择的十字路口。对于个体来说，这是命运的交错和自由的冒险。悲

---

① 让-皮埃尔·韦尔南、P. 维达尔-纳戈尔：《古希腊神话》，Maspero出版社，1979年，第28页。直接影射《七将攻忒拜》，但是让-皮埃尔·韦尔南坚持城邦和可见之物的中心作用，"……城邦便是戏剧"（同上书，第24页），"在这一悲剧（《阿伽门农》）的顶点，一切都纠结在一起，而众神的时间出现在了舞台上，并且使人类的时间变得可见"（同上书，第40页）。

② 让-皮埃尔·韦尔南、P. 维达尔-纳戈尔：《古希腊神话》，第36页。

③ 同上书，第33页。

剧仅仅存在于行动之中，而非存在于思辨之中。这是任何"思想"所不能绕过的本义。所有真正地被实施的行动都是跨越了一种极限，而且朝着最好或最坏的方向发展。

1953年，在一篇十分精彩的文章中，利科评论了对悲剧的各种不同阐释（热拉尔·内贝尔[Gerhard Nebel]、亨利·古耶[Henri Gouhier]、马克斯·舍勒[Max Scheler]、卡尔·雅斯贝尔斯[Karl Jaspers]等人的阐释）。这样的延续表明一种路线，可能是一种难以觉察的偏好顺序。无论如何，作者似乎早就已经熟悉掌握了一个主题。阅读了这篇文章之后，我们可以发现内贝尔虽然带有一种基督教的偏见，但仍然是对悲剧的本质把握得最好的。古耶通过将悲剧扩大到超验性与自由的广泛冲突，使其变得缓和起来，不仅仅肯定参与斗争，向更高目标努力的优先性，而且反对对超验性的认识鼠目寸光；人类接受了死亡，但也败在被认为具有敌意的超验性手下。舍勒并没有为超验性的阐释带来什么特别重要的东西，他在结论中指出：有限性的悲伤面对着无限的无知，所需要的不可驯服的力量总是决定着意志的积极性，这其中可能存在人类的错误，但是人类是无罪的。在雅斯贝尔斯的眼里，悲剧是一种空前绝后的预备性教育，它使得超感性的所有意象都被取消，而这种超感性是一种避难或一种拯救。雅斯贝尔斯并没有首先考虑希腊的悲剧。在雅斯贝尔斯看来，悲剧对我们所有的人来说都是一种启蒙教育，是一种严谨而清晰的课程。很长时间以来，众神甚至是上帝就已经不复存在。应该不惜一切代价回到意象不可能性的混乱中。在《作为他者的本我》中，利科坚定地回到了悲剧上来，但是，他并没有将悲剧缩减为一种美学的好奇心，而是将其简化为我们今天更能理解的一种冲突，即道德主体在现实境遇中所不能避免的冲突。

把握悲剧的本质究竟有什么意义呢？悲剧是否仅仅是使本质显示出来的东西，而且能够改变否定性的形式呢？基于这些主题，今天看来这种窘境是难以理喻的。正如瓦尔特·本雅明在谈论叙述的本质时所做的那样：为了强调这种本质特点，只需描述就已经足够。①

---

① 瓦尔特·本雅明：《叙事者。关于尼古拉·列斯科夫的几点思考》，参见本雅明的《法语写作》，由让·莫诺耶推荐，伽利玛出版社，1991年，第197页。

在众神之间是否存在某种混乱呢? 这种混乱对于人类来说是一种固有的恶意，虽然这种恶意是隐蔽的，但它仍然富有实效。在众神方面存在着一种魔法、一种神性的力量，这种力量必然是要成功的，而且忽视了死者：死者不能看到任何东西，也不能在力量中看到任何东西。利科似乎对这种邪恶行为非常敏感，这是一种错误的意象，但也是真实超验性的意象。确实如此，从埃斯库罗斯到索福克勒斯，在恶意之后都跟随着一种不可抗拒的沉寂，任何礼仪和祈祷都不能够打破这种沉寂。悲剧因此也成了世界的敌对替身的一种经验，也许只是瞬时性的，但不可改变，祈求没有回应。与之相反，在人类的言语中，存在着牺牲者反抗的呼声和哀叹。虽然罪恶感折磨着我们的英雄，但英雄真的有罪吗? 悲剧在寂静、消失、死亡、疯狂、没有语言的生命中展示出了忘却和湮没。人们并没有看到其悲剧。它不是启示。相反，它是眼睛的障碍，是一种痛苦的"没有语言的爱情诗"，是在其他事物影响下的再一次监禁。在陶冶之外，并不存在任何通往"信念"的道路。如果存在一种测量悲剧的尺度，测量难以识破的敌意尺度，那么在众神的饶舌之外，就是一种沉静。在一切都为共同体和本我而作出决定的时候，悲剧的掌管者就是不闻不问，永远的不闻不问。①

实际上，悲剧是由对照构成的，这种对照比来自愤怒的众神的对照要更为模糊。正是在众神的沉默中悲剧获得了最大的力量，而对照的力量并不仅仅存在于逆境之中。这种逆境一直依赖于自然不可侵犯的优越性，而对照的力量存在着对手。对手表示一种与上帝不同的力量，我们不能够将这种力量简化为一种邪恶的图像，这种无名的力量能够作为人类而将人类摧毁，似乎在人类与这种力量之间存在着难以忍受的相似性和每时每刻都存在的嫉妒。利科的著作中并不存在一种善恶二元论的思想，这种思想存在于他的朋友和竞争对手让·纳贝尔(Jean Nabert)的著作中，恶的神秘性的消失没有留下任何踪迹。②不能与

---

① 依照一种并不十分系统化但非常巧妙的方法，伊逢·布雷斯在《痛苦与悲剧》中拓展了一些相似的却具有代表性的预见观点。对我们来说，这些观点依然具有现代性。

② 参见1953年《精神》杂志上发表的让·纳贝尔的书评《论邪恶》，第124—135页。这篇文章提到恶在其最为尖锐的一面上是无法辩解的。在《恶，对神学与哲学的挑战》(日内瓦，拉保尔·埃·费德出版社，1986年)一书中，利科简要地指出了回应这种挑战的几种代表形式。

否定性同化，不能归因于一个与上帝等同的力量，不能够将人类唯一的邪恶意志归于原处，甚至不能将神性的意志归于原处，因此恶转化成了一种消极的力量，不能被定位，也不能思想。进行关于恶的思考，通常会让人眩晕，而面对恶时，思考并不是一种最好的方法。作为有限性的不可抹去的踪迹，恶所表示的内容似乎要比有限—无限这对矛盾所表现的内容更多。悲剧首先从中表明了一种经验，这种经验比约伯的经验更为原始和无所掩饰，而约伯的叙述是一个非比寻常的线索，对于这个阴暗的区域来说，它显得如此神秘。[①]

希腊的悲剧中并不缺少解脱。利科重申雅斯贝尔斯的观点：在哲学尝试对黑暗和光明的错综复杂性进行划分之前，悲剧便已经通过难以阐释的内部运动朝着拯救与和平发展，朝着一种新生发展，在这种新生之后，既不会存在胜利也不会存在失败，而是存在一种感受的净化，这种感受即对涵括在有限性中的力量和智慧的感受。但是有限性并不是一种可以像扔掉旧衣服一样摆脱掉的事物。它总是作为一种总体的差异、野蛮的、不顺从的诱惑与抵制而存在。在迟来的悲剧中的拯救是一种深入，同时可能也是一种缓解。

悲剧并不是不可消除的。它经常在其最初的形式下重复出现。在希腊的形象化之外，利科试图寻找一种更为普遍、非常具有影响力的形式：悲剧将从古老中再现，也将回到古老之中。[②]就像忽然之间在我们身上出现了兄弟或姐妹的呼唤，正如在安提戈涅（Antigone）身上出现的一样；或是出现了对乌托邦的依赖，正如在克利翁（Créon）身上出现的一样，这种呼唤和依赖都逃脱了意志的力量。似乎在我们身上存在一种长期以来保持缄默的档案，突然之间将我们包围起来，将我们引入黑暗的深渊之中，而每次这个深渊都是有不同特性

---

① 只关注于希腊的悲剧便显得过于片面了。即便是在一种不同的形式下，"希伯来高地"也同样非常具有穿透力。非常笼统地讲，悲剧似乎是对不幸与恶意的回忆；但是在圣书中，呻吟变成了抱怨，而抱怨将"处于争论之中"，利科带着一种持续的果敢神秘地进行着解释，但是他的阐释也似乎成为最为复杂、最为深刻而最偏离中心的对悲剧性的解答："没有原因地爱上帝。"参见《恶，对神学与哲学的挑战》，第21、43、386页注释27，以及《新手册》第85期，1986年，第6—10页"恶"。参见《对悲剧性的重新肯定》，第289—503页。这个答案仅仅是个人观点："我们对于别人所遭受的痛苦不能发表任何见解。"（同上书，第10页）

② "……这些活跃分子是为伟大的精神服务的，他们不仅要超越这些伟大的精神，并且还将为古代精神以及神秘的精神开辟道路，古代精神以及神秘的精神也同样是不可磨灭的不幸的来源。"（《本我》，第281页）

的。躯体与墓地的系谱相关，与宇宙的膨胀相关，与一种只有它才会听到的声音相关，直到它再也听不到其他的声音，如同《恺木王》（*Roi des aulnes*）中的孩子。沉重的、不朽的力量和躯体的诱惑使得神性仍然完好无损。但是很明显的，它触动了言论。悲剧在一种新的形式中是如此普遍，而且没有损害希腊的优先权，它与历史是具有共同外延的。即使是在《圣经》启示的结构中，悲剧仍然是原始的；将时间阐释为"上帝发怒的时间"①既没有对时间进行解释也没有对其进行保护，或是将时间阐释为奴隶——意志的经验，这是一种"受到束缚的自由意志，而且一直受到束缚"。圣经的上帝并没有神奇般地使悲剧的忧伤得以改观。从"看到一切"的失败中产生的悲剧可以被简化为一个裸露而孤独的本我，但是同样是没有实质的本我。这将是"一种牺牲，而且它偏离最初的掩饰"②。

面对，不要回避

悲剧的夜晚如深渊一样使人惊讶和慑服。它从未放过任何人，因此不能够在这个深渊的边缘停留过久。悲剧因此变成了女妖美杜莎的目光，震慑着人们，而且可以被简化为整体的被动性。面对这种转变、这种旁边的足迹、彼世的足迹和面对悲剧的行为，利科显得非常担忧，而正是这一切构成了他承担的内容。

悲剧并不是死亡。它是黑暗的冲突和由这种冲突所引起的矛盾。它是个例外，但是在这个例外之外或之后，矛盾仍然存在，而且在整个道德生活中都不断地重复出现，而道德生活中心的所有决断都是以面对黑暗为前提的。但是所有的决断同样是语言，也正是在这一层面，纯悲剧的力量得以缓和，这种决断改变了语言的功用。利科注意到了黑格尔对悲剧的经典阐释：矛盾是在主角严谨的、

---

① "'上帝的愤怒'这一术语作为悲剧意识的唯一根源，哲学家与神学家的论据都无法将其驳倒"，参见《终结与罪恶》，第145—150页。利科著作中这一起着决定性作用的缓和语气的措辞，明显地来自《圣经》，并且似乎总是处于一种理念的范围之内："恶是如此的根本，以至于它应该与善一样具有原始性。"（第150页）

② 参见弗朗索瓦·达斯图尔的《荷尔德林，悲剧性与现代性》，第35页。

片面性的失败中产生的①"这种片面性没有任何可能的调节方式"②；主人公仅仅能够听到他自己的声音。在道德矛盾中，决断在于通过行动超越片面性而通向一种处于萌芽状态的普遍概念，这种普遍概念并不是毫无风险就可以实现的"世界上的理性"。同样这种概念中并不包含时间，也没有使我们摆脱道德矛盾的黑夜。这并不是非理性主义。在《有限性与犯罪》中，利科坚持"理念有益"③的观点，理念同样是净化者，但是它与悲剧不同，作为哲学理念，它在悲剧中明确地扼杀了其最为可疑的趋势、扼杀了"上帝是凶恶的"以及"命运注定邪恶"的观点。

悲剧对于利科思想的另一种影响是缓慢地显现出来的，这种影响似乎正是利科言论缓慢出现的形式。悲剧引起了一种"目光的转变"，一种更为敏锐的注意力，它更强调与限定、忧伤和语言的联系。牺牲者的记忆是真正的牺牲者的记忆，但它同样也是本我受到损害和未完成的记忆。这种记忆与时间具有相同的外延，并使言论具有时间性，因为在本我的身上存在一种时间性。利科思想中的叙事性转变，似乎与悲剧的出现密切相关；一直处于变异状态的自我在本我的构建中，仅仅是护送一个模糊的、不可见的部分，时而平静，时而具有毁坏性，这种毁坏性是从躯体内产生的。言论的不连贯性是不存在的，在我们所称的连贯性中存在一种模式的转变。从某种意义上来讲，**叙事性**在悲剧演出期间产生了两种表达方式，这两种方式都不能以循环的方式来实现。

在一篇颇具影射性和实验性的文章中，本雅明试图阐释悲剧与产生于16—17世纪的德国巴洛克悲剧之间的关系。④利科的思想在这方面如此早熟和深入，是一件令人惊奇的事情，更确切地说，他的思考是非常准确地停止在某一时刻。巴洛克悲剧正是产生于一种没有经过深思熟虑的对所有线性历史思想的反抗之中，而这种线性的历史是通过进步凸显出来的，同时巴洛克悲剧所表现

---

① 《本我》，第281页及第190页。让-皮埃尔·韦尔南同样坚持这种片面性："悲剧性的讽刺应该在于指出……主人公如何完全地'被词语捕获'，而这一词语又会转而反对他。"（《古希腊神话》，第35页）

② "……悲剧视角依然总是位于逻辑、道德或美学和解的此岸。"（《终结与罪恶》，第300页）

③ 《精神》杂志，1953年，第455页。

④ 瓦尔特·本雅明：《论巴洛克悲剧与悲剧》，出自《本雅明著作集》，第二卷，第1节，法兰克福：苏尔坎普出版社，1977年。由拉古克-拉阿特和 J.-L. 南茜译为法文，*Furor*，1982年10月版。参见第5—15页："悲剧性在被大声读出的动词中不断地出现，而巴洛克悲剧收集了发声过程中不断产生的回音的音色。"

的是一种诺斯替主义结构，这种结构从某种层面上论证了事物的悲剧状态。更确切地说，这里存在一种原始的错误——"个体化"——这一术语在本雅明的著作中是十分重要的，它与觉醒于乌托邦建立之时并引出悲剧的本我意识十分相近。但是巴洛克悲剧更充分地说明了"宇宙的忧伤"的原因，而"宇宙的忧伤"出于某种原因已经完全被限定了。悲伤不仅仅是通过鲜明性和抒情性而表达出来——这种表达是对悲剧冲突的直接认识，悲伤在逐渐失去寓意和抱怨的语言中经过，而整体在一种补充形式——音乐中表现得最为完美；音乐，只有音乐最为理想地表明了悲伤甚至是疯狂的洪流和浮动。最终只存在一种纯感觉，一种只有在作为对声音的调整的音乐中才能得到的感受。为什么？因为被消耗掉的时间可能就是上帝发怒的时间；但是这种愤怒并不是通过力量的爆发而表现出来的；悲剧是《圣经》中的上帝在混沌中放弃了创造。上帝的力量消退，宇宙走向毁灭和瓦解。

在利科的著作中，反复提到的对悲剧的认识是开放性的，而且表现在三个方面。

首先悲剧了解认识的限度。在认识中存在不可识透的事物。[①]这种不可识透的事物，并不是像一种简单的事实出现在我们面前，也不是像宣布一个取消精神可能性的原则一样——通过哪种权威来取消呢？它仅仅是一种懒惰的非典型性形式或一种虚假而可疑的简朴。希腊悲剧的力量就曾使人看到这种认识的限度，就像使人看到人类经验中的一种内部力量，一种无法克服的激烈矛盾。利科接受了这种膨胀和分裂。在这个世界上有一个无可厚非的外部世界。这种逃离并不仅仅是在认识运动中才出现的；它是一个事件，是一种不幸，一个在实际生活中的洞穴。不幸的躯体注意到了而且带走了这种不能识透的事物。因此，哲学在悲剧的抒情性方面取材于非哲学。利科从未向这种不能识透的事物的"叙述"让步。他拒绝西蒙娜·薇依的思考，这种思考是力图通过回溯上帝，以在他身上、在一个不幸的上帝身上找到邪恶与不幸的起源。西蒙娜·薇

---

① 例如约伯所发现的"惊恐中不可识透的上帝"。"不可识透"这一术语多次被重复。

依除了上帝以外想不到其他任何原则；那么如果上帝对于某些事物来说是不存在的，邪恶又将如何存在呢？① 谈及"神秘"并不是回避这个问题，而是以邪恶本身的展现形式为基础进行总结。

所以，悲剧以及所有的悲剧都着眼于"忍受的巨大覆盖性"②。面对无声的、不可理解的痛苦，利科拒绝纯无意义的虚无主义，同时也拒绝了一种将至的意义、事后的意义的安慰。忍受牵动着眼泪，呼唤着反抗而且引出一种对更为狭窄的意义的研究途径，在这种狭窄的意义中我们看到了能够成为纯粹、稳固而虚无的智慧风格；似乎痛苦永远不能与之和解，因为痛苦矛盾地包含着理智与明晰的附属物。对于"本我认识的剧烈痛苦"③来说，确实如此。利科重提赫西奥德的恐怖话语，"忍受使理性发疯"④。这些可疑的悖论既没有被承认也没有屈服。它们来源于无意的经验。

但是，对悲剧的认识远不是仅仅具有"教学法"的功能。向痛苦进行最微小的退让——即使这种退让是无辜的，也总是为刽子手服务。在利科的著作中，有关悲剧的思考最为让人欣赏的影响之一就是他固执地对其产生地、对行为留有记忆。⑤悲剧的真正教益并不是不幸的令人麻痹的诱惑力。相反，其中存在一种演出的结局，主人公和观众离开舞台的藩篱。虽然新的形式不断出现，但是其目的是相同的，即建立一个乌托邦或一个共同体，或建立一个本我。悲剧性戏剧非常巧妙地将问题引向对新的本我的评价⑥，使本我和他者的

---

① 参见一位业内人士简短而友好的回忆。X.蒂利埃特：《哲学家们的神圣星期》，Desclée出版社，1992年，第100页。

② "痛苦或是遭受痛苦作为一种行为，作为一种下阕的行为而暴露思想，这种行为是在与命运相对的过程中形成的。"（《终结与罪恶》，第208页）

③ "本我的再认识是以艰苦的学习为代价的，这种学习是在穿越各种矛盾冲突的长途旅行中获得的，而大学便是这些矛盾冲突的局部化。"（《本我》，第283页）参见X.蒂利埃特：《哲学家们的神圣星期》，第55页，注释37；同样参见《终结与罪恶》，第215页，有关悲剧的智慧部分，在这一部分里，痛苦被意义所掩盖。

④ 《终结与罪恶》，第217页。

⑤ "悲剧……的主体是行动。"（《本我》，第283页）

⑥ 除了对本我的衡量之外，在利科的著作中我们还应该着重发掘幸福的动因。两篇文章可以为这一领域划定界标："对黑格尔历史哲学的讽刺主要在于假定黑格尔为重要的历史事件赋予了一种明白易懂的意义……很明显，在这样的范围内，有关幸福和不幸的问题便被忽略了。"（《恶，对神学与哲学的挑战》，第33页）"……确实，并不存在没有幸福的伦理，但认为幸福排斥了痛苦便是错误的。"（《本我》，第313页，注释2）

行为突出出来，同时将问题引向行为的坚忍的耐力[1]，这种行为可能会逐渐减少致命的但不可避免的罪恶，而增加清醒的而非精打细算的慷慨，增加解脱的承诺；但是谁能够预先知道这些呢？

困境与叙事

请点燃一盏星光，请在暗夜中点燃星光。

保罗·策兰

要想用几页的篇幅来回应题目中所提到的承诺，那是很荒唐可笑的，也是自欺欺人的。那些承诺不过是被小心谨慎地勾画出来的界线；并没有给出一个系统的结构，也并没有给出细节和言论。同样，运用如此粗浅，以至于看起来像是背叛和凌辱了利科的思想。他的文集如一片茂密而广阔的丛林，文章在丛林里前进，不断地得到启示而且保持高度的警觉。利科好像致力于对正直的行为表示敬意，而康德曾哀叹在他所处的时代的神学中很难找到这种正直行为。此外，提到忧伤、忧伤的深渊、我们的困惑、沉默、反应等就会使言论产生一种不适当的戏剧化，将言论归咎于一种秘密的、奇异的戏剧化，而且按照这种哲学的朴素的基调去承认这种言论。但是在我们的时代，言论在安乐或对现在的讽刺与生存的惊愕之间摇摆，在行动的疏远及其必要的重新考虑之间摇摆。在一种思想的峰线上行走可能是有教益的，"做什么"这一问题在这种思想的实质中起到了引导作用，这一问题如果说不是从一种原则中引出的，至少也是从一种首先"有事可做"的证明中引出的，因为每个人身上都存在着牵连、陈述和被影响。

最初是一个假设。根据"利科所提倡的后黑格尔—康德风格"[2]如康德使时间概念在超验性之中根深蒂固一样，利科警惕着所有本体论的思辨，正如警

---

① 参见《耐心，同意延续的激情》，《其他》，1992年，责任编辑为卡特琳娜·夏利耶。我们急切地阅读了这部全集。

② 利科：《时间与叙事》，第312页。

惕着所有狂热的颂扬。面对历史的困境，他像康德一样果断地选择了实践的方向。理论并没有被排除，但是理论是如此展开，以至于最终总是向行动的问题体系弯腰。在行动的问题体系中，"我是谁"这一问题、叙事特性和理论的身份问题在这里重新开始了。作为现象学的参与者，思考行为是在**事物**的经验之后形成的。

　　坚持实践的优先性，必须面对思想、行动以及邪恶的极端情况，最令人迷惑的情况。邪恶被认为是一种过度，一种过分的忍受——无论是道德的邪恶，还是强暴的行为，其中侮辱和毁坏已经到了比死亡更为可怕的极限，当然死亡是其终点："邪恶……我们在拒绝阐释的时候就是与邪恶进行斗争。"[1]对康德的忠实并不意味着要建立一种普遍伦理学的愿望。它意味着一种有力的回击态势，也就是一种重新开始。如今这一问题变得更加严重，因为我们处于一个风云迭起的痛苦时代，似乎特殊的脆弱、人类境域中的一种本质脆弱呈现出来。力量赤裸裸地显示出来。不计其数的牺牲者在沉默中被掩埋，这种沉默唤起了不可抹去的呼声。这个时代历经了灾难，虽然这并不是霍克海默尔和阿多诺在《启蒙辩证法：哲学断片》中所提到的世界末日。《启蒙辩证法：哲学断片》具有征候性的特点，它总结了行动的绝境、行为的麻痹时刻。这些事件如闪电一样放射出一种照耀着整个历史的光芒，重新展现出了过去的失败、失败的永久性、被压迫者的传统以及本雅明所作有关重新记忆的研究中最重要的一点，这些重新记忆的研究是为一段即将写就的历史做准备。利科没有忘记这一份否定性的遗产，而为了记住这份遗产，对其进行叙述将是非常重要的。但是，行动问题由于情况非常复杂严峻，所以变得异常模糊。在利科的思想中，这一问题通过与康德思想的完美交织结成了一种双重的沉重性：一方面是外部的沉重性，逆境的挑战，逆境要求它根据理性找到一种正确的态度；另一方面是非常难以觉察的内部沉重性，这种内部沉重性是一种与邪恶之间模糊而阴险的"同谋关系"，似乎人们在所有的善或恶的愿望之外，在所有的错误之外，而不是在犯罪之中平分一种缺陷和非善的倾向，似乎邪恶同样折磨着我们，而仅仅是

---

[1]《邪恶的丑闻》，1986年，第20页。

以一种不能满足的好奇心的形式，在迟钝和惰性中阻止行动，巴特在一种平静的半睡眠状态中看到了原罪所造成的最坏最阴险的结果之一。这里并不涉及善恶二元论："恶并不是善的对称物，恶取代了邪恶，与人类的善良相对应，而恶是对仍然存在的无辜者、光芒和美的凌辱与丑化。虽然恶同样是根本的，它却并不知道它与善一样是先天的。"[①]这种具有列维纳斯风格的断言确立并引导着行动，它似乎具有一种比简单的联系性更为广泛的意义。

如果我们承认从全书角度来看，这似乎是一种无可争议的假设——历史环境对利科行动和思想进行压制的假设，那么我们就能够看到，通过《时间与叙事》，利科似乎渐渐系统化地给出了一种非常严谨的行为安排，而不是给出一种答案——"答案"这个词在利科的词汇中很少出现。在这种安排中，哲学问题的体系与神学问题的体系相结合，而神学问题的体系并没有打断他者的流浪行为。这种行为安排，通过在时间中对语言行为的研究得到了加强，包括其开放性。这种开放性不是面向新发现的特性，而是面向一种独创性的可能。独特性在这里得到了体现，但从某种程度上来说，仅仅是刚刚开始罢了。

《圣经》的诱惑

这里的诱惑并不是说，狂热地或极端地依赖于《圣经》文本，而是从文本中得出的一种劝诱，正如沉浸在新柏拉图主义之中的奥古斯丁所觉察到的那样，是西方哲学中的幽灵再现。

很有可能的是，利科的著作对《圣经》保持着持续不断的注意力——《圣经》是否对自身宗教传统进行阐释，很久以来，这一点隐藏着一个最终人人皆知的事实，即时间的不可理解性以及时间与他者之间的关系。太离题了。阐释学仅仅是向现象学的方向发展吗？它难道不能实现其自身的救赎吗？因为他亲笔写道：从某种意义上来讲，《圣经》阐释学是普遍阐释学的一种特殊情况，在实践中，它是整个阐释学的沃尔加农（organon，亚里士多德全部伦理学著作

[①] 利科：《意志哲学》Ⅱ，《目的性与罪恶》，《恶的象征》，奥比耶出版社，1979年。

的总称）。

有关《圣经》的两篇文章（还有更多）可以阐明本世纪所遇到的困境：一方面是基本符合规定的"哲学阐释学和《圣经》阐释学①"（1975），而另一方面是刊于1986年《新旧情书》（*Nacueaux Cahiers*）中的恶。从这两个方面入手，某种本源性的或原则上的、控制力方面的忧伤，出于不可理解的时间的影响，构成了一种崭新的活动形式以及与世界的关系形式。如果在这个世界上，只存在一种消极性，那么也应该仅仅存在大量的暴力与邪恶而已。

在1975年发表的一篇文章里，利科非常强调《圣经》语言的多重声音。在利科看来，这是一个非常基本的特点。由此，他又回到了《时间与叙事》的结尾部分。这种多重声音坚持一种事实，即信仰总是与语言的特殊性有关。语言的叙述仅仅意味着，我们呈现在可能的言论平台面前，呈现在一种近乎先验的、有所保留的修辞面前。对于利科来说，这种多重声音恰恰相反，受到了限定。虽然各种社会阶层具有不同的言论，但是指称的是事物，也就是一个变化中的、危难中的世界，而且是这个世界深渊中的错乱。换句话说，这多重声音就像是一个由各种反应构成的有声图像，一种由各种"我在此"构成的多面性。这种多面性根据每个人进行调整，根据每个人的忧伤、愤怒或得到解脱的状况进行调整。因此，这些言论形式并不是中立性的描述：这些形式中充满了记忆，而且引申出一个将要形成的世界，这是一些过渡的形式。这些形式要求更新，即不是纯粹意义上的、有具体程序的发明；在其自身冲动之外，在其记忆深处，这种发明是一种即将形成的开放性。

在文章的最后，谈及读者的"适应"时，利科再次关注了系列问题：必须发现意义的多面性，在行为本身发生之前的一系列不可见的变形，需要揭示的模糊形式。同时，一种方向已经指明，一种新的视域已经展现出来，因为存在着一个方向。事实上，语言的多重声音在这里并不是各种形式的纷繁呈现。它与其"启示者"，与居于中心位置的上帝相关，但是——这难道不是"上帝"与"原则"之间的区别吗？一个没有固定身份的上帝："既是各种不同言论的

---

① 利科：《从文本到行动》，瑟伊出版社，1986年，第119—133页。

协调者，又是这些部分言论的索引和发散点。"存在的坚实土壤在其平静的表现中不再采用多种多样的名称。它开创了一个领域，这一领域与整体的言论相对立，从总是处于某种保守状态的层面看，它也与一个总是作为他者的上帝相对立。这使得人们看到它无法拼读的名字（laweh）。然而，无论是呈现还是逃避，上帝总是"在自由的历史中以伟大的行动者的身份出现"。也正是从这一点来看，在对多重声音文本的适应性中，上帝这一没有固定定义的参照对象，通过将我们自身的想象付诸文本而允许"用形象表现自我的解放"。因此阐释学并不是没有读者的一种徒有虚名的黏合。它使得不可理解的时间和他者之间展现出一种多变关系。从这种意义上来讲，《圣经》并没有首先揭示出一种有时效性的范畴，发号施令者的证明，也就是在下命令之前就给予天资的证明。《圣经》本质上属于超伦理学。

在1986年发表的一篇文章里，利科似乎以同样的方式，追随着从时间和他者的角度对"主体"的质询，再一次在《圣经》文本中认识到一部面向未来、面向解脱、面向救赎的戏剧。这篇文章很激进，几乎接近极限，因为论及了劫难与恶。其新奇之处是一种向极限的过渡：利科探寻着《圣经》的智慧，尤其是约伯的智慧。这些智慧被当作僵化的矛盾来理解，而非作为缓和的矛盾被理解，这样处理是正确的。其僵化是通过一种附加的思考，或内在化来实现的：此时，时间的他者比任何时候都表现得更为异类和难以理解，我们可以说是"世界的逆面"，而不是"反对世界"。有关进程、关系的疏远，有关分离的"不可能性"术语，在本雅明和卡夫卡的著作中司空见惯。"与智慧相提并论的，是一种具有双重切入点的争议的主题。通过这一双重切入点，人类对上帝提出控诉，正如上帝引起人们不断地控诉一样。"①这种控诉的中心，是恶的牺牲者，是不可安慰的牺牲者。在牺牲者的背后，就是恶。

在这里，我们是否可以说是曲折或超级曲折呢？显然，我们不能这么说。因为我们面对的，是一个没有其他任何可能解释的问题，所有的解释只能加重既有的恶的矛盾。然而面对恶，出于一种复古的思考，我们总是会屈服于黑

---

① 《邪恶的丑闻》，第60页。

格尔的"诱惑"，即一种完整的解释。利科更为确切地将这种解释定义为神话的解释。这一术语较之神话来说，更容易让人们联想到一种从本源开始思考的方法，这种本源包括善的本源、恶的本源和一切的本源。"与非理性的表象相反，神话的力批恰恰是体现解释；因此它似乎能够回应抱怨，但这种抱怨会变成一种对上帝的指责。为什么有恶呢？为什么有如此多的恶呢？为什么是自我呢？……总之，通过一定的方式，神话进行了回应。……神话似乎是一个由回答和解释构成的虚构实验室。……被作为思想结构来思考的神话，充斥了'为什么'的问题。"①因此，神话的给定通过解释而允许确认、经受、拒绝或消除一种疑问。这种疑问唤起了另一种观点，这种观点不是对思想不容置疑的谴责："在我们的记忆中，奥斯威辛集中营的牺牲者是历史上所有牺牲者的代表，任何理性的诡计都不能使之具有合理性，这段记忆同样也揭示了历史上所有'神正论'的丑闻。"②但与此同时，"在进行沟通的解释和进行孤立的恐惧之间，其矛盾达到了顶点。这一潜在的矛盾并不能通过解释消解这一事件在历史与反感之间引起的并不那么牢靠的二元论。这种反感不带有任何难以想象的思想"③。

然而，对于利科来说，神话似乎出现在希伯来思想本身当中，出现在预言的某些方面。这种思想将恶与原罪联系在一起，使善变成了一种报偿。只是，自相矛盾的是，《智慧书》文学接受了解释的削弱。但是，解释的削弱并不代表没有可行的出路。争论的诸多术语是非常简单的。一方面，"起初的无意识"：他者的某些事物总是被遗漏；另一方面，恶的呈现：同样是不可理解的，似乎从一开始就应该考虑到一种不易冲动的纠纷，即在隐秘的开端与由恶或不幸标记出的现实之间所存在的纠纷，而且同时应该根据这种纠纷注意到一种"已在"，这种"已在"几乎是与人类时间共存的。

正是在"已在"这一方面，利科展现出了他的果敢行动。恶或不幸的"已在"更确切地说，归因于一种出离本我的原则，它并不是与人类相对应的纯外

---

① 《邪恶的丑闻》，第59页。
② 《时间与叙事》，第273页。
③ 同上。

在性，或世界上的一种使人目瞪口呆的事实。毫无疑问，这种恶触及了外部的无辜者，但是，正如《圣经》中经常提到的，这种令人恐惧的非正义似乎是一种征候，不能用某些原因性术语来进行解释，也不能够通过人类内心的东西来进行解释。继阿尔特（Alter）之后，利科将其称为"人类抗拒者"，而这一抗拒者在世界上不断造成不良的影响。在一个关键的句子中，利科似乎恰好将这种双重外在性与人类与生俱来的内在矛盾联系在一起。他引用了阿尔特的话："叙述的本源本身，尤其是智慧的本源，是一种时间的膨胀。这种膨胀是由上帝的构思与人类的抗拒者之间不断产生的距离引起的；它并不是如《圣经》中的故事一样，仅仅面对某种作为构思的不可避免性和……人类抗拒者。这种总是被预先设定的距离，使得恶总是'已在'。"①《圣经》中这种总是"已在"的文学符号，可能就是编年学的控诉特长。这两极（构思与抵抗）对于利科来说，似乎是《圣经》语言的前提本身。

在这里，我们不对这篇文章进行深入探讨，只是草草地总结一下。面对不可理解的时间及其引出的他者，面对外部的恶，我们自身同样总会体现出来某些部分，其中包括直接地、无辜地受到伤害的牺牲者。对于利科来说，信仰与行动是绝对不可分割的，而且与其说它们是一种安慰，不如说是人类的**立场**，人类"在上帝那里找到了其愤怒的源泉，却没有找到缓解需求的阐释"。最后的词语抛弃了所有的欲望，并不是冷漠的抛弃，而是非常积极地回到主动状态，回到被引导的实践中来。

积极性

如果说，时间的不可理解回避了完美的**沉思**，而且逃脱了黑格尔的诱惑，那么受过去与时间的影响，在利科的著作中"存在"并没有引向放弃或者引向一种道德决断，这种道德决断是以清醒的、失望的消极性为基础的。相反，利科在《圣经》矛盾的影响下，找到了一种先验的对现时的反驳，不是通过思

---

① 《邪恶的丑闻》，第61页。

辨的剩余——这种剩余可以接受现时、扭曲现时或使之消失，而是通过它所提供的一种动作、一种积极性、一种分生组织、一种开端，总之是行动而不是观望。如果时间禁止自我对现时进行扭曲，如果自我不能够逃脱转渡的"本体论"身份——通过这种身份我们的经历已经被耗尽，而且屈服于克洛诺斯^①的力量，那么它仅仅是在个人和集体层面上进行阻止——正如利科在一篇精彩的文章《积极性》^②中所提到的那样，一种行为可能具有各种不同的样式形态，"我能""我做""我介入""我坚守诺言"。

　　从逻辑上来讲，积极性中的这个开端是本质的，因为它确认了时间的经验而且使之构成了适当的反驳："行为仅仅在整体性没有整体化的情况下得以实施。"这其中产生了不计其数而又不可否认的困难，尤其是行为主体自身在叙述过程中的叙身份。叙事身份即"我们所有研究中的坚硬的核心"。

　　此外，正如在康德的著作中所提到的那样，这种积极性行为在时间的不可理解性中遇到了他者，而这种行为同时对他者的恳求作出了回应；它是与他者的争议的激化，是追随着《圣经》控诉的恢复活动，是依据事实对当今行为进行的请求的回应。然而，这里并不是一个次要的结果，个人或集体的主动性，为了负起责任而要求保留想象中的乌托邦式期待，因为这种期待会匆忙地忽视可能的联系或连贯性。因此它也同样要求不能缩小"经验空间"，这一空间非常广阔，其中几乎潜在着我们所有的现时，而且比简单的回忆、过去未完成的或被扼杀的潜在性都更加强有力。存在中的积极性——和我们一样受到时间的影响——从某种意义上来讲，在现时脆弱的极端复兴之后，其力量更多的不是为了调整新的绝对性，而是通过创造重新激活一个总是未完成的过去，本雅明所谓的这种"祖先的过去"，我们的过去，使我们回想起了"等待的领域"。关于现时中这种力量的格言，是尼采的 hoffendes Streben，即充满了希望的努力，也就是说，为了可能的解放而努力，而这种可能性今天还并没有开始。

---

① 克洛诺斯（Cronos），希腊神话中时间的化身。——译者注

② 《从文本到行动》，第261—277页。这篇写于1986年的文章很明显地是《时间与叙事》第三卷的延伸。

雅克·德里达

（Jacques Derrida, 1930—2004）

唤醒回忆

与其擦身而过，已经是一种幸运。

埃马纽埃尔·列维纳斯 [①]

从远处到远处，人们并没有对德里达进行解释，而是在他的隐退之中发现了一个快速掠过的侧影，正如勒普洛·詹森（Luplau Janssen）为克尔恺郭尔所做的素描一样迅速，聆听如音乐一般的德里达。与哲学奇妙地靠近! 但是从哪里开始呢? 如何谈及、是否应该谈及这个人物呢? 几乎没有言语能够如此像种子一样，使我们接近最为权威、最为经典、最不可触及的文本，却没有浮夸，没有嘈杂，没有动摇。它从某种程度上触动了我们的才智和语言。德里达总是被帕斯卡的快速阅读和缓慢阅读所煽动 [②]，他写出了众多的文章，其中有些是灵感迸发式的，如人潮涌向荒芜的岛屿 [③]；另一些是缓慢写就的，充满了疑问和众多的迂回，面对启示表现出不信任的态度，谨慎而具有论证性，暂停或被打断，总之是没有完成的。重复，而重复的内容又是什么呢? 很多人仅仅从中看到了巧妙的研究，但同样是研究，解构的研究，动荡的研究，破坏的研究，同样还有划定界限的研究，所有言论和意义载体的研究，这其中包括从传统本体

---

① 德里达:《完全不同》，参见《弓箭》杂志，1973年第54期，第37页。同样参见其他必不可少的"指南":《人类的目的，从雅克·德里达的研究开始》，加里雷出版社，1981年；罗德夫·加施:《镜子的火车》，哈佛大学出版社，1986年；西尔瓦诺·佩托西诺的 *Jaques Derrida, e la leggi del possibile*，那不勒斯: 纪达出版社，1983年。

② "我们回顾一下《阅读的隐喻》的说明'如果我们读得太快或是太慢，我们都无法理解所读的内容（帕斯卡）'，同时也不能忘记不可推卸的省略问题。"（《多义的记忆: 为保罗·德·曼而作》，加里雷出版社，1988年，第74页，此后简写为《多义的记忆》）。

③ 其中还包括《心灵感应》《疯狂点》《现代建筑》《不合时宜的格言》，均出自《精神现象》《他人的发明》，加里雷出版社，1987年。但是，德里达依然赋予了这些文章"科学性"。

论到严肃语言，还有分析哲学中的言语行为的研究①，在其中人们追求着一种有效性。这样做——当然经常遭到反对，德里达难道没有为此塑造一种永恒的、必需的思想本源轮回吗？这种思想本源的轮回能使解构主义的评论成为可能，与此同时又在藩篱的限制中重复了其遗漏和仓促之处。我们对德里达作品中的音乐性、对其多样的音色和音阶更为敏感，同样我们还可以试图从中得到一种回声，这种回声能够保存记忆的记忆，能够唤醒记忆："我对记忆的热爱超过了一切。"②1973 年，列维纳斯考虑到"康德主义曾将独断主义哲学与批判主义哲学分割开来，而德里达的著作是否真的没有通过一条分界线而将西方思想的发展割断"③。列维纳斯的这种论据的力量如其思想的力量一样强大。在德里达的航迹中，我们不正是可以听到他著作中远远传来的一种呼唤，吸引着我们重新浸入被遗忘的记忆中、浸入记忆的矛盾的许诺中吗？

从远处看，它是不是在外部的一种证明，一种防止自己没有理解任何东西的方法，或防止自己不能或不想做任何理解的方法？在德里达的文本中，我们不能只感到被挫败，似乎通过德里达的计谋和空隙、在脱离西方言论的历史必需性的名义下——这种言论是理性中心的、有等级划分的，而且是由行政官员调整的——所有的理解对于没有接受原则的人来说都是不可能的，这些人往往是由于某些人的不适或由于内行人的狂喜而不能接受原则。德里达十分坚持理解的限度，那么他难道没有通过充满秘传学说或充满谜语的决断而表现出模棱两可吗？——通过这样以不必表达他的理论？"一切都是由引用开始"④：这种思想中最为重要的名言。这是一种计谋吗？在各个意义不同的文本的掩饰下，德里达保留了一种隐藏的真相，如所有人一样，出于对说出一切的恐惧而毫不犹豫地掩饰了最后的话。拥护还是反对自我，这就是口令。

没有什么比这一点更荒谬了。首先，在一种将要脱离的哲学模式方面——

---

① 参见《既定对话的意义》（有关奥斯汀），《多义的记忆》，第 95—147 页。

② 《多义的记忆》，第 27 页。

③ 见《完全不同》，第 33 页。

④ "实际上，在反射镜以前不存在任何事物，似乎一切都是从引用的习惯开始的……文本的内部似乎永远存在于外部，存在于作品的'创作手法'当中。这种'作品以及方法的相互传染'毒害了文本的内部，也就是我们所称的'作品'。"（《播撒》，瑟伊出版社，1972 年，第 351 页）作为"非作品"的练习，参见《哲学小品》第二章，1974 年，第 21—59 页。

但这并不是一种秩序——德里达不断地警惕着外部纯粹地位的延伸效力："哲学向外部转渡并不仅仅在于将哲学翻过一页（这样通常是导致一种不正确的理论研究），而在于继续以另一种方式解读哲学家。"[①]而后在一切的论题和结论之前，通过解读的行为本身，通过在论题和结论之间贯穿各种不同的知识（心理分析学、人种学、文艺理论、语言学……）——而哲学并不是从一开始就是受辱的——通过所有这些，德里达为整篇文章赋予了一种文学身份或文字身份，似乎一种全新的语言浪潮再次朝我们席卷而来，如一位感伤的诗人一样靠近我们，在其表征意义的同时也产生了影响；此时，接触与信息变成了不可分离的状态。如果一首诗的实质不是一种往复运动，不是一种在混乱、界限不清的意义之间的间隔，那么它又该是什么呢？在艺术作品中歌颂的内容，在哲学语句中就显得焦虑了。德里达的传奇性困难很可能就在于暗中使我们每个人都与一种语言的适应相关，即适应于我们赋予自己的控制权，适应于一种系统阴险而不可避免的欲望，而这种欲望依赖于一种规律，即文本规律，游移的语言规律，人们不清楚这种语言将会去往哪里。德里达"从远处"认为这种情况既不是相互排斥，也不是被排斥。阐释将是非常拙劣而且是非常不够的。但是因为阐释是作为一个要求回答的文本的答案，它是一种觉醒，正如一封使人觉醒的书信。德里达作品具有相当的音乐性，但是它与书信体裁并非没有相似之处，对于德里达来说，在书信文体中他者的记忆总是会引起兴奋之情。

书写的吸引

　　从最初的关于胡塞尔的著作《声音与现象》开始，德里达就带着一种严谨的态度使人们看到了一个严密的原则、一种忧郁的顽强性，以及使他与传统的形而上学分离开来的距离。这部作品收集了有关巴塔耶、阿尔托、卢梭、列维－施特劳斯、马拉美等人的文章，并被列为同类作品中的重要著作之一，它

---

　　① 《书写与差异》，瑟伊出版社，1967年，第421页。这篇有关经验论优缺点的文章是由对蒙田的有序引用开始的："对阐释的阐释要比对事物的阐释复杂得多。"

的面世有如对发展缓慢的解读的革新，让人惊喜万分。[①]这一文本中谈及最多的就是延异（difféance），它是延异的一种理论摘要，而不是一种展现，也不是技术专家的玩笑。[②]一种拼写法的转变——**延异**（difféance），而不再是差异（différence），这两个词在法文中的发音是没有区别的，而这种转变实际上却表明了德里达所实施的一种转移甚或是颠覆。它涉及一种对符号的质疑，有关符号与事物之间关系的质疑，有关表现的质疑。带着一种标示变化的拼写转变，延异使人们想到所有的表现都可以通过其与事物之间的关系中的能量转变或反复激化而变得活跃起来；但是它同样表现了"有差别"的另一部分，一种延迟、一种未来、一种必需的推迟。这不正是最准确地表现出了符号与事物之间的关系吗？符号并不是事物，它仅仅是表现，是一种从属物。但是整个形而上学都是依赖一种许诺而存在的，一种关于事物在符号中联合、结合、适合的许诺，一种事物真正存在的许诺，例如胡塞尔的纯粹直觉形式，这种形式并没有将符号作为无用的东西，而是通过对存在的保证并对其进行控制从而加重了对世界的影响。在胡塞尔的著作中，呈现的欲望并不是首要的殖民和统治的意愿。它在外部面对着世界，重复着一种最初的经验，即意识在本我中的呈现，"形而上学的天空"[③]。德里达通过这种阐释，尤其是通过记忆行为，干扰了对"从前"、以前的开端、对"骚乱"而进行的冒险的强迫性的探求活动。哲学为了自身的形成给这种"骚乱"[④]确定了唯一的方向。因此，在代表一种事物以及暂时从属于一种事物之前，符号仅仅是一个外部的标志，不占有任何空间，仅仅代表一种间隔，也许是一种呼唤，总之是作为一种左右为难的情况，作为一种难以克服的不对称性、一种同一性的伤口而出现的。它指代的只是一种次

---

① 第一批相关文章并没有想要对德里达的作品进行历史分期，它们只是明确地指出了道路：《声音与现象》，法国大学出版社，1972年；《书写与差异》，瑟伊出版社，1967年；《论文字学》，子夜出版社，1967年；《哲学的边缘》，子夜出版社，1972年；《播撒》，瑟伊出版社，1972年。

② 《延异》，《法国哲学学会通讯》，1968年。

③ 同上书，第89页。

④ "某些空白之处的补足与喧闹打破了文本的界限，禁止了文本完整的形式化……"（《立场》，子夜出版社，1972年，第62页）"言论可以与经验完美地结合起来，它总是有关经验的言论，言语总是处于第二位，也就是德里达所谓的'正常迟到'。"（樊尚·德孔布[Vincent Descombes]：《相同与他者》，子夜出版社，1979年，第77页）

要的功能，而且由于强制的原因，它被简化为代表——代用品。

由此可知，由延异所显示出来的延缓时间—时间性，并不是为了达到分离的尽头，为了弥补一种遥远的空缺而归并为一种必要的时间；它就是时间性本身，作为表现差异的时间，语言并没有因此停止，使所指的不可把握的力量重现。从这种意义上来看，对于德里达来说，延异是先天的存在。通过符号的谜语，最初的间隔使相同者与相异者同时存在，而且一直延伸到本我的内心深处。"应该通过一种间隔，将本我从非本我的部分分离出来，以成为其自身。但是，当下构成本我的这种间隔，应该同时将现时划分开来，而且与现时分享人们能够想到的一切，也就是在我们形而上学的语言中所有的存在，尤其是物质或主体。"①因此，从一开始并不存在主体与世界面对面的情形，而是存在一种"不可命名"的东西，是由符号的神秘标志所引起的脱离，同时这种符号并没有任何预见作用。"延异并不是我们所期望的一种杰出的、唯一的或超验的存在—现时。它并不命令什么，也不控制什么，并不实施任何权威。任何时候它都没有通过大写体来着重体现。不仅仅延异的王国是不存在的，延异甚至成为了一切王国的颠覆。"②更确切地说，德里达将其命名为对危险非常敏感的"踪迹游戏"（un jeu de la trace），对我们这些凡夫俗子来说，这种危险包围着"游戏"这一词语。

这种符号极具简化性和总括性，因此能够使人们预先感受到在写作中互相交会的压力、肯定和否定，这种写作并不是简单的对立游戏。一方面，德里达确实处于一种异常的偏移之中，但是他并没有任何忧伤。没有任何一块基石可以成为逻辑形式的要点，这种逻辑形式可以完整地表现出真理的时效性、霸权性、调节性。我们似乎被驱逐于哲学之外，而纯粹的黑格尔式认知就是这种哲学的标志，也是这种哲学在重新适应过程中的一个神话。但是这种偏移波及了我们自身的身份，似乎我们同时也被归于一种模糊的、分裂的、没有方向的独特性中，有如"命运的神经症"③。弗洛伊德是德里达的一

---

① 《延异》，第86页。

② 同上书，第94—95页。

③ 《明信片》，奥比耶—弗拉马里翁出版社，1980年，第127页等。

个特别的对话者。他曾指出，依照"梦的表现的多中心主义"来看，"拉康主义，即专门对梦的研究，并不是对僵化的信号的一种无动于衷的表现"①。最初的延异仅仅涉及世界历史或者哲学。它动摇了所有的均质性，其中也包括对传统人文主义来说神圣不可侵犯的自我的均质性。然而，对这种偏移的认识并没有就此停止，它正如一个被忽略了几千年的起源问题。德里达出其不意地、详尽地通过补充的概念对这一问题进行了回答。补充并不是一个被毁坏了的概念，其影响不断地延伸和衍射出来。补充并不属于任何先于它而存在的东西②，从某种意义上来说它是某种没有第一的第二，但同时它又具有双重性，这种双重性恰好在差异中得到呼应。也正是在这里，德里达引入了两个相关概念，这两个概念也正是德里达言论的代表，即踪迹（trace）与书写（écriture）。踪迹并不是符号，作为一种缺失之物或已远去的存在的踪迹，它甚至不是一种语言，"实质、基础或起源都没有引起一种明显的或被掩饰的本体神学"③，它正如一句简单的格言所表示的那样："每个元素都与一个他者相关。"④踪迹不是通向无条件约束的跳板，也不是本我突然引起的踪迹。德里达在书写种类中观察到了一种事物的出现和完成，而踪迹正是对这种事物的遥远的复因限定。**在德里达的著作中书写是第一位的，是先于声音的。**人类不仅仅是从语音书写开始的，而且也包括最初的书写——元书写也是同样，也就是说声音、口传性都不可能脱离某种形式的书写符号，而这些书写符号也由此表明了本我与声音之间的临近性、内在性。本我热情而完整的表现将首先被在不均一性、外在性中的说明揭露出来，这种说明通过打破统一性而将临近性表露出来。在声音中被作为与本我自身交会之处的权威或幻觉经常伴有书写的贬值，而书写作为声音的毁灭者、存在的替代者，毫

---

① 《弗洛伊德与写作场景》，《书写与差异》，第322页。似乎这里涉及一个交叉文本，有数不清的分支。

② 《结构，符号与游戏》，《书写与差异》，第411页。"我们将要回溯一下《来源的额外补充》：我们应该认识到，从其源头便有了替补。"（《论文字学》，第492页）

③ 《立场》，第71页。

④ 《延异》，第86页。同样参见《论文字学》，第102页："为什么是踪迹？……"这一术语本身（但是单独的一个术语并不能代表任何事物）便很明确地让人们想起列维纳斯的作品，在德里达文本中，列维纳斯的影子无处不在。

无防备地就缚于声音。①德里达通过将古代书写追溯为语音书写而推翻了这种等级；而这种元书写与语言的诞生处于相同的时代，语言同时负载着能指—所指这一不可抹去的双重性。严格的一致性将两者之间的一切概念联系起来。

这种思想不断地警惕着自我欣赏的思辨家，而同时其令人惊讶之处就在于它并不是以纯思想的形式展现出来，而是一种重复、评论、重新解读、双重解读。这在西方哲学中是空前绝后的。如德里达所指出的那样，他正是通过重复柏拉图与列维纳斯、黑格尔与海德格尔、巴塔耶与拉贝，才得以看到本义的某种力量，或是绝对的他者，或是主体所重新出现于其中的单义。也正是通过这些，德里达又回到了踪迹和歧义的审慎指令。其自身的写作机敏而轻快地在一种相关的双重阅读应用中摆脱了束缚，这种双重阅读的一方面旨在指示，因为它从不无知地现出另一方面所提出的真理的表象。②**德里达并没有失去影响，他的思想反而得到了传播。**一直传播到哪里呢？"直到言语不再支配、判断和决定的地界"③，因为椭圆形取代了圆形的藩篱。最终，直至本我在他者的影响下消失，也正是由此产生了书写，同时极端地讲，他者也是死亡，是意义的丧失、自我的丧失。的确是一个极限点，但是它在废墟之中使我们想起我们抛弃了哲学，不仅仅是抛弃了怀疑主义，而且是抛弃了一种有限性的思想。④

---

① 有关这一点，参见《播撒》中（第69—197页）一篇决定性的、令人赞赏的、永不过时的文章《柏拉图的药房》；继这篇文章之后，德里达在《贯德尔》中又重新谈到柏拉图（弗拉马里翁出版社，1989年）。有关柏拉图的内容还见于《空间》一文（出自《让−皮埃尔·韦尔南研究》，EHESS出版社，1987年，第265—297页）。

② "两篇文章，两只手，两种观点，两位听众。它们既是一个整体，又相互分离。"参见"Ousia et grammè"，《哲学的边缘》，第75页。有关海德格尔"令人感到吃惊"的文章，与在其他文章中一样（参见《精神现象》和《论精神》中有关海德格尔与问题的文章，加里雷出版社，1987年），德里达并没有掩饰他对海德格尔的亏欠之情，也没有掩饰他与海德格尔之间的距离。

③ "……在积极与消极之间，好与坏之间，正确与错误之间"，弗朗西斯·吉巴尔在一篇集中性强、丰富而具启发性的文章中曾引用这句话。参见《相异性，雅克·德里达与皮埃尔−让·拉巴里埃》，奥西里出版社，1986年，第17页。

④ "这种消失便是死亡本身……"（《书写与差异》，第339页）爱情、死亡、思想与记忆、梦想与写作、女性、无意识、摩西与戒律、上帝本身……在这项未完成的具有启发性的研究中，众多的"血红素"似乎都已经死去，在《弗洛伊德与写作的场景》（《书写与差异》，第293—340页）中，我们远远地体会到了一种所谓的神圣写作。

凭什么阅读？

但是，在这种书写中，的确有一种意义在预示、在揭示、在表明、在寻找，尤其是德里达，他应用了尼采的方式——大量的参考，甚至是应用了马克思的方式，而且懂得不去将文化与伦理哲学、政治哲学分离开来。①一方面是肯定过去的系统化如不可居住的房屋，而当我们想要使它们重新给我们以生命的气息时，就更具有整体掩饰起来的危险；而作为囚犯留下来是另一回事，不是作为一种醒悟的囚犯，而是作为一种幻觉的囚犯，这种幻觉仅仅留下了碎片、只言片语以及凌乱的问题。是谁对德里达的解读的高超之处提出质疑呢？德里达关注所有形式的书写符号、重复、修正、斜体字、括号……在词语的源语言中，他就像是被词语浮夸的负荷、被词语所引起的一切、被一切从词语中所扩散和激发出的内容淹没。对于每个所谈及的作者，德里达同样认为第一次对该作者的作品进行认知、理解的荣誉应该归于其读者。由此，这种如此不具有教学法性质的、如此不寻常的方法产生了，即一种声称没有被发现的方法；也同样是由此，我们沿着文本的线索得出了众多关于被浏览过的文章的绝妙摘要。但是同时第二次解读也在策划之中，这次解读与解释学毫无关系，也不是通过解释学而进行的——解释学旨在重新燃起一个出色文本的几乎熄灭的光芒；同样也并不是通过科学、哲学、人文或文学的百科全书进行的。这种第二次解读，通常被认为是更为"狡猾"的，它从阴影中投射出来，禁止对任何已解决的事件进行总结，真正地引向了一个迷宫。②《解读的忧郁》。

那么，究竟发生了什么事呢？德里达可能感到惊讶、为难或抱歉。显而易见，没有任何预先存在的阻碍、没有任何预先形成的源语言或编码能够预见出一种解读而且对其进行预测。这也许是德里达传授的"第一课"，他同时也分享了这一经验：迷路的经验、遗失的经验、在能指经久的特性中遇难的经验、

---

① 参照似乎是非常简单的，但是这种参照具有其前所未有的丰富性内涵——《尼尔松·曼德拉的赞赏或是思考的法则》（《精神现象》，第453页）。

② "我们很少应用到概念的历史。"（《哲学的边缘》，第137页）在解释学方面，德里达的广阔选题与皮特·斯从迪的限定性研究之间是否存在着某种相似性呢？"代替一种新的解释学理论，展现对解释学理论的历史限定。"（皮特·斯从迪：《文学解释学引论》，Cerf出版社，1989年）

书写的经验。文本，与哲学体系或"书"①完全不同，哲学体系和"书"可以在无限地给予的同时又有所掩饰，而文本则从来不能够被完全地翻译出来、完全被解读。马拉美式的痛苦在不可能完成的著作②的失败中，变成了无法定性的经验，它是单义的，同时也是最高程度的经验。衍射、分裂、可能性的游戏、差异的影响都是一直存在的。更为狡猾的解读恰好就是重新引向最初的震惊的解读，与雷击相似，因为最为尖锐的解读遇到了语言所固有的一种难以辨读性，而意义的意愿同时不惜代价地将自身掩饰起来。这里当然涉及一个限度，但是似乎在此刻，德里达的研究及其总是悬于问题之上的结论③，如果事先没有与赫拉克利特有关本我延异的游戏相对照，就是非常难以理解的。④由此可知，如果存在一种受难或茫然的困惑能让我们想起雅各布与天使之争——这一争斗仅仅留下一处伤口和一种额外的注意——那么对于"作者"来说（Genet）也一定存在一项任务，即追随文本而且进行书写，不是基于一种原则的慷慨而书写，而是基于一种法则，某种在语言中发挥作用的他者的法则。可能也正是在这里，在与语言的激烈对峙中，德里达为黑格尔言论中所提出的纠缠不清的问题找到了实际的解答："不允许被揭示的一种否定是什么呢？而又是谁，作为一种否定，却没有否定的表象、不展现出来，也就是说不为一种意义服务，但是却能够达到目的？然而是以纯粹遗失的方式达到目的的吗？"⑤

　　这种思想十分狡猾，它没有被词语征服，没有走到黑暗的尽头，而词语也并没有阻止它的发展。那么这种思想变成了什么呢？在1968年法国哲学学会有关"差异"问题的会议上，布里斯·帕兰（Brice Parain）问道，差异是否意味着孤独？德里达回答："我之所以没有使用'孤独'这一词语，是出于上下文内涵的考虑……但是我并不绝对反对差异也即孤独的提议。"布里斯·帕兰宣称

---

　　① "我们已经认清了'书写'：一种不对称的分割在一方面描绘出了文本的结尾，而在另一方面描绘了一个文本的开头。"（《书写与差异》）

　　② 参见令人钦佩的有关马拉美的《双重表现》，"它既注意剖析了词语的用法，又对他一生的完整性表现出了极大的兴趣"（《播撒》，第287页）。

　　③ 一个面向某种偏离的结论，但是"蹒跚而行并不是过错"。参见吕西安·伊斯哈埃尔的同名著作，德诺埃尔出版社，1989年。

　　④ 《延异》，第95页。

　　⑤ 《井与金字塔》，《哲学的边缘》，第126页。

"这非常严重"①。

孤独？也许就是处于思想与未想之间、本我与他者之间的分界线上的一种分离或距离，它归于本我而呼唤他者，即呼唤书写的可能性，书写、记忆流亡、个性、责任的真正可能性，但是这种可能性存在于已经约定的作为交换或分隔的分配中。这种不对称的游戏同样变成了一种重新推进的机会。德里达的两部难懂却具有启示性的著作《丧钟》和《明信片》明确地阐释了这种悬而未决的往复。②《丧钟》是更好辨的，其版式排列类似于《塔木德》。《丧钟》反对黑格尔有关热内（Genet）文本的明确评论，而且同时反对其他同类的言辞；这种对立使人们很明显地看到黑格尔文本的连续性，同时也使人们看到这些文本隐秘的力量。《明信片》则是与另两位先导者相互对立，即弗洛伊德与苏格拉底—柏拉图：几乎是电影式的、朝向相遇却在相遇之外的"跑—追"的场景。德里达在两方面都极少梦想一种从未有过的重新开始，以至于按照本雅明的方法，他必须不能为过去辩解，正如传统使我们在一瞬间从形而上学和逻各斯中心主义中解脱出来一样。没有回忆的任务是不存在的。"我们开始书写，以另一种方式书写，因此我们**必须**以另一种方式进行重新解读。"③为了什么而阅读呢？阅读将比设定一个目的更快，将会标记出一种解读，而且绕过文字的印记。有区别并不是消失，并不是逃避，并不是使之退到阿梵丹山④上去。

游戏与必要性

沉湎于文本性的影响之中，是否意味着借助于一种更为巧妙的方式追随解构运动，并产生破坏性的后果呢？真实／不真实之间的区分已经变得不是那么明显，在语言的神秘深渊中被吞没了，只有所指或总是可以被修订的规定才能逃脱，而且引向对事物肯定言论的不可能性。解构变成了虚无主义的一个现代

---

① 《延异》，第104页。

② 《明信片》；《绝对知识还剩下什么？》，《丧钟》第二卷，德诺埃尔出版社，1981年。

③ 《论文字学》，第130页。

④ Aventin，罗马的七个山冈之一，罗马立国初期，平民曾全体由城里迁到阿梵丹山，迫使贵族们作政治上的让步。——译者注

形象，而虚无主义的悲观特性，正如被一种新构思的美学狂喜所掩饰一样，这种构思使对手感到窘迫。如果在德里达最初的作品中这种著名的"解构"[①]在经济和成体系的整体力量方面表现得十分明显，有说服力或有决定性，而且此后，他从来没有放弃过这个问题，甚至说他没有放松这一问题，那么，德里达本身也成了解构的俘虏。解构变得更具内在性，暗暗地攻击着不可避免的存在、拥有、支配和统治的欲望。《明信片》所引入的奇怪讽喻，很有可能表明了唯一的哲学路线，再无其他选择。必要性并没有自称是意识的声音所传递出的伦理命令，也没有宣称是作为一种终将明了的暗中冲动；它与康德、黑格尔的理论几乎是同时产生的。为了对抗黑暗，它与一种更加形式化的、更为个人的复杂性，与一种派遣似乎联系在一起。这种派遣将他者引向一种"分担"冒险中，因为此时，这种冒险必须通过书写来实现。

这种必要性总是通过书写的必要性来体现的，它与一种特别的、有效的语言经验有着内在的联系。联系是这样的：语言的展现和揭示的力量十分明显，而我们希望看到这种力量延续到最后的渴望也相当强烈，书写与语言中的**多余部分**相对立，而且使这种多余部分归于回忆。由于缺少不可能的控制而迫使思想变得迂回，从某种意义上讲，这也是一种流亡。这种必要性，在术语人为的意义方面远远没有美学色彩[②]，总是走向破碎状态的文字的必要性，更像是语言内部的一种规律。没有任何体系能够控制书写这匹倔强叛逆的野马。我们从未完全摆脱巴别塔的梦幻。德里达著作中的必要性，使人们想到我们只是慢慢地从语言的混乱中逃离了出来。[③]设想与这种必要性脱离了关系，就是赋予自身某种神权，这在我们凡人之间，通常是以将自身的命运归于错误或不幸而告终的。

德里达对自然语言的本性和迂回十分敏感，同时也关注使语言变得不可

---

① 有关德里达在作品中对这一术语的应用有一项系统化的记载，这项记载表明了一种非定性的、同样也不是简单的批判性的特点。

② "美学"在德里达的眼里，从来没有贬义或无足轻重的意义。试比较弗洛伊德的话："整个思维只是一条迂回的道路。"《书写与差异》，第333页。

③ 参见《巴别塔》，载《心理》第203页及以下各页。针对《译者的任务》，德里达与瓦尔特·本雅明只是开始了对话，但并没能够完成对话。

接近的各种力量，因此，我们不会惊讶于他从一开始就对翻译问题产生的兴趣。方言（即语言，偶尔也是其他的接收编码）之间的互译，仅仅是更好地阐释了这一问题。与源语言对照，方言互译比"用一种语言替换另一种语言"①的意义损失要小得多。以区别作为标志的转换运动，将差异游戏搬到了另一个场景中，而且从某种意义上来说，证实唯一的语言，即真实持有者的不可能性，同样扩展了语言的空间。我们不能因为劣质翻译的存在，就认定翻译是不可能的。与此相反，我们的翻译工作从未停止过，而且我们不断地看到一些词语变形为另一些词语，以生成的方式传播。自相矛盾的是，这种转变的过程是否阻止了一种更为客观的交流？阻止了通过我们的论辩能力而达成的谅解呢？②对于德里达来说，论辩是哲学家（以及非哲学家）必须经历的一个过程，是各种修辞中的一种，其力量并不如我们想象的那样纯净，但是无论如何，它并不置身于语言内部的混乱之外，其混乱在进行分化的同时也进行着统一。论辩是十分有效的，尽管它已经失去目标。这种目标在彰显自身的同时也回避起来，使其固有的隐喻变得更为重要。但是同样，其自身的距离以及谈话者之间的距离，激起了人们对他者，对较远的交往，对远程交流的欲望。影响本义的怀疑，正是他者的不为人所见的标志，正是他者沉静的记忆，正是书写使得这种记忆被表达出来。

在德里达的著作中，挖掘研究以及固有的梳理工作不断重复着多元性和偶然性。一方面，它似乎有如悲伤印记的进展；另一方面，它也同样是一种大规模的后退行动，是对记忆的要求的倾听，正是在这些记忆中产生了一种肯定，甚至是一种快乐。不管这种记忆是积极的还是消极的，在这里最终并没有捕获最初的客体，或源客体。记忆首先依赖于一种不可解读性，这种不可解读性存在于时间的内部，而且与时间一样具有持续性。不可解读性并不是无意义，而是不可辨认的符号，由于这种不可辨认性，本我又被他者重新归于一种向他者

①《延异》，第87页。
② 在《有关现代性的理性思考》（伽利玛出版社，1988年）中，哈贝马斯并没有针对德里达计划的严谨性提出质疑，而是针对其今日的现实意义，似乎随意推延了可能性交际的更为紧迫和必需的任务。德里达在《多义的记忆》（第222页）里的回答梗概。

开放的本我。"可辨认性蒙受了个性丧失的巨大损失。"[1]在我们征服性、编码性以及驯服性的现代性中，"构成主义"证明了其效力，甚至证明了其用途。德里达就是通过先退却，再继续前进的。

在解答"既定言语的意义"的精彩研究时，德里达引用了海德格尔一大段具有指导意义的、引起过众多争议的文字。例如："思想（Gedachtes）存在于哪里，又在哪里延续？此时我们需要记忆（Gedächtnis）。感谢（Dank）归属于思想及其思维，即归属于记忆（Gedanc）……但是记忆是否代表剩余的部分，即在日常用法中它是否构成了思想（Gedanke）一词的常用意义……记忆同样还意味着：保留一种被收藏起来的记忆（Gesammelte），这种记忆是所有思想的集合（alles versammelnde Gedenken）。'记忆'一词从某个角度讲有些类似于'灵魂'（Gemüt），而'Muot'一词则类似于'心灵'。思考，从其最初的意义来说，即记忆的意义，在以后的几个世纪中可能比帕斯卡思想中的'心灵'更为原始，而且开始作为数学思想进行反击，试图进行新一轮的征服。"[2]心记忆中存在两种形象，前者丰富而活跃，后者虚空而不受任何约束。内在性、审慎记忆的代表就是黑格尔的知识体系。这里的记忆，与波德莱尔作品中被流逝的回忆所引导的记忆不同，它是人们进行记录的地方，同时人们也能够从中看到一种意义，这种意义的确定通过偶然性和倾覆而展现出来。同时，这种意义的给出确认了运动的主要动因的普遍性，使时间的连续围绕着现时，甚至保护着可能消失的未来的现时。有限被无限的节奏所调整。重新记忆继续着主体而且将主体交予其操作的自由。它并不是与上帝—人没有类似之处，上帝—人被死亡征服，而不被毁灭征服。这种有关记忆的本我思想汇合，正处于**存在**或**精神**中，处于永生的形式中，处于启示中，它们或许是通往无法回避的尽头的阴暗通道。此时，记忆在一个整体中，即在这个世界和另一个世界中找到基础、依据。作为一个记忆的测量员，德里达并没有仅仅停留于此。这并不是说，他不知道回忆的必要性——更确切地说，是按照本雅明的形式，旨在使

---

① 《保罗·策兰的测验》，1986年，第67页。

② 《多义的记忆》，第98页。有关这一点，还可参见："le Gedanc"意思是"灵魂、心灵、心灵深处（Herzensgurnd），是人最内里的东西，也是延伸到最外面的东西。假使人们愿意这么认为的话，显然它不能表示一个"里面"和一个"外面"。（同上书，第112页）

过去的踪迹活跃起来，直至能够为我们形成爆炸性的力量，甚至能打断持续的时间。他通过标注两者的区别观照着记忆（Gedächtnis）。这时，处处都有内在性，但没有任何可以缓解的基础，因而实际上并没有被填满。更确切地说，内在性充满了悲哀，犹如虚无的、不可弥补的、丧失了的、消失了的记忆等。①然而，它并没有像临近的"特性"一样消失，而是转向了未来。②它表现得极为矛盾——在犹太思想中心的一个悖论——这种清醒的记忆变成了一种等待。

就此限度而言，内在性在不断深化，更为果敢地暴露思想。德里达通过两个特点描述了这种果敢。一方面，它使空间纯净，毫无保留，"烧毁一切，忘记一切"，卸去众多内在**事物**的重负，尤其是摆脱内在的运动，在自给自足或受了伤害的唯我论中，这种运动驯化、征服、控制和构建着自己的世界。③另一方面，它使回忆迂回，不断地竖起耳朵，好像过去沉没于永恒缺失中的一切，都将呈现在未来之中。但奇怪的是，记忆由耳朵产生，或者换句话说，通过语言的无拘束性产生。在一篇十分精彩的文章中，德里达冒险提出了这样一种观点——"到这里来"是对所有语言的深层推进，"到这里来，是所有言论、所有事件、所有知识以及所有启示录式的要求之前的一种呼唤。它并不结束什么，也不揭示什么"，而它所要求的回答，只要直接地说出"我在这"④就已经足够。但是，"我在这"所表现出来的途径就非常复杂了。

这种当下的、现时的启示录，带着"启示录"这一术语所承载的责任，使得记忆在我们背后寻找的一切展现在我们的眼前，因为他者一直先于我们而存

---

①　"每次我们都知道这个朋友已经永远地消失了……而对于这一清醒的意识，对于这困在烈日下熊熊燃烧的火焰，我们依然觉得难以置信，因为我们既不相信思想，也不相信不朽。"（《多义的记忆》，第43页）

②　"记忆并不是各种心理现象的表现之一，而是心理现象的本质。抵抗，就是通过踪迹的同一种开放性进行抵抗。"（《书写与差异》，第299页）

③　《明信片》，第46页。

④　《论不久前哲学中所接受的一种启示录式语调》，《人类的目的》，第476页。

在，而且似乎是以各种各样的形式"注视着我们"。他者，不能永生的他者引起了这种转变。虽然德里达对各种形式的神秘语言十分关注，但是，他仍然不断地提防，不是提防对语言的信任，而是提防对语言的重复，似乎即使在这里，至少对我们来说，某种匆忙之举加速了步伐，而且预感到了他者性的形象。①更为通俗地说，"与此同时"，在有关世界的文章里，首先要知道在没有启发言论的情况下，如何去考虑可能性，如何去考虑在不可思议的事物中，或更进一步地说，在未考虑过的事物的深处，责任感究竟带来怎样的冲击。

但是，如果说内在性记忆加强了主体的中心地位，那么在他者不是中心、自我也不是地点主人和游戏主人的空间里，被交于开放性记忆中的自我又是谁? 这是一个比德里达著作中的自我问题还要晦涩的问题，一个有所保留的问题，因为它由传统的多重条件决定。这一问题在今天又重新大肆膨胀起来，因为人们最终从人文主义的危机中，从弗洛伊德的警告中，从无名的结构主义中恢复了平静。德里达用一种平静的语调论及这一问题。其作品《保罗·策兰的测验》②是一篇短小精悍的文章，在这篇文章中，作者开始提出众多尖锐的问题，比他能够展开或想要展开的问题多得多。策兰，诗人、犹太人，这双重身份只构成了一个人。作为一个语言琐碎的诗人（翻译家），他并没有补合过早出现的裂痕，而是去展现它：对于一个以创伤为标记的犹太人，这种创伤也是印记和盟约。无论如何，分裂，人的分裂——每个人的和所有人的分裂，不是出现在罗森茨维格认为重要的"合唱"中，而是出现在历史的盛怒中，出现在专有名词欺骗性的、具体体现的背后。独特性、特殊性是一种病理学，是唯一的声音，一支歌曲，但却被他者的行为塑造、制造成一首未完成的歌曲。这并非说他者是残忍的，但是要是没有他者，我又会是谁呢? 跟德里达所选择的所有作者一样，策兰是个极端的特例。在作者名字的背后，在命题和写作之前，存在着自我的消失，存在着产生或消失的"命运"。在物质的、精神的主体位

---

① 参见《如何能够不讲话，否认》，《精神现象》，第535—597页。
② 《保罗·策兰的测验》，注释39。

置上，是否只存在语言、话语、寻找以及"大量的肯定"①呢? 从某种意义上来说，确实如此。在德里达的作品中，有一个重复出现的术语或习语。②这个术语具有一种变成专有语言的特性——但是与此同时，这个术语充满了躯体、关联、过去、传统与地点所拥有的一切，它是否能够使人们通过一种运动而达成本我呢? 在这种运动中，消极性战胜了"构成派"的积极性。在这种运动中，人们在某种程度上被他者看见并被他者构成，而所有这一切都是在完全不同于我们自身的方式的情况下进行的。由此看来，习语并不是本我的不可解读性，而是位于距离本我最近的地方，急切地期望着一种丰富的回想，然而最终仍然归于失败。习语作为本我的轮廓，要比签名更为可靠。它是一个必不可少的梦想，但始终只是一个梦想而已。

对那些仅仅要求解读和表达谢意的东西进行总结，是一件不严肃的事，甚至是错误的行为。在这种飞快的进程中，只进行着一样东西: 穿过记忆就像穿过红海，或穿过其他任何危险水域，完全改变着语言感知——不是铺陈带来东西的符号，而是寓意，"一种为了他者、致他者，或他者的言语意义③"。或者换句话说，"没有天资的焦虑，就没有可行之路"④。跟着走吧。

目的的穿越: 斯宾诺莎、康德和德里达

目的论在伦理方面显得至高无上，而"如何行动"很容易地可以从"为什么要行动"中派生出来，道德主体的转变除了一种普遍的怀疑论之外，并没有

---

① 《是的数字》，《精神现象》，第639—650页。第一次出现于米歇尔·德赛都的《某一段时间的手册》(1987年)中。

② 我在这里感谢德里达的西班牙语译者帕特里西奥·佩纳尔弗一篇有关这一主题的精彩文章 *El deseo del idioma*。"法国哲学属于一种民族方言，对于一个异族人来说，很难从内部进行感知。如果存在民族方言的话，那么它应该从来不是纯粹的或经过精挑细选的，也应该不是仅仅表现其自身内容。民族语言总是并且仅仅是针对他人的，它是被剥夺了所有权的，是不再具有适应性的。"(雅克·德里达:《是否存在哲学语言?》，出自《哲学家们在思考什么?》，《其他》第105期，1988年，第37页)

③ 《保罗·策兰的测验》，第104页。

④ 《多义的记忆》，第141页。这是不是"踪迹的种子般的冒险"? (《书写与差异》，第427页)

其他任何的理论空间。但是有关目的的言论是否具有清晰性，而人类的行为又是否适应推论的概括呢？理论的迂回似乎无限期地停留在一个残酷的悖论中：或者是目的所处的位置太高，以至于不能够在人类模糊不清的方法中建立一种合适的联系，其超验性因而被干扰；或者是目的过于接近，变成了工具性的原则，这一原则改变了目的的性质，而且改变了行为的本质，这种行为本应在某种程度上表现出其面对死亡之时的抵抗力。

伦理是否只有两个方面呢？它是否永远是一个不能被满足的愿望？它是否与一种顺从相混淆，无论这种顺从是同意还是反对现存的规则和习惯？在柏拉图的著作中，在存在之外的善是一种光芒，在这种光芒内部产生了整个规定性的世界。但是，除了我们所不能见到的至高无上的上帝之外，任何人都不能够接近所谓的善。对于黑格尔来说，城邦对深奥而不断变化的法律的不断适应，正是与道德相一致的。这些法律随着论证节奏的加快获得了意义，这种论证虽然没有意识到注视着它的主体，但是非常活跃。[①]

如今，虽然道德已经声名狼藉[②]，它似乎仍旧被四处援引，甚至在众多早熟的超验性的名义下冒险地轮回。这是否意味着我们要与平庸所具有的潜在力量，与言论的孤独性作斗争呢？这其中，言论的孤独性没有价值支撑，也没有根深蒂固的传统以指引方向。传统在修辞、失望和英雄主义行为中陷入了绝境。

显然，要想描述行为与知识之间的现实关系，是过于轻率的。在对失去的天堂反复怀念的过程中，只要进行简短的回忆：进行一种概述，从知识与行动之间的关系，到行动与结果之间的关系，再到西方思想的三个重要的历史时期——古代、启蒙思想时代以及当今时代。在不同程度上连续提到斯宾诺莎、康德和德里达，与其说是必要的，倒不如说是恰如其分的。"伦理""理性实践"和"差异"等术语体现的是极端主义思想。斯宾诺莎甚至将传统的理性主

---

① 埃里克·魏尔：《黑格尔的道德》，《论文与报告》第一卷，普隆出版社，1970年，第142—259页。
② 列维纳斯：《令人厌烦的道德》，出自《困难的自由：论犹太教文集》，Albin Miehel出版社，1976年。

义推向顶点，直至使所有没有达到这种结果的理性主义都站起来反对它。[①]如果说康德认识了而且建立了启蒙哲学的理性能力，那么他则打断了理性能力的循环性；实用理性引入了一种突出的东西，甚至打开了一个深渊，裂缝如此之明显，如此之清晰，以至于黑格尔只有通过给出一种否定的价值才能理解它。德里达在后期对这种全景式的理性进行了思考；如同一个不知疲倦的刚入门的抄写员，德里达亲眼发现了现代这一漫长的时期。在这一时期里，沉默与理念并存，理性与疯狂并存，需要与忍受并存；重复替代了原则的脉搏，重读取代了思考的位置，在一个消逝了的开始与立足点的想法之间，我们在记忆里并没有实现成功的过渡。

斯宾诺莎

> 生命的华丽散播到每个人的周围，这种华丽始终处于最为丰盈的状态，但隐藏在无法看见的深处，极其遥远。如果我们用恰如其分的词语呼唤它，用真实的名字祈求它，那么它就会应声而来。
>
> 卡夫卡

"斯宾诺莎化或非哲学化"

奇怪的是，斯宾诺莎从未享有过其他大哲学家所享有的至高无上的权威。如果说他幸存下来，这种模棱两可的胜利对于他一生中的不良声誉将是一种最为奇特的补偿[②]，那么他的思想也似乎并没有那些取得重大突破的著作所享

---

① "斯宾诺莎是唯一一个将论证的几何必要性与思想的内部运动结合起来的人，同时他也是理解的制造者。也正是因此，他是不可比拟的。"（《斯宾诺莎的当代哲学世界》，出自《综合杂志》[*Revue de synthèse*]第89—91期，日内瓦：Rodis-Lewis，第17页）霍克海默尔与阿多诺的批判性更为明显："斯宾诺莎所说的'Conatus sese conservandi primum et unicum virtutis est fundamentum'（《伦理学》第四卷，命题XXII, corollaire）是整个西方文明的箴言，在西方文明中，所有的宗教分歧、政治分歧以及资产阶级的分歧都达到和解。自我一旦升华为一个超验性、逻辑性的主体，并清除了所有被认为具有神话性的自然剩余物之后，便不再应该具有肉体、灵魂、血液，甚至不再是一个自然的我，而已经变成了一个理性参照，变成了行为的合理需求。"（《启蒙辩证法：哲学断片》，伽利玛出版社，1974年，第45页）

② X.蒂利埃特：《哲学的基督》第一卷，巴黎：天主教学院出版社，1976年。参见《斯宾诺莎与精神基督》，第23页。

有的巨大魅力。斯宾诺莎与他公开提出并发展到顶点的理性主义的关系如此密切，以至于这种过度的关系使之孤立、固定，并老化为一个过时的理性形象。斯宾诺莎作品的严谨性几乎体现了一种颠覆，体现了理性的梦想而非理性的实现。斯宾诺莎使得17世纪的观点进一步激化——17世纪"是个特殊时期，在这一时期，人们对自然的认识和对形而上学的认识似乎找到了一个共同的基础"[1]。M. 盖鲁（M. Guéroult）在其咄咄逼人、不容置辩的评论开头，曾一针见血地指出，斯宾诺莎的光辉属于一种理性的神秘主义："对于斯宾诺莎来说，理性的充分发展能够使得神秘主义的欲望达到最大程度的满足。"[2]

　　事实上，理性和在其演绎的特殊形式下表现出来的理性，变成了思想的力量以及与其紧密相关的生命的力量。斯宾诺莎通过丰富的经验、宗教遗产来考虑理性，这里主要包括犹太教的遗产[3]，但并不是没有基督教的贡献；在这些抽象的概念中，很多关键的术语都保留了一种自发的宗教性回应。理性并不是简单的幻想目光投射于世界，其光芒和力量来自真正的理念力量，即不停地认识事物的理念，而万物之首，就是上帝。这种完整的清晰的断言、这种知性的研究很快转化成了解放性的实践方法。思想的规律，即现实的原则，理性是生命的灵魂，它包括了宇宙以及躯体的所有范畴。可以肯定的是，理性同样是论战性的，理性运动从一开始，就与现存的意识形态和实践形成了对比。斯宾诺莎极端谨慎，而且不惜一切代价确立原则或激起风暴，他不断悄悄地介入。伦理学出现在各个领域中：哲学、神学、政治领域。因此，信仰与理性、神学与哲学是完全分离的，但是，这种分离仅仅对于庸人、无知者、民众以及那些畏惧理性或从未接近过理性的人来说，才具有重要的意义。光线是强烈的。《圣经》的奥义及其信条，从字面上看是不可理解的，因为其中并没有任何需要理解的东西，而另一方面，它们又都是可以解释的，甚至是有用途的。同样，如果说为了使人与人之间的生活成为可能，而且变得轻松，就该动用国家政权的力量。如果一种政权窃取了每个人必不可少的权利，窃取了他的自然权利，这

---

① 梅洛-庞蒂：《到处与没有一处》，《符号》，伽利玛出版社，1960年，第186页。
② 盖鲁：《斯宾诺莎》第一卷《上帝》，奥比耶-蒙田出版社，1968年，第9页。
③ 列维纳斯：《斯宾诺莎》，出自《困难的自由：论犹太教文集》，第142—148页。

个政权就不可能维持下去。真理的透明性必然要通过言论来证明①，其透明性是按照个人所熟悉的宇宙秩序确定的，个人并不是这种秩序的中心。进入个人内心深处的东西，可能也是掩盖主体性的东西，似乎主体性已被理性抛弃，或者是已经被分离。可理解性使得力量、激情、痛苦变得毫无遮掩；长期以来，可理解性并不包含分离，幻象对于斯宾诺莎来说，对于我们来说，即使不是某种快乐，至少也是一种命运。

确实如此，将斯宾诺莎抬高到孤立层面的东西，同样也可能隐藏幻觉的秘密。秘密难以察觉，但幻觉总是按规律重复出现的。②赞同与反对相互交替，似乎与之相关的任何思想都受到了刺激，而且非常活跃。神秘的理性主义并不是没有对比物，对比甚至能够使神秘的理性主义脱离其历史地位，并将其转变为较之最初版本更丰富、更简单的知识形式。文本变成了沉默的乐谱，似乎从来没有被人认真地聆听过。斯宾诺莎主义是存在的，但是斯宾诺莎却是"难以归类的"③。例如，断言和批评中如此明确的注意力，与18世纪唯物主义者的嘲讽之间究竟有什么相似性呢？或者相反，对有关上帝和自然的身份的浪漫主义表达与一种朴实的观点之间又是什么关系呢？朴实的观点同时显露某种距离、某种尊敬，甚至是某种不确定性，神或自然（Deussive Natura）④？知识是绝对的，但是它并不等同于神的全知。理性是确认无疑的，但是它仅仅是神的知性的一部分，自由和欢乐都是可能的，但是，一个没有空想的人，摆脱了激情，只剩纯粹的精神。所有的宗教都没有远离迷信，但是，它们不是十分消极的、千年来模糊的东西。人类更喜欢和平、和谐和生命的延续，但是，任何事物都不能阻止妄想、盲从和杀戮。智慧对于斯宾诺莎来说，完全不是在于通过对世界的重复，而使真理屈服于谬误。它是一连串冲突的艺术，是一种难以组合的艺术，简而言之，就是运动的艺术。但是，它并不畏惧任何高深的东西，不

① 这便是盖鲁的假设："只需要剖析一篇（他有关整体可理解性的主要文章），便足以深入了解他有关上帝的完美的可理解性的理论（事物的整体可理解性的关键词）。"（《斯宾诺莎》，第13页）

② 详细的《斯宾诺莎手册》（莱布里克出版社，1977年、1978年、1980年）便是其表现之一。

③ 参见梅洛-庞蒂在《斯宾诺莎》中关于相异性的精彩观点，瑟伊出版社，1975年。

④ 参见其关于现代国家及浪漫主义起源的极具批判性的著作，Bl.巴莱-克莱格尔注意到一元论和斯宾诺莎的观点在政治上的不同：《国家与奴隶》，加尔芒-勒维出版社，1980年，第238—239页。

会对任何东西产生畏惧，因为上帝的可理解性使宇宙变成了一个完美的宇宙，我们所需做的只是欣赏。智慧就是开始的可能性。这种开始"并不需要改变世界"。存在这样一种开始，是因为存在理解的可能性。而自由与可理解性的唯一途径，就在于从内部过渡到外部，在于信赖客观性，在于以本我的迷失和摆脱开始——这种迷失和摆脱，是由于我们与上帝、万物、众人、理性的唯一联系而产生的。

"斯宾诺莎主义的扭曲"范例：目的论的幻觉

斯宾诺莎的同僚们确实很快意识到，哲学家很严重地威胁了某种末世的表现——即使这种威胁是间接性的。与其说这一概念涵盖了一个完全一致的内容，不如说它涉及了无数术语，例如：自由、善与恶、道德、行为的判断等。然而，如果认识的原则容许一些变化，那么哪一种人类的行为可以自认为没有必要接受永恒的标准衡量呢？斯宾诺莎通过一种近乎恶鹰般的手法，同样以伦理的名义，使这些原则偏离了皇家地位，使其被废除于内部，而且摆脱了这些原则。1665年，在给布利恩伯格（Blyenbergh）的一封信中，斯宾诺莎明确地消除了误解——

> 听到您所说的话，我不能够对您掩饰我所感受到的极度惊讶。您说，如果上帝不惩罚已经犯过的错（您知道，是以一个审判者的方式，而且通过引起事情结果的简单方式进行惩罚——我们所有的问题也在于此），那么还有什么原因能够阻止我不去贪婪地犯下任何罪行呢？①

括号是很能说明问题的："我们所有的问题也在于此。"斯宾诺莎开始更加迟疑了。拒绝了一种道德概念，这种道德概念在上帝最后审判的最后一刻始终很坚定，因为它是按照一种上帝从未承认过的观点发展起来的；广而言之，斯宾诺莎意识到，达成一种合适的概念是困难的。就共同的实践而言，他拒绝

---

① 致布利恩伯格的第21封信，没有确切的日期。出自《斯宾诺莎全集》，伽利玛出版社，1967年，第1151页。

赋予这种神秘的、有说服力的理论以至高无上的地位：比起不去引起任何理论的模糊，比起一种明显存在的教条主义，这诚挚的、正确的、慷慨的行为是更好的。这里所提及的教条主义，出于畏惧而从来未敢回到其自身，同时还破坏了实践。对于斯宾诺莎来说，任何可能的理论只有存在于完全自由的思想中、最长远准备和最不荒谬的近似情况下，它就是试图致力于正义的行为。这就是《论神学权威与政治权威》序言中的结论："……每个人都应保留其判断的自由以及阐释信仰的权利……另一方面，我们是通过著作判断每个人的热情的。"[1]总之，斯宾诺莎吹嘘的不是一种没有判断的道德，而是一种没有判断重叠的道德。

此外，斯宾诺莎同样陈述了其理论背景："……我并没有将上帝看作一位审判者。"[2]认为上帝是一位审判者，可能永远也不是有关上帝言论的确切起点，但是类似的观点产生于一种彻底放松的概念：一个审判者上帝的定义，对于人的情感来说，就是对处于模糊的庄严状态中上帝剩余下来的东西。上帝在其神秘性中逃离了我们，但是，他也正是通过这些来触动我们，来进行判断；而这种最后的标记，事实上成了特有的标记，成了言论中默认的、首要的真理。当某种道德结构最终建立于恐惧基础之上，除了引起撕裂的、取决于外界的英雄主义行为，其他什么也不会引起的时候，这种结构就脆弱了。它不仅忽视判断，而且还将道德作为借来的外衣，作为一种永远掩饰了人类真实本质的替代品。然而，除了某些特例以外，斯宾诺莎的通信者们都流露出了一种未表达出来的忧虑：上帝是不是最终的审判官呢？如果上帝不是，谁又可能是呢？带着不同的观点和保留意见，斯宾诺莎明显意识到了这一点。[3]同时他知道，对这一专政时刻最终提出质疑，是整个宇宙中的一个关键之所在。谈到了这一点，也就意味着动摇了世界的某种秩序，在不同的表达层面受目的性支配的秩序。

---

① 《斯宾诺莎全集》，第614页。

② 同上书，第21封信，第1147页。

③ 在其简短而极富启发意义的著作《斯宾诺莎的犹太性》（福兰出版社，1972年）中，G. 布里克曼准确地分析了斯宾诺莎对其所收到的来信的认真阅读情况。

出人意料的是，布利恩伯格已经亲眼确定了他所怀疑的观点的结果，即一种完整的自然主义。如果这一避免世界发生混乱的最终法庭不复存在，世界将重新变成一种最初的永恒的场景。在这个场景中，只有武力才能够支配，而矿物、动物和人类是同一物种，服从于同一类法则。斯宾诺莎三番五次竭力强调这一点：

> 根据人类对上帝的依赖性所采取的考虑方法，我认为他们与原始的物质、植物、动物是十分类似的，这足以表现您对我的观点不甚了解，而且将我们想象的结果与理解的概念相混淆了。①

整个景象因而凸显了最为突出的棱角。只有上帝能够判断，他痛苦地折磨人类的意识，将人类唤醒，肯定人类，保证人类在自然界中的特殊身份，而自然从某种程度上使人类抽象化，而且使人类的尊严变成自由。斯宾诺莎恰好相反，并没有满足于将人类记入自然的必要性中，对于他来说，正是在自然中才存在爱的唯一途径，以及人类走向完善的唯一途径——

> 如果您曾更认真地阅读我的来信，您就能明显地觉察到我们之间的分歧只存在于这一方面：正直者所获得的完善，是不是通过作为上帝的上帝与他们相沟通呢？绝对地说，不具有人类的属性（我是这样认为的），或者说，这种完善是否来自作为审判者的上帝呢（如您所断言的那样）？……然而为了理解我的信仰，只要考虑到我们的真福来自对上帝的爱，而这种爱必须有一种对上帝的认识与之相辅相成。对于人类来说，对上帝的认识太珍贵了。②

自由的定义变成了试金石，而且从某种意义上来讲，变成了人类学中产生误解的空间。斯宾诺莎再一次作出了决断："……我完全不接受笛卡儿赋予思

---

① 《斯宾诺莎全集》，第21封信，第1145—1154页。在同一页，斯宾诺莎又重新谈及这一点。
② 同上书，第21封信，第1146—1147页。

想的自由。"①但是，正是他们之间的差异使得这封信得以公开。一切都取决于对上帝的认识，而对上帝的认识有两种不同的途径，即《圣经》的即时语言以及对知性的自然阐释。"我发现我们的不同意见，不仅表现在最初的原则所引发的久远的原因，甚至在于原则本身。"②在这封信所提到的简短的对质之中，斯宾诺莎主义的"瘟疫"③一目了然。

关于目的的评论，几篇重要文章已明确进行了阐释，例如在《伦理学》第一部的附录中，以及在《神学政治论》④的序言中。这些文章都是对其作者观点的全面总结，而对于目的的评论几乎可以用一个词来概括。

从字面意义上看，对目的的表现是一个圈套。它似乎向人类提供了一种高傲而内在的观点，而人类却不是引导这种观点的主体。这表现实际上不过是本我的一种无意识的预测，是一个图像的偷换，是一种自恋的夸大化，夸大化不是从高傲的观点向其他观点的过渡。其表现隐藏了一种巧妙的结构，这种结构出于恐惧，真正避免了道德与智慧的迂回。它只是一种对本我的掩饰性限定，不是开放性的，而是封闭性的，而且作为需要的极端，它将整个系统封闭起来。

相同表现的出现丝毫不难理解，而且也是不可避免的。它推广了第一种认识模式，这也是所有人的命运，而且其中还混合了感觉经验和对功利的必要担心："所有人在出生的时候，都对事情发生的原因一无所知，而每个人又都希望去寻找对他有益的东西，以及他所意识到的东西。"⑤"目的"这一概念在言论中的杰出地位，源于对与世界最初匆忙的接触。人在这个世界上被寓于万千个纠缠着他的形象，因而忍受折磨，烦躁不安，而且依照保护他、对他有用的东西的强烈的愿望而行事。这里只是无知的观点，没有什么是有罪的，很少有东西能够从中解脱。

---

① 《斯宾诺莎全集》，第21封信，第1149页。

② 同上书，第21封信，第1145页。

③ G.弗莱德曼：《莱布尼茨与斯宾诺莎》，"思想"丛书，伽利玛出版社，1962年，第261页。

④ 《论神学政治学》于1670年匿名出版。《伦理学》出版于斯宾诺莎逝世之后（1677年），而斯宾诺莎原计划1675年出版。他从1661年便已经开始进行该书的写作。"他可能还没有完全写完。"（盖鲁：《斯宾诺莎》，第15页）

⑤ 《伦理学》第一卷附录，《斯宾诺莎全集》，第347页。

但是，这种无知也具有自身的反面。它甚至是奴役的根源。与混乱而易变的表现相关联的是不确定而犹豫不决的行为。而这并不是将目的提升为最终的目的，最终的目的可以改变这种在任何情况下都会迟疑的方法。但是摆脱这个圈套并不是很容易的事情，这种困难本身也部分地表露出了目的的投射性特点。人类事实上是喜欢这种无知的，他们喜欢从中引出的简易性，这种在希望与恐惧之间的纷乱的交替氛围也是一种快乐，当我们回到正常秩序中的时候，这种快乐就是最为美好的。[1]因美德而受到奖赏的希望，得知恶人被惩戒的满足，这种竞赛所强加的一种秘密的竞争，这一切都仅仅是在本我自身中存在的快乐的各种变体。然而没有任何东西能够如善的思想一样如此地与斯宾诺莎相对立："人的至善是所有人共有的东西。"[2]

总之，合目的性的秘密也就是对迷失的恐惧，这种恐惧也解释了在可理解性法则面前的懈怠问题。对目的的表现揭示了生存者最初的强烈的贪婪性，这种贪婪不能容忍客体和思想的生硬，因而用一种幻觉来代替它们。这种依靠的力量在这里达到了其最大的强度，此时人们拒绝严谨地认识到还有一种更为强大的力量，即上帝。合目的性变成了认识上帝的阻碍。它是一种哄骗的伎俩、奉承的伎俩、忽略绝对性的伎俩。但是如此看来，它仅仅表达出了我们最为确定的目的——死亡。

目的论，想象的系统

长期以来，斯宾诺莎的评论都不是正面的。它偏移了真正的认识。真正的认识不仅仅揭示出了目的的虚构性，而且揭示出了其原则及其价值。这种目的的观点"仅仅揭示了想象的构成"[3]。这也就是谈及目的的力量，因为我们从来就不能够完全地抽象出由想象得出的认识，但是这同样也是控制了目的的机械

---

[1] "正如我们很容易想到的某些事物，对我们来说，这些事物可能比对别人更为让人产生恨意。人类也更喜欢有序而非杂乱无章，似乎除了想象之外，秩序便是自然中的某种重要事物。"（《伦理学》，第351页）

[2] 《伦理学》第四卷附注，第518页。

[3] 同上书，第一卷附录，第353页。

论。①机械论是很明显的，斯宾诺莎明确地在"审判者上帝"的起源过程中看到了这种机械论，这位"审判者上帝"统治着有意识的生物们。人类出于对自身利益的担心而发现自然似乎是服务于人类的，而人类对宇宙的支配使得他们想到可能有人为人类安排了这一切；但是这种来自一种至高意愿的恩惠在一种出乎意料却可以理解的条件下变得加倍了，来自同一个上帝的接受敬仰的意愿，这些敬仰不再是空掷无声的，它们确保了恩惠的恒定，可能还能够促成其增加。对于斯宾诺莎来说，人类的贪婪向上帝的转变使得人与迷信之间的神性本质的荒谬性不断增强：由上帝的意愿这一概念引出了普遍的"妄想"，"这种无知的避难所"②，其结果同样是引起了神学的争论，对于礼仪的见解，对奇迹般的特例的渴望，对神性特权的讹诈，对上帝真正的恩惠的误解。③这个旋涡本身就是一种奴役，对图像的奴役，对本我的奴役，对他者的奴役，对所有权力以及对惧怕权力的神经的奴役。实利的烦恼是其自身维持的烦恼，对于斯宾诺莎来说，这种烦恼是迷信背后的本源。④想象的氛围，即所有想象的成果仅仅是激情的一种成果。简而言之，对目的的认识以及通过目的获得的认识是一种发自内心的神人同形论。一种非常纯化的认识是一种不能再表达印象的认识，一种使得我们不再对自己的思想具有绝对控制力的认识，斯宾诺莎并没有将这种认识与目的的认识相对立。只有通过有条理的认识，真正的思想才能够将致命的三角转化成贪婪，转化成希望和他者所体现出的恐惧，而不是他者的否定、欲望、悲伤或欣喜。⑤

　　在为目的论观点提供素材的众多偏见中，最难处理的就是有关自由的偏

---

① 斯宾诺莎有关想象的理论，参见S.扎克的指责性文章 *Le Spinoza de Martial Gueroult*，以及《伦理学》第二卷中有关想象的理论。（《综合杂志》第79—80期，1975年 7—12月版，第245—282页）

② 《伦理学》第一卷附录，第350页。

③ "……最热情地支持各种迷信的人们，一定也是那种无节制地渴望外部利益的人们。"（《论神学政治学》前言，第607页）

④ "……地域的恐惧：这便是迷信的唯一来源。"（第76封信，第1292页）关于这一主题，我们可以援引众多的范例。

⑤ 斯宾诺莎和弗洛伊德之间的关系中包含着很多令人吃惊的相似点，这是毋庸置疑的。例如斯宾诺莎似乎是路·安德烈亚斯-莎乐美的重要参照之一（参见《自恋之爱》，伽利玛出版社，1980年，第62页）。有关开放性的问题，我们可以参照施奈德的文章《斯宾诺莎与弗洛伊德眼中的有限、他者与知识》（《斯宾诺莎手册》第一卷，1997年，第267—319页）。

见。然而，自由这一居于支配地位的概念同样也是虚构的；它认可、完善而且毋庸置疑地加固了目的所做出的排列次序。有一种非常基本的有关自由的偏见，这种偏见将自由等同于意识，即自我在意志力中以及易发生错觉的决定中所具有的意识；但是，这种意识并不是有关自由的思想。还有一种更为巧妙和说服力的知识，即"名人笛卡儿"所提出的知识，但是，斯宾诺莎在《伦理学》第五部中，指出了他与笛卡儿之间的距离。

笛卡儿通过一种自省的方法拨开了本体论抽象的迷雾，同样，斯宾诺莎也通过这种自省的方法第一次认识到了思想的真正力量。

> 但是他认为精神与躯体如此不同，以至于他既不能为两者的综合体，也不能为精神自身指出任何特殊的原因，因此他必须求助于整个宇宙的原因，也就是向上帝求救。①

但是，被抛弃的躯体仍然是整个客体，世界、空间，简而言之，就是广延性，它们被置于真正的思想力量的影响之外，也就是说，被置于认识之外，即我们在上帝的力量中所具有的认识，它凭借同样的严谨性，毫无例外地通过广延性和思想来对自身进行阐释。笛卡儿的思想显然是清晰明确的，没有外部的东西；是一种晦涩的知识，处处受到限制，并凭借内部的分裂将人类封闭于已结束的思想。但是，笛卡儿仍然巧妙地给自己一个中继点，即意志。限定性，即笛卡儿主义意志的狂热，打破了思想与超验性范畴的藩篱。由此，不仅仅出现了如"松果体"的奇异发现，而且还引起了通过精神强制而对激情进行绝对的控制。

然而，笛卡儿主义摆脱束缚是欺骗性的。他不仅没有能够在外部将沉默强加于激情之上——因为我们是有躯体的，而且从来不会受到外部行为的保护。但是，这种自由意志的观点从某种意义上来讲是最大的错觉。它是一种最为狡猾的脱身之计，人类通过这种观点自认为逃脱了自然的控制。这可能意味着

---

① 《伦理学》V，绪言，第564页。

人类最为温顺的服从。但是，这种服从是无意识的，确切地说，它无论怎样都是自由的。

对于斯宾诺莎来说，人类并不是"帝国中的帝国"[①]。人类只是自然的一部分，并不是自然的中心。如果存在自由的话，自由也并不是一下子从世界的规律中抽象出来的神奇的原则。自由这一概念的人类中心主义为真正的解放造成了障碍。人类中心主义与目的论是相辅相成的。它们鼓吹原始的个人主义，它们不是提供解放的真理，而是廉价地、无可救药地提供各种拯救的图像，而且同时使之与激情的嘈杂相互交织。

思想，行动

这种批评是在什么层面上显现出来的呢? 哪种阐释表现了其特点，调节了其一致性，而且进行了积极的肯定呢? 斯宾诺莎主义的显著特点究竟表现在什么方面呢?

在一部未完成的有关方法的著作《知性改良论》中，斯宾诺莎通过在灵魂中觉醒的压力来领会对善的探索。在欲望的旋涡及其客体短暂的变化中，逐渐出现了相互联系的两极。这两极构成了系统的结构，而且难以抑制地左右其思想方法：在绝对完美状态中的善，以及精神能够触及善的能力。

斯宾诺莎主义适度地向意义、善与恐怖等贪欲的三重闪光点开放，向它们所造成的摇摆情形开放。这种开放性完全是传统的，直至一种突然的转变，一种质疑的转向，即在某种沉默和欲望的悬念中为它强加一个对于他来说最深刻的对象，这种源源不绝的对象与欲望相交流，而且衡量着和满足着欲望。与笛卡儿相反——在这种摧毁中，世界如蜡一样融化了，思想的火焰不再燃烧——斯宾诺莎使客体出现在最广泛的意义中。当今时代最忠实的斯宾诺莎主义者西蒙娜·薇依写道，"净化就是使善与贪欲相分离"。

这种在其最完美状态中的善的融合，与人类在宽恕方面的努力相关，它远不是要摧毁人类的贪欲，而是从一开始就将其带入另一种强度之中，并将其引

---

① 《伦理学》IV，第411页。

入新的路径。这种融合有什么要求呢? 注意力, 一种使精神得以集中和汇聚的注意力。[①]它又给出了什么呢? 一种确认, 确认认识可能并确实可以完全阐释这种融合, 可以区分真与假, 同时在这种过程中还可以带来毫无保留的一致性。这种灵魂的允诺, 对于斯宾诺莎来说是根本性的东西。思想的原则, 就是欲望的原则。

斯宾诺莎的方法和目的, 都集中于这一开始的程序, 而他自己很快地脱离了这种程序, 并致力于对系统的展现, 而不是对其途径的展现。我如何才能够有比去爱还更积极的行动? 我又如何能够以一种毫无畏惧的感情去爱呢? 如何能使希望和遗憾都不能改变这种感情, 即一种完美的展现行为, 如何能像善与世界相互沟通一样, 越来越近地完全掌握存在呢? 然而自我只能通过一种复杂的观点, 与这种被称为"上帝"的客体相分离。只要有这种明确的观点, 只要"找到一种我们能够完全推理的思想"[②], 推理就是不可避免的, 它是对精神的证实, 因为它在精神中是一种标记, 是某种力量的重新获得, 而善正是依靠这种力量而造就了一切, 这一切都是善的所有物, 尤其是通过这种力量, 善造就了适于人类的思想观念。因此这种寻觅并不是为了一个术语; 被找到的东西正处于一个模糊不清的开端之中。正确的行为旨在使原因屈从于过程。一种知性的方法在其中支配着, 数学"并不是关注图形特性的目的, 而是关注其性质"[③]。持久的注意力肯定了直觉, 实践的经验检验了它。[④]

《伦理学》表现了原因观念的力量的合理性。在这种原因观念中, 形式与内容之间具有一种密不可分的联系, 就像精神生活与感情生活密不可分一样。

---

① "这里明确地烘托出了哪一种才是真正的方法, 并且突出了这种方法主要包括哪些方面: 在对纯粹知性及其本质与原则的认识中……仍然需要预先知道, 对于所有这类事物来说, 一种有根据的思考和持久的计划是十分必要的, 为了满足这些条件, 必须要建立一些生活原则并且制定一个明确的目标。"(《致让·布密斯特的第37封信》, 1666年6月, 第1195页)

② 《致瓦特·德·奇恩豪斯的第60封信》, 1675年, 第1257页。

③ 《伦理学》第一卷附录, 第349页。

④ "我并不认为我已经脱离了众多真正的(原因), 因为我选择的所有假设都建立在经验之上; 而我们并不能够怀疑经验, 因为我们已经承认身体是存在的, 正如我们所感知到的那样。"(《伦理学》第三卷, prop. XVII, 附注)

连续不断的对策在对上帝的完美认识中，得出了对人类灵魂、情感以及奴役和自由的认识。这种指导性的对策关注于最为严谨的结构、简洁的词汇，坚持不懈地推进，其注解有如船舱，错误的思想在其中集结、消耗，其注释和订正之处都证明了一种改进了的思考，以及随着联系的出现而产生的一种使结构紧凑的思想。这种对策使得它所挣脱的错综复杂的整体变成了一种诱惑。究竟是严谨还是喧闹引起了这一情形呢？一步一步地谈及这一问题似乎总是不合逻辑。"以多重速度"①进行阅读是否可行呢？最终，这种由原因引起的思考和有关原因的思考引起了惊人结果，而且与四个词相关：认识、必要性、行动、普遍性。

当对最为完美的善的认识被证明是可能的，也就是当我们对上帝能有一个清醒认识之时，我们就需要按照最初的观念中所包含的原因来理解一切。只有演绎的思想是适合的，因为它属于发生学，与两种层面原因的研究相一致。根据这两种层面的原因，演绎的思想可以同样地表现广延性与思想、外部与内部、躯体与精神。斯宾诺莎为这种练习赋予了一种严密的学科，提前运用了后来被提及的政治内容："我非常注意避免对人类行为的嘲讽，避免哀叹那些咒骂，而是尽可能去理解。"②拉缪（Lagneau）在这种顽固的概念性中，看到了犹太主义传统中破坏圣像者的愤怒。在荒漠中行走，是因为通过定义与公理的游戏，连续的无变化推理从一种共同的概念变成了另一种共同的概念，也就是说，可以为任何理性所认知。但是在《伦理学》之中，这种所谓的第二种认识是通过第三种认识实现的，而第三种认识由本质的直觉所掌控。"这种认识通过精神之眼来观察和凝视事物，而精神之眼本身也是一种证明。"这种认识在其极点似乎指出，斯宾诺莎主义的真正本质参与到了上帝的全知性当中。从某种意义上来讲，理性已经被穿越或被绕过。本我处于意识的一种高级的、永恒的层面，很难想象将之完全解放。

这种解放是存在中的希望，也是一种负载。《伦理学》的末尾指出，智慧

---

① 吉尔·德勒兹：《斯宾诺莎与我们》，《综合杂志》，1978年第89—91期，第227—271页。

② 《论政治权威》第一卷，第四节，第920页。我们还需要提到这本书著名的新版本：《论政治》（莱布里克出版社，1979年），由P.F.莫罗从拉丁文译出，信息论索引由P. F. 莫罗及R. 布维莱斯制作。

"不停地出现"。它指出了一种秩序中的说明文字，同时指出这种说明文字是完整的，处在不断产生的事物的有序而生动的整体性之中。人类发现，这仅仅是无限物质的某种有限形式，而一切都在必要性的掌控之中。在斯宾诺莎的著作中，没有任何东西比个人更为具体①；从某种程度上来讲，一切事物都具有一种不可改变的具体性。但是，所有目的都支配着其自身的显现及其自身的命运。一切都来源于并依赖于最初的扩张。②预先的决定是否存在呢？这一问题已经被人们多次重复。无论前方是什么，存在的事物都会立即进入必要性所构成的密集网络中。这种网络只能有一种意义，即普遍性。斯宾诺莎如此肯定、重复、修正这种观点，以净化对先天性自恋的认识，而且始终坚持事物首先处于现存事物的范畴之内，处于美与丑、善与恶的范畴之外。必要性并不是斯宾诺莎的终结语，但它是可理解性以及自由的窄门。一方面，必要性为一切提供了理由，但这不是说一切都必须被接受，而是一切都有可能被理解。自此，任何事物都不能够掩盖全知性；事物与虚构被作为俘获物提供思想，这些俘获物在生命的运动中经受、确定了事物与虚构，并使之重新投入。斯宾诺莎主义者的严谨思想是最不容易令人感到吃惊的。另一方面，在这种普遍必要性之间，采取了一种意料之外的本体论内容，似乎控制着思想与事物连贯性的法则能使其触及的一切永生。存在因所有的例外现象而惊讶，但不断重复的奇迹使之停止赞扬。在有关这种存在的所有想象的对立面，有种注意力屈从于被感知的必要性，这种必要性比延续性的法则意义更为深刻，一种"永恒的东

---

① "（斯宾诺莎著作的）特点在某种程度上代替了主体间性。"（斯坦尼斯拉、布勒东：《斯宾诺莎，神学与政治》，戴斯克莱·布鲁维尔出版社，1977年，第61页）

② "斯宾诺莎的上帝似乎逃脱了（我是说似乎）新柏拉图主义形式下的太一论的影响与纯粹的非规定性（《第36封信》），同时也逃脱了一种统一的需求，这种需求在托马斯主义这样的神学当中，用一种属性或一种中心定义使一切对绝对事物的美化发生偏移。因此斯宾诺莎主义既不是新柏拉图主义的术语，也不是有关卓越的形而上学术语，因为它的属性并不能够从一个普遍的中心偏移。这便意味着每一种属性都是绝对的，也就应该承认物质既不是一个主体，也不是光芒的中心，而是一种无限的、独立的内部的多样化，正如从最初空间朝四面八方的一种发散一样。斯宾诺莎的上帝并不是对传统神学或新柏拉图主义的一种改良，而是一种思想的创新，他艰难地设想一种最初的无限的发散……对于存在和智力来说，物质不过是他们各自的名称。"（St. 布勒东：《斯宾诺莎作品中的政治、宗教与写作》，普罗法克出版社，1973年，第41页——同时也是里昂高等师范学校天主教学院的课程讲义）我们列出这么长的注释，目的在于突出研究斯宾诺莎的上帝的概念以及《伦理学》的第五卷需要怎样的努力与细心。希望这里所提到的总体的观点并没有错误。

西"①在人类的灵魂中沉默了，而且毋庸置疑地使人敬服，直至在感受性中被体现出来："我们感到，我们体会到，我们是永生的。"有关永恒性的不可分离的部分是很难进行定义的，但是其自身的标记对于斯宾诺莎来说，则是一种无限开端的脉搏。然而，只有对必要性的赞同，才能够引向对原因力证的最终认识；它赋予解放行为以理性，即从畏惧和黑暗的客体死亡中得到解放。"自由的人最容易想到死，而其智慧是有关生命的思考，而非对于死亡的思考。"②

自此，看起来出现了一种正确的逻辑，即不可避免的对自然规律的屈从，为了使人类在最为纯粹的状态中完成其行为而激起的一种爱，一种对上帝的理性的爱。③伦理行为也是一种爱。对上帝的爱，就是与外部的一切和平共处；理性的爱，表示在其本质自身中的精神行为，认识也是对本源的承认，从某种意义上来讲，是对一种特性的表达，爱是出于所有判断、所有恐惧和所有希望之外的自给自足，是一种积极的表现，是从所有的渴望中，甚至从被爱的渴望中解脱出来的，"爱是拯救，或者说，是至善或自由"④。对于斯宾诺莎来说，这一切就如同认识一样，由其自身分辨真与假的东西，都能够用来反驳曾经指责他的伯格："我并不肯定自己看到了最好的哲学，但是我知道我了解真正的哲学。"⑤同样的爱在有关激情原则的报告中彻底改变了立场，它没有强加任何外在的要求，它由自身进行净化：

> 至善并不是对美德的奖赏，对美德的酬谢就是美德本身；而我们并不是因为克制了自己的习性而从中感到欢乐，相反，我们是因为感受到了欢乐才克制住了自己的习性。⑥

同样，认识首先并不是针对事物的一种权力，而是一种在事物之中寻找其

---

① 《伦理学》第五卷, prop. XXIII。
② 同上书, prop. LXVII, 第547页。
③ 同上书, prop. XXIII, 推理, 第587页。
④ 同上书, prop. XXXVI, 附注, 第589页。
⑤ 《政治权威论》I, 第四节, 第1920页。
⑥ 《伦理学》V。

正确而平静的位置的方法，同样，爱也并不是苦行主义的压制或受难的魔力，而是一种积极的变形，是一种在感情层面从消极到积极，从悲伤到欢乐，从"恐惧而忧伤的性情"到心甘情愿的赞同。

但是，如果"认识是爱的途径"，而这种途径"显得过于艰难"，如果确实如此的话，认识就是"稀有的"[①]。认识是不容置疑的，因为"我们可以获得清晰的思想"，但是认识的捷径是不存在的。无知的大众的认识是怎样的呢？"拯救"的普遍性问题是残酷的，外部与斯宾诺莎主义相对立的时候是如此，对于斯宾诺莎本人来说也是如此。A. 马瑟荣（A. Matheron）对此进行了一项尖锐甚至颇具质疑性的研究。[②]如果我们考虑到系统所受的限制，那么只有两个途径似乎是可行的。两句引言可以表明这两种途径——

> 当我们不知道我们的精神可以永恒的时候，我们把道德与宗教看作了最为重要的东西。我们在第四部分曾指出，道德和宗教是与坚定和慷慨联系在一起的。[③]

斯宾诺莎总是对宗教及道德的精神结构进行批判，因为这两者总是受到恐惧的折磨。斯宾诺莎在《神学政治论》中，提出了一系列的普遍性必要性观点，用以支持政治生活。但是，他对《圣经》的阐释非常敏锐，而且引起了众多争议。这种阐释并不具有经典阐释的性质，更接近于一种社会历史的解读，而这种方法对于基督教来说具有很大价值。斯宾诺莎主义的研究，并不是意义上的经典阐释，而是行动上的经典阐释。正是行为本身负载着真实的承诺。在"真正的哲学"之前，行动是认识的先导，而且可能是认识的完美替代品。它比认识更为普遍。[④]毫无疑问，另一种途径就是思考。第一步就在于回归本我，拯救是由意识到我们自身力量开始的。当然，这种力量是有度的，是"绝

---

① 《伦理学》，最后附注。

② 马德隆：《斯宾诺莎笔下的基督和无知者的拯救》，奥比耶出版社，1971年。

③ 《伦理学》第五卷，prop. XLI，第594页。

④ 参见已经引用过的St. 布勒东的著作，该著作用一种基督教的观点，对这一问题进行了翔实的分析。

对的自身力量"①，自然的光芒，"这一真正的上帝的动词存在于知识之中"②。斯宾诺莎对伯格的回复中已经用最直接的方式表达了这一点，因"宗教"而狂热的伯格只是在苦恼中或对话中选择了哲学：

> 我决定对这一切不进行任何回应，而且相信您更需要理性而不是时间去回到您自身以及您的同僚中去……我请求您保持平静恢复自我。③

真正的对话是理性的对话。

在斯宾诺莎的著作中，对目的表现的批判意味着伦理学的到来，超乎道德体系和宗教体系之外，同时，又是道德体系和宗教体系的理论性、心理分析的主轴。政治并不是武力的政治，而是一种被窃取了的、异化的权力的政治，竟然成了这种批判的后果和保证。

这种以伦理学观点为基础的批判，源于一种可理解性的冲突，源于规律、必要性及其在现代知识中所获得的自身形式。可理解性的首要特点，就是普遍性。其特权是一种假设，甚至是一种感觉：普遍的事实具有无限的力量，并在其微不足道的屈从与自省中涵括了一切，完整地展现了一切满足人类欲望和表现理性的东西。真实已经足够；真实就是终极，对我们来说，就是成为受难、痛苦和不幸之物的终极。如果它并没有如此出现在自发的意识中，那么，这种自发的意识也不会取决于一种现实的不足，而是取决于一种观点的缺陷，而这种缺陷本身是清晰可见的。这难道就是蒂利埃特神甫在提及西蒙娜·薇依时所说的"犹太人的必然论"的最高形式吗？

但是，斯宾诺莎通过这种知识的积极力量，使我们看到人类通过何种途径才能被引向最纯的行为，引向快乐的极点，引向一种完全积极的品质，即爱与理解。而这种批判存在于知识的内部；正是知识表现了最大的障碍，贪欲、

---

① 《致让·布密斯特的第XXXVII封信》，第1195页。
② 《斯宾诺莎全集》，致伯格的信，第1292页。
③ 同上书，第1289页。

令人担忧的幼稚的嫉妒、恐惧。可能是一种模糊的障碍，因为同样的恐惧也表现出我们最为重要的忧虑，即证明我们是否最具价值。但是，我们自身的这种恐惧只能开辟出一条幻觉之路。损失的冒险、流亡和由普遍性向抽象性的转变，只有在整体性的洪流中才恢复的自我——只有这些才能够使我们重新找到世界闪烁发光的多样性，才能明确地消解永恒经验中的目的观。

斯宾诺莎受制于当时的语言，但是他通过自己的坚定立场与这种语言进行了决裂。这种决裂对于他来说与以往不是一码事。他的思想很少带有人文主义色彩，属于非人文主义思想，甚至是对上帝的表现。自相矛盾的是，对神秘主义的表现成了对自由的最严谨、最强烈的辩护词。通过现代科学引起的可理解性模式，这种超常的发挥不可能不在整个知识界、行为方面，甚至宗教界引起巨大反响。斯宾诺莎具有与之对质的胆识。

康德

> 希望使内心喜悦……这个夏天我多次拜读了您的《道德》与《宗教》，我甚至不能相信这是出自您的手笔，您是如此严肃地对待这些。一种摆脱了所有希望的信仰，一种摆脱了所有爱的道德，在思想的王国里，这是多么奇怪的表现啊。

> 萨穆埃尔·克伦布什（Samuel Collenbusch）致康德
> 1795 年 7 月 23 日

土地测量员

从斯宾诺莎谈到康德，就好像从正午耀眼的阳光变成了黄昏柔和的夕阳余晖。斯宾诺莎在发现，而康德在测量；前者不停地在其力量中看到了自然界中广阔而唯一的景象穿越了广延性和思想，而后者则是一名土地测量员。

> 这种评论是方法的一个特点，而不是科学自身的一个系统；但是它同

样描述了所有的界限，而且同时认识到了所有的限度和所有的内部组织。①

对于康德而言，两个世纪的理性主义完成了一种饶舌的作品，但是这种作品本身是非常自然的自发性产物，它如此自然，甚至与古老的信仰同样具有想象性和修辞性，它甚至曾提出要修正和排挤这种信仰。教条主义带着其自身的错误和恐怖以及非理性的缺陷，在其内部被理论征服了。一种最初的疏忽没有注意到应该避免理性变得抽象和具有偏见性。经验又一次地反对一种系统。正是休谟的经验主义唤醒了康德。康德开始对理性及遗忘进行思考。他对自己的单向轨迹产生了怀疑，似乎一种无意识的幼稚抹去了他对行为的记忆。康德问题首先是关于知识在其最为可靠的图形中，即数学图形中的环境、背景以及形式："纯数学如何才能成为可能呢？"而这一问题马上又转向了"形而上学如何才能在科学的名义下成为可能呢"，在这两个问题之间存在一种疑问，康德主义的怀疑也正是通过这个疑问切入其中："形而上学是如何在自然的支配中成为可能的呢？"②研究条件的超验性哲学是边缘的顽固思想；科学不可能脱离其著名的甚至是积极的无知部分而前行。它似乎在原则中就包含一种有关领域、术语、整体化以及目的的必然疑问。

康德介入进来了！其性质已完全被有关可能性的问题所界定。认识论的必要准备是一种有关条件的思考，意味着将知识的一切对象拉开。我们所知道的一切重新归于一种茫茫的未知中，就好像如何获得知识并没有被明确解释过一样。有关方法途径的调查只会使有关知识的主体、客体及其相互关系的术语发生变动。康德并没有对概念的本质提出质疑；它是一种范畴，是一种清晰明了的思想，但是被剥夺了内容。它是一种空洞的结构。③广延性不再是物质的象征，不再等同于思想，它开始根据同一性的严谨性而进行排列。

---

① 《纯粹理性批判》，1787年第2版序言，巴尼译，加尼耶-弗拉马里翁出版社，1976年，第45页。

② 同上书，第70页。

③ "……很明显的，康德的'我思论'是一种虚无的'我思论'……我们必须从这一系列不像样的主体问题出发，并且从消除整个实体论出发，才能够理解浪漫主义所接受的一切——不是作为遗产而接受，而是作为最困难最棘手的问题而接受。"（拉古-拉巴尔特博士与J.－L.南茜[指导]：《文学绝对性》，瑟伊出版社，1978年，第43页）

空间与时间变成了人类感受的形式，变成了普遍感知的方式，没有结构，由概念加以支配，但是必须标记并从根本上限定其影响。科学是表现可感知领域的有序而无限的具体化形式。理性的练习并没有止于这些可检验的、相关联的行为和结构。但是，它的另一种用途并不是科学，而是思想。①科学是一种可见的科学，但是它所看到的客体总体上来说只是同一表象的无限变化。实质是不存在的。**思想**主要运用从根本上来说归于同一的各种客体，但是这种客体是隐秘的。人类在理论上只相信视力范围内能够看到的、能够构建的、能够操作的东西。有关"来世"的思想是不可避免的，因为它表达了一种不可抑制的自然倾向，从理性到超越所有条件进行的总结，思想是思辨理性的全盛状态，但是思辨只是一种主要的推测。在这种推测中，只能够对主观逻辑的一致性进行验证。

因此，"启蒙时代"的天空也名不副实。启蒙思想对于康德来说，远远不是意味着无知地、不合时宜地运用理性。在他看来，启蒙思想正是一种批判性的运用，其结果同样也是不同于知识的重组。这里所谓的知识，即认知中主体身份的关键性。众所周知，理性人类的"成熟"是哥白尼革命的意识。这场革命具有一种使人震惊的明晰性，其界限是非常无情的。通过对一个空间的限定，界限使得一种起引导作用的、坚信的步伐变为可能，而对于康德来说，这是在理论秩序中付出巨大代价所获得的东西。"毫无疑问，这样的（形而上学的）脚步直到现在仍然是一种纯探索，而更糟的是，它仅仅是一种在各种简单概念之间的探索。"②但是在实践的秩序中，限定是否也具有同样的效果呢? 人类的行为是否完全屈从于同样的决定论? 这种决定论是否形成了可见的系列，而且使人们能够认识呢? 道德是否如18世纪的人们所想象的那样，只是自然的必要性或宗教的幻觉呢? 然而，正是在这里，这位土地测量员康德转变成了尼采式的"哥底斯堡的怪人"。一种崭新的划定界限的行为，能够使康德在完全不同的意义上对道德和行为领域进行阐释。形而上学理性先前的抱负从某种程度上来讲，是被理性未察觉的表现接替了。以无条件为特性的理性，事实上

---

① 关于区分的问题，埃里克·魏尔的研究《康德问题》(福兰出版社，1963年)依然是一部权威著作。
② 《纯粹理性批判》，第41页。

并不仅仅将其力量按照理论性的"所见"顺序排列，而是按照"所闻"的顺序排列。①今天的世界确立了可见理性的边界，但是，作为理性的合理性进入这种已完成的秩序中，是按照"垄断并不是属于单一理论"的观点进行的。对于斯宾诺莎来说，道德是如此深刻，以至于自从人们意识到道德的存在起，就已经将它引入了可见世界的整体生活中。对于康德来说，道德的意义是如此深刻，以至于我们永远都不能把它与整体性区分开来。这种整体性即使不是推测出来的，也是被分割开来的。

"珍宝"

康德异乎寻常的区分总结了一种清晰性，这种清晰性从未触及具有"批判性、哲学性的世纪"②。在这个世纪里，甚至连批判的某些主要概念也被笼罩上了克尔恺郭尔的色彩；康德向科学致意，科学为康德打开了感知领域的大门，但是同时突然出现了急刹车，在怀疑主义与教条主义都不支持的情况下，将这两者加以驱逐："我们事先知道的东西，只有我们自己安排的东西。"③科学得以创立的条件，同样也为它划定了界限，对于康德来说这些界限是不变的。但是，它具有一种超常的繁殖能力，因为正是通过这些界限，科学与哲学找到了一种活跃的力量，它越是受到原则的限定就越会得到灵感：

> 拒绝这种原则而且同时拒绝这种纯粹理性批判方法的人，除了摆脱**科学**的联系以外没有其他的目的，他们想要使研究变为游戏，使确信蜕变成观点，使哲学蜕变为哲学主张。④

事实上哲学也同样找到了——或更确切地说，发现了并得到了"客体"的未受侵犯的影子，一个直至今日它才注意到的"珍宝"。

---

① *L'Opus Postumum*这一短语参见"思考就是谈话，而这个思考是倾听"。
② 《实践理性批判》，第25页。
③ 同上书，第42页。
④ 同上书，第52页。

　　在如此受到批判净化而且被批判归于一种固定状态的形而上学中，我们
认为能够留给后人的珍宝是什么呢？ ①

　　天空和星辰是神奇的，但是，它们只能在没有修饰的自然中如此美丽；
知识中再也没有其他的东西。如果我们用另一种目光观察广袤的宇宙，就会
发现那些珍贵的、被遗忘了的东西，理性内部的"某种需要补充的东西"，
理性其他用途中的某种东西。理性从其本质上来讲，似乎仅仅与主体和客体
有关；同时，它也具有自身的主体。因此，批判穿越了理性本身。形而上学
的藩篱、科学的发展、道德的来临都揭示了唯一的、同样的行为。在康德的
著作中，没有任何概念比实践批判这一完全纯粹且自给自足的概念更加不可
动摇了。它是处所、裂痕的本身。在这里，从理论领域消失了的无条件性，
触动并动摇着人类的存在。对理性这一方面的揭示最为怪异的地方就在于，
如果它保持了原有形式和普遍性，那么它就表现出与认识过程刚好相反的东
西。"意识是一种统觉，这种统觉本身就是一种责任。"②实践理性是纯洁，
但它出现之后，即使不是表达一种消极性，至少也说明了一种接受性，人类
目的性的一种新标志。但是，这种标志如此不可磨灭，以至于变成了目的本
身，而后才涉及一种无客体的意识。康德的所有研究似乎都在接受一种绝对
的命令，接受这种"不变质的，处于自身束缚中的理性"③的时效性，以及欲
望、动因和情形的非限定性变体。同时，这些研究还必须调整这种秩序的行
为，而这种秩序只有通过使其意义保持不变而对意义进行保护。因此，理性
包含了另一个方面，包含了纯简易性，逃过了所有的变化。但是，这句被掩
饰了的话在理性的循环中仍然是未被发现的，重新变成了阐释的源泉。它揭
示了任何知识也不能揭示的东西：自由。由此建立起来的自由，如同灵魂一
样出现在知识的客体中，成了全部思想的起锚点：

---

　　① 《纯粹理性批判》，第45页。
　　② 《简单理性范围内的宗教》，J. 吉布兰译，福兰出版社，1972年，第241页。
　　③ 《实践理性批判》，第45页，附注。

由于真实性是通过实践理性的一种毋庸置疑的规律表现出来，因此自由的概念成了纯粹理性甚至是思辨理性系统结构的**拱顶石**。①

批判从总体上解放了自由的概念。康德赋予了批判一种不可剥夺的身份。事实上，它与理性具有同一性。从某种程度上来讲，批判是一种很难被感知的已知条件，在作为对于批判的理性的分析中，它是孤立的。自由如理性一样普遍，一旦接受了合理性，就开始脚踏实地：你应该，所以你能够。

康德一直探索到自由的最小影响。道路是曲折的。一方面，自由摆脱了现象，打破了可见之物的阴谋，而且固定于一种"非空间"中，这种"非空间"同时也是目的的"既在"。另一方面，它如法律一样被说明。因此，这意味着呈现中出现缺失，意味着以具体性为原则的名义来推测目的。自由仅仅以其自身的形式存在是不够的，需要在可见的世界里开辟另一条道路。康德的所有著作都是为了在理论世界中重新浏览，并努力在其中确立一条可行的改变规律的途径。因为理性具有整体性特点，不可能深层次地违背自己的意愿。因此，也就出现了第二种目光的编织，即《纯粹理性批判》之后的积极的自由世界论："自然是自由的应用点。"②

这一理论最重要的标记，是与他者相关的世界：尊敬，意愿的动机使我们在所有人身上看到了自由平等的主体，而非一个客体。广义上来说，康德建立了一整套思考的网络，并重新采用了知识与情感的因素，这些因素是以由点构成的提纲形式出现的，即以自由世界的形式出现的。科学知识不存在替代品，更确切地说，有一种在具有启发性的模式下将之补充的逆向行为。因此，准则中的普遍化可以修正所有行为中所需的个人主义特征。想象，"没有概念的图解化"③变成了最适合感知的形式；对美的公正的感受性，证实了真正主体的普遍性；对崇高的感受性，对无限的感受性，也就是对规律的感受性；对有生命物体的目的性的大胆推测，更好地展现了其隐秘的一致性；最终，政治力量总

---

① 《纯粹理性批判》，第13页。

② 让·拉克鲁瓦：《康德与康德主义》，法国大学出版社，"我知道什么？"丛书，1996年，第105页。

③ 《判断力批判》，第35节。

是最能够对权力及辅助意义进行表现，所有这一切与现象的力量势均力敌。这些由点构成的表现如同蜿蜒曲折的道路①，能够让人们去解读和记载为自由所做出的努力。

但是，自由从某种程度上来讲仍然是难以应对的。应该如此。最为完美的阐释是对实践理性的假设的阐释。一致性要求我们假定上帝及其不朽性，但是，这些只是一种假设而已。为了在其本质中得到满足，自由被迫保持着不满的状态。对其最终意义中的批判，是不是一种裂痕，一种切分，将规律与世界相分离，而它同时又规定，这个世界并不能保证自身的存在？从某种程度上来说，为了使批判保持不变，自由也应该保持不变，就像囚徒一样，被禁闭在堡垒里。它是"珍宝"，但是它并不是未受损害的珍宝。

批评之谜

康德主义的自由是由理性形成的，因而变成了各种现象的广延性的表面效果。但是，这种效果如此有力，以至于它揭示了一个断层，只能够通过目的论来弥补。康德后期的所有作品都致力于明确原则与目的之间的关系。

康德在著作中规定了规律的满足性。不可否认，"道德可以满足自身的需求"②。它不需要任何支持；它是上帝或自然都不可能保证或损坏的主轴。这种理论性的满足在实践层面上也一样：在所有力量、功绩或报偿之外，命令自身就可以满足在时效性中一致行动的条件，"为了更好地行动，我们并不需要一种道德的目的，……规律就已经足够"③；没有任何人能够摆脱它，"世界上任何一种原因都不能使人类不再作为自由行动的存在"④。哪怕是超感觉的那种深不可测的特点也"表明了一种神性的起源"⑤，但是，如果没有束缚，经过考验的自由很明显就没有脱身之计："自由不是神秘的，它是由无条件的道德法则通过

---

① "康德曾经提到编码阅读的问题（CJ，第42节），通过这种阅读，本质以各种各样的形式形象化地跟我们对话。"（A. W.施莱格，参见《文学绝对性》，瑟伊出版社，第343页）。

② 《简单理性范围内的宗教》，第21页。

③ 同上书，第23页。

④ 同上书，第63页。

⑤ 同上书，第73页。

人类自由意志的限定性，而在人类身上揭示出来的特质。"①

但是，这种原则的满足带有一种隐秘的忧伤，闪耀出来的光芒似乎照亮了一片沙漠。法则被"剥夺了魅力"②之后，向实践的多重缺陷投射了一种微弱之光。所有的行为必须介入其中，一种与法则一样严谨的威胁，一直触及忧伤的本源，即最根本的恶。最根本的恶是一种与法则的关系，而非与人的关系。这是一种不会破坏法则的间接关系，但是会引起对法则的误解、改变，甚至在准则中有损其最高权威；它是一个来自内部的"背信弃义的人"，使我们自己欺骗自己。它非常明显地拒绝法则的他者性，对于康德来说，它不是借口，而是我们自己的错误。它并不存在于我们之外。我们并不是在不知情的情况下卷入某个恶的故事中。我们是帮凶。最根本的恶表达了感性存在的暗中反抗，这种感性存在更多的是关心自我，而非关心整体。

自由是多么难寻求啊！自由的存在并不在少数。但是，它分割着问题的空间，与清晰的根源一起从根本上在"目的论"周围移动，两者之间并没有绝对必要的联系，通常涉及道德行为本身所引起的不可避免的并列情形。

这种"目的论"并不是原则所固有的东西。但是，它不可避免地来自顺从，与行为的多重后果同时出现，而这种行为从其本质上来说，对这种目的论并不关心。"在我们这种好的行为中会出现什么后果呢？"我们先不去回答这个问题，让同样的问题在一种不可救药的担忧中，在一种剥夺行为中，在一种影响到理性本身的"不满情绪"中继续延伸下去。③对于斯宾诺莎来说，行为自身就是解放；而对于康德来说，行为开始建立一种更为普遍的秩序，如果没有这种秩序，行为就好像飘浮在空中一样。通过回归"世界上一种隐秘的善"的思想，直至将其最终分解，康德才开始认为目的的观点是合理的；这种观点代表了他者的观点，"如一个陌生人"④，或道德的立法者，或"在人类之外的人"。

---

① 《简单理性范围内的宗教》，第181页。

② 同上书，第42页注释。

③ "当讲解福音书的人说在来世将得到回报的时候，他并不是要将这一点作为促使我们行动的动因，而仅仅是……使其作为最纯粹的敬意的客体、作为最大的道德满足，以从总体上判断人们的目的。"（《简单理性范围内的宗教》，第212—213页）

④ 《简单理性范围内的宗教》，第24页。

人类正是在做出理性的决断之后，才发现了围绕宗教目的的观点，并得出这种观点的阐释。这种阐释一直关注宗教与道德，同时指出它们之间的"必然"联系和分歧；有一种"道德的推广"[1]。与守护法则的宗教狂的权威相比，作为目的系统的宗教只能位居第二。[2]

目的不可动摇地与我们整体的、感性的、超感性的自我联系在一起。它对于一种划分界限的倾向，对于一种自然的需求做出了回应，但与此同时，对"幸福的等待"[3]也非常简单地做出了回应。目的论被一种理性的观点净化，被与上帝的有关美德和幸福的假设净化。对于康德来说，它似乎是一种迹象，我们沿着这种迹象去寻找所能爱的东西，不是通过个人主义、"世界的上帝"去寻找，而是在一种法则的命令下，在一种对法则自由的感叹中去寻找。[4]我们不再像斯宾诺莎的著作一样，来冥想上帝的形象；我们走近了上帝，一种无尽的任务，用德语说，就是"unendliche Aufgabe"。

德里达

> 我们越是切近地考虑一个词的意义，它就越是在远处看着我们。
>
> 瓦尔特·本雅明：《思想的图像》，第 211 页

结束……

德里达是一个处于边缘的哲学家，他对许多成问题的、看似理性的目的和方法进行了撒播。[5]因此，把他记入有关目的的章节可能是不适宜的，而且

---

① 《简单理性范围内的宗教》，第26页注释。"虔诚并不能够代替办法的功效，但它是办法的结果。经验的圆满完成总是按照我们所期望的好结果而达到目的的。"（《简单理性范围内的宗教》，第241页）

② 关于西奈山，参见《简单理性范围内的宗教》，第42页注释。参见S.扎克：《康德与犹太主义》，《新手册》第49期，1997年，第32—50页。

③ 《简单理性范围内的宗教》，第211页。

④ "虔信主义最早关于青年印象的权力没有像康德的宗教著作中那样表现得太清楚。"（E.卡西尔：《康德》，GW, XI，第415页）

⑤ 梅洛–庞蒂：《意义与非意义》第5版，纳几尔出版社，"思想"丛书，1965年，第205页。"目的与方法仅仅能够在精神概念上进行区分，而不能在历史的平台上进行区分。一切没有接受这一原则的政治都是在马克思主义一边，并且以超越了马克思主义为借口。"

是轻率的。在斯宾诺莎的"真正哲学"之后，在康德所希望的"不可改变的固定性"之后，德里达的名字本身几乎成了"腐蚀传统思想"的近义词。

　　康德主义给教条主义思想与批判主义思想划分了界线，德里达的著作是否也用同样的方法中断了西方哲学的发展？我们是否又重新到了幼稚的极点，一种被怀疑的教条主义的极点？——教条主义正浅睡在我们所谓的批判精神的深处，我们可以就此提出质疑。①

　　德里达作为哲学危机中的行动者和见证者，并没有将这种危机暴露出来，也没有将模糊的言论与更为真实的言论对立起来。他的研究是针对言论的无限系谱，甚至也可以说是一种标记；是这种言论的另一种版本，甚至是其反面，不断地被重复，而且得到了文字的支持。德里达受到了海德格尔沉思的注意力的影响，但是与海德格尔不同，他看到了一个同样的哲学时代，"从苏格拉底到弗洛伊德甚至还要更远"②。这个时代是统治的时代。然而，对于德里达来说，"主要词语是不存在的"③，"一旦主要词语出现，延异就出现了"④。但是"延异"这个词，在德里达的著作中就具有如此丰富的反响，语言的第一次侵犯，难道还没轮到它发挥一次主要作用吗？出于这种表面的矛盾，德里达被困于所有言论的网眼中，他如一个不知疲惫的旅客，重新跑遍了同一座城市。这种差异是具有独创性的。即使它没有引出一种他者性，至少也引出了一种变化，例如，它使一种"对应"产生出来。

《明信片》

　　《明信片》对于其作者本身来说，似乎是一件非常意外的事，以至于他细心地在序言和封面都签了名，其目的是使这些难以应对的"发送物"能够被

---

　　① 列维纳斯：《完全不同》，《弓箭》，雅克·德里达，第54期，1973年，第33页。
　　② 我们可以参见德里达的最后一部作品《明信片》，《从苏格拉底到弗洛伊德甚至更远》，Aubier-Flammarion出版社，1980年。
　　③ 《明信片》，第164页。
　　④ 同上书，第74页。参见《延异》，《法国哲学学会学报》，1968年1月27日会议。

人接取，也为了使这种哲学从一张明信片上传播开来。这种实践非常引人注目（"我有太多的地址"），使一种好奇与强烈的激情和纠缠混合在一起，后两者遇到词语的不正规转变时，隐藏起一种秘密的思想，正如亲密的通信所呈现的自由气氛一样。

但是，这样的通信仅仅只有一次吗？它是一种滑稽的模仿，是面具，是怀旧或重复，没有留下任何确信的事物就开始改变其性质。显而易见，本世纪"重要的通信"都在背景中一一呈现，例如，卡夫卡的通信者，弗洛伊德的通信者以及其他人的通信者。这样的参照犹如无奈地求助于相同术语里被禁止的东西，利用信件的联系，柏拉图曾经这么做过。无论如何，书写就是联系，虽然从某种程度上来讲会出现称呼的缺失。

这种让人欣喜或悲伤的知识，这种不可避免的模仿的出现，这种讽刺性的重复，这种联系的苍白无力（即使交流、发送和地址已经涵括于其中）——这一切既是目的又是开端。

一方面，信件委托给邮局，在连接各个终端的交际网络中，从苏格拉底到弗洛伊德，甚至后来，它只是重复同一个信息。哲学就是这条信息，是积累下来的档案，而明信片是这条信息的最终形象，是其微不足道的残留，是回避，是马拉美《圣书》中的草图。

但是，另一方面，明信片是模糊的。它既是图像又是文本："'卡片'（carte）是由'距离'（écart）引申出来的词语。"在这两种符号中，哪一个是真实的，哪一个又能够更好地表示其整体性呢？在这部作品中，德里达使这个悖论变得令人难以捉摸，因为涉及同样一张明信片，在英国的某个图书馆中发现的非常奇特的明信片，上面展示的是难以想象的场景，柏拉图强迫苏格拉底写作。图片本身变成了评论的对象，变成了其灵感之源，变成了其永恒推论，而其意义永远没有被定位。它是否意味着弑父？它是不是通信的声音？苏格拉底是否在做研究？图片本身被蒙上了一层同性恋的色彩。

这张卡片由此变成了一种没有穷尽的反思源头，其中有一种无尽的过度回忆。回忆，实际上是通过图片引起的倒错而产生的幻觉。作者从一个地方到另一个地方，随着不断地游历于著名的图书馆——居于西方理念中心，他不断地传送信息，但这信息却是由明信片的正反两面分隔开来。这种两重性从某种意义上使得通信言论成为可能，同时使得模糊的流言、影射、爱情，总之是使得在哲学、文学档案中所未提及的事成为可能。

因为这些明信片是一种热情而神奇的通信，可能是虚构的，但只有在这种游戏中，在这种不确定性中才成为可能。这意味着标明地址的碎片，并不是寄给父亲，也不是寄给同事，而是寄给一位永远不知名的女性。这种缺失使得书写在过去的、被带回的、被标记的相遇中从不间断地进行。区区一张明信片既是这种"通信巫术"①的操纵者，也是羞耻限度的操纵者②。多情的转折点打断且重新推进了推论；但是反向仍然存在。施加命令的人在远处，与可怜的苏格拉底背道而驰，而苏格拉底此时屈从于恼恨，屈从于柏拉图的威胁。

要想对这部光彩夺目的著作总结一下，那是十分可笑的。这部作品重述而且使人们理解了德里达所有的思想。我们在这里仅仅考虑作为其主轴的图片，苏格拉底和柏拉图之间的关系。一个词语就可以对其进行定性，"灾难"、"灾害"或"世界末日"。③

"我们所失去的，是真理。"④这种断言似乎非常奇怪。灾难总体上来说，就是哲学的灾难。出于图片的偶然性，哲学被简化为一种受到干扰的开端：甚至其原则也已经开始动摇。如果说苏格拉底是被迫写作，那便是柏拉图主义的终结——柏拉图主义"是为了阻止灾难"⑤。苏格拉底的声音从一开始，就被柏拉图忠实地复制了，而正在书写的苏格拉底使得这种声音处于危难境地。哲学也就如此被记录为文本，陷入了文字的圈套。"书写，即刮去，或擦去。"书写对原则的霸权提出质疑。首先，它引发了整体性的爆发，损害了思想变化本源的诱惑，从苏格拉底时代到弗洛伊德时代，我们都曾是这种诱惑的囚徒。⑥

伤口，这个被分裂的开始，确切地说就是一封信：在这一术语全部词义层

---

① 《明信片》，第41页。

② 同上书，第89页。

③ 应该带着崇敬之情阅读《柏拉图的药房》，《播撒》，第71页。

④ 同上书，第52页。

⑤ 同上书，第243页。

⑥ "我从来没有认为心理分析学与一种落后的技术联系得如此紧密：da或是'直接的言语'。"（《明信片》，第50页）

面上来讲的一封信。如果它是至高无上的，那么其权力越是无限地处于游戏之中，就越是能够集中起来。信件不断地发明、欺骗、强迫、散播和自我超越。它造成了差异，揭示了一种从未被遮掩的差异。在德里达的著作中，它成了一种反自然，与斯宾诺莎中的自然一样，具有很强的派生能力。同样也是在这里，最初的灾难消解了所有的目的，使得目的变为不可能。但是问题变成了伤口，因为，它从名义上，从特性上，从其历史和命运上来看，究竟又变成了什么呢？

目的地

这种开始的伤口分割了其特性。对于德里达来说，它变成了我们时代的标志。它并不是对每个人都没有威胁，因为从某种意义上来说，它接近于自我的毁灭。但是，"灾难使我们集中在一起"[1]。推断性起源的中断复原了他者，一个没有限定轮廓而具有多重性的他者，因为它同样涵盖了各种文本、女人、未来，甚至是上帝："'你的'，对我来说就是上帝的名字，我的上帝，我没有找到的上帝。"[2]他者不再是一个目的，而是一个不断被取消的目的地。一个从字面上来理解令人宽容的目的地，它要求遗忘，要求牺牲，要求一场大火，简而言之，即要求"保留"的反面，"真相"[3]的近义词。"记忆缺失，多么强大的力量。应该遗忘，应该懂得遗忘，在不知道的情况下懂得遗忘。比较是不可能的，不对称是无限的。"[4]此时，不再存在方法，只存在极点以及一种广阔的范围，一种谅解的平台，一种误解以及重新的开端。在这些开端中，只有此或彼相互靠近和相互分离，语言，"我们的母亲，语言"，"越是陌生就越是接近"。"重要的是，我们在说的过程中要去做，我们所做的是，如何在将我们声音混为一体的时候去相互交流。"[5]语言是开放性的，而且不会封闭，它从远处进行拯救，但是仍然保持着距离——

---

① 《明信片》，第93页。
② 同上书，第123页。
③ 同上书，第91页。
④ 同上书，第85页。
⑤ 同上书，第245、24、63页。

　　我想简单地给你写信，如此简单，如此简单……以使语言仍然明显地
保持神秘，好像每写一笔它都在创造，好像只要有第三者看到的时候，它
就开始燃烧。[①]

没有这种预先的、永恒的距离，绝对天资是不存在的。
　　"伤口只能够有一个专有名词。"[②]

---

① 《明信片》，第15页。
② 同上书，第30页。

弗朗兹·罗森茨维格

（Franz Rosenzweig，1886—1929）

弗朗兹·罗森茨维格的挑战

就在罗森茨维格准备接受基督教洗礼的那一刻,《救赎之星》(*L'Étoile de la Rédemption*) 唤起了世人对犹太教的觉醒。但这本书的关键,还是在于对历史上犹太教和基督教启示独具匠心的阐释。从根本上来说,这种启示是一些各自独立的现实:人类、上帝和世界的外化,但正是这种启示,才使这些现实得以保存并相互关联。它是寻求异己和自我解脱的必然要求。有一个时期,在罗森茨维格看来,犹太教和基督教被历史真实主义简化为一些纯主观的现象,他由此断定只有皈依另外一个他者才会有历史的创造。这是与时代精神背道而驰的"挑战",这种挑战也来自自身的要求:启示的出现本身并不属于另外一个世界,但它却带来了多重世界的突现。

他认为,他的使命就是逆着笔锋勾勒历史。

——瓦尔特·本雅明

某些作品的问世,就像火箭发射一样具有惊世骇俗的力量。在这些作品中,出人意料的新思想火花四射,经久不衰,而且永远笼罩在它们横空出世时不同凡响的、震撼人心的光环中。这不仅对于始料不及也无法使之尽善尽美的作者而言如此[1],而且对于既允许它们存在[2],同时又对它们保持几分陌生

---

[1] 对于罗森茨维格来说,《救赎之星》(由阿莱克斯·德克桑斯基和让-路易·施勒格尔合译成法文,瑟伊出版社,"思想"丛书,1982年,第523页)是真正属于他的作品。在1921年8月30日给Gertrud Oppenheim的信中,罗森茨维格表达了自己在32岁时完成青年时代最大胆的梦想后的感激之情:"一部作品,一部真正永恒的作品。"(《信件》,第486、718页)。这封信极具研究价值。罗森茨维格在这之后很少再谈到《救赎之星》,他的文学创作也非常丰富,但其本质已不同于《救赎之星》。

[2] 罗森茨维格对很多作家心存感激:赫尔曼·科恩、欧根·罗森茨托——参见"Das neue Denken", Kleinere Schriften, Berlin, Schocken Verlag, 1937年。法文版发表在《弗朗兹·罗森茨维格》一书中。*Les Cahiers de la nuit surveillée*以《新思维》为领,由Marc B. de Launay翻译,在此参照这一翻译文本:《新思维》,第53页。

感①的时代也如此。与其说这些作品是知识的荟萃，还不如说它们为我们打开了一条全新的认知路径。这些书虽名不见经传，但却以极快的速度赢得了人们的尊敬。它们凭借的是一种内在的凝聚力，其力量的灵魂就在于反叛的本能。《救赎之星》就是这些作品中的一部。这部作品的建构采用赋格曲的手法，字里行间充满了启发性和能够引起共鸣的文字。独树一帜的新思想自成体系，语气激昂，时时让人亢奋不已。那些试图力求避免读者管中窥豹的细节更耐人寻味②，尤其是文章的语言。正因为如此，这部在难以想象的条件下花了几个月时间完成的皇皇巨著，今天仍然有着震撼性的美学效果。文章的逻辑结构，似乎只有在读第二遍的时候才能被真正把握。③读者能够从中强烈地感受到情感的包围，但躯体与思想不会出现分离。思想是通过某个躯体渗透出来的，它揭示着整个生命的意义，而且使意义发生嬗变，在理性到来之前迅速移植入读者的躯体。人们很难对《救赎之星》进行历史的定位，它很可能与历史唯物主义水火不容，就像本雅明要达到的那样，"逆向地对待事物"。就文章的写作而言，创作是自我的封闭，但文章的特点却在于发出挑战的力量。这种写作也是一种话语的召唤，让我们试图从不同的角度来把握这种召唤的影响。

声音，回忆与承诺

罗森茨维格的作品让人们听到了一种声音，这是他发出的挑战最直观与最敏感的方面。写作是有声音的。这种另类的声音，就是沉默和沉默的各种潜在形式。克制、畏缩和暗藏的话语在沉默，或者更确切地说，在权力的庄重

---

① 《救赎之星》在发表之初几乎不为人所注意。但它却深深地影响了为数不多的几位读者，如肖勒姆、本雅明。

② 罗森茨维格建议人们快速阅读："哲学作品对于那种旧体制下系统化的阅读策略有一种抗力。用这种策略进行阅读的人们总以为阅读过程中不应当在他们身后留下任何一个没有被攻克的堡垒……事实上当人们碰到一些难以理解的章节时，应当鼓起勇气读下去，以期待在后面的文字中找到答案。"（《新思维》，第42页）

③ 为了便于分析这复杂的逻辑，请参见史蒂芬·莫塞（Stéphane Mosès）的博士论文《系统与揭示》，见《思想集》，瑟伊出版社，1982年，第321页。见D.布雷尔的观点《宗教科学研究》，t.70/3，1982年，第525页。

外表下孤独无助，在缺失中销声匿迹。不论《救赎之星》①的创作多么巧妙，多么深思熟虑，其放荡不羁的起伏曲折和激情有时揭示了这样一个事实：声音总是在肯定或否定中迫不及待地介入文章，而且在关键处一刀切断，并对各种反应保持开放。尽管这种声音并不代表作为个体的罗森茨维格，却以另外一种方式显示了其个体性：它所宣告的是躯体，是存在，是一件或几件事实，是生命的现实性，绝不是思想的附属品，思想不会像一种化学物质溶解另一种化学物质那样，来同化它们②。《救赎之星》描绘了一段跌宕起伏的历史，那是个人的历史：从悲剧主人公的缄默和抵抗，到人们在另类的宁静中一起吟唱和祷告的最后的大合唱，再到自我（灵魂、主观性）在言语中的突现。由此看来，这本书即使不能作为穿越历史的证据，至少也是一种证明，是接受上帝的启示（Révélation）后突现的话语③。声音决定着，果断地决定着，面对世人作出裁决。这种裁决主要是一种拒绝，拒绝躯体—灵魂的分离，拒绝宣告和预示其他分离的分离。如果说犹太人的激情在于对统一的迷恋④，那么可以说，这种激情首先由这种观点产生：一种思想也是一个躯体。

首先，这里的声音像是躯体消失前发出的最后的召唤：对死亡的忧虑、对灵肉分离一无所知。它号叫着："我，我，我"，丝毫不想听见这样一种声音——对死亡的忧虑正在转向对纯躯体⑤的忧虑，而这种忧虑与哲学无关。罗森茨维格对死亡的思考完全是非哲学的，一个地道的感觉供应者从理论上排斥对死亡的恐惧，而正是面对死亡，自我才发出毫无章法的抗议，不愿与出演一部自己也不知开头和结尾的戏剧演员为伍。因此，他愤怒的不是死亡，而是不死而亡，是死于"意外"，就像一部正在演奏的交响乐难以避免的某些意外

---

① P.米萨克在后来发表的研究"关于修辞用法的几个说明"中，明确了建构的联系和计划。他分析了三位风格迥异的作家维特根斯坦、罗森茨维格、本雅明的作品中的各种细节和结论。

② 《救赎之星》中的词汇值得人们专门去研究。文中不时地流露出黑格尔语言的痕迹，但罗森茨维格同时也坚持使用某些特有的短语，其中最具代表性的如表达"事物"相对于思想的外在性的Faktizität（德语，"事实"。——译者注）。

③ 这里的大写字母主要是表明在《救赎之星》中强调的中心范畴，并不是像人们一般认为的那样指代某种宗教现象。

④ 《救赎之星》（本书所举均为法文版），第467、487页。

⑤ 同上书，第11页。

一样。除了自然或人为的力量，任何原因都无法用来解释死无葬身之地。罗森茨维格的抗议反映出个体的处境：在我们所处的历史条件中，赤手空拳的他近乎盲目地反抗一切话语中狡猾、权威和烦琐的因素。这些因素扼杀了声音，或者说让它变得微不足道。声音并不是对于视觉或理论的拒绝。它不仅没有被异化为空洞的呐喊，还打开了一条全新的理论途径："我们绝不要再这样幻想下去了。"① 在罗森茨维格身上，各种嘈杂的声音变成了肉体、犹太人、历史真实性乃至基督教徒的抗议，一切都消失在给命运贴上封条的知识中。首先，这种声音以摩西的《律法书》作为远方的特约通讯员和支持者，因为那是一部历史的、非自然的律法，它管辖着人类：每个人和所有的人。

罗森茨维格的挑战来自迫在眉睫的威胁，甚至是死亡的威胁。但与此同时，它又与时间，或至少是我们的文化相距千里之遥。事实上，罗森茨维格批判的是一种片面的单义理解模式。在这种模式下，口语发出的声音、主语缺失的话语发出的声音，第三者发出的声音都在概念特权的压制下销声匿迹。在这样的背景下，罗森茨维格的声音重新投入历史的洪流中，成为一种回忆，一种对躯体、时间和事物的回忆，这种回忆像是经历了多重变形的回声。黑格尔的绝对知识也是一种回忆，是意识向曾经走过的道路的回归，这种回归是缓慢的。麻木了的意识第一次觉醒，那是在意外显现的无限之光照耀下的觉醒。罗森茨维格的回忆则截然不同；他不是把过去重新聚合，而是让人们听到相异的声音；不是抓住已得之物不放，而是重新激起对被遗忘者的回忆。罗森茨维格的回忆以某种方式再现了历史的动荡、各种势力的抗衡以及各式各样的角色。这种几乎可以说是躯体上的回忆成为对历史另行构思的权利，对于这样的历史，现有状态绝不意味着终极形态，它所无法满足的愿望一方面与之形成鲜明对比，另一方面从内部塑造着它。如果说上帝的启示降临在主体身上，那么随之而来的必将是救世主降临说的突现。②

---

① 《救赎之星》，第14页。

② "无庸置疑，弥赛亚主义在他的神学中占有重要的地位……"米歇尔·洛维（Michael Löwy）：《中欧的犹太弥赛亚主义与极端自由主义空想（1905—1923）》，《宗教》，1981年1月—3月刊，第14页。这一极为有趣的研究从三组思想家的思想着手对犹太弥赛亚主义和各种空想进行分析，这三组思想家是：罗森茨维格、马丁·布伯、肖勒姆；兰道尔、卡夫卡、本雅明；卢卡奇、托勒尔、布洛赫。

回忆由此产生了一种客观化的功能，它具有启迪性和选择性。它在给事件镀上一层主观色彩的同时也保证了其真实性。与概念不同的是，它从某种程度上保证了曾经存在并仍然存在于现时的时间的稳固性。这样一来，回忆是具有评判性的。《救赎之星》因此成为一部哲学史①，不论话语从表面看来多么轻松，人们仍然十分震惊地看到，罗森茨维格坚定不移地遵从从古希腊哲人到黑格尔所构筑的希腊–西方话语规则。文章重构了该话语，重构了这一话语的次要方面、它所要求的和所驱逐的事物，以及在后黑格尔意识背景下它有可能发生的变化。罗森茨维格秉承了施蒂纳、叔本华、克尔恺郭尔和尼采的思想传统，但与他们不同的是，在启示观的影响下，罗森茨维格允许自己对这种唯心主义哲学话语进行评判，即将它限定在一定范围内而不是一味地拒绝它。正如他从犹太教角度再次受到启示一样，罗森茨维格的回忆不仅是对西方历史文化的回忆，同时也是对整个犹太世界的回忆。犹太教理念不断在他脑海中回响，就像被不断现实化的回忆，他将它重新找回，使其获得新生。这种回忆就像势不可当的回涌的巨浪，容不得人们对其真实性有一丝怀疑，似乎错误只在于精确和近似之间。罗森茨维格对博大精深的犹太文化寄予了莫大的希望，但无论如何，这终究是一种迟到的文化②。罗森茨维格对那一时代德国奄奄一息的犹太教做出的巨大贡献令肖勒姆颇为吃惊，尽管这其中不乏瑕疵。肖勒姆的这一惊讶还来源于罗森茨维格的思想与长期以来对犹太教最隐秘的研究之间紧密而特殊的联系，这种回忆显然是教育的产物，但它被一个具有双重灵魂的身体所承载，其真实性似乎是毋庸置疑的。③

然而如果说一部展开的历史是一个承前启后的过程，原则上用事实来说话，那么从另一个角度来说，它也是结构化的。罗森茨维格在重新赋予历史以

---

① 《救赎之星》三卷书的引言具有承启文化哲学的经典历史的作用。

② 罗森茨维格同意这样的观点：这是一个"迟到者"的时代，《信件》，1921年8月10日，第716页。有关罗森茨维格的传记，参见拿奥姆·格拉柴尔（Nahum Glatzer）《弗朗兹·罗森茨维格——生平与其思想》，纽约，1953年、1961年。

③ 参见肖勒姆《弗朗兹·罗森茨维格与〈救赎之星〉》，*Les Cahiers de la nuit surveillée*，第17—37页，B.杜比（B.Dupuy）由希伯来文译出。文中引用了肖勒姆在罗森茨维格去世一个月后发表的一个简短的讲话。肖勒姆多次谈及罗森茨维格的工作与地位问题。如《犹太弥赛亚主义》，加尔曼–勒维出版社，1974年，第449—454页。《信件》，1913年10月31日，第132—133页。

外在性的同时也使之内在化。总之，历史是如此真实，它将我们自己的主观形象呈现在我们面前。历史是运动，也是结构，一种近乎人类学的结构。古希腊的异教不仅仅是一种过去，还是启示降临前人类的写照，任何事物都无法脱离它的影响，这是历史的必经之路。基督教和犹太教可以有各种各样的面孔，然而除了分歧之外，它们都具备产生启示的独特模式，一种不可逾越的模式。跌宕起伏的历史揭示了时间中人的确定性结构。因此，尽管罗森茨维格强烈地反对一切形式的神秘主义，眼中充满了不耐烦，企盼加快实现上帝的永恒统治，以摆脱时间的约束，但他仍然承认历史的创造性，并宣称这是一种完成了的创造性。历史将现实和个人的结构明晰地呈现，成为循环往复的历史，接替它的是兼具宇宙性和生物性的宗教仪式时间①，它总是在死亡中突现。历史成为一条通道。承认其现实性，人们就能够找到自我；用另一种方式将历史的馈赠转化为财富，我们就能看到上帝的救赎，换句话说，上帝的启示就会发生作用。这样说来，罗森茨维格对记忆的运用既是一种走出自我的运动，同时也是一种回归，它不是自我的封闭，而是一种完全不同于与外部世界发生关系的新模式。

　　相信声音，相信回忆，最终相信重新受到犹太话语影响的自我存在，这无疑是一种认同。那些犹太话语"尽管古老，但却仍具有圣子永恒的青春活力"②。《救赎之星》对于罗森茨维格来说是一种自我定位，从历史角度来看，对许多其他人来说同样如此。然而如果把这种认同简单地归结为顿悟，恐怕会有失作品的真意，它讲求的是一种理智的阐释。或许罗森茨维格的挑战正在于此：人们觉得应该把他的思想划归宗教，他却偏要使之世俗化；人们抵触所谓的启示，他却要使之成为现实的根源和守卫者。启示没有减缩任何事物，而是起到激发作用，它不仅没有毁掉这个世界，反而使它变成了永恒。这整个过程都是可以理解的。它属于那种被聆听、被领悟并被圆满完成的启示。这一理解性从本质上讲不是晦涩的，除非在启示中听到"多重声音"③。这种声音丝毫不会削减现时说话者的权威。对于罗森茨维格来说，如今的理

---

　　① 据现有资料所知，史蒂芬·莫塞是第一个清楚地对这一问题作出阐释的人。

　　② 《新思维》，第56页。

　　③ 参考让-卢克·南茜（Jean-Luc Nancy）：《分享声音》（*Le Partage des voix*），加里雷出版社，1982年，第90页。这里涉及的是对阐释学问题另辟蹊径的研究。

解需要一种摆脱。从历史角度来看，我们都曾是被哲学所规定的独一无二的概念权威所监禁的囚犯。而启示之光的照耀使得门路广开。与门德尔松不同，罗森茨维格认为，人们不应该再去钻启蒙运动理性的牛角尖①。这一理性所构筑的世界过于狭隘。《黑格尔与国家》一文最后一次将这种理性连同其糟粕一同运用于政治哲学，其总结从某种程度上来说也是一种告辞：《救赎之星》是对时刻得到上帝允诺的生活的赞美。一种多元性取代了理性的原则性地位，但并没有完全拒绝它。

从分离到分离

罗森茨维格的思想和生活都经历了坚定的决裂②。决裂并不意味着逻辑上的完全否定。确切地说，它是一种模式，这一模式使得不可减缩性产生价值，为因多重世界共存而必须产生的分离赎罪。从某种意义上来说，分离是存在的多元性的必然产物。然而自相矛盾的是，这种决裂同时也是启示的产物。后者把前者称为条件，因为没有分离就没有启示。另一方面，启示加剧了分离，因为如果说启示建立了一种关系，该关系本身的坚固性便要求有一种区分。这种差异特权绝不是在普及一种对抗关系。与对各种辩证关系的综合不同，罗森茨维格让每个独特之处都闪耀光芒，使用连词"和"是将它们集中起来的最好方法……

开幕性的事件于1913年发生在柏林的一家犹太教会堂里。"在我看来，经过长时间的深思熟虑，我又回到了原先做出的决定。对我来说，它似乎已经不必要了，也就是说，就我个人而言，它已经成为不可能。于是我继续信仰犹太教。"③在这封给鲁道夫·艾伦伯格（Rudolf Ehrenberg）的信中，罗森茨维格泰

---

① 罗森茨维格多次以批判的态度提到门德尔松（1729—1786）。关于门德尔松，参考多明尼克·布勒雷（Dominique Bourel）的《门德尔松自由主义的要求》，《宗教科学研究》，第66期，1978年，第517—533页，以及最新版的《耶路撒冷》，今天出版社，1982年，第206页。

② 有关这一决裂和扭曲，参考《犹太教和相异性》，"回转"一章，卡特琳娜·夏利耶（Catherien Chalier），维蒂耶出版社，"十话语"文丛，1982年，第71—93页。

③ 《信件》，1913年10月31日，第132—133页。

然自若地明确提出决裂，但同时也必须承认，单是那一条一语中的的原因——
"它已经成为不可能。"——便足以显示决裂力量之大。罗森茨维格按下了停
止键，结束了对基督教的追求，不再迷失方向，不再向基督教偏航——基督
教也是这种追求、迷失和偏航的唯一可能。他突然看见族人齐聚一堂，在赎
罪日上①举行最盛大的祭祀活动，这时，他开始忏悔自己犯下的过错，于是又
获得了与上帝的选民零距离生活在一起的权利。在《基督教世界中的犹太教》
（*Judaism despite Christianity*）一书中，罗森茨托克（Rosenstock）回顾了他与
罗森茨维格一同走过的心路历程，而这本书精练的标题言简意赅地勾勒了罗森
茨维格曾经经历的思想扭曲和转向。②他与他所认识的基督教保持距离，强烈
的回忆之光让他看清了自己的位置，他决定拥抱从中隐约窥见的希望。③对于
罗森茨维格来说，犹太民族是犹太世界的根基。

　　柏林的灵感对罗森茨维格来说是个起点。随之而来的是一番剧烈的心智
活动，其目的在于弄清构成犹太教与基督教共同起源的犹太"事实"和基督
"事件"分别是什么，它们最终导致了两教之间不可逾越的分离。这一点在
一战期间罗森茨维格的所有信件中都得到了印证。1914 年，他发表了《无神论
神学》（*Atheistische Theologie*），文章的标题具有双重性，就像他撰写的其他
研究性文章一样，该文晦涩复杂，但其中提出了有趣的证明。④首先，他揭示
了随着时间的流逝，犹太教徒和基督徒对于自身阐释的相对相似性；接着，
在把他们对立起来之前，罗森茨维格首先指出了唯一同时涉及两者的问题，这
也是他思想体系的关键之处："谈及上帝与人之间的差异对于异教徒来说是
一种可怕的耻辱。有一种观点认为，启示是高级的内容硬闯入与之不相匹配的
容器中，这种看法着实让人信心大跌。"罗森茨维格的出发点是耶稣教神学理

---

　　① 参考《救赎之星》中有关这一重大节日的分析，第382—387页："这些日子使人们在上帝的宝座前完
全陷入一种孤独之中，没有调解。"（第386页）。这种"没有调解"是决定性的。

　　② 欧根·罗森茨托克–胡西，《基督教世界中的犹太教——欧根·罗森茨托克–胡西与弗朗兹·罗森茨
维格之间有关基督教的通信》，纽约：H.斯塔美出版社，1969年。

　　③ 扫罗·佛莱得兰德（Saul Friedlander）在美文《回忆何时来》中叙述了与非皈依相类似的一种运动。
《回忆何时来》，瑟伊出版社，1978年。

　　④ 《小论文》（*Kleinere Schriften*），第278—291页。

论近期的演变，其中尤其值得一提的是德鲁兹①，他重新运用更具真实性的系统神学理论观点，试图突破平均化观念的局限，这一观念在自由主义和有关耶稣生活的神学理论操纵下产生。出于摆脱神化桎梏的考虑，人们用尽一切批判性研究方法，甚至把**真理之神**或先贤圣哲浪漫的想法付诸实践，其真正目的在于逃避"真正的上帝/真正的人"这条不同寻常的教理无情的约束。"犹太民族"也经历过类似的缩减过程。他们淡泊了已显得陈旧的"上帝选民"观，代之以"理想群体观"，甚至是种族观，声称这个种族是如此卓尔不群的血肉之躯，以至于能逃脱历史上各民族共同的遭遇。这种靠抹杀原始教义实现的神学理论无神论化，自以为走出了神话的迷宫，实则径直通向了难以长期站得住脚的欺骗的深渊。这是对任何天意赐予的盲目排斥，人类沉溺于虚幻的理想之中。事实真相在D.F.施特劳斯的《耶稣生平》第二卷中得到了说明。罗森茨维格对神化进行了双重压缩：一方面，耶稣本人同意了外部附加于他的所谓"神话结晶"的说法；另一方面，这个民族内部也滋生了与上帝存在特殊联系的优越感。当然，这种双重压缩与前面的无神论有所不同，然而"神意真实地介入历史，与其他任何事实截然不同，而以上所举的两种情况，对于神意的这道深刻的印记却视而不见"。面对这两种情况，罗森茨维格提倡回到神学的教理中去。"回归教义"，缺少了它，犹太民族和上帝都将变得空洞而无意义。只有承认分离、分隔，承认心智初启和神启，这种对于"他们是什么"和他们之间关系的必要忧虑才会产生。

　　人类（遭受历史性诅咒的人类）正是为了弄清为什么犹太民族会成为信仰的中心，才需要对在犹太民族和全人类之间架起桥梁的上帝进行思考。只要人类愿意并有足够的能力，他们的神学理论就有可能成为一种科学，但它不能回避对启示的思考。②

---

① 德鲁兹（Arthur Drews, 1865—1935），德国哲学家，黑格尔的学生，他的主要作品有《基督神话》，其中阐释了他的泛神论观点。——译者注

② 《小论文》，第291页。

在该书的核心章节中，罗森茨维格明确了启示的重要性，紧接着便对基督教进行了透彻而令人震惊的分析[1]，这只是对他与改信犹太教的罗森茨托克（Rosenstock）在 1914—1917 年笔战内容的梳理和补充[2]。这一区分最显著的特点是什么？如果说基督教教义对于一切基督信仰来说是至关重要的，那么对于罗森茨维格来说，它只是基督徒接受启示的方式。正是由于这一教义的绝对性特征内含有一种张力，它才会通过基督教活动衍生出教义学、教会的生存等问题，认为每一个基督教徒都是一部没有结局的戏剧。这样的基督教实际成为启示向异教徒发生折射的界面。基督教关系着异教徒，既包括基督教世界外部的异教徒，也包括其内部的异教徒，其任务就像一条没有尽头的路。它不停地进行内部交流、自我纯化，在劝说异教徒皈依基督教的同时，自己的信念也发生着改变，这是一个不可避免而又充满危险的双重举动，因为异教随时都有可能从内部传染并腐蚀基督教。根据"世界–上帝–人"这三个独立要素构成的首要三重性理论，以世界泛神论、上帝唯灵化和人类神明化为标志的异教内在性扎根于这三重世界的某一个之中，将神明的绝对性局限于其中，这正是异教腐蚀的表现。人们只有依靠对历史中的耶稣不断更新的回忆才能摆脱这些精神枷锁。上帝化身为凡人。比起他在教义上的权威，他以犹太世界为起点在历史上留下的痕迹则更受人重视。基督教徒的出生，在外部世界中的行动和对耶稣基督的皈依都是不断重复的开始，罗森茨维格据此理所当然地认为，基督教不会有像犹太教赎罪日这样的特殊时刻。尽管基督教不像犹太教那样完美，但这并不意味着与犹太教相比，它就是一种低级宗教，因为正如上帝所说，基督教是一个混合体。其保障就是这种从异教思想向笃信启示的思想小心谨慎的转移。对历史起源的遗忘便会导致被诺斯替教派所谓的单一性谎言所骗。一种撕裂的情感承载了对于这种复杂起源的回忆，而这种情感正是基督徒内心世界的真实写照：

---

[1] 对于这一问题尚没有一种"对话式"或论战式的研究方法。相反，第冯·布亨（P.Van.Buren）指出了罗森茨维格的犹太民族概念对于基督教神学的重要性："对犹太民族的肯定：神学一致性的一种条件。"*Jaar*, XLV/3, 增刊，1977年9月，费城出版社，第1075—1100页。

[2] 有关这一信仰，参考亚历山大·阿尔特曼的文章《清醒之夜纪事》，第187—207页，以及居伊·珀蒂德芒热《弗朗兹·罗森茨维格作品中的存在与启示》，《宗教科学研究》，第60期，1972年，第365—395页。

基督教发展的极点就是完全消失在个体感情中，被上帝之魂、神圣化了的人类和世界所容纳。在这些感情间流动着的不再是对上帝膜拜的冲动，这些感情本身就超越了一切对上帝的膜拜。[①]

罗森茨维格的观点与圣－保罗在致基督教会信中的观点相反，他发现基督徒脑海中有一种对犹太教徒难以根除的嫉妒：他总是嫉妒犹太教徒不可追忆的存在，只要他们存在，他们便能找到无尽的归属感，除了死亡，其他任何东西都不能对其构成威胁。罗森茨维格一方面抹拭了基督教的国籍色彩，另一方面对于它"绝对宗教"的称法断然提出质疑。基督徒发现自己就这样被取代或许会十分反感，而犹太教徒发现自己被夹在双重必要之间也会有同感。然而罗森茨维格避免对绝对进行分级，他所看到的只是这种紧张的相邻关系。

比起基督教在产生之前所要做的大量艰辛的准备，犹太教在起源问题上享有特权，但特权同时也是桎梏，它的一切使命便在于存在下去，让历史中的启示之源放射出璀璨的光芒。这里的存在本身就是一种证明。犹太教通过存在使自身变得合理，这一合理性超越了意识，发自于犹太教本身。在东方处境艰难的犹太人群落和赫尔曼·科恩出人意料且来势凶猛的犹太人古话语是成为现实的犹太教的真正标志。[②]罗森茨维格极力反对低调、多疑和畏缩的犹太教，它飘忽不定却又挥之不去，就像齐美尔所宣扬的犹太教那样，这是一种既不被承认也没有成为现实的分享的迹象。如果说基督教是外化的，那么相应的，犹太教则是内化的。在充满灵感的长篇大论中，罗森茨维格一直坚持认为犹太教的发展是一次走向内部的旅行，犹太人生活的收缩性和狭窄性是十分必要的。作为启示话语的守护者和保管人，犹太人本身就是创造的主体，销蚀自身是他们不可推卸的责任。当然，这种唯我论似乎经历了一些挫折："属于我们祖先们的上帝"这一观点可能会蒙蔽犹太人的眼睛，使他们忽视了上帝同时也是

---

① 《救赎之星》，第487页。

② 罗森茨维格对科恩极为关注。他写了许多精辟的研究科恩的论文（《小论文》，第294—354页）。在《救赎之星》中，他称科恩为"老师"（第32页）。

"众生的上帝";他们也许会沉溺于上帝选民的荣耀中而逐渐淡忘了**救赎**的使命,摩西律法的神圣之光会遮盖一切,使他们满以为大功告成。然而,"犹太人的脱俗"不正是上帝大隐于世的象征吗?①这种收缩性不是威胁,而恰恰相反,它是生存的浓缩,而只有这种演化为证据的生存才是最重要的。下面这段引自《救赎之星》的文字精辟地阐释了这种内在性的眩晕:

> 犹太教不同于世界上任何一种其他宗教,它通过削减(soustraction)来保存自我,这是一个收缩的过程,减缩后剩余的精华不断呈现出来。与非犹太自我的不断分离使得接近原始犹太教的剩余部分显露出来。它持之以恒地去适应外部世界,目的是使得自己在内部世界中游刃有余。在犹太教理念中没有集体,也没有趋向,几乎可以说它就是一个个体,仅按照自己的方式剔除次要成分,保留最主要的成分。作为唯一的真相,它自认为是真正的"遗留下来的以色列"。事实也正是如此。犹太教徒从某种意义上来说是一个剩余物。总之,犹太教是个幸存者。②

这种对于"拥有和期待"的关注导致了一种排外的性格,意义也就由此而生:"犹太人总认为只要从不同角度来反思律法的教诲,就能达到'包罗万象'的境界。"③因此,照他自己的理解,"他是'真正的人'④,'宇宙的责任中心,万物运转的支轴,世界赖以生存的坚强支柱',正因为如此,如果说基督教生性倾向于遗忘上帝,那么恰恰相反,看起来或许对人和世界无动于衷的犹太教仅与上帝保持着千丝万缕的联系,永远不会消失。这就是所谓'朴素的犹太教直觉认识的狭隘性'⑤"。罗森茨维格看待犹太教的这一视角颇为令人吃惊,尽

---

① 为了让人们理解"上帝奥秘中的犹太生活",罗森茨维格在几页高度浓缩(如果不说是深奥难懂的话)的文字中影射了舍金那(Shekhina)这一神秘主题。《救赎之星》,第481—484页。

② 《救赎之星》,第477页。

③ 同上书,第479页。

④ 对于一种原始纯粹性的怀念和顾虑:"犹太人鄙视世界,感觉自己是一种精华,是真正的人,他们在上帝最初显现时被创造出来,在原始纯粹性中等待终结,因而他们从人类中脱出身来……"(《救赎之星》,第480页)

⑤ 《救赎之星》,第476页。

管他的方法略有不同，但总的来说他是这种研究方法的笃信者。这种内在性的**力量**产生了一种内部没有边际、同时也没有定性的犹太教。罗森茨维格对其存在以及它所蕴含的所有习俗和文化方面的内容表示赞同；然而它们既没有理论上的限制，也没有目的地。[①]任何原教旨主义的理论都无法保证这一立场。这是从存在的角度重新占有犹太教，"坚忍不拔的生命力"[②]的回归建立在一种坚定的信念基础之上：通过启示，上帝将自己"卖给"他将要托身的人，而结果中包含了这种存在的天性（don）。做一个犹太人，就是历史地作为天性的存在（don）。

广而言之，在罗森茨维格身上，这种决裂的意愿在方法层面彰显出来。在先于《救赎之星》出版的《原细胞》（*Urzelle*）和在其后出版的《新思维》这两本重要著作中，作者指出了这种方法特有的张力，它体现在"绝对经验主义"和其实践所具有的系统性本质中。

罗森茨维格试图摆脱本质的条条框框。如果说"是什么"这一问题的提出使科学得以建立，那么它同时也对科学进行限定，并揭示其本质。因为带着这个问题，思维似乎被外部世界所吸引，绕宇宙学、神学和人类学兜了一大圈，最后这一阶段同时也使得这次冒险的真正轴心突显出来。说到底，思维只是自我的表达、人类的表达，这种表达戴着概念的面具，以为这样可以确保不逾越真理，而事实上却为此付出了牺牲自我的代价。从某种程度上来说，本质话语是对自我的逃避和固定。《救赎之星》中所有反对黑格尔的言辞都可以用一句话来概括："唯心主义是一种利己主义。"[③]罗森茨维格曾在一封信中坦言，黑格尔的《法哲学原理》让他觉得反感，这并不是因为其中带有国家暴力的思想，而是因为其中缺少爱。[④]与语言思想相对立的思维理性（la raison

---

① 罗森茨维格在给肖勒姆的一封信中说他或许是唯一一个真正回来的人。然而这个唯一回来的人："……也许是唯一已经真正回家的人，有人回来，但他是独自回来的。"（《信件》，1921年5月12日，第704页）

② 《救赎之星》，第489页。

③ "……任何形式的'唯心主义'表面上宣称对现实有充分的意识，然而面对过于普遍的现实，它实际上躲进了利己主义的虚幻国度中……"（《救赎之星》，第419页）这或许间接地与"所有异教的狂妄自大"联系在一起（同上书，第497页）。

④ 给马维克·甘（Mawrik Kahn）的信，写于1919年12月22日："Der Staat ist nicht schlechtm weil er zwingt... Schlecht ist er einzig deshalb, weil er nicht liebt."（《信件》，第656页）

pensante）或理性思维（la pensée raisonnante）都具有独白性①。

　　罗森茨维格曾深深地陷入这种唯心主义的终极困惑。但是，他最终冲破了理论的束缚，回归到外在性，从而逃避黑格尔的事物、时间和言语体系，与他的概念逻辑决裂。这种新方法在《救赎之星》整本书中清晰可见。首先，他反对一元论的简化，从人们拥有的极其重要的朴素经验出发，重新赋予人、世界和上帝作为"相互分离的实体"②的独特性。他认为，任何一种思想都无法超越这种分离。具体的超验性将这些客体置于距离中。"穿透唯心主义的蓝色迷雾，用另一种眼光来审视这三个实体"，它们是不可简化的经验的坚定基石。希腊异教对这种存在的分离的"区域"做了最明晰的阐释。只有当启示突然降临时，那些彼此之间的边界才会建立起一种有序的结构联系（un lien ordonné et structurant）。可以肯定的是，对体系的摧毁使得罗森茨维格的文章更具体。他用同样的方法重新发现了时间的密度。继承的思想是超越时间的，在黑格尔这位对历史最为敏感的哲学家身上，这种思想的巨大力量昭然若揭。他成功地解决了时间问题，把它折叠起来，收进超历史的概念逻辑中。在罗森茨维格看来，时间是一种期限，从某种程度上来说，启示使它产生迂回（incurve），但并没有让它完全消失：启示使得一种转向、一种不同于生—死循环的轨迹成为可能，并使得由时间本身引起的对永恒的无限向往更加具体。③一言以蔽之，罗森茨维格反对科学言语的独霸地位，尽管他没有将这种反对上升到理论高度，但他发现了言语的多重用途。"与言语的决裂是哲学的原罪。"④他挺身而出，反抗多样性言语所遭受的压迫。这一抗议的关键在于语言有无数种表辞达

---

① 毫无疑问，有必要对罗森茨维格作品中的言语理论进行研究，他运用语言的多种形式，对"叙述者"（参考《新思维》，第48页，可以与"叙述者"本雅明的文章《诗与革命》进行对比，德诺埃尔出版社，1971年，第139—171页）、诗歌、记叙、对话和翻译等的研究极具启发性。罗森茨维格认为，歌德的诗句 "Denn Name ist nicht Schall und Rauch/Sondern Wort und Feuer/Den Name gibt es zu nennen/und zu bekennen/Ich glaub' ihn" 构成了一切事物的中心。《信件》，1922年2月，"致索斯曼"，第752页。

② 埃马纽埃尔·列维纳斯多次精辟地分析了罗森茨维格完整性的裂痕。如"两个世界之间。罗森茨维格之路"，《艰难的自由》，阿尔班·米歇尔出版社，1976年，第二版，第235—261页，以及为史蒂芬·莫塞的博士论文所作的序言。

③ "本质无意了解关于时间的一切。"（《新思维》，第497页）如果将两位思想家罗森茨维格和加斯东·费萨尔对于时间的处理进行比较，一定会很有趣。

④ 史蒂芬·莫塞：《系统与揭示》，第94页。

意的方式，如果将其仅简化为概念这一种方式，就意味着将其简化为最原始的、最接近于无声的形式。与这种减缩息息相关的是扼杀一切未知、仅按既定方式思考的认知理论，然而以交流为模式的言语活动恰恰不断产生未知。简而言之，在罗森茨维格的努力下所发生的"位移"以及其多重形式让人们深透地意识到了为建立完整而充满生机的世界所产生的"对他者的需求"。因此，真正改头换面的是真理。它既不是事先，也不是事后我们所掌握的那个真理。一种危机贯穿始终：

> ……就这样，真理不再"是"真的，而是想通过彰显自己从而揭示自己的真所在……。对于2×2这种类型的真理，人们丝毫无须开动脑筋便可轻而易举地表示赞同——背乘法表耗的脑力少一些——思考相对论耗的脑力则多些。就这样，人们从某些不那么重要的真理出发，进而探究那些需要我们有所付出乃至需要牺牲生命才能证明的真理，直至最终发现那些让世间一切都冒着生命危险去证明的真理。

"圣爱的启示就在众生的心目中"

罗森茨维格在书中采用类似现象学的描写或叙述经验的手段，以极其慎重的态度对待启示问题，总是将它放置在集体历史的框架中去考察，整个启示就是暂停和差异的经验。它是另外一种请求，以呼唤而不是注视的形式，突然出现在自身难以预测的边缘。这种请求处在绝对而非相对秩序的统辖之下。没有经过构思，甚至没有被想象过的事物就这样突然降临了。启示是一种事件。它割裂了现象的连续性，打开了一片空白，甚至是一道鸿沟。独具特性的它与其他任何经验都截然不同。它在主体中达到了任何事物难以企及、被隐没在沉默中的原点，从某种意义上来说，它脱离了主体自身的意识。尽管它是纯主观的产物，但罗森茨维格仍然将它与一种历史经验相关联，不过这种联系的本质尚未得到明确。[1]对于罗森茨维格来说，启示是否会在赎罪仪式中产生？为了纠正

---

① 史蒂芬·莫塞：《系统与揭示》，第127页。

偶然性观点，罗森茨维格是否认为启示因为从一开始就处于现实的中心，因此可能也是普遍的？同样地，对于罗森茨维格来说，启示经验是绝对的启示，它对于犹太人来说是民族经验，是对绝对空间的界定，而对于基督教来说则是对作为绝对开端的上帝的感激。尽管这一事件被放置在历史的厚度中来考察，但对于个体来说，它仍然是不受时效约束的即时事件。只有当个体恰当地建构，没有多余的需求时，该事件才可能具备发生的全部力量。从某种意义上来说，启示与它所得到的回报一样，都不是长期等待的结果。它是突然出现的。它出现在一个受到限制、而自身并不知情的完人身上。只有在整个话语的严密性中去解读启示，才能理解其自身的严密性。

因此，按照罗森茨维格的观点，从形式角度来看，对于经历过启示的人来说，启示是一种被动经验。它在人平静时抓住他，在人沉默时从天而降。它闯进一个封闭体中。人们借助于对神的祈求理解了这种被动性。上帝在昭显自身、前进和喻理过程中全身心投入，对于罗森茨维格来说，这正是启示的全部力量所在。只有完全的启示才是真正的启示，而从上帝角度来看，只有当启示发自于上帝本身，毫无保留地向它所指向的人晓谕真理时，它才是完全的启示。《至圣赞歌》(*Cantique des cantiques*) 一书是"有关启示的重要典籍"[1]，人们引用这个文本来讲述启示，文中着力刻画了爱的排他性和来势迅猛的特性。启示的内容是上帝之爱，更确切地说，启示是上帝所爱的启示，它最直接的表达就是"爱我"；它是爱的指令，只有当我们漠视"爱正是一种回归的要求"这一事实时，这一命令才会显得自相矛盾。正因如此，这一命令的接受者——人类透过自身存在从未揭开的迷雾，在自己身上发现了一大片记忆的空白以及不了解和无意识的空间，觉察到对于外部世界的精神分散和心绪转移，以及发出话语的声音的缺失。在聆听这一声音并对它作出犹豫不定的回答过程中，他学会了让这样一种现实在自己身上显现：适当地追求甚至是渴望向他昭示并呼唤他名字的事物。对于人类来说，启示成为他所忽视的决心的启示，变成他自己名字的声音，成为万物之中的不可减缩性。但启示完全是一种命令，主观性的

---

① 《救赎之星》，第239页。

出现并不能预示着它的完成，只有在行动着的主观性中启示才能得到证实。[①]

　　毋庸置疑，在罗森茨维格看来启示是一种灵感的闪现。但罗森茨维格并不是空想者。《救赎之星》一书微言大义，文字艰深，而这正是作者有意为之。其目的一方面在于使灵感突现的这一时刻不失其本真，免于一切主观性或宇宙空间性的减缩；另一方面使得这种灵感的历史性和宇宙空间性能量得到释放。作为绝无仅有的时刻，启示实际上，或者说"在现实瘦骨嶙峋的构架中"[②]变成了无法定位的事件，通过这一事件，各种关系所构成的绝对体系的初步框架得以确立。启示渗透到所有神学"种类"以及言语和语言的秩序中来。罗森茨维格对于一切神秘主义的沉淀或神圣化身颇为怀疑，他所看到的是启示产生的两种重要的具体效果，从某种意义上来说，这两种效果证实并保存了启示。一方面，启示在对邻人之爱中紧随而来，尽管这是平庸的。如果说上帝在让人类接近的动态过程中，通过启示来显现他者性，那么正是对他者的爱，才使得这种启示继续下去。罗森茨维格的仁慈没有任何**做作**的成分，但从类型和力量来看，与他者之间的关系和启示一样是明白了然的，这是一种需要不断重新建立的关系。另一方面，启示向时间发出了挑战，但这并不意味着启示可以神奇地超越宇宙时间。如果说启示是人在上帝召唤之下进行的自我更新，这种更新是永远不会被任何事物侵蚀的。在这种持续的过程中，象征这一时刻永恒性的是宗教仪式，它本身是以时间为模板翻刻出来的，但同时与时间保持着一定的距离，因为它除了具有时间性之外，还具有宇宙空间性。[③]超越分裂，建立这样的联系，便能够营造启示的空间，而不断创造联系则积蓄了启示的力量，使它成为推动现实普遍的自由的有力杠杆。

---

　　① 行动首位的，也是最重要的特征就是走出孤独的思想。罗森茨维格的生平以及他的信件不断地向我们证明了这一点。参考著名的致布伯（Buber）的信"建筑工人"，《小论文》，第106—123页；法文版在Les Nouveaux Cahiers中，第32期，1973年春。同时参考《救赎之星》，基督徒的行动，第408页，犹太人的行动，第409页。

　　② 《救赎之星》，第451页。

　　③ 对宗教仪式的分析涉及的是犹太教和基督教的仪式。

天文学中的暗喻、近邻与远者

罗森茨维格对他者的关注和时间意识的觉醒表明，他真正突破了理性原则和宗教形象的藩篱。不论这两者处于对抗还是融合状态，人们总是把真占为己有，并为了自己而占有真，似乎陌生人永远丧失了占有真的权利。《救赎之星》中的"天文学暗喻①"指出，人们身处真之中，但真相并没有被拥有。罗森茨维格摆脱了对知识——真理最具诱惑力的表现形式——贪婪占有欲的困扰。心智活动不再简单地等同于掌握真理的能力。表述先于占有。人类直到最后才会得到知识。罗森茨维格认为，礼拜仪式能够使人们找到永恒的感受，与此同时，他又回到了松绑的、开放的、普遍的历史性原点上来②。

对于获得理性知识来说十分重要的因素，对于启示的载体——犹太教和基督教——来说，同样重要。为了把这两者区分开来，罗森茨维格重新引用了"形象"③这个黑格尔《精神现象学》④中的关键词。这样一来，他便把这两者从黑格尔的线性哲学中解放出来，犹太教不再是分裂的象征，基督教也不再是以象征形式存在的真相的容身之所。犹太教成为一个闪光点，而基督教则成为被光线照亮的地方。这些形式加速了上帝永恒统治的到来，而世俗世界中找不到任何东西能够"接替"这些形式。没有任何一种话语、国家形式或团体能够将它们统一于另一种形式之中。《救赎之星》中有关这一部分的内容是全书中最精彩的部分之一。⑤这几章内容相近，形式和谐，探讨问题的方法十分特殊，作者以人种社会学为切入点，以对宗教礼拜仪式日程安排的分析为手段来研

---

① 《新思维》，第41页。罗森茨维格试着用多种方法对星星的象征体系进行解释，从某种意义上来说，这是对超时间结构研究的象征。在他看来，犹太教与基督教属于世俗事物的范畴，而不是"宗教"（《新思维》，第56页）。

② 罗森茨维格对历史，历史性甚至是政治（《新思维》中就谈到了"弥赛亚政治"，第58页）的反思很少被研究，对于人们来说这是十分深奥的，因为他所借鉴的是来源于黑格尔的国家理论，这一理论成为罗森茨维格历史哲学的基础。黑格尔的《法哲学原理》被融入（并被分解）《救赎之星》中。

③ 这个词反复出现；它成为第三卷的标题："形象或永恒的超世界"。

④ 参考约瑟夫·高凡（Gauvin）为马塞尔·荷尼埃老师作的文集《"精神现象学中的意识形态"，康德的遗产》，博彻斯内出版社，1982年，第195—210页。

⑤ 这里涉及长度相当的两章内容："火焰或永恒的生活"（犹太教），"光芒或永恒的道路"（基督教），页码分别为第352—396页和第397—448页。

究这些形式，他似乎担心对"本质"①或是话语问题的探讨会掩盖这些形式的具体性特征，而这种具体性特征具有彻底的启示意义，是真正的话语大全。②在这些形式为自己构筑特有的象征性时间形式的过程中，具体性特征得以形成。与时间的关系绝不仅仅是这些形式的外在特征：问题的关键在于先变成时间再寻找永恒③。因为"形象"是通往永恒，即跳出生—死循环的唯一现实模式。罗森茨维格认为，犹太教从肇始之日起就置身于特殊的时间形态之中，这种完全内敛的状态正是永恒的表现。它通过从最稀有到最平常的宗教仪式包容了一切现实，在一种准历史状态中建立了犹太民族，从而在历史上独辟了一块福地洞天。政治总是试图以救世主形象出现，并借此为自己的暴力行径开脱，而犹太教特有的存在方式使得它对于政治持全面拒斥的态度，犹太民族从而成为真正的和平主义的象征。④而教会则恰恰相反，为了继续存在下去，一方面它必须安排宗教仪式的日程，另一方面还要不断地渗透到外部世界中去，并通过对话和介入创造出新事物，从而使自己成为时间的主人。它只有呆板地保持教条性才能逃脱分裂的厄运。⑤它没有政治任务。其任务更多地属于美学方面，不论从它的三个层次（奥古斯丁的爱、路德的信仰和东正教教会的希望）还是它的每个要素来看，它都是四分五裂的，而当教会重新举起十字架（这个形象本身就令人感到心碎）时，这种分裂更是暴露无遗了。

---

① 罗森茨维格用"事实"强大的生命力与"本质"相对立："我们只有澄清自相矛盾的事物才能够回答本质问题，这也就是说归根结底，绝对不可能对本质问题做出回答。然而活跃的生活对本质问题是嗤之以鼻的。"（《救赎之星》，第364页）

② 罗森茨维格1921年读马克斯·韦伯有关犹太教的作品，懊悔在战争时没有读到它："Es ist historisch das Gleishce, wie ich es philosophisch ausgesprochen habe..."（给他母亲的信，1921年8月15日，《信件》，第717页。）有关韦伯同样带有神学动机的研究，参考弗莱蒂·拉法埃尔（Freddy Raphael）《犹太教与资本主义——论马克思·韦伯与维尔内·松巴尔之间的争论》，法国大学出版社，1982年，第385页。

③ "在变成永恒的生活之前，生活，整个生活都要变成绝对时间化、绝对活跃的生活。"（《救赎之星》，第340—341页）但需要提醒的是，"爱不是一种象征，而是一个事件。"（《救赎之星》，第195页）

④ "犹太人不了解战争……""事实上，在基督世界内部，严格地说，犹太人是唯一不重视战争的民族，在这个意义上，他们是唯一真实的'和平主义者'。"（《救赎之星》，第389、391页）

⑤ "犹太人不信仰什么，他本身就是一种信仰……教会代表了最高程度的教条主义，这是必然的。它无法抛弃言语。"（《救赎之星》，第404页）

这种挑战还有必要吗？

　　人们往往要么将启示等同于一种个体现象，要么将其归结为民族智慧，而罗森茨维格断然反对这种对启示的阐释，他那咄咄逼人而不失创造性的辛辣笔锋和他发出挑战的要义均在于此。有一种文化潮流宣称它能够主宰自己的审视者，而罗森茨维格与其同时代的卡尔·巴特一样，都对这种文化潮流说不。他拒绝在脱离话语、背景和世界的情况下将启示抛弃在对禁欲的虔诚之中。只有当启示将它的创造全部展现出来，回到现实和可视世界中，并使得时间与永恒、可视与不可视以及人和上帝之间重新产生律动时，它才是有意义的。罗森茨维格接受历史，拒绝平庸化。然而犹太人在存在中感到动荡不安，他们冒着风险去经历历史，这为如今历史本身带来了平庸化的问题。罗森茨维格怀念启蒙思想产生之前以及与现代性分裂之前的世界，他最终带着这种怀念结束了本书。他所勾勒的犹太教和基督教的形象或许会让人想起一去不复返的时代和理论。① 然而如他所做的那样，将启示和主观性联系起来，并多次回到上帝在对摩西口传律法时说的那句话 "如果你们无法证明我，我便不存在"②。就这样，他或许打开了心目中宇宙缔造者的新智慧之门。

　　罗森茨维格批评了哲学的目光短浅和神学的骄傲自满。而他自己的观念是一种纯理论的正统观念。正如其逐步发展的思想一样，他的作品揭示出他对所有正统观念完全另类的关注。出于保持启示的绝对唯一性的考虑，罗森茨维格对于是否要在知者与不知者之间竖起一道不可逾越的屏障的问题感到犹豫不决。对于异教他始终兴致不减。莫塞在其日记中③ 发现他的思想发生了转移。罗森茨维格绝不是宗教思想的囚徒。启示缔造了特殊的、个人的和集体的历史性，它在产生的同时到处行使其支配权。他越是对上帝的话语敞开心扉；世界便越明晰地展现在他眼前，他离上帝也就越近，直觉的信仰就会成为他心灵

---

① 在《赤裸的基督教》（普隆出版社，1970年）一书中，欧仁·弗莱希曼（Eugène Fleischmann）以严肃的态度对罗森茨维格进行了分析（第184—224页）。

② 《小论文》，第289页。《救赎之星》中有类似的内容。

③ 参考史蒂芬·莫塞《罗森茨维格最后的日记》，《清醒之夜纪要》，第207—223页。

的支柱。这种思维方式最明显的标志是他对歌德的赞赏①。似乎如果有谁达到没有痛苦也没有妒忌的完美境界，他就绝不会离天国太远。极具多样性的形式为神明意旨的倾注提供了绝佳的场所。对于启示的假设，唯一的可能性就是自由——"人应当学着去相信他的自由……没有限制的自由。"②罗森茨维格在一封信中又提到赫拉克利特那句语势壮观的话：Tois egregorosin koinos kosmos（对于充满生机的人来说，只存在一个世界。）③上帝神圣的启示同时也是生活的神圣化。如果对于"生活"这个词的模棱两可性太过细究，那恐怕只能过犹不及了。

尽管罗森茨维格不论在思想上还是行动上都不是封闭的④，但他丝毫没有忽视强调形象的必要性。他清醒地意识到自己是在一个时代中存在和写作，并为了这个时代而存在和写作。他对于形象的关注就像对圣经本义的关注一样，因为"超越本质"⑤的上帝的启示对所有人来说都是被承诺的，又是如此神秘的，它想通过自身呼唤特殊的存在。它经历了各种主观态度，而这些主观态度需要在这个世界上表现出来，没有了它们，这个世界就会在一种地心引力的作用下自我封闭。最终，与其说罗森茨维格的启示将各种竞争对立起来，不如说它导致了差异的产生。它不断地拓展作为一种构成因素却从未被深化的他者性空间，这种他者性发生作用，让人们体会到上帝的神圣和他者的爱。只有这种行动的他者性才能赋予历史生机勃勃的活力。他者性、希望和空想都降临在凡人

---

① 比如："照他说来，歌德或许是他那个时代唯一一个符合基督要求的基督徒。"（《救赎之星》，第327页）同时参见《新思维》："异教绝不是在宗教哲学领域使那些成年人感到孩子般恐惧的平庸的稻草人……"（第47页）以及以下这一著名的片段："不，在从西奈山或耶路撒冷城墙外的基督受难岭（Golgotha）延伸出来的任何一条路上，我们都无法确信能够遇见上帝，然而上帝却也没有更多的理由拒绝在奥林匹斯山的崎岖小道上碰见那些追寻他的人；他离任何一座寺庙的距离，都没有近到让人们一想起与上帝的邻近就觉得安心的程度，而世界万物却也没有远到让他触手不可及的程度；他不会从任何一道地平线边走来，但任何一道地平线都无法阻止他的实现；他不会选择任何一片森林作为居所，但任何一首大卫的赞歌都逃不过他的耳朵。"（《新思维》，第55—56页）

② 《救赎之星》，第314页。

③ 致鲁道夫·哈罗（Rudolf Hallo）的信，1920年1月14日，《信件》，第660页。

④ 致艾迪特·哈娜（他后来的妻子）的信，"我们要的是房子，不是隔都"，《信件》，第659页。

⑤ 参见"上帝的真理"一节："即使我们所知道的有关上帝的'终极事物'，也只不过是他最为内在的一面：他完全展示在我们面前。"（《救赎之星》，第458页）

身上。罗森茨维格的挑战发自于比自身更远的地方。它就像邦赫费尔①发出的挑战一样，他对现今的大背景下创造的话语和半遮半露的面孔产生了顾虑；而并不是世界的变化。一旦找准道路，罗森茨维格就能够比以往任何时候都更加言辞清晰②。这里的争辩并不是一种倾轧。恰恰相反，他坚信目前任何人都没有最后的话语权。"Der Zweifel ist unjüdisch, judisch ist die Frage." 犹太世界之外的是怀疑，而属于犹太世界的，则是疑问。③

黑格尔与罗森茨维格差异之形成

其存在本身就是纯粹的奇迹。

G. 肖勒姆

　　罗森茨维格是黑格尔的评论者，同时也是一个创造者。作为评论家，一个出色的评论家，黑格尔的文章对他来说始终是一种外在之物，被置于他目光的审视之下，这是一种总揽全局的目光，似乎从一开始，这种目光所关注的就是文章的总体构建，对于文章局部的诱惑心存抵触，探寻的只是文中的缺点和暴力。尽管如此，评论家顺着文思一路考察下来，难免会像我们在河水中顺流而下时一样，不由自主地被河水的节奏推着往前走，并为之兴奋不已。但作为《救赎之星》的作者，黑格尔的文章在他眼中又呈现出内在性。黑格尔的思想变成恢复记忆的强力催化剂，成为有待分解的体系，是一堵需要拆除的墙。唯心主义的建筑物具有像梦一样不容雕琢的聚合力，而罗森茨维格的部分作品正是用在梦醒时分太阳升起的那种半混沌状态中捡到的梦的残砖碎瓦砌成的。显而易见，许多唯心主义的"领头人"也都曾试图使人们从黑格尔思想的禁锢中

---

① 邦赫费尔（1906—1945），德国新教神学家，他反对希特勒的种族主义政策，参加抵抗纳粹制度的运动，1945年在集中营中被迫害致死。——译者注

② 致汉斯·艾伦伯格（Hans Ehrenberg）的信 "Im 'Stern' siehe ich ganz hüllenlos da."，《信件》，第638页。

③ 致鲁道夫·哈罗（Rudolf Hallo）的信，1921年2月25日，《信件》，第694页。

解脱出来，这其中尤值得一提的是谢林。此外，其他许多作者和事件也都极大地激发了罗森茨维格的灵感。黑格尔是一块顽石，人们驳不倒他，这是无可否认的事实。要想从其思想体系中脱出身来必须另辟蹊径。对罗森茨维格本人来说，他从黑格尔早期的作品中就发现了其思想的严密性，即使这是过激的思想。这种严密性是沉重，坚硬，专横而敏感的。如果说罗森茨维格更多的是凭经验而不是靠考证来摆脱黑格尔的精神控制，那很可能是因为他感觉到黑格尔不仅仅是一位师长，更是一个时代的精神形象。将《黑格尔与国家》（*Hegel und der Staat*, 1920）和《救赎之星》连着读下来是颇有教益的。第一部书构建了一张黑格尔主要概念的系谱图，第二部书中又提到了这些概念，把它们以观点或是论题的方式糅合起来，而阅读所要做的努力就是将它们一一区分开来。对于黑格尔来说，《精神现象学》一书介绍了有关意识经验的科学。《黑格尔与国家》从某种意义上来说就是黑格尔的现象学，而《救赎之星》则是罗森茨维格的现象学，它是另外一种意识经验的科学，其目的仍然是获得自由和真理，但所走的路径却截然不同。下面就让我们以这个角度为切入点，在充满曲折的提纲中进行一次《黑格尔与国家》的冒险之旅。[①]

先例

在对黑格尔思想的所有评论所构成的庞大家系中，罗森茨维格对黑格尔思想的阅读和理解占有属于自己的一席之地。这种融入不仅昭显了罗森茨维格想达到其他那些魅力型作家思想境界的决心，还确立了一种形式，建立了对最细微的信息加以判断的模式。这些此起彼伏的判断帮助人们找准了认识黑格尔思想不断变化的影响的坐标点。罗森茨维格也加大了对黑格尔意图的资料研究的力度。

罗森克朗茨、海姆·鲁道夫和狄尔泰这三位作者，标志着黑格尔思想在一个世纪的不同阶段所产生的影响。罗森克朗茨承认自己对黑格尔心怀迟到的尊

---

① 在此参考的是《黑格尔与国家》的新版本，1920年将两卷装订成一卷，法文版由纪拉尔·本苏善翻译，法国大学出版社，1991年。

敬，第一阶段由此结束。在他浩如烟海的著作中，他对黑格尔并没有太多的个人评价。但其中有一句话让罗森茨维格深感震撼：黑格尔似乎带着一种秋的特质，他一生中的许多事件都发生在这个季节；秋之黑格尔收获、聚集、储藏并整理着。也许他就是德国思想宝库的保管员。事实表明，罗森克朗茨自己也是位收集者；他做了大量的工作，将黑格尔没有出版的文章收集成册，他用这些辛勤的劳动表达了他对这位思想家真正的尊重。在黑格尔看来，德意志的光荣似乎是以它特有的文化为基础的。从政治上来说，当时的普鲁士仍然被其他国家所压制，罗森克朗茨在《历史哲学教程》的序言中表达了他对于黑格尔的忠诚，他从神学和科学中看到了黑格尔对这一精神的见证所做出的主要贡献——这也是德意志的使命。黑格尔已经是登峰造极的象征，罗森克朗茨还想让他放射出更加璀璨的光芒，让他在独一无二的荣光中重新焕发生机。而黑格尔的政治思想只能算是一点残羹冷炙，它远远无法成为这一哲学永远活跃的推动力。

至于海姆（1857年），他的语气与前者有所不同，但仍是以黑格尔思想为其研究对象。海姆不论是在探求根源的过程中还是在理性的逻辑推理中都具有极强的洞察力，细致入微，他成为政治和论战强烈激情的俘虏。当然，这其中也有对大师们的"爱意"。但总有一天，为了生存，他不得不与之分道扬镳。因为从1844年起，德国政治发生了动荡。深受施特劳斯和黑格尔"左派"影响的海姆在澄清了黑格尔的政治思想之后做出了拒绝黑格尔的决定，拒绝并不意味着宣判黑格尔思想的无意义，而是对其造成的危险宣战。这种危险恰恰来源于其政治思想本身的纯粹性。黑格尔思考了，深思熟虑地思考了，面面俱到地思考了。然而其思想一旦重新应用到政治领域，就会产生一种麻痹作用。它所实现的只是现行权力负责并监视的东西，而且它主张用一种充满理性的强制力去实现它。然而事实上，黑格尔使得公民们对于那种迎合完全暴露的思想和颐指气使的权力的态度产生了一种毫不妥协的抵抗情绪。对于海姆来说，现时采取行动，便意味着与黑格尔思想决裂，这是一种存有争议的思想，因为它导致了致命的后果。

狄尔泰则又创造了另外一种氛围。从这以后，普鲁士似乎在历史上扎实地站稳了脚跟，对于知识分子来说，政治不再是主要受关注的对象。从那时起，有关黑格尔的唇枪舌剑都变得毫无意义：这时的主要任务是揭开那些冗长的辩护词和抨击性文章所编织的迷障，"对历史进行更细致入微的认识"。和平使得人们能够对尚不遥远的过去进行全面的审视，重现初始阶段——"1800年顶峰时期的形象"，从而揭示出"我们精神发展的连续性"。德国的历史和文化并不呈分裂状发展，也不是一系列中断，从一开始，一种始终如一的精神就贯穿其中，铸就了时间和精神特质的统一。为了展现出这种在时间流中统一的演变过程，同时也为了揭示出这种发展的深度，狄尔泰追溯到黑格尔的青年时代，对他这段势头旺盛和不符常规的萌芽时期进行研究。黑格尔思想体系的框架在经历了漫长的一个世纪后才得以定型，而人们能在黑格尔思想形成初期，或者至少说在他思想形成的初期和完全形成时期感受到促使其不断变化的内力。这就是为什么罗森克朗茨和狄尔泰对政治或某个特殊领域态度漠然，而对作为形而上学家和历史哲学家的黑格尔颇感兴趣的原因。

罗森茨维格认为，他论文的写作计划陷入了双重困境。战前（第一次世界大战）他所酝酿的想法在战争中烟消云散；而这本书的最后几行则向世人显示，他对这部作品怀抱的希望在混沌和困惑中结束。罗森茨维格在1909—1913年间完成了博士论文的主体部分。他是在梅内克[①]的影响下开始写这篇论文的，而写作的深层意图则在于突破俾斯麦狭隘的藩篱。因为在他看来，它与黑格尔的国家思想已有所偏离。正是在这个意义上，我们可以说《黑格尔与国家》作为一部"战前作品"，与海姆的政治构想不乏可类比之处。但由于罗森茨维格对狄尔泰的研究结论颇为痴迷，他想通过自己的钻研揭示出这样一个结论：从某种意义上来说，在黑格尔初期的研究中，国家结构就已经趋于成熟。因为19世纪的确是黑格尔的世纪，对于罗森茨维格来说，这并不是他的形而上学或历史哲学使然，而是因为他的《法哲学原理》（*Philosophie du droit,* 1820）对国家思想精华进行了最富有创造力的浓缩和最清晰透彻的解释。战争来临，单一民族国家疯狂而带有毁灭性的冲击在一堆废墟中宣告终结。当1920

---

① 有关梅内克，参见《梅内克政治理论中暴力与权利的矛盾》，《批评》，1961年7月，第659—665页。

年罗森茨维格的《黑格尔与国家》出版时，历史已经宣告了对它的判决。罗森
茨维格曾经想把题目定为"为了德意志的生命"，然而他的幻想在狄尔泰"对历
史的认识"中破灭，他知道，除"为了科学"以外，这个题目别无其他意义。
"思想决定行动"这句话可以用来解释作品晦涩的结论部分。行动应当遵循思
想，并检验思想。而突发性事件则意味着行动的不幸。由此造成的痛苦不能完
全归咎于黑格尔。罗森茨维格在结论中毫不含糊地指出，普鲁士的手工业者、
政客、法官、思想家和使者们，如达尔曼 [1]、斯塔尔（Stahl）、特雷斯切克 [2]等
人，无一不把黑格尔的国家理论当作立国基础知识的参照。对于黑格尔来说
这些知识是陌生的，他甚至明确地反对它们。然而黑格尔揭示了现代国家的形
式，巩固了其结构，明确了其基础和结局。这种形式引进了一些外部要素，但
它仍然将普鲁士禁闭在傲慢、好斗和令人窒息的僵局之中。尽管这种形式是黑
格尔勾勒的一幅国家漫画，但至少历史可以通过实施某种难以预见的计策使
之变为现实。战前的状况和战争无情地鞭笞了"思想决定行动"这一轻率的论
断。国家在权力大厦中得以巩固，通过权力并在权力中实现自我神圣化。而在
此过程中牺牲的是文化、"民族生命"以及市民社会。在整个世纪中，这两种
要求一刻不停地对国家结构施加越来越重的压力。《黑格尔与国家》开头和结
尾所引的荷尔德林的两段话让人们理解了什么是德意志的另一种理想生活。对
于罗森茨维格来说，现实造成的挫败来自一种过度的起源，即国家形式的过度
抽象。而正是这种抽象性所扎根的哲学赋予了罗森茨维格以灵感。这一思想与
生命存在呈现出同质性，它将生命的发展置于历史的变迁承继中来观照。生命
的空虚在1918年完全暴露。

---

① 达尔曼（Dahlmann, 1785—1860），德国历史学家与政治家，他捍卫德国的自由主义与国家主义思
想，积极参加1848年革命。作为法兰克福议会一名颇有影响的议员，他参与了宪法的撰写工作。——译者注
② 特雷斯切克（Treitschke 1834—1896），德国历史学家，《十九世纪德国史》（第五卷，1879—
1894）的作者。——译者注

研究的主线

　　罗森茨维格的选择是果断的：《黑格尔与国家》一书以国家思想为参考，考察整个哲学。罗森茨维格正是在国家思想中发现了黑格尔思想从起源到整个概念体系建构过程中看不见的母体。黑格尔国家思想的激烈性不一定来自有意识的精神强迫，他的各种研究并不集中于政治问题这一强制性研究模式。然而从黑格尔还是斯图加特的一名中学生时写的早期哲学论文，到他作为功成名就的柏林人时写的最后几篇哲学论著，罗森茨维格一路研究下来，发现政治结构在其中起了几乎难以察觉却持之以恒的作用。[①]罗森茨维格对黑格尔的逐步解读似乎让人们很难反驳，毫无疑问，这种解读保持了一定的距离，但与这个强大思想的亲近使得它带有几乎是情不自禁的而有时又能起预言作用的同情。这种解读在黑格尔浩如烟海的作品中划出了一条独一无二的航迹。尽管罗森茨维格对黑格尔的国家思想逐步展开批判，然而不可否认的是，黑格尔国家思想的最终完结远非意味着其影响的结束，对于这一点，人们有着真切体会。正是这样的阅读角度使他的书产生了一种恒久的力量。随着研究的逐步深化，罗森茨维格发现《法哲学原理》[②]的框架开始显现，这本书的价值比《逻辑学》更胜一筹，它成为黑格尔大量理论探究具体的和历史的产物和证明，这或许是黑格尔最完美的力作。人们从中能够得出有关人、有关所有人的结论，它提供了实现普遍具体的一种形式。　罗森茨维格分析了《法哲学原理》，对黑格尔的政治哲学重新作了令人称道的系统观照。《哲学全书》赋予其三段论中所有能够被理解的因素以政治形态，黑格尔由此建构的政治哲学体系为罗森茨维格的分析提供了依据，这一切使得罗森茨维格调查和批判的正当理由得到了证实。国家因此成为自由与必要、主观道德与客观道德、哲学与宗教以及市民社会与立法、司法、行政三分权力之间和解，或者说可能发生和解的空间。理性成就权力与社会，这就是政治事务所确定和担保的联系。"第二本质"国家代表了思维在

---

　　① 参见黑格尔《政治作品》，自由场出版社，1977年。

　　② 整个这一部分名为"系统学的形成"，参见埃里克·魏尔：《论文与讲演》，Ⅱ，普隆出版社，1970年，第83—103页。

世界上的最终完成，这个完成过程并不是没有牺牲和消极性的。然而一次又一次并不高明的调和最终使得它变得无懈可击。这就是完美，至少表面上看起来是这样。这种完美成为罗森茨维格独一无二的解读的依据，甚至可以说是其基础。

对于这一政治观点，黑格尔年轻时追寻它，年老时捍卫它。然而面对动荡的革命思潮，这位"已心生厌倦的哲学王国里的亚历山大大帝"[1]却表现得冷酷无情。这并不是对于权力的卑屈，而是一种难以捉摸的可能性，这或许才是本质原因。我们可以说，在罗森茨维格眼中，青年黑格尔的激情是三重的：对社团的怀念，对自由的向往和对理性的信心。与他在人生的其他年龄段中一样，那时的黑格尔梦想建立一种希腊式自由城市，尽管它难免会带有远古时期的某些缺陷[2]，然而人们在其中能够和城邦进行实体性交流。早在柏拉图的共和政体理论中，理性就已经被用来构建这种交流稳定的基础了。他作为一个个体生活在四分五裂的德国，与世隔绝，对于国家有一种欲望，这种欲望如此强烈，以至于看起来就像滋生于大自然本身、由万物的理性挑起的一样。之所以说法国大革命提供了一个重新找回消失的城邦的现代机遇，正是因为在政治领域，整个时代人们都在期盼自由，而大革命赋予了人们公共话语权和实施自由的方法。尽管与歌德相比，黑格尔不完全属于18世纪[3]，但他与歌德秉承了同样多的18世纪的科学激情，更保守地说是对于浩瀚无边的科学知识坚定的信念。"大多数"原则作为启蒙运动思想的准绳，加速了用知识征服世界和用经过推理的政治掌握知识的进程。理性是一种规则。作为一种规则，它就像太阳一样，能够照亮一切客观性，战胜其中黑暗晦涩的他者性，分解其复杂的结构。这样一来还缺什么呢？缺的是联系，是形成充满活力的全面统一体的要素。我们可以斗胆地说，黑格尔的痛苦在于分裂和分散。内部与外部、道德与感情、宗教与

---

① "……一颗陈旧、古老的心"，《论文与讲演》，II，第237页。

② 参见皮埃尔·维达—纳盖《黑色捕猎者——希腊世界社会形式与思想形式》，马斯佩罗出版社，1981年。（P.Vidal-Naquet，历史学家，现任法国社会科学高等研究院主任，著有《神话与悲剧》《面对以国家利益为名的理由》《古希腊人、历史学家、民主》及《法国军队的罪行：1954—1962年的阿尔及利亚》等书。——译者注）

③ 《论文与讲演》，II，第239—240页。

理性、个人与世界，种种分裂说到底都是一个被分析折腾得疲惫不堪的世纪的遗产。治愈这种过度分析的良药就是努力实现融合。政治的动荡推动迈向统一的进程。这一充满痛苦的截除和分裂的体制都曾无休无止地周而复始，连这其中唯一政治和神学的积累都呈现一种倒退状态，而从那以后，这种体制应该可以算寿终正寝了。埋葬它的工具唾手可得，一个世纪的"长篇大论"、四分五裂以及心智和集体自由取得的超乎常规的飞速进步为其做了充分的准备。《拉摩的侄子》这部无论从内容上还是从文学价值上都深得黑格尔赞赏的作品就是绝佳的证明。

罗森茨维格为何作出这样的选择？作为一个正在被同化的犹太人，他处在决定人生方向的十字路口上，焦躁不安，不知所措。因为那时的他正在对皈依基督教的问题进行深刻的思考。在他看来，皈依是势在必行的，但很有可能显得过于仓促①。然而作为一个德国犹太人，罗森茨维格偏偏对于一切文化遗产极其敏感，对于各种尚处于休眠状态的潜在可能性充满了好奇。他渴望按照有利于"德国生活"的方式来行动。而这种生活所承受的痛苦，也即罗森茨维格所感受到的痛苦，是对思想表达的扼杀，对各种交流形式的僵化，是一种被国家的**血缘**（vinculum）所禁锢、受到太多束缚的体制。它阻碍了隐藏力量的爆发。罗森茨维格作为一个既融入社会又处在社会边缘的犹太人，在双重过去的边境线上徘徊，有谁比他更能强烈地感受到公共生活的僵化？这种生活不仅造成社会瘫痪，而且对他个人来说也是极其危险的。因为如果他采取拒斥的态度，那么他将有可能第一个成为这种生活的牺牲者。因此，如果说从政治角度来看，黑格尔似乎是这种紧缩体制的鼻祖，然而事实上，他却要求从根源上来重新把握这一规划，这并不是为了摧毁它，而是要通过描述来把握其局限性所在。黑格尔有足够的力量进行高屋建瓴的思考，但过度的抽象掩盖了他这一壮举的辉煌。罗森茨维格认为，社会生活和文化生活似乎生来就抵抗着拥有绝对权力的理性国家赋予它们的枷锁。德国生活作为在文化空间和语言空间中展开的生活，无法不逾越权力界限。那些权力的奴仆和善于阿谀奉承的人大力宣扬

---

① 据N.格拉柴尔（N.Glatzer）称，罗森茨托克皈依之后，1913年犹太新年的一个晚上，罗森茨维格手托《新约》对他母亲说："妈妈，一切都在这里，这里就是真理，只有一条路，那就是耶稣。"

这种界限观，妄图使它深入人心。这样做不仅无法用政治力量和国家主义的伪光辉将德国生活发扬光大，还极有可能扑灭其光辉，至少有可能倒退回黑格尔出于减缩目的（pour raison de réduire）而赋予自己的分裂中去。简而言之，对于政治和普遍性，以及由国家参加的历史审判和需要每个人作出回答的终审判决之间的对等性问题，罗森茨维格开始了一项他将永不放弃的思考。

把握的关键

人们用两种目光来审视黑格尔国家体系的构建过程：一种是历史学家的目光，另一种是哲学家的目光。罗森茨维格明白，对于那些"把读报纸当作自己的日课经①"的人来说，经验论对他们有着极大的吸引力，因此，他对黑格尔阐释他那个时代政治事件和思潮的方式给予了高度关注。在某些人看来，这种关注甚至有些过分。没有人忽视黑格尔的政治文化，这里的黑格尔并不是一个研究政治制度和各种声明的历史学家，而是一个对它们根深蒂固的存在和深远的影响了如指掌的行家。对于这一观点，人们在罗森茨维格的书中能找到丰富的资料作为佐证。然而普鲁士的演变深深地触动了黑格尔，仅凭对于日报的阅读并不能够真正把握黑格尔所构建的国家体系的可理解性，而是需要兜一个大圈，上升到哲学层面才能真正理解它，因为黑格尔把国家放置在"法哲学的原则"中来建构。罗森茨维格对于整个这一构建过程的哲学性特点心领神会。是理性造就了现代国家。

对于罗森茨维格来说，黑格尔的理性最初既非构成主义的，也不是创世的理性。相反，它是统一性的操纵者，这并不是外部的**强迫驱动力**作用的结果，而是一种真实的巨大转变以及智力的、形而上的成果。罗森茨维格注意到，黑格尔在成就了青年时代的学术贡献之后，从在耶拿形成初步逻辑学说开始，就找到并清楚地阐释了调和的原则，准确地说这一原则就是理性。理性不仅仅是

---

① 有关黑格尔在耶拿发表的这句格言，参考约瑟夫·高凡这位富有经验的"黑格尔主义者"的研究，"根据黑格尔的《精神现象学》观点对以启蒙思想为指导的基督救赎进行批判"。《宗教科学研究》，68卷，第二期，1980年，第125—151页。

一种能力，它还是让一切都真实显现的灵媒。与其说它是对世界的思考，不如说它是展现在思维之中的世界，这个世界有所偏离，因为它来源于概念。与思维相对应，不论存在在形式上如何五彩纷呈，在表现上如何具有偶然性，它绝不是被放任自流的外在。自由原则建立在这种近似同源性的基础之上。根据这一近似同源性，任何事物都不能构成对思想自由的绝对束缚，因为现实来源于思想自由。黑格尔凭借其令人惊叹的巧妙心思，成功地构建了日趋严密的逻辑体系，并以此来解释在既共存于世界上又存在于思想内部的分离和统一。从那时起，任何事物都无法逃离概念的控制，这是知识所具有的暗藏着的、不易被察觉的深厚力量。对于康德来说，才智—意愿（intelligence–volonté）的二重性绝境显得如此重要，而黑格尔却采取了与之决裂的态度。意愿与情感一样，都是概念发生功效的方式。因此，行动是可以理解的。法律与政治都是其首要表现形式。这就是法哲学成为可能的原因。它在这个四分五裂的时代横空出世，它是，更合理地说，也只能是一种国家哲学。这里的国家是一个确定的实体，其中的个人和集体不仅能够共处（至少是勉强的），还能够行动，自由地行动，因此也能够合乎道德地生活[①]。

罗森茨维格很早就发现了黑格尔的理性所具有的集结功能。在简短地介绍完黑格尔在图宾根的一些著述之后，他写下了这样一段话：

> "理性！启蒙思想、康德和卢梭的表述都自圆其说，而他们学说的圆圈在这里环环相扣，难舍难分。国家文化和民族思维的程度总是取决于普遍理性所能达到的高度。正因为如此，宗教才找到了属于自己的位置。如果我们把它与民族宗教区别开来，那么与政治关系相比，宗教可以称作理性之根与生活之花之间互通有无的主要媒介。就宗教本身而言，它的内容被理性限定，它那具有历史偶然性的本质仅被理解为理性中的一个符号，是掩藏于康德纯道德的理性宗教之后的一种隐退。然而这种膜拜理性的纯洁宗教所产生的功效显然是即时性的——这是全新的观点——这些功效本身便是一种

---

① 参见埃里克·魏尔（Eric Weil）《黑格尔的道德》，《论文与讲演》，普隆出版社，第一册，1970年，第142—159页。

有别于并超越于康德纯理性和纯道德的东西：这是一种共同的国家生活。在这里，各种必须编织成的青铜链紧束住个人生活的玫瑰床，以至于他在这些联系中自得其乐，就像他在自己的作品和自己身体的一部分中能够得到快乐一样。[①] 在作品的最后，作者又回到了卢梭——这个"老对头，最危险的人 [②]"的国家理论上来。罗森茨维格用一句话概括了他们彼此间的所有不同："是理性让他变得至高无上，不，对卢梭来说，是他的至高无上让他变得理性。[③]"国家成为一个仲裁者（médiateur），因为它是理性成功而具体的象征。

罗森茨维格很可能是透过一种十分具体的政治哲学理论，通过黑格尔理性的实际行动准确地抓住了其本质，从而最终对其说不。当然，这不是因为他本身缺乏严密的逻辑，甚至也不是因为这种理性本质上强行要求个人作出牺牲（这也是黑格尔所否认的），他这样做是为了追寻这种理性的本质，并控制其运行——正是调停的思想提出了这样一些短语：辩证逻辑，成为逻辑、被减缩为逻辑的辩证法。它真能够介入到处于矛盾中的元素中来，换句话说介入到现实中来吗？它最终会是公正的吗？理性使人们对物性、他者性和逆境理解得如此通透，以至于它像一刹那间刺眼的强光一样穿射世界，给人以世界末日到来之感。还有类似的力量销蚀着理性。1800 年是罗森茨维格哲学历史上一个不同寻常的年份，因为当时的他经过对千年的思想传统的研究变得灵活起来，能够与世界如此分毫不差地相适应，以至于它制造出双重的世界，并取代它，毫不容情地给它套上自己的公式。它承认并厘清了一个先决条件，一切都是存在的、给定的、在场的。摆脱了所有自身困境的思维能够思考自己在生命体中的根基，并大胆地把它表述出来，它能够完全适应现实的多样性。之所以能够这样，是因为它发现了自己和现实间的一致性。

[①] 《论文与讲演》，I，第25页。

[②] 同上书，II，第189页。

[③] 同上书，II，第243页。

辩证法的基本单位

罗森茨维格对黑格尔的阐释别出心裁，他指出了基督教对于辩证法巨大力量所产生的不容置疑的影响。对于这一点，一部分人不了解，另一部分人则是不敢承认，而罗森茨维格总是对宗教问题忧心忡忡，并自始至终对于他就要加入的基督教持疑问态度，这使得他能够准确地发现在黑格尔体系中回响着的一切基督教的共鸣，尤其是辩证法力量的最终基础所在。圣子的教义显现于人世，即成为化身。如果说是上帝降临世界，那又有哪一种人间的思想会因较为激进而让人感到恐惧？如果说降生在黑格尔身上的基督启示只是一个历史事件，那么它始终是外在的；只有当它深入到所有人的心目中，深入到让人们之所以成其为人的思维中时，启示才具有完全的意义。黑格尔这样做会不会表现出一种对上帝特殊的无知？他会不会忘记神性"晦涩的深度"，也即谢林后来重新提到的"伯麦的**伟大的神秘**"？这难道不是使上帝的活动变质为以基督为突出代表的人的活动，同时也将其变为一种思维的活动吗？然而这就是黑格尔的终极意义：历史的支柱也是思维的支柱。降临在基督身上的神启只有同时在思维中产生，并一直挖掘到思维产生的源头，才能显现它真实的深度。把它始终视作一种外在就等于没有意识到它的赐予所具有的重要性。即使说黑格尔对启示的占有看起来似乎是幻觉的世俗化，然而对他来说，接受深不可测的上帝在人世显现这样的观点，不仅不会削减上帝神性的无限性，而且正是通过这种不同寻常的现象将这种无限性展现出来。上帝神性的无限性，赋予人与世界的真实性一种难以察觉的悲剧的同时，也赋予了解放的深度。由此，黑格尔将新教的内在性推向了极致。如果相信"教义"一词所指的对象对于一个群体来说始终是不可亵渎、不容争辩的，那么可以说它其实只是一种表达。只有当它深入到每个人的思想深处时，它所表达的内容才会起作用。就思想层面而言，基督启示赋予人们的这种深不可测的能力是由辩证法来造就的。

罗森茨维格在对《法哲学原理》一书精当深刻的序言作评价时，毫不含糊地指出黑格尔思想趋势中基督教的基本因素。现实与理智的循环反复性使得上帝的降生被极端地普遍化。建立一个现代理性国家的必要性仅仅反映了在建立这样的国家条件趋于成熟时，人们希望在人间建立一个上帝的民族的企图。"这种必要性对于《圣经》来说是根本不陌生的，因为它完成了完全源自实现这一理想的绝对必需。"宗教的真理不仅要靠沉思来领悟，还要靠行动来获得。著名的示播列律法对于黑格尔来说是公共律法，那些空想派人士和因循守旧分子企图要么取缔它，要么使之趋于缓和。然而黑格尔认为，这种律法说到底只不过是实现"理想王国"这一基督教需求的世俗化和理性化的表现，是完全内在于宗教思想的。在罗森茨维格看来，《法哲学原理》这座奇谲的巨峰结束了黑格尔漫长的宗教旅程。"撑起黑格尔整个体系的柱子之间是彼此支撑的，个体的与全部的绝对性特征之间也是相辅相成的。"①从黑格尔青年时期起就一直纠缠着他的宗教忧虑，在可能完成政治事业的幻想中逐渐趋于平息。

对于罗森茨维格来说，这之后黑格尔思想的演变证实了宗教观在幕后产生的吸引作用。它不仅没有被削弱，反而得到了加强。激进的反天主教思想，对新教的一贯赞扬（"没有不经过改革的革命"）、对宗教必要地位的认同，这一切都是这种现象真实的标记，而且常常与政治联系在一起。国家的信念对于黑格尔来说是最重要的，应当向所有公民灌输这一观点，而国家自身也要努力使这一信念在国家各级机构中尤其在国家公职人员身上保持旺盛的生命力。这种国家信念只有以宗教真理深入人心为依托，才可能真正地操控人们的意识行为。当然，国家应当注意对贪婪的宗教进行控制，因为其本质是一种象征，具有不恰当的自给自足性。然而如果国家试图取消它，那只会为国家自身招致损失。

黑格尔: 基督教的诱惑之一?

不论我们从哪个侧面入手来审视黑格尔体系，似乎都会发现它是无懈可击的。如果说它存在缺陷的话，那或许就是罗森茨维格所说的功能向理念的偏移。当然成就是有的，但这是属于言语的成就，或者换句话说，是言语这片

---

① 《论文与讲演》，Ⅱ，第188页。

纯空间造就了这一成就。然而自相矛盾的是，这种言语从某种程度上来说是脱离躯体的言语。理念来源于躯体和世界，而在重新回到人类理念（Logos）的过程中，它或许忘了黑格尔体系中躯体的厚度、引力和现实性。从某种意义上来说，黑格尔的理念赋予自己原初的力量，然而这种力量的结果却在于销毁世界；它不再具有不可磨灭的个性化、多样化和播撒的效果。把言语简化为哲学，把哲学简化为最完整的逻辑，再把逻辑简化为一种同一性永无止境的延伸，而不论这种同一性的各个层面是多么异彩纷呈，从某种程度上来说它销匿了各种各样的声音。所有这些构成了罗森茨维格批判的基本点。逻辑唱的是独角戏；从哲学体系中升华出来的逻辑就像没有支撑点的概念发出的连续不断的嗡嗡耳语。哲学家是大家，也是个人。他的名字并不重要。他只是一种没有身体、没有出处和超越时间的思想的传声筒。罗森茨维格只是奇怪，被重新找回的上帝的话语竟是用超越一切声音的声音来宣示的。总之，黑格尔的言语似乎从一切物质的记载中解放出来。它或许可以被称作世界的对等符号①。它并不说话。它是紧紧束缚着世界却又把它给遗忘了的公式。"理念是理性/事物和话语的本质/事物和传说/种类"，这就是黑格尔思想体系令人赞叹不已的流畅性。罗森茨维格也试着构建一个与之相对立体系，但这个体系中有着相互抗衡的坚固的极点，以统一为底线，整个结构由上帝来划分，他摘去了面纱，艰难地走出了沉默，永久性地赋予了人们一个有待建设的世界。启示是一个开端，它不断重新开始，一种突现于存在中的话语是它滋生的土壤。这一存在被打上了特殊性的印记，这种特殊性被完全隐藏在世界的外表下，而这其中的奇迹正在于它竟然没有被最终囚禁。经过对黑格尔的研究之后，罗森茨维格在康德身上看到了最伟大的哲学家的影子，而这仅仅是因为康德曾承认自由就像"现象中间的奇迹"。罗森茨维格把这种观点的结果推向终点。从此，在黑格尔之后，哲学的形式就是哲学家②，这样说并不是为了排斥哲学体系，而是为了使整个体系相对化。

---

① 参考德里达《井与金字塔——黑格尔符号学入门》，《哲学边缘》，子夜出版社，1972年，第79—129页。

② 《哲学家即哲学的形式》（Der Philosoph ist die Form der Philosophie），1917年12月1日的信。

黑格尔将他的政治逻辑从一切妨碍透明度的特殊化糙石中提炼出来，纯化为符号，并用一种对等性逻辑来梳理它，在这种对等性逻辑中，思想被证实存在于一切事物中。黑格尔的政治逻辑成为历史思想的话语表达，这其中残留着历史泛神论化这一浪漫主义诱惑的踪迹。罗森茨维格否认的并不是国家，而是这一形式的国家。因为对于他来说，这种形式有着至高无上性，高得像是窃取来的。一旦它切实奏效，就很容易变成一种除了作出断言别无他求的权力。除了拒绝这种专制的威胁之外，罗森茨维格也以至少与前一种拒绝旗鼓相当的坚决态度拒绝把同样具有威力的司法权授予政治命令，拒绝让国家为个人建构获得最完整和最具体的自由的空间，从而拒绝将个人的命运、前途和灵魂与处于跌宕起伏的历史背景中的国家命运相联系。尽管黑格尔反对浪漫主义，对历史的泛神论化的系统阐释十分有节制，但他最终还是向这一泛神论化屈服了。逻辑理性乃至政治的现实化标志着希腊哲学这种一如既往的哲学对黑格尔的浸润的圆满完成。从那时起，正是这种没有余地的内在性使得这位最后的哲学家成为异教的原型、异教终结的原型以及泛神论的指示者，这一指示者的身份也即后来在《救赎之星》中说到的基督教的诱惑。然而黑格尔体系中的这种"缺陷"对于罗森茨维格来说绝不是毫无意义的。恰恰相反，它揭示出在黑格尔局限的政治意义之上的一种普遍意义。

《黑格尔与国家》与一种预言

卢卡奇在探讨新黑格尔主义问题时，在一个对传统观念颇具颠覆性的章节中写道："就这样，罗森茨维格既赞扬了黑格尔体系，或者更确切地说，赞扬了他体系中的反动内容，又彻底地反对了他的辩证方法，他认为这样会给19世纪德国的资本主义演变注入意识形态的内容。这里的黑格尔就像梅内克一样，成为俾斯麦的先驱和同谋[①]。"罗森茨维格注意到黑格尔对浮现出来的强有力的政治形式的研究，以及这其中并不清白的辩证法游戏，因为这里的辩证

---

① 卢卡奇：《理性的摧毁》，Ⅱ，拱门（1'Arche）出版社，1959年，第150页。

法不再是一种简单的辩证法，它先验地成为概念对于人们思想进行最初统治的工具。然而上述评价是否真能够肯定罗森茨维格对于黑格尔思想的分拣？埃里克·魏尔的观点与卢卡奇明显相左。在与罗森茨维格作品同名的文章《黑格尔与国家》中，他对罗森茨维格的阐释主线进行了质疑。[1]对于理性本体论近乎贪婪的特性，魏尔表现得不像罗森茨维格那么敏感，在文章中他经常提及的是黑格尔方案表现出的智慧。[2]尽管这种方案存在着一定的缺陷，但他看到的更多是黑格尔对于现实以及人类建立理性秩序可能性的思考，而这种思考是抵制暴力最坚固的城墙。"现实是一个明智的整体，通过人类来展现其明智性。"[3]哲学并未占有事物的秘密。

以今天的眼光来重读《黑格尔与国家》，显然这本书已显得有些过时。然而它颇具史料价值，以一种开放与批判性的研究方法提供了历史证据，不仅如此，它还为罗森茨维格开启了真正的哲学之路。是黑格尔思想的顽念困扰着罗森茨维格吗？或许不是，但可以肯定的是，通过与黑格尔的接触，罗森茨维格以脱钩的方式来学习写作。《新思维》《原细胞》《书信集》和《救赎之星》等作品明显表明，回归犹太教是一种劳动，而不是在一个现成的地方定居下来。这不是对于上帝降生的拒绝，而是向圣父神性靠拢的探索式前进；不是一个自给自足的个体对于普遍的拒绝，而是为了达到普遍性而进行的升华。这种普遍性是所有一切在未来的一个汇合点，而这种超越时间的未来在话语中被提前了。格劳克纳认为，罗森茨维格用来阐释黑格尔的方法太过历史化，不够系统，不是真正的黑格尔。罗森茨维格则在1928年10月27日致母亲的一封信中对此做出回应："今天的人们已经不再能够理解，人们的理解仅限于1910年时，利益对于黑格尔来说是危险的。"就这样，哲思的自我在《黑格尔与国家》中诞生。作为罗森茨维格众多匠心独运的作品的开山之作，这第一部作品已经反映出他活跃的救世思想，然而或许他自己不知道，这种思想来源于一种存在，"其存在本身就是一种纯粹的奇迹"。

---

① "……极有深度的一本著作，作者在书中对所有特点都进行了深入探讨，但就整体而言，仍然存在部分缺陷。"《黑格尔与国家》，福兰出版社，1970年，第8页。

② 如《辩证与政治思维》，《论文与讲演》，I，注11，第232—267页，尤其是第254—255页。

③ 埃里克·魏尔：《论现实》，《论文与讲演》，I，第318页。

法兰克福学派

法兰克福学派

"真理是具体的。"理性与自然: 对法兰克福学派几篇文章的注解

> "在支撑布莱希特办公室天花板的一根木柱上刻着这样一句话: '真理是具体的。'窗沿上放着一只能够点头的小木驴,布莱希特在它脖子上挂了一张小告示牌,上面写着: '我也有必要理解这句话。'"
>
> 瓦尔特·本雅明《论贝尔罗·布莱希特》

法兰克福学派诞生于1923年,当时卡尔·格林贝格在法兰克福大学创建了社会研究院。它最初的构成人员和后来逐渐加入其中的人员均来自自由阶层,他们对于科尔施(Korsch)(《马克思主义与哲学》,1820)和卢卡奇(《历史与阶层意识》,1923)作品中的马克思主义有着共同的兴趣,这一兴趣又与其他的哲学思考和当时德国的具体国情联系起来。他们之中最有名的人当时已经做过或者正在做哲学论文: 霍克海默尔(1895—1973,康德),Th.W.阿多诺(1903—1969,胡塞尔),罗文达尔(F. Loewendhal)(1900,巴德尔),马尔库塞(1898—1979,黑格尔),波洛克(1894,马克思思想体系中的货币理论)。这个团体十分团结,但研究院的界限似乎比较模糊;许多从严格意义上来说不属于这个团体的人(E.布洛克,瓦尔特·本雅明)也依赖这个团体并对其产生影响。1931年,霍克海默尔出任院长并主编社会研究杂志。1933年研究院迁离德国;它在英国和法国得到支持,一部分机构被安置在日内瓦,接着又迁往巴黎。在那里,社刊一直印刷到1940年。战争爆发时,整个机构都迁往美国。1949年迁回德国。法兰克福学派的学者们在德国的知识生活中自始至终都占有

重要的地位，他们积极地参与文化生活和政治辩论，也受到过猛烈的攻击。[①]

法兰克福学派的统治地位曾经受到质疑。在很久以后的今天，它被绵延不断地引入到法兰西文化中来，但它像是远距离的事物，四处都被拆得支离破碎，各种文章片段被还原到它们最原始或许也是最重要的特性中来，一切都因为他们的特殊签名而变得沉重起来。学派的名字本身就多有不当之处[②]。随着学派创建者的相继去世，其构成人员部分流散或分离。如果说继承者们的工作仍然受到最初动力的鼓舞（他们中最出名的人哈贝马斯尤其如此），那么他们的工作更明显地集中在某几个固定的领域。他们在精确性和实践的开放性上胜过前人，从而弥补了审视问题的角度、激进性和所关心问题上的不足。哈贝马斯在优美的文集《纪念阿多诺》中向他的导师们告别，他的尊重之情清晰可辨："在这一阶段中，阿多诺的帮助是必不可少的。他的去世使得他的帮助也离我们远去了。对于我们来说，没有任何东西能够代替这种帮助。"[③]

法兰克福学派思想随着1925年到1970年的历史进程而发展。因此，这里涉及的是过去，确实，是邻近的过去；但希特勒和斯大林的统治把这种思想僵固在这样的历史背景下，以至于并没有被这种世界末日的惨景冲昏头脑的我们花同样的气力再也看不到它所照亮的东西。这一时期的作品对于我们来说显得过于刺眼，过于绝对，被这一限制本身所限制。当我们远离了这段历史时，我们便开始怀疑它的启示力量。

此外，法兰克福学派思想中的许多观点为科学界的专家所质疑。对于许多人来说，这一思想很可能只是不断进步的知识绘制的引人注目，规模宏大但又毫无条理的草样。因此，念念不忘黑格尔思想的读者们带有偏见，他们

---

① 有关法兰克福学派的历史，有一部极好的英语作品可以参考：马丁·杰（Martin Jay）的《辩证想象——法兰克福学派与社会研究院历史，1923—1950》，波士顿，多伦多，Little, Brown and Company，1973。法语作品中，可参考皮埃尔·V.兹玛（Pierre V.Zima）的《法兰克福学派》（本雅明，阿多诺，霍克海默尔，马尔库塞……），1974年。该学派作品极富价值，并呈现出多样性（马丁·杰，第355—364页）。除杂志和集体作品之外，学派成员有大量的个人作品出版。法兰克福学派的文学创作也不容忽视。

② 欧仁·弗莱希曼（E.Fleischmann），《辩证社会学的终结——论法兰克福学派》，《哲学档案》，第14卷，1973年，第二期，第159—184页（这是一篇极具批判性的概括文章）。

③ 哈贝马斯，《政治与哲学轮廓》，第256页。

对这些观点发起批评，这种逻辑的缺乏也部分地解释了一系列事情的原因：最终的僵局，尖刻的批评与顺从的批评的结合，以及批评态度本身所蕴含的无能为力。批评无法把握精神在历史中的运动，因此陷入了否定辩证法的悲惨之中。①正统的马克思主义者有理由坚持谨慎克制。因为如果对于法兰克福学派来说，对马克思的借鉴是具有决定意义的，那么可以说正统的马克思主义者们从没有认清生产方式的最终法则。相反，他们排除了其他的可能性，对此作出定论，从而揭示了明智的理性所具有的一种盲目的形式。类似的偏移可以被理所当然地看成是个人主义最后的惊跳，是知识分子对于怀疑论式屈从的反叛，这是一种悲伤的，又是不断重复的反叛。这些知识分子不停地重新开始革命的乌托邦之旅。最终，对于那些人文科学的实践者来说，太多的抽象推理阻碍了他们方法的发展，好像让它的内部中了魔法，使得靠近事实这种积极的方法成为不可能。②因此，这里存在着我们不想填补，也不想解释的距离。但在对所有这些障碍保持清醒头脑的基础上，难道我们不能以特殊喜好的名义，用十分简明的方式提及理性—自然的关系问题吗？这一问题在法兰克福学派中一直顽固地存在，并被逐渐澄清。在这里，我们把讨论范围集中在战后紧接着的几年中出现的一些文本和重要人物身上。他们的思想丰富而具有可辨性，产生了独一无二，但被大幅度弱化和变形的回音。③

---

① 参考欧仁·弗莱希曼：《辩证社会学的终结——论法兰克福学派》，以及G.罗赫莫塞尔（G.Rohr-moser）的《批判理论的贫困》（Das Elend der kritischen Theorie）（阿多诺，马尔库塞，哈贝马斯），弗赖堡：罗姆巴赫出版社，1970年，第108页。

② 有关这一辩论，欧仁·弗莱希曼（E.Fleischmann）：《辩证社会学的终结——论法兰克福学派》，第177页；W.欧什那（W.Euchner）：《德国社会学方法论的矛盾》，《哲学档案》，1970年4月—6月刊，第177—221页。

③ 霍克海默尔、阿多诺：《启蒙辩证法：哲学断片》（La Dialectique de la Raison. Fragments philosophiques），由埃利亚诺·考夫奥兹译成法文，伽利玛出版社，1947年第一版。霍克海默尔：《理性的天食》（L'Eclipse de la Raison, 1947），帕约出版社，1974年；这部书中有一篇写于1942年的文章，《理性与自我保存》。霍克海默尔：《传统理论与批评理论》，由Cl.马加尔和S.缪勒译成法文，伽利玛出版社，1974年，第312页。我们同时还要参考其他作者的作品，在这里暂不赘述。对每一个基本概念的解释都需要引用大量的资料，这里显然无法做到，因此采取保守的做法或许更为恰当。

理性，历史，自然

　　人类有奴役自然的意愿，但他们是否选择了正确的道路？他们带来的是
竞争和分裂，而不是自由。

　　这些文本向我们揭示了，或者更确切地说让我们理解了这样一个事实：在
历史的某个角落里，人类与外部的关系恶劣。它们越来越肯定地坚持这一观
点，并对其给予越来越深透的关注。人类与自然原始的和具有构成作用的二元
性转向分裂。时间只起到加深这种可怕的偏离的作用，以至于今天这种偏移极
大地摧毁了存在，使得被对抗关系所连接的个人与社会陷入了没有出路的矛盾
中。他们仍然在延续着这种矛盾。似乎可以说这种遥远的遗产会随着我们自己
的劳动不断地增加。一种竞争关系被彻底地强行植入内部与外部，主体与客
体，个人与社会，特殊与普遍，理性与自然之中，似乎竞争超越了一切分析和转
换，已经成为一种法则。

　　个人—社会关系以最直接，而又十分清晰明了的方式向人们展示了这一矛
盾。在事物力量的作用下，如今的个人发现自我存在的各种可能性一个接一个
地变得十分渺茫。个人在自己的巢穴中受到追捕，并从自己的藏身处被驱赶出
来。他所能保留的只是作为个体产生价值的空想。在社会总体性中产生的普遍
性一点一点地侵入言语活动，感性，关系特征和家庭空间。在大众中间要像一
个数。对特殊性的回忆仍然保留着。面对总体性的单方面权威，人们会产生隐
约的"不公平"①感，这时便会生发对特殊性的回忆。因为对于个人来说，经济
基础与上层建筑连为一体的社会并不是具有绝对的和具体而微的必要性的一
极。它被解析为一种过分的和盲目的力量。它的排他主义又衍生出另一种排他
主义意愿，固执地坚持以自我为唯一的中心。因此，问题的解决方案不可能存
在于对这条或那条原则独一无二的肯定中。如今的政治暴力所明确揭示的正是
对个人和社会同样具有毁灭性后果的排他主义。

---

　　① "然而就像作为个体的我从未完全消失一样，理性——即使在自由时代之后——也总是与社会约
束息息相关。"（《启蒙辩证法：哲学断片》，第30页）

但占统治地位的不仅限于社会。在这种二元性发挥作用的各个层面我们都能找到这种奴役。就像单纯地信赖主观性，向大众的压力屈服和赞扬拯救的本能一样，僵固于自我的牢笼中，唯我论，在与社会对立的主观性中得到隐约的快乐以及对与自然对立的理性的某种应用也都是徒劳无益的。那么如何解释奴役的这种普及？其源头在何处？什么是最初的暴力？社会历史比社会本身更能让我们看清这一切。已经实现的理性在奴役的普及中完成，以一种特殊的悖论结束：它没有实现承诺的自由和解放，最终成为一种奴役。

只有艺术作品能够保持另外一种风格。瓦尔特·本雅明写的一篇研究普鲁斯特的文章表明了理性的另外一种用途①。本雅明或许不明确地属于法兰克福学派，但他作为阿多诺1923年以后结交的朋友，尽管与之存在许多永远都没有得到澄清的争论，但经历了流浪的和极富创造性的孤独的他对这个团体产生了不容置疑的影响②。对他来说，普鲁斯特作品的结构，统一和说服力首先并不是来源于他的努力，苦行和克己；一种非和非唯意志论的手势引领着他。无意识的回忆经历了老化的考验，在被抛弃和孤独的绝境中以外一种方式存在，并构建了自我表述的作品。一种言语活动的模式由此而生，它的形式在意象中给人留下最深刻的印象。什么是意象？它不是一个概念，也不是一种模糊的描写，而是一种言语活动，它能够辨认并表达出每个存在物和他的世界之间总是独具特色的共生。意象使得一个客体，一个事件，一幅风景成为各种永恒闪光的相似之处交集的十字路口，在这里，没有，绝对没有任何东西被排除在我们可怜而平庸的存在之外，还是在这里，在时间中，人类能够接近一种达到永恒的陶醉状态。偏离，孤独，劳作，整个被动性体制对于达到人类和世界之间更ombreuse和更肉体化的关系来说都是必要的。但技术和苦行都不能够作为最终定论。尽管正如普鲁斯特的情况，条件是如此艰苦，但艺术作品还是能够

---

　　① 瓦尔特·本雅明：《普鲁斯特的肖像》，《神话与暴力》，德诺埃尔出版社，1971年，第330页（第314—330页）。米萨克发表过两篇论本雅明的精辟文章：《爆发与秘密——瓦尔特·本雅明》，《批评》，8月—9月刊，1966年，第691—711页；以及《有关瓦尔特·本雅明的新观点》，《批评》，8月—9月刊，1969年，第681—699页。这一期的《批评》杂志还有两篇极富价值的论本雅明的文章。

　　② "瓦尔特·本雅明……对阿多诺产生了最深远的影响"，哈贝马斯：《政治与哲学轮廓》，第231页。阿多诺在苏尔坎普出版社出版的一本回忆录和研究论文集子中重述了他与本雅明相遇时的惊喜。

超越人类和外部世界之间或咄咄逼人，或默默忍受的竞争性。如今，东西方一样，面对为了提防艺术而树起的种种防护墙，艺术以多么坚决的态度与那些建立社会的法则相对抗。

似乎这就是《启蒙辩证法：哲学断片》以简练的方式呈现出的被图式化了的一系列问题。他们与各种重大事件紧密相连，花费很长时间使自己具体化。或许只有纳粹的过分行径才能够将这种奴役的普遍性及其根源彻底暴露出来。奥斯威辛集中营实际上揭示了我们时代的本质。这一厄运给理性的历史以致命的一击。

　　一　　一种理论的必要性通过对人类历险发生范围的各种整体性顾虑的拒绝而重生。

我们提及的整个理论并不是为了提出理论而提出来的，也不是一蹴而就的。经年累月的各种作品逐渐地将它厘清，而它们并不是把这种理论表达出来，而是从其重新开始之处着手对其进行探讨，并做出种种推测。理论成为一种必要，但这个过程是缓慢的，它伴随着一种反思的步伐发展，在此期间逐步积累各种观察和假设。它就像一种原则，然而是一条还没有得到清晰表达的原则。人们一旦觉察到这种理论的存在，便会发现它涵盖了现今生活和过去，先前的理论和文明等如此丰富的内容，以至于不仅很难精确地把握其内涵，而且由于它面对的整个未来是无声的而且似乎是被禁止的，因此更加剧了它的晦涩性，就像一个挥之不去的幻影。

一种近乎惹人恼怒的复杂性由此产生。法兰克福学派成员们的思想在细枝末节方面是灵活而明确的，其中充满了各种易于辨认的概念。有时它的精妙和有力的讽刺让人感到愉悦，但这种思想似乎忽然间被玄奥晦涩的特征所拖累。涉猎广泛的参考和暴力般的概括综合使得那些本来看上去一下子就能明释含义的事物变成了一些模棱两可的迹象。《启蒙辩证法：哲学断片》中的文章就是在逻辑控制下既肯定且精彩的抽象的象征。阿多诺的"哲学遗言"《否定的辩证法》是一座真正的迷宫。它要求人们赋予它一种迂回的关注，不断地重返自身，从头再来，对于这种话语，人们最终记得的就是一种可以无限分解但又独一无二的棱镜中的形象。只有一样事物是到处表露的。每篇文章都是一致的；没有一篇文章是真正意义上的证明；任何一篇文章都无法表达它想要说明的全。它想要表达的是全以外的事物："全即非真。"①人们试图操纵理性，把对具有总体化功能的理性的解构和这种理性的言语活动联系起来，这一勃勃的野心令人瞠目结舌。为了到达最深处令人眩晕的极点，必然会经过迷宫和巧妙的丧失之路。而此时我们却看到了某些正确之路的欺骗性。

然而建立精确理论的意愿一直是法兰克福学派思想的中心。对启蒙运动的批评中不乏对18世纪以及批评思想最平和与最好斗的表现形式的尊敬。不论康德离我们有多远，他始终是一群半个智者中的智者。尽管他的思想颇具复杂性，但他的表达显然顾及清晰性和普及性。这正是对理性的赞颂，尽管这种理性的形式有待改进。它能够起解放的作用；它是自我处境中的一个关键时刻。即使说理性主义最终悲剧性的绝境使得重返被抛弃的主观性成为一种必需，但这种主观性也无法成为一种原始的自发性。在战前的德国，同样的决定就完全没有取得预期结果。②做出这样的决定就是逆流而行。1929年达沃斯（Davos）大会上，海德格尔宣称要重新做回一个更原始的思想者，他拒绝与18世纪的最后一位使者卡西尔（Cassirer）握手③。法兰克福的学者们仍然想让理性说话，但他们十分怀疑，如果理性还要说话，那他们要把握的既不是新康德式的也不是胡塞尔式的理性，而是它在历史的现实和社会的当下中的最新形象。他们在象牙塔中共同努力去澄清理性，但他们的方式却与在这些正式的地方纪念知识的方式有所不同④。毫无疑问，这种集体的和处于临界状态的工作部分解释了众多文章论战的、饱和的特征；它们在集体讨论而不是孤独的冥想中喷薄而出；一种丰富的并伺机而动的思想重新产生；一股含蓄的意指之流穿越其间，有时在

————————

① 阿多诺，"整体是虚假的"，《最低限度的道德——源于对受损生活的反思》（德文版），法兰克福：苏尔坎普出版社，1973年，第57页；法文版，帕约出版社，1980年，第47页。

② 参考卢卡奇《理性的摧毁》，卷2，拱门出版社，1958年。

③ 哈贝马斯：《政治与哲学轮廓》，第71页。《哲学档案》中刊登了有关这场争论的文章。《恩斯特·卡西尔—海德格尔——有关康德主义与哲学的争论及其他文章》，哲学档案书库，新系列，博彻斯特出版社，1972年。

④ 哈贝马斯说阿多诺是"在公务员中间迷失了方向的作家"（《政治与哲学轮廓》，第232页）。

文本表面只有一丝影射的痕迹存在。

伴随这种理性选择的还有另一种必要性。法兰克福学派的大部分成员是来自自由阶层的犹太人。他们中大多数人绝非犹太教教规的实践者，但没有一个人忽视了自己起源的特殊性。在《政治与哲学轮廓》一书中，哈贝马斯仅用了几页纸，便敏锐地将这一特征的全部意义都揭示了出来。①首先，他提醒人们注意德国哲学与犹太思想之间种种紧密的联系。在这一点上，他与众多完全否认犹太人在德国文化中起创造性作用的人是截然对立的；接着，他唤起人们对这些知识分子奇特命运的关注，他们都是这一知识的新手，被它所承诺的希望引领着。理性从两个角度开启了自由之路。它既赋予人们理论武器，来批判被认为太过狭窄的隔都的空间，又通过被分享的普遍性来解释外来人的在场。事实上，只有知识分子才会被成功地同化，而他们付出的代价总是高昂的。德国的理性主义和古典主义的吸引力最终在于这样一种观点的存在：这条精神之路代表了"生活在这里"和"摆脱同化之苦"②的唯一途径。歌德极为透彻地揭示了个别与全之间实现良好结合的先例。犹太人对理性的分析传统所造就的外部世界充满了好奇，现代理性给他们提供了一片广阔的操练空间和一种少受羞辱的存在前景。犹太人那种"缺少与文化明证性之间亲密关系"③的崭新目光将会表现得十分尖锐，他们作为新来者的地位使他们几乎自然而然地成了社会学家④。外部世界所有没被认清的遗产或许都被改头换面，分给这些还没有被提及的形象，直到当时，我们仍然把它称为理性观念。霍克海默尔、阿多诺、本雅明、马尔库塞和布洛克也赞同科学的理想，认为它是自由和光明的象征。但对于他们来说，具体的普遍和社会始终是一个不定性区域，其中没有任何能得到担保的赌注，因此对理性观点重新进行分析是必要的。然而不论如何，尽管经历了1933年的流散和战争，直到最后，他们一直都拒绝将犹太问题从人类总体命运中孤立出来，这是十分令人吃惊的。就这样，他们坚守最初的决定，至少没有忘记他们的根源，没

---

① 《德国的唯心主义与犹太思想家》，《政治与哲学轮廓》，第51—89页。这篇文章作于1961年。

② 《政治与哲学轮廓》，第70页。

③ 同上书，第61页。

④ 同上书，第77页。

有流露出它的反映，但也没有找到解决开明的德国犹太人问题的出路①。

"批评理论"

> 自知被定位的话语具有批判的警惕性，理论借助这样的警惕性应当对
> 社会变革产生影响。

霍克海默尔于1937年出版的一篇文章体现了战前人们所理解的批评理论的精华②。几页华美而细腻的文字把理论问题从各个学派的围墙中转移到包含理论的整体——社会中来。国家社会主义大肆宣传个人与人民之间的直接一致性，一种因循守旧的观点在思维中看到一种自治活动，在科学中看到了独立职业的虚伪。面对这样的国家社会主义和陈旧的观念，霍克海默尔用马克思主义思想灵活而理性的确定性与之相对立，至少这是他所阐释的马克思主义③。这种分析后来会有所改变，但它胎萌了促成该学派独创性的各种因素。在这里，我们来简要地回顾一下这一分析。

一方面，霍克海默尔很快建立起这样一种必要性，它使得如今所有的认知理论都变成为社会理论。所有理论自身都携带着一个社会地点的标记。使人们在超越存在的条件下认清事物本质的固有的和纯洁的精神生活是不存在的。"然而……社会生活是不同生产部门构成的整体所提供的劳动的结果，即使说在资本主义世界中劳动分工运作的情况很糟，我们还是不能据此认为这些部门是自治的，独立的。它们是一些特有形式，是社会与自然所维持的动态关系和社会为了按原样永久地存在所做出的努力。工农业生产结构或命令与执行功能的二分法都不是建立在自然基础上永恒不变的组合；更确切地说，它们来自存

---

① 总的来说，对犹太世界的参照是比较隐秘的。《启蒙辩证法：哲学断片》中对反犹主义有大篇幅的论述（第177—217页）。对于理性的这一空想，尤其是就犹太教本身而言，参考肖勒姆《犹太弥赛亚主义》，贝尔纳·杜比译，加尔曼–勒维出版社，"散居"系列丛书，1974年（第五章）。

② 《传统理论与批评理论》。

③ "希特勒掌权之后，许多人希望能够进行一次革命。然而这种希望很可能是空想，是梦幻。但它从1933年起便左右了我的工作。我接受了马克思主义的方法，马克思主义认为，只有革命才能实现一个更美好的社会。"（霍克海默尔，1970年，转引自皮埃尔·V.兹玛（Pierre V.Zima）：《法兰克福学派》，第14页）

在于某些社会组织形式中的生产模式……"然而这样说来，整个理论便都陷入了无可避免的利益矛盾中。同样也就是说，试图让自己变得理性的思想与一种部分被人为因素所定的必要性相对峙，它应当在对不平等现象大行其道的社会进行变革时起到影响。批评理论作出了这一选择，它"既没有扎根于国家共同体中，也并非自由得毫无羁绊"。马克思主义对理论进行了最清晰的阐释，打开了一条务实的变革之路①。

另一方面，霍克海默尔坚信理论的固有功能。这一功能就是批评。对于选择阵营的知识分子来说，他的工作不能够仅限于描述。他的职业就是一场战斗，一场危险的战斗。仅仅揭示是不够的，他应当促成变革，向变革开放，让未来的某一意象尽可能具体地发生作用。在自由主义理论家看来，类似这样的理论总是"主观的，武断的，单边的和纯理论的"②。但这里涉及的正是现代理性。它的远景目标就是"让作为社会大厦建立基础的各种关系对立起来，这些关系包含在个人与劳动过程中。个人生来就是率直而理性的，他能够清醒地意识到自己的目标"③。但是，现今社会的实践④是不人道的。为此，精神出于其"自由的天性"⑤而应该离开泰然的高度。但它保留了一点相对的自治，起到了警惕的作用。在无产阶级中必须保持纪律和自发性之间关系的活跃性，批评的功能就在于揭露一切僵死的官僚主义和希望从它这里看到无产阶级某种创造性的幻想。因此理论就是批评。它在劳动过程中是一个非自治的特殊因素。

然而就从这一时期开始，历史所创造的社会变革的机遇似乎慢慢地被一种更加晦涩的否定运动所困扰。批评理论被一些重大事件所埋没，因此不得不随

---

① "对于法兰克福学派的社会学家们来说，著名的'批评理论'应当代替旧有的哲学，这一理论的唯一来源就是面对主观上难以忍受的事件所产生的一种责任感，即需要对这些事件进行尽可能客观的解释。根据这种批评观，哲学——传统的、唯心主义的、对政治事件漠不关心的哲学——应当让位于一种包含着历史实践（la praxis historique）的理论，这种建立在马克思主义基础之上的理论同时能够对政治经济这一社会生活最重要的领域进行批判，社会中的各种统治关系都产生于这一领域。"（欧仁·弗莱希曼[E.Fleischmann]：《辩证社会学的终结——论法兰克福学派》，第162页）

② 《传统理论与批评理论》，第51页。

③ 同上书，第41页。

④ praxis，德语，马克思主义哲学专用语，尤其指改变世界的生产活动。——译者注

⑤ 《传统理论与批评理论》，第56页。

着运动的趋势逐渐消失或是重新对自己进行审问。这是启蒙运动的悲剧吗? 这个表达是不恰当的, 但是各种确定性和人类被一种眩晕所侵袭。

在德国, 纳粹主义让所有革命希望化为泡影, 随之而来的还有法兰克福的学人们匆忙而清醒的逃离。那些犹豫不决的人为此付出了生命的代价。在东方, 斯大林主义没有给批评理念留下任何余地, 对大众的自发性理念亦是如此。相比之下, 西方的组织生活是否从本质上来说要有价值得多? 在这样的生活中, 个人或许总是能够给自己暗中创造一些僻静退省的空间。撕裂这些世界矛盾难道不正表达了它们之间同一的本质, 并掩藏了一种尚未被虑及的矛盾吗?

阿多诺、本雅明和布莱希特构成的三角关系为清楚地呈现批评理论的某种犹豫提供了一个几何地点。隐秘的本雅明表面上看去是个没精打采的漫游者, 他那难以满足的好奇心在一个地点到另一个地点, 一本书到另一本书, 一个客体到另一个客体间散步, 他继续着一项极具必要性而缓慢的自我重组的工作。他在莫斯科时对辩证唯物主义发生了兴趣①, 当时他与布莱希特过从甚密, 后者在他看来是一位值得钦佩的马克思主义诗人。他还与布莱希特在丹麦共同度过了长达数月的时光②。而对于更善于抽象和消息更为灵通的阿多诺和整个学院来说, 他们不仅认为本雅明的辩证观念是不正确的, 还认为他与布莱希特的结盟是有害的。如果说尽管出现了斯大林的统治, 但这个“有着完全健全的头脑并充满智慧的”③诗人仍然一味地对共产主义一片赤诚的话, 那么同样的盲目也在威胁着本雅明。他理论的可塑性表明, 对事物信仰的本质并不是理论的。但这难道不是与严格的批评相决裂, 放弃职责, 并从根本上威胁到一切创造的多产性吗? 然而斯大林主义遏制、操控无产阶级, 导致阶级斗争原则发展为一种更深层次的矛盾。如今在对黑格尔的国家理论批评的基础上还要加上对历史的批评; 人们不是从同一种内在性中走出来, 而现实揭示了其毁灭性的后果。

---

① “本雅明在与阿斯佳·拉西斯和布莱希特的交往过程中接触到了马克思主义, 这一事件不应当被忽视。它对本雅明的思想倾向造成了深远的影响。”(米萨克,《批评》, 1966年, 第703页)

② 参考本雅明优美的文章:《论贝尔罗·布莱希特》, 由R.拉沃译成法文, 马斯佩罗出版社, 1969年。本文已很难找到。

③ 汉娜·阿伦特对布莱希特思想的发展及其“错误”进行了细致入微的分析:《政治生活》, 伽利玛出版社, 1974年, 第192—244页。

马克思始终是一个关键的论点，但我们可以说他被放置在一个更加广阔的背景中。"马克思和恩格斯的理论对于理解社会的原动力来说总是必不可少的，但它却不足以用来解释民族内在的演变以及它们之间的关系。"这句写于1968的话是从霍克海默尔1930—1940年的论文的出版前言中抽出来的，他让我们觉察到了一种他不会再重回的转变的回声①。

理性与自然令人担忧的同一性

> 批评（启蒙运动）理论的降临使得人与物的交锋不受损害（L'avènement de la théorie critique laisse intacte la confrontation des hommes et des choses）。

超越所有区别之外，在普及的冲突中将它们对立起来的尖锐矛盾事实上表达了一种奇特的同一性。这不会是别的什么东西，仅仅是理性与自然的同一性。历史的分站旅行或许只是一个今天宣告结束的毁灭性的圆圈，这时的理性似乎通过一种回归来组织世界，这是向出发点的回归，向原始暴力，以及在一切理性作用之前物与人之间无序和敌视的对峙状态的回归。从表面看来，历史上的理性控制了一切敌对性，但它远没有使自由具体化，它或许是野蛮的降临。可以说，被人们轻视乃至遗忘的自然从睡梦中清醒过来了，但却以理性的面孔出现，也因为理性所创造的种种方法而丰富起来。理性所建立的只是一个巨大的客体体系。它巨大的原始威胁在理性中重生并展开。②

事实上，自然总是与人类对立的。至少它使得人类忧虑。只有战胜自然，抢走它的食物、住所和在宇宙中的位置，破坏它的和平，人类才能立足。随着历史的发展，这种差距形成了如此的规模，以至于逐渐被剥去权利的自然仅仅变成为一种可开发物质，更灵活的理性成为有效的盘算，但它也只不过是一种客观化和操纵的技术。从那时起，一切都可能被视为同一。同一化就是减缩为物，而被寻找到的同一性只是事物之间的同一性。金钱当下的力量意味着

---

① 《传统理论与批评理论》，第9页。
② 这里涉及的是《理性辩证法》的开篇文章，"启蒙的概念"，第21—58页。

普及等价性。金钱是尺度，世界是市场，任何事物都无法逃脱市场规律的支配。理性的这种工作是否建立在劳动分工和阶级分层的基础之上？不论如何，这种工作与理性是同时发生的。人类社会的结构总是这种理性工作具体调节的结果。如果说斗争在这里占有首要位置，这是因为理性的最终问题就是权利问题。

等价性的控制不仅限于物。它有侵袭一切的趋势。对外部的减缩同时也是对一切主观特殊性的排挤。在自然变成一个由科学必要性连接的客体体系的同时，人类也被从自身中驱逐出来，进入一种体系。在这里，他们必须了解并保持自己的作用，让自己的用途产生价值。"普遍不可替代性"[1]是一种必要性的最终表达，它引导着具有操纵能力的理性。个人在作为主体的自己身上看到的不再仅仅是一道无意义的，豪华的或是有罪的痕迹。诸如家庭之类的各种社会形式突现出来，而个人在其中部分地自我保护。某种大众文化使得作品和创造者贬值。个人被摧毁，可以被无限替代，从学派到党派都可以对个人进行操控。任何一种清醒都无法拯救社会的这种命运。巨大的能动性和对自然"兽群法则"的遵循使得清醒本身几乎成为不可能。掌握权力的人本身对于引领他们的更深层次的力量是无知的，但他们却保证了这种力量的显现。被普及的客观化是对纳粹主义和斯大林恐怖统治的真正解释，后两者都是与现代经济形式紧密相连的。等价性带来了一种全面的"反自然运动"。

然而区别是始终存在的。但在最高理性的艳阳普照之下，被征服的自然首先回归了其原初状态，理性却看不到这种区别。《启蒙辩证法：哲学断片》以精练准确的概括展现了理性缓慢而令人称道的自我纯化过程。最初它是神话，接着变成了形而上学，后来又成为科学。这段历史同时也是一段盲目的历史。如今我们带着讽刺目光去看待神话学诗人的神性，不仅如此，还有哲学实体，以及控制各种体系的原因，实体和思想的概念。它们是"幽灵"[2]。我们褪去这些人物的衣饰，从此，认知的理想就是找到人们认作最抽象，最朴实，最不可感知，并完全能够代替和代指事物一切客体。所有未被形式化的言语活动都是迟

---

[1] 《启蒙辩证法：哲学断片》，第28页。

[2] 同上书，第23页。

到，天真，是孩童的牙牙学语，是一种非科学。从某种程度上说，数字和计算使词语变得沉默。理性的降临或许就意味着将一切完全认同为一个符号体系。混沌的现象在这其中建立了透明的秩序，这种在目光底下静止的重新复制或许能道出令人担忧的相异性最终的和被俘虏的本质①。只有回返事物本身，理性才会降临，但理性却看不到这一点。完全阐明理性同时也是对理性的遮蔽。减缩自然就是经过自然。可以说被损坏的自然在进行报复，它要吞没它那误入歧途的伙伴。理性堕落成了它的反面。文明最终变成了野蛮。是历史铺就了这条歧途。

理性的统治

> 人类在取得认知进步的同时也织就了一张新的奴役的网。理性成为一种力量。

怎样来解释类似的突变？人类的理性发展到臻于完美的境界，然而外部的威胁却在它的世界中喷发出来，而这正是它一直想要避免的。对于这种现象如何解释？理性步入歧途，这要归咎于它的单边发展和如此排外的唯我独尊。它忘记了自己的出处，也就忘记了自己的限制。事实上，理性表现为自然的对立面，它的历史就是它的解放史。然而这里正是我们命运的开端处——理性的工作就是重新制造一种模式，即自然面对理性时的模式。理性就像一种力量，而且仅仅就是一种力量。从一开始，它就有一种以战胜为主要目的的虎视眈眈的敌意，这就像是一个从没有被坦白承认的阴险的梦想。《启蒙辩证法：哲学断片》试图概括这种千年的对峙。通过对《启蒙辩证法：哲学断片》的研究，我们于是发现自从神话话语出现之后，在一种还近乎暧昧的朦胧处境中已经闪耀着胜利诺言的光芒。自然力量缓慢的非神圣化，言语活动的结构化，以及其向更有意识的形式的演变，这一切逐渐增长的力量和知识总是伴随着社会及其组

---

① 《启蒙辩证法：哲学断片》，第42—43页。

织的稳定以及强权、分裂和斗争而出现。书中给人深刻印象的几页文字向我们
展示了这样一个事实：在人类认知突飞猛进的同时重新形成了一张巨大的奴役
的网。

　　有一种诠释有野心地要将科学、社会和解放以及它们不为人知的复制
品——盲目、不公和恐怖——全部包含在内，对于这种诠释，我们不要试图去
评价它。我们又一次重新审视起西方历史的发展脉络。最初，尤利西斯这个人
物形象重新诠释了希腊式的转变①。智力不断更新的资源使得他成为海和他世
界的主人，然而他也为借助智力获得的一切付出了高昂的代价；更何况是诡计
造就了他的智力，它保证了他的奴役，但这种奴役同时也是一种放弃。被征服
的自然远离了享乐，幸福伴随胜利逃逸。②整个希腊是一个终结，也是一个开
端，它在一种黄昏的担忧，以及理性和自然之间的共存、平衡和犹豫中表现出
来。理性已经存在，但尚未达到至高无上的境地；自然仍然存在，但却已经被
逐渐淡忘：黑格尔会说，"古老的必要性的统治表达了一种悲伤"。在黑格尔
看来，平静是没有阴影的。纯理论知识研究了整个相异性；它所赋予的最高自
由是对命运积极的融入，是与在陌生力量的屈服相反的肯定。在此基础上，黑
格尔认可了理性的力量。作为长期遁隐于法兰克福学派幕后的哲学家，黑格尔
将理性的模棱两可性发展到最高点。他入木三分地揭示了具有即时实用性和主
导性的理性的部分用途在矛盾中的消亡，使得认知的其他前景显现出来，反映
出理性更为内在的用途。然而说到底，这难道不也是理性诡计的牺牲品吗？事
实上这不过是整体性的寂静主义表象，人们已经忘记了它是被束缚的而且是最
为可疑的；普遍的同质性使得一切特殊的主观性变得无关紧要（indifférent）；
调解只是一种形式。③

　　　　今天，面对没有出路的世界时的恐慌替代了以往对魔鬼的恐惧，这个
　　　　世界由人类构成，但人类却对其无能为力。

---

①《尤利西斯或神话与理性》，《启蒙辩证法：哲学断片》，第58—91页。
②《尤利西斯的思想，既蔑视自己的死亡也蔑视自己的幸福》，同上书，第49页。
③《启蒙辩证法：哲学断片》，第41页。

对理性最完美的表达就是：理性仍然是一种力量。它变成了一种态度和世界，公然地表达了其本质：它是"神话恐惧（la peur mythique）的激化"[1]。物质作为统治的简单基础，其中不再有一丝神的痕迹存在。然而理性在这个长时间的清洗过程中从没有触及从内部对其进行毒害的更为隐晦的原则。对商品和体系的盲目崇拜就是这种从未被驱散的恐惧留下的痕迹。被开启的理性总是而且仅是外部力量的对手，它最终只是对保存自我的单纯意愿的肯定，斯宾诺莎这个疯狂的系统主义者曾清楚地对此进行表达。[2]1942 年，霍克海默尔作了一篇笔锋犀利的文章，纪念刚刚自杀身亡的本雅明。他在其中发展了理性—自我保存的同一性观点。[3]我们历史的厄运就在于视理性为一种为力量、利益和来生服务的工具和手段。西方的理性变成了战胜者的理性。它无视其他一切目的，朝向宗教和革命的目标迈进。比如新教，它使得十字架和拯救观深入人心，"为了劳动解放劳动，为了利益解放利益，为了权利解放权利"[4]。阿多诺在《否定的辩证法》中写道："马克思和恩格斯无法预见大革命的失败造成的影响，甚至都无法预见其胜利之处，即统治能够在计划经济体制中生存下来。他们显然不会把计划经济与国家资本主义混淆起来。"[5]如今，看似没有任何外部原因的恐惧扎根到每个人存在的深处。"存在摆脱了魔鬼和他们概念上的后代，重新找回了自身的自然状态，还具有了旧世界赋予魔鬼的令人担忧的性格。"[6]普遍越来越纯洁的形式是最初的祭品、虚构的恐惧，或许是想象中的恐惧，人们设想它在这种祭品逐渐的内倾性中已经烟消云散了，但它却是灾难性的："正午时分，人们突然产生了一种意识：自然是一个整体。而正午突如其来的恐慌在如今随时都有可能出现的恐慌中找到了它的等价物：人类等待着，这个没有出路

---

① 《启蒙辩证法：哲学断片》，第33页。

② 《理性辩证法》，第45页。"Conatus sese conservandi primum et unicum virtutis est fundamentum"，斯宾诺莎的这句话是整个西方文明的格言，资产阶级内部宗教与哲学的分歧在这里都得到和解。

③ 《理性与自我保存》，《理性的天食》，第199—236页。

④ 同上书，第213页。

⑤ 皮埃尔·V.兹玛，《法兰克福学派》，第75页。

⑥ 《理性辩证法》，第44页。

的世界将会被整体摧毁，整体由人类自身构成，但人类却对其无能为力。"①

　　《最低限度的道德》一书行文优美，其中的格言警句既像一件件艺术品，又像一道道让人触目惊心的伤口。阿多诺反复推敲我们的手势和日常关系，从而确定了奴役和其相关事物——恐惧在其中所起的隐约的影响。任何东西都会变成空洞的以及可以用钱换得的事物，这是一种无法逃脱的必要性。没有人愿意在一种比自己的愿望更加紧迫的力量驱使下在公共场景中出现，肯定自己，出人头地。资产阶级宽容的面具难以掩饰这样一个事实：彼此交流的思想是多么陌生，相互触摸的手掌是多么冰凉。目光是不可见的，不在场的。在对解放的呼唤之中渗透了对即时和突然行动的疯狂追求。这种行动将一切礼貌，关注和回忆的空间一扫而空，使得一切内心化失去作用，把男人、女人、事物、书籍都变成可消费物品，并促使被剥夺了对自身所有权的人类主体走上一条不会与任何人或任何物相遇的孤独之路。"一天早晨，格里高尔·萨姆沙从一场惊梦中醒来，他躺在床上，发现自己变成了一只真正的寄生虫。"②各种文学上的参照汇聚在一起，证明了这种突然而显著的变化。"几乎难以完成的任务的关键就在于不因他人的力量或自己的无能而变得疯狂。"③这是否就是我们经常断言的资产阶级个人的防守？至少对于一小部分人来说，"自由主义插曲"代表了一种令人感觉不太过压抑的结构。但不正是这一插曲使得我们的生活机制变得疯狂吗？它似乎决不能让这个世界重新苏醒过来。但我们的生存受到损害，被词语和事物之间不断循环产生的伪光分散了精力，这种伪光维系着创造性和享乐的梦幻。而与此同时，我们的身体和精神都变得孱弱，在不容置疑的运动中，同一，也即奴役与恐惧越来越明显地表现出来。对于这一切，我们又怎能不说呢？

---

　　① 《理性辩证法》，第45页。
　　② 卡夫卡，《变形记》，《最低限度的道德》，第299页；*Kafaka, le solipsiste moins ipse*，文章中多处影射文学。
　　③ 《最低限度的道德》。

"否定辩证法"

　　如今的艺术作品尽管受到市场的威胁，但它们仍然保留了自己的独特之处。

　　认知是否只是奴役？自然难道只是个对手吗？除了永无止境的竞争，难道不存在另外一种关系了吗？诚然，为了从自然中获益，我们需要劳动，开发资源，并开启让一切变得客观化的智力。但人类难道不正是需要通过这种努力来维持二元性吗？难道不需要留给自然一种不可减缩的独创性，让有人类积极参与的自然面对未知的将来保留一种特殊的自发性吗？在理性的单边行动中，难道没有对首要的基本被动性虚假的否定吗？这种否定如今在对痛苦，乃至最终对一切相异性的漠然中清晰可见。在法兰克福学派中，自然的概念始终十分模糊，对此的回忆显得十分贫乏，这或许是一种进退两难的窘境。对此没有任何答案。"不同的事物还不存在。"

　　面对这一两难的境地，审美的重要性一下子突现出来。法兰克福学派的学者，尤其是阿多诺曾经十分仔细地对这一文化层面进行分析。[①]确切地说，艺术作品给事物留下，也可以说为它们找到了一副特殊的面孔。任何一种认同都不会从外部支持这种不可磨灭的独特性，不会将其列入一种体系。这种独特性重新将事物、风景和词语放入距离中。最熟悉的事物产生了一切非我所拥有的一丝忧虑。艺术作品也是作品，然而它却与对真理辛勤的建构有所不同；它来自不同于捕获的另一种行动，在自我和外部的区分中产生，揭示了在这个外部中一种质的幸福在场的可能性。我们从这样一段不同于"开启的理性"历史的历史中能得出什么样的结论？本雅明这样写道："与启示的骄阳相比，各种思想就是繁星。"[②]他的语言并不像阿多诺的语言那么概念化，借助这种语言，本雅明对相似性，即与捕食性的概念相对立的拟态性进行反思。在他看来，即便

[①] 参考马克·吉姆内（Marc Jimenez）十分珍贵的作品《阿多诺，艺术、意识形态与艺术理论》，10/18，1973年，第318页。

[②] 转引自米萨克：《批评》，1966年，第698页。

是象征与概念隔得还是太近，它通过更加巧妙的途径继续孕育着同样的同一性之梦。他把讽喻称为一种方法，人们通过这种方法对那些最隐秘、最缓慢的通信进行最深入的研究。人们从这些信件中能够读到存在与外部之间错综复杂的关系，而讽喻在对这些信件的阐释中附加了新的意义。[1]艺术作品促成了特殊。而其途径就是一种形式。作为各种形式中的一种，可以说如今它只有强化自己的晦涩性，并进行最严密的自我建构才能逃脱各种形式所共有命运。艺术也受到市场的威胁，逐渐发展为可出售的胶卷，而其真实的内容却受到损害。

对分离真理和幸福的理性进行的唯一可能并且必要的全方位解构

一种能够保持区别，而不是让"两个项相互撤销"的知识会是什么样的？怎样才能一方面遵循理性，以各种需求的日常理性为开端，通过它来进行自我解放，并将全人类从一切奴役中解放出来，而另一方面避免一切理性作品的同一化以及它所强加的秩序和镇压？在法兰克福学派中，提出这个问题的并不是具有普遍性的话语。不过确实，对于这个问题，除了坚持批评，没有其他答案。对于这种被遵守、被摧毁和被拒绝的集权理性来说，这就是现实。在一切建立了区别的地方，理性发现了各种思想体系对于总体性滑稽的模仿。事实上，在这些体系中显现出来的是一种暴力科学。尽管在众多目光看来，海德格尔的"思"[2]接近于批评理论，但它也被拒绝了。因为在等待存在神秘降临的过程中，一种侵犯越来越肆虐，在这种侵犯面前，人们已经放弃对概念的怀疑。在这里，乌托邦的命运也好不到哪去。批评思想在经历了一种神学的反思之后所要禁止的正是另外一种未来的一切表现。这另一种未来是完全不可想象的。人们在这里或那里找到了这种未来在美学模式背景下轻描淡写的一幅草图："和解状态并没有把哲学帝国主义运动中外来的事物包含在内；相反，它在这样一个事实中找到了幸福：外来事物超越了异质与本我，在相近关系的内

---

① 哈贝马斯：《政治与哲学轮廓》，第72页。

② 参考F.吉巴尔（F.Guibal）：《海德格尔与神性上帝的等待》，《研究》，1971年4月，第595—625页，以及1971年5月，第753—775页。

部，它始终是遥远且不同的。"①可以看出，这是一张非常正式的草图。目前的任务就缩减为揭露同一性，重开"不可通约"之路②，重建思想中的空白。从某种程度上来说，这项任务打断了理性连续发展的过程。就像开始时那样，它还是一场逆流运动，而不是向后的运动。如今，为了重新找回自己，理性需要回返自身，就如许多文章中经常提到的那样，重新变为一种反思。这其中的原则在《否定的辩证法》中有所陈述，哈贝马斯认为，这就是整部作品的"中心思想"：

> 理性是自然之外的事物，但同时又是自然中的一个时刻。这正是理性的史前史，它由此变成了理性的内在决定性特点。作为一种转向为自我保存（autoconservation）服务的精神力量，它隶属于自然秩序；但它同时又是与自然分离和对立的。就这样，相对于自然来说，它变成了一种相异性。理性以昙花一现的方式从自然中逃逸出来。它与自然既是同一的又是非同一的，这就是其自身概念中的辩证法。但在这种辩证法中，理性越是与自然绝对对立，并因此忘了自己，它就越会向自然倒退，就像是一种无节制的自我保存。只有当理性成为对自然的反思时，它才能够成为一种超自然③。

这样的哲学不再以概括综合作为理想；它成为一种"抗力"④。远离了居住区的无效哲学甚至都不奢望内部的一致和自我满足；无用哲学的必要性成为一切灵感的来源。既非空的狂喜，亦非满的谎言。被确定的否定。否定的思想。

从实践角度来看，法兰克福学派思想家的"个体辩护词"⑤表现出与他们自我存在的沧桑变化之间的特殊联系，对此他们保持着绝对的清醒。但他们认为，理论的严密性丝毫不会因为这种联系而受到损害。存在与思想合二为一。

---

① 哈贝马斯：《政治与哲学轮廓》，第252页。
② 《启蒙辩证法：哲学断片》，第30页。
③ 同上书，第242页。
④ 同上书，第265页。
⑤ 《最低限度的道德》，第94页。

在他们对某事作出断言的风格中，人们经常能够发现一种顽固、顽强和固执，它们所表达的仅仅是一种继续生存的意愿，而不是荣誉的喧闹，这是一种个体的意愿，为了自我而产生，而不是以客体的形式出现。外部造就并限定了这种客体，使它处于左右为难的矛盾之中。在阅读《最低限度的道德》时，我们应当注意搜集被阿多诺称为知识分子的这一个体的所有特点，并思考他究竟代表了谁，知识分子，犹太人，还是全人类？总而言之，这一形象让人们想起了梅洛-庞蒂在《哲学赞词》中所刻画的苏格拉底。他既是资产者，又宣称是资产者的敌人，既在场又隐约隔着一段距离。他不得不打破默契，总是被怀疑有背叛的可能，并受到一种愤恨的威胁。他在外移者的身份中发现了自身精神处境最具体的意象。如今思维要求进行这种"内部外移"①。从此，在没有固定地点的风景中，只有写作需要实现具体化。写作本身是不稳定的，总是无法在某处逗留，它永无止境地一步一步开拓流放的旅程。这种写作理想的形式就是片段，即突然爆发的非系统性的碎片。理性排除了将真理和幸福结合起来的一切可能性，写作在它的观察过程中不停地对这种理性进行解构。②人们无法窥见一丝未来的痕迹，批评的迫切需要是不可回避的。对于同一性和非同一性的结合，我们只有一个能够辨认得出的例证，即爱情。"从一切占有欲中解脱出来的自我赠予是阿多诺用来打破谈论未来状态禁忌的唯一的词。"③然而就整个这一思想而言，存在是如此分散，分离是如此完全，以至于写作将这一思想描述为一个被围困的逃兵。他后退着向前进。这让人想起了本雅明那个亲爱的忧郁天使，在本雅明眼中，这个被历史之风一扫而过的世界只剩下一些破烂不堪的碎片，废料和牺牲品。④

是否正如《最低限度的道德》中一页让人迷惑的文字所暗示的那样，哲学或许是一种顽固地留给一切丢失事物的话语？

---

① 《最低限度的道德》，第67页。

② 同上书，第138—139页，第141页，等。

③ 哈贝马斯，《政治与哲学轮廓》，第238页。

④ 瓦尔特·本雅明：《历史哲学论文》，《诗与革命》，德诺埃尔出版社，1971年，第288页（第277—288页），由岗蒂亚克译成法文。

　　哲学中也许仍然有对绝望负责的空间，仅就这一点而言，哲学是在尝试着用救赎的目光来审视事物呈现的状态。知识的光辉仅仅来自救赎在世界上撒播的光明：一切剩下的事物仅仅是后验的建构，属于纯粹单一的技术范畴。或许有必要打开一些新的视角，在这些视角之下，充满裂痕和断层的世界被异化了，正如有朝一日，它在弥赛亚主义之光的普照下表现出的扭曲和贫穷的状态。打开这样一些视角，没有专横和暴力，只有与客体的直观接触，这就是对于哲学来说唯一重要的东西，也是最简单的东西，因为世界的状态强制性地要求这样一种认知，尤其是突然被目光整体把握的完成的否定性，而且这种否定性同时违背自身意愿地归属于镜像写作之中。但同时这也是完全不可能的事，因为它必须以一个地点为前提，即便只有弹丸之地，但这使得它能够逃脱存在的裁决。而同时每一种可能的认知不仅应当从现实的泥潭中拔离出来，以增加自己的分量，同时它们会发现自己被打上了扭曲和缺陷的烙印，而这正是它们力图摆脱的厄运。[1]

　　阿多诺和霍克海默尔认为，哲学最阴暗的角落接近天使平静的冥想，对于那些词语本身而言，尽管人们用心搜集它们，但它们却仍然会受到抑制，并经常容易引起错觉。

　　这是自由主义最后的爆发？是刻板的理论推究对唯美主义和怀疑主义的强烈反抗？还是对大自然中无处可寻的超验性过时的、让人不知所措的怀念？又或是拒绝对今天显示的主体痕迹进行令人快乐的消抹？我们的理性被切实地抽象化了，对这种抽象清白性的否定本身也被抽象化了。面对这种情况，除了利用否定思维来对其进行解读，难道没有其他更为有效的途径了吗？比如反抗，或者更准确地认识现代经济和各种需求的现行体系，以及由此产生的社会文化世界，换句话说，即更准确地认识我们与在我们理解中有着最具体形式的自然之间不断延续的关系。可以看出，宣告法兰克福学派结束的证据不断积累。但这里涉及的真的是一个学派，一种观点鲜明的理论吗？这些就连

---

　　[1] 《最低限度的道德》，第333页。

后一世界的保护都没有的生活完全暴露在现代性的烈日之下，在这些总是被推翻重来、灵活地与历史相一致的作品的运动中，一种尖锐作出断言，又推翻它们，使它们发生微妙的变化又进而完全改变它们。而所有这一切，不都说明了一个问题吗？看到并拒绝存在具体的恶化，这难道不正如布莱希特在那块小木板上写到的，每天都说服自己的那样，真理是具体的，也即真理就在这里？如果说我们的世界没有赋予我们真理，这是因为我们过分地侵占了自然。确实如此，我们过分地侵占了自然。我们不存在于自然中。然而世界能够回答这些问题吗？

启蒙运动：一个神话，一项任务

阿多诺与霍克海默尔的批评

> "他（莱辛）不想让任何人来约束他，也不想用武力或证据来约束任何人。在他看来，对于自由来说，试图用推理，不着边际的空论和辩论的必要性来奴役思想的暴政比正统观念更为危险。他超越于一切之上，从来不强迫自己。他没有用一个坚如磐石的体系来确定自己在历史中的身份，而是正如他自己知道的那样，只是在这个世界上撒播"可知性肥料"。
>
> 汉娜·阿伦特：《政治生活》，第 17 页

历史学家在阅读阿多诺和霍克海默尔合著的《启蒙辩证法：哲学断片》或是霍克海默尔独著的《理性的天食》[①]时，重新找到了除了18世纪启蒙运动的偶

[①] 霍克海默尔、阿多诺：《启蒙辩证法：哲学断片》。这部写于战争年代进展缓慢的作品直到1947年才在德国得以出版。霍克海默尔的《理性的天食》与《理性与自我保存》收在同一个集子中。这部作品是对以往讲课内容的重新整理。在前言中，霍克海默尔强调了他与阿多诺之间的相近性："或许很难区分那些观点产生于谁的思想中。我们的哲学合二为一，是同一种事物。"（第11页）本文我们主要讨论这两部作品。在1909年为《启蒙辩证法：哲学断片》所作的序言中，作者们承认战争时期发生的事件对他们的思想产生了极为重要的影响。但距离并不能够彻底改变观点和取向："对于我们来说，这里涉及的是一种不愿意牺牲哲学的哲学批评。"（第10页）

然痕迹之外的其他东西，这一点是十分可疑的。首先，理性更新的用途唤起了
清晨的乐观主义，而与之相对立的是对于这种理性的全方位批评，以及一种几
乎决定性的僵局对人们的考验。其次，启蒙运动之光集中在它们的发源地，构
成一幅不但发光而且燃烧的火的意象。独一无二的庞然大物——太阳，在荷马
时代（如果说不是更早的话）已经慢慢升起①，在它运行轨迹的尽头的地平线上
晦暗下去，或者至少说被世界末日般的黑暗遮住了光辉。有关太阳的隐喻就像
《启蒙辩证法：哲学断片》中含义深远的开篇文章《启蒙的概念》一样，产生
了原子能般夺目的光泽。"随着资本主义市场经济的扩张，神话阴暗的地平线
被善于盘算的理性的太阳照亮，冰冷的光线中孕育着荒蛮之种②。"霍克海默尔
纪念本雅明的文章《理性与自我保存》作于本雅明去世后的第三年即1942年，
然而直到1970年才得以发表。这是作者最具震撼力的文章之一，从文章一开
始，作者便表明了对这种灾难性假设毫不含糊的态度："西方文明的基础概念
正处于崩溃的边缘……现在是提出这个问题的时候了：这些概念在多大程度上
还能够为人们所接受？这其中处于中心位置的是理性概念。"③黑格尔的精神辩
证地承载了自然与历史，当它似乎已经消除了事物的秘密并对言语活动进行净
化和纯化时，如果我们想到荷尔德林这位久别重逢的结巴诗人，想到一种丢
失了的话语，我们会发现人们早已预感到了这种崩溃："荷尔德林似乎是启蒙
运动结束（预示着现代死亡的黄昏）和传统崩溃以来的第一个牺牲品，这是事
实。"④启蒙思想于是被无情地揭露和解构；但这种解构不是理性的缺失，它蕴
含了一种救赎的意愿。

---

① 文中经常涉及荷马："……荷马的作品是欧洲文明的范本，任何一种作品都不能像它那样强有力地
证明理性与神话之间的紧密联系。"（《启蒙辩证法：哲学断片》，第60页）

② 《启蒙辩证法：哲学断片》，第48页。

③ 《理性的天食》，第199页。

④ 荷尔德林：《赞歌、挽歌与其他诗歌》，弗拉马里翁出版社，1983年。这部作品中有一篇阿多诺对荷
尔德林的研究——《并列句》，对海德格尔的阐释极具独特性和批判性。

启蒙运动，西方理性，当代历史

启蒙运动被视作理性千年来的用途。18世纪仅仅代表了理性的一个时刻，这一论断对于两种对比鲜明的观点来说是最重要的。一方面人们聚集，认可并享受一种似乎忘记了界限的理性的遗产。18世纪不断重复着理性征服者单纯的快乐；它无论是在理论层面还是在经验论层面上都扩大了理性的用途。理性将世界变成人类的花园，人类的财产；充满了矛盾和产品；然而面对枯燥和充满算计的利益游戏以及唯物主义的陈词滥调，矛盾做出了让步。这是理性的反面，这种理性使得自己变得比想象中更加界限分明。另一方面，康德完善了批评概念，向人们警示了理性单边用途的危险。他在理性批判中唤醒了一种距离的要求和区分，这种要求或许就是理性的灵魂。而这一结论并非来源于对事实不分析，而是来自对理性与社会隐约可见的关系的把握。福柯在评论《什么是启蒙运动?》（1784年）和《什么是法国大革命》（1794年）这两篇著名的文章时，极为准确地把握住了批评意识觉醒的意义和影响：

> 让那些希望人们能够保证启蒙运动的遗产充满活力并不受损害的人们沉浸在他们的虔诚中吧。这种虔诚无疑是所有背叛中最感人的一种。我们要保存的并不是启蒙运动的精华；我们需要保证该事件本身及其意义的问题（普遍思想的历史性问题）始终在场，并让那些需要被思考的东西始终留存在脑海中。[①]

法兰克福学派的文章就产生于类似的疑问。然而是什么使得启蒙运动向西方理性的扩展合法化? 一句话，即一种越来越有效但却也越来越盲目的奴役的连续性。这是对整个外部的奴役，它就像一种本能的和暴力的力量，与自然的力量有着明确区分。

---

① 法兰西学院讲课内容，刊登于《文学杂志》上，1984年5月，第39页。文章结尾，福柯承认自己与法兰克福学派的其他成员一样，继续着学派的工作。

　　这里的独创性并不在于揭示"从巴门尼德到胡塞尔"①的理性逻辑，它最终与黑格尔所阐述的同样的逻辑是背道而驰的。它更多的是目光，背景和风格的问题。

　　观点问题：理性—自然的关系对于这些作者来说逐渐变成了至关重要的二元性。西方理性从它诞生之日起就有变成非理性②的危险。为了使自己能够自制，理性一开始就要征服它的另外一面，要战胜分离，使之消失。之所以说是非理性，因为所谓的奴役，即使是无意识的奴役，实质上也仅仅是对我们认为已经排除在外的东西暗中的重新占有，是他者的暴力。确切地说，理性辩证法就是这种突变，它越是在准确程度和对客体的把握上有所收获，就会越紧密地封闭在自己令人压抑的一元论中。换句话说，如果说有解放，那么这种解放是需要付出代价的。最终对所有人来说，理性用各种决定织成了一张紧密的网，和神话中的"注定"一样，它让一切变得僵化。因此可以说，理性的表现有其固有的逻辑。它最终变成了一种现代的工具式理性，这样的结果比起柏拉图的观念理论（la théorie des idées de Platon）来，在形而上学的层面上毫不逊色。

　　　　公正的科学语言剥夺了所有无权者自我表达的可能性；只有存在的事物才能在这种语言中找到它们中立的符号。这样的形而上学比起形而上学本身更加形而上学。理性最终摧毁的不仅是象征符号，还有他们的后继者，即普遍概念。在形而上学中最终存在的就只有对集体性的抽象的恐惧，而理性便诞生于这种集体性之中。③

　　这是因为，通过理性对客体进行控制，即将自然生产为物的过程绝不仅仅是理论的。同时这还是对世界的治理。历史并不是外在于理性历史的，但与黑格尔的理性不同，这里的理性在历史中并不发挥效用。历史是理性作品实用的同步复制品。正是在人们的目光中突现的历史掀起了对理性的疑问。

————————

① 《理性辩证法》，第25页。"格言始终不变：统一。我们继续要求摧毁神与性质。"
② 该词多次出现。《理性的天食》，如第234页。
③ 《理性辩证法》，第39页。

接着就是背景的问题。如果不首先结合纳粹德国的历史事件、苏维埃体制的僵化和工业社会的背景，我们是无法理解法兰克福学派的批评的。这种反思的根源或许首先是现代战争，全局战争，由一种无限野蛮的本能安装的巨大的机器系统。这种本能对于肆无忌惮的毁灭达到了近乎痴迷的程度。[1]类似的毁坏不是一场偶然的事故，也不是难以预计的理智的丧失。这是一种极度偏航的理性的产物，是一种最终说来患有精神分裂症的逻辑，人们以为自己被这种逻辑征服了，这也是一种覆灭。毁灭或许是这些文章的结尾语。

> 如今，当培根[2]的乌托邦，即在实践中对自然进行奴役的愿望在全球范围内实现的时候，对尚未被奴役的自然的约束清楚地显示出其本质：奴役本身。知识让培根看到了"人类的优越性"，但从今以后，它或许便开始摧毁自然。[3]

毁灭至少也是这些文章的倒数第二个词。对形式主义说不，并不代表对它的反面，即一切形式的虚构的动荡说"是"。健忘的理性的崩溃并不是对理性的摒弃。这里提出的棘手问题就是理性的批判用途的问题。

这场针对启蒙运动的充满激情和理性的论战显得有些杂乱无章。许多文章纠缠混杂在一起，不断引起各种反响，对细节描写极尽精确之能事。文中的参考书目数量惊人，有时读者还不得不做笔记。这些文章不断地把读者引领入现代历史的悲惨和荒芜中，作者们在他们自己的审判台上传唤仍需要为自己辩护的被告。霍克海默尔早就预料到，这样描述的理性与自然之间的辩证法是法兰克福学派学说最具成效的进步[4]。或许这场争论显得有些过时；至少说理

---

① 鲁斯·吉亚赫写过一篇研究霍克海默尔对当下历史长期不懈关注的文章："霍克海默尔或思维的勇气"，《社会研究》，第72期，10月—12月，1979年，第49—66页。

② 培根（Bacon，1214—1294），英国哲学家，科学家。早年在牛津大学学习，后迁居巴黎，研究亚里士多德的作品。后来又进行科学研究，他是第一个发现儒略历错误的人，并大力宣扬实验科学。——译者注

③ 《启蒙辩证法：哲学断片》，第57页。

④ 在《1930年资产阶级哲学史的开端》（由丹尼斯·奥提埃从德文译成法文，拜约出版社，1974年）一书中，霍克海默尔提到在经历了马克思主义阶段后批评理论的去向问题。在马丁·杰的经典作品《辩证想象——法兰克福学派与社会研究院历史，1923—1950》（拜约出版社，1977年）的最后一章中，作者多次指出这些早已开始的准备工作。

性很早以前就开始为人们所质疑；如今人们处处能够发现它的局限，人们要求开拓其他的道路。但是没有一篇文章集中讨论意义深广和形式众多的充满勇气的批评以及不放弃理论的意愿。与此同时，构成乌托邦的一切因素如果说没有被消除，至少也被人们推到其他时间去考虑。只有布洛克和本雅明还对其具有敏感。批评建立在时间和历史的边缘，无处歇脚，正如阿本苏尔所说，是"流放的思想"①。卢卡奇带着绝妙而辛辣的讽刺意味称这个时期的法兰克福学派是"深渊大厦"②。这个词用得灵活但却不尽准确。让我们试着看一看在这种理性中，最终导致其失败的各种构成因素是如何交织在一起的，并对为了避免毁灭性的重复而呼吁重新审视理性的事物进行研究。简而言之，当传统理论和以最初形式出现的批评理论③在它们曾协助构建的历史面前表现得无能为力的时候，理论又会是什么样的？

内部与外部：理性的张力

"如果说我们试图借助启蒙运动和人类知识的进步把人们从对邪恶力量、魔鬼、仙女和绝对命运的迷信中解放出来，简而言之即把人类从一切恐惧中解放出来，那么理性对此所能做出的最大贡献就是揭露/废止一切人们通常称之为理性的东西。"④霍克海默尔在做出上述论断的同时明确了一项任务，他的风格一贯简洁明了，在这里态度显得尤为果断坚决。这一论断与这项任务两者结合起来便构成了对理性辩证法纲要最精当的总结。遭遇理性的历史最终回归源头，这一失败的教训迫使人们重新审视理性的其他用途。两个主要议题在这里

---

① 米格尔·阿本苏尔：《批评理论：一种流放的思想？》，《哲学档案》，4月—6月刊，1982年，第179—201页。由阿兰·雷诺和卢克·菲利主编的这一期杂志对霍克海默尔、阿多诺和哈贝马斯进行了细致入微的研究。同时参考《精神》1978年5月刊的介绍，第43—159页。

② 转引自马丁·杰。卢卡奇的思想中深深地打上了这些作者的烙印。但这一运动的意义绝非单一的。参考瑞纳·罗什利兹（Rainer Rochlitz）出众的研究《青年卢卡奇——历史哲学的形式理论》，拜冶出版社，1983年，尤其是文章的结尾："走向否定辩证"（第366—370页）。同时参考尼古拉·特图里昂（Nicolas Tertullian）：《卢卡奇、阿多诺与德国经典哲学》，《哲学档案》，1984年4月—6月。

③ 参考让-玛丽·樊尚：《法兰克福学派的批评理论》，加里雷出版社，1976年，第153页。

④ 《理性的天食》，第183页。

发出无声的回响——（我们还会在后面继续讨论）：一方面，理性激化了神话恐惧，在占有自然的过程中使得它深入人心，又努力克制住它；另外一方面也存在一种替换：社会与奴役之间纷乱的纠缠只不过是自然所遭受的最初奴役的复制品。就这样，从某种意义上说来，野蛮和未经驯服的自然引起的恐惧离开了森林、岩洞、大海和星辰，重新从充满社会毁灭性敌意的骚动的人群中走来。现代社会构成了与以往充满神性、变幻莫测的自然同样封闭的空间。我们曾经希望能够借助理性从旧的神话中艰难地脱出身来，而造就了整个这一崭新的，沉重的神话的事物，却恰恰正是理性。什么样笨拙的举动和无可救药的手势歪曲了理性的实践？或许我们会说是单边的总结。但是对技术的掌握和一切显而易见的进步都无法合理地平衡极权的荒蛮、社会的滞阻、大多数人的悲苦，以及人类"本质"的空虚中所呈现的一种精力涣散。霍克海默尔毫不含糊的声音与对自己的睿智胸有成竹的预言家或高僧发出的声音不同。他的分析一直追溯到理性—自然关系的根源。

理性要解决各种难题，但困扰它[①]最多的是外部问题。理性采用客观化、抽象化、分类，以及不计其数的多元性线索去把握它。而逻辑理性的效果是具有颠覆性的，它或许激起了人们在哲学起源时的惊讶：外部作出了让步。自然逐渐表现出无限可塑性。不知疲倦、灵巧而严密的理性在它不愿正视的原则的推动下不停地运作，直到将这个外部完整地化归己有。然而恰恰到了最后，这种无限性向人们昭示，它是理性的骗局。

即使人们最终认为是希腊逻各斯孕育了致命的主观化萌芽，但它仍然有自己的独特之处，即艰难地给外部留下了一点相对的权利。思维不仅不会将外部减缩为自身，它还会发现自己被外部所制约："我们认为如柏拉图主义等经典哲学流派保留了这样一个观点，即认为真理是言语活动与现实之间的通信。"[②]如果说人们或许认为苏格拉底在他那个时代就提前提出了现代主体，"同时我们也应该注意到，对于他来说，理性或者理性判断所构成的不是简

---

① 这是让-卢克·南茜在对康德的思想进行思考时的惊人之语，《绝对命令》，弗拉马里翁出版社，1983年，尤其是 *Le kategorein de l'excès* 一文，第7—32页。

② 《理性的天食》，第186页。

单的名词或习惯，而是对事物真正本质的反应"①。对于霍克海默尔来说，主观理性认为自然是一种秩序，人类在其中能够也应当找到自己的位置。但人类并不是自然的造物主。这种理性由两方面构成。一方面，从某种程度上来说，主观理性被理解为现实所固有的一种结构，它与外部之间不仅仅是审视、奴役和组织的关系，它不是从外部被应用于外部世界之上的一种工具。另一方面，霍克海默尔一语中的，道出了由此引发的态度：类似的结构"对于那些进行辩证思维或是以同样的方式进行两性行为的人来说是可以理解的"②。自然、真理和言语活动仍然具有能够召唤欲望和爱情的特殊的坚固性。早在古希腊时期，人们就有一种谜一般的冲动，试图将一切客观化，这种冲动使得外部不断中立化。苏格拉底式"魔鬼"变成了灵魂，它长着能够洞察各种观点的眼睛；距离会缩小，但它始终是一个外部。然而毫无疑问的是，就像各种客观理性的经典体系一样，柏拉图主义是难以长久维持的，因为它藏匿着一种刻板性，这可以归咎于来自更远处的恐惧和一种"原始"的盲目。这些理性产物是对"宇宙无情秩序的赞美，是神话式的赞美"③，它们逐渐被一种难以解决的具体矛盾所损害；它们遵从一种二元性，遗弃了具体，凝固成一种恒久的体系："社会的不公阻碍了真正的本体论的形成。"④由此提出的普遍性总是一种虚构的普遍性。

这种虚构揭示了作为"传统哲学心脏"的一切本体论的本质：与其说事物的实体与形式在多重的真之中有着自己真正的名字，不如说它们来源于主观原则，来源于我们的思想，而人们对此却一无所知。这就是"本体论的唯心主义眩晕"⑤。霍克海默尔由此得出结论，整个形而上学走上了一条错误的道路。黑格尔最清楚地阐释了这一点。霍克海默尔撰写的研究黑格尔的文章清晰明了，对黑格尔思想的赌注有着清醒的意识，充满了对他的敬意，同时也与之保持了一定的距离。这是霍克海默尔最优秀的文章之一。具有强烈批判意识的法兰克

---

① 《理性的天食》，第20页。"客观理性"与"主观理性"是这部作品的主要分析对象。

② 同上书，第21页。

③ 同上书，第186页。

④ 同上书，第186页。

⑤ 同上书，第235页。参考《黑格尔与形而上学问题》，《1930年资产阶级哲学史的开端》，第139—158页。

福学派的理论家们对黑格尔给予了特殊的关注，发现他在对待本体论问题上的草率①。黑格尔无与伦比的力量在于他将自己的企图推向极限，把认知的意愿和真的不透明性聚集在一切张力中。这里的真不再是古典秩序，而是历史。黑格尔作为"伟大的经验主义者"②，"研究历史和社会的最伟大的人之一"③，他面对现实的真，就像面对一个真实的产品，这就是那些真正经历过历史的人所塑造的理性-自然关系的具体有效性④。然而人们在黑格尔身上除了发现这种警觉的"经验主义"之外，还发现了同样警觉的认知要求的激进性。如果说希腊人把知识当作自己的终极目标，黑格尔则与他们相反，他认为人只需要用自身来为自己辩护。于是主客体的同一性成为真理存在的必要条件。霍克海默尔向黑格尔实践逻辑的纯粹性和实践的勇气致敬。如果说真理存在的话，那么它是完整的；只有当真理变成为一种既灵活且坚定的逻辑，能够更好地适应和构建真的运动，并像概念的自我运动一样使其显现时，它才能够存在。黑格尔运用辩证逻辑，并将否定时刻巧妙地融入他的思想体系中，从而使得思维与真（réel）的同一性变得具体而可以想象。

那么这种思想是否就能够长久维持呢？"黑格尔思想体系对于哲学现况的重要性首先在于他明确地将形而上学与思维和存在的唯心主义神话联系起来。"⑤事实上，霍克海默尔认为，巧妙的辩证法是一种"神奇的工具"，对于我们来说还具有特殊的启发思维的能力；但它建立的基础是一种信仰，一种哲学信条，即对同一性的肯定。黑格尔将纯理论推理逻辑的潜能发挥到极限，同时肯定了自然和理性。然而，至少对我们来说，神话般的严峻见证了形而上学的终结："思失去了其与存在结合的神秘主义的意义。"⑥随着同一性的崩溃，

---

① 阿多诺为此写过一部书：《有关黑格尔的三篇研究》，拜约出版社，1979年。布洛克与马尔库塞也有类似的作品。

② 《1930年资产阶级哲学史的开端》，第141页。

③ 同上书，第146页。

④ 与此相反的观点，请参阅霍克海默尔对柏格森时间观的精辟研究，《柏格森的时间形而上学》，1934年，《人与社会》，1983年7月—12月刊，第3—39页。

⑤ 《1930年资产阶级哲学史的开端》，第144页。

⑥ 同上书，第154页。

"作为独立于真正的真和各种实验科学之外的形而上学又成为讨论的焦点"①。黑格尔完成了客观理性的心愿，而这种完成也暴露了其"本质"：它是一种完整的逻辑，整个自然和一切客观性都臣服于理性的法则。黑格尔用限定性否定指出了哲学的唯一道路，将它从一切唯科学主义和排斥否定的本体论的泥潭中拔了出来；但是在他看来，限定性否定始终是绝对认知概念某一个时刻的产物。

> 黑格尔用限定性否定揭示了将理性与实证主义的衰落区分开来的时刻。但在他看来，这两者之间又是紧密相连的。他最终将否定的全过程这一系统的和历史的总体性所产生的有意识结果提升到绝对层面，却因此犯了禁忌，跌入了神话的陷阱中。②

在漫长的启蒙运动过程中，主观理性与客观理性的唯一区别之处就在于主观理性具有确定的**自我**优势。自然不再被重视。外部不再有成为原则的抗力。诚然，分离继续存在，然而分离的自然变成了物，变成了物质性和理性各种操作的量的支持。笛卡尔对延伸的思考的区分造成的结果是多种多样的。从某种程度上来说，这一区分证明了外部中立的合理性。科学的奴役发展到了近乎泛滥的程度。然而难以察觉的倒退不是无关痛痒的。如果说工具式理性发展的进步性是无可置疑的，如果说这里的进步指的是对世界的治理和越来越高效的技术的广泛传播，那么同样地，工具化也暗中征服了工具的操纵者。科学的奴役是以自我损害为代价的，自我从"资产阶级的冷漠"走向了对大众的剥削，从自我奴役走向了对他者充满嫉妒和攻击的敌意。理性被工具化到了极端的程度，它似乎成了最高权力的担保，成为一把权杖。至高无上性成为理性的特有目的，而且通过普遍的获取权力的斗争进行自我颠覆。"一直以来，进步思想最普遍意义上的启蒙运动的目标就是把人类从恐惧中解放出来，使他们变得至高无上。然而被知识之光完全照亮的地球却在摧毁一切的灾难的征兆中发出夺目

---

① 《1930年资产阶级哲学史的开端》，第150页。
② 《理性辩证法》，第41页。

的亮光。"①

从主观理性向客观理性的过渡是完全内在于理性逻辑的。这种"转变不是一个偶然事件②"。它仅仅意味着理性在认知上有了进一步的发展，因为它开始懂得自我限制，放弃了获得完全真理的幼稚野心，对确定的已知事实进行思考。"这种知识的本质就是技术。"③技术不仅仅是科学进步的动力，它还意味着自然界和社会的彻底转变。它影响到客体、主体和关系，以及工作与言语活动的所有模式。它的诱惑和成功使得知识形式发生了无可避免的转向。面对一个易于接受的问题，知识不断发展，它的命运就是要被极端形式化，直到有足够的力量构建自己的客体，简而言之即重新创造自然，变成唯一的体系。"形式逻辑是教授如何统一的大学校。"④在这一演变过程中，数学成为引路科学：空间性，构成主义，透明，连接的纯粹性，数的威力。"理性事先将真理与被数学化和思完全奴役的世界视为同一，这样它便认为自己不会受到神话的侵袭。它认为思就是数学。就这样，后者获得了解放，被升格为绝对要求。"⑤过去对真理种类的划分仍然在主观理性的黎明中引起纷争，但这些种类仍然如一轮"旧时明月"悬挂在已消失了的形而上学的天空中。⑥与形式越来越大的自主性相对应，人也同样具有越来越大的自主性。自然中的人是至高无上的主人，但如果更平凡地说来，他也是一个数。在康德那里，人是实践的自由，但这种自由只在可见世界之外的另一个王国中产生作用。更确切地说，人既是遵循现象法则的经验论的"我"，又是超验的"我"。后者作为固定的一极，没有表情，只有一种内在的需求，就像一台记录各种表现的摄像机。就这样，人在他自己的秩序中离上帝也就不远了。主观理性话语嘲讽对客观理性过时的怀念，与此同时，它也不知不觉地腐蚀了宗教。

---

① 《理性辩证法》，第21页。

② 《理性的天食》，第71页。

③ 《理性辩证法》，第22页。

④ 同上书，第25页。

⑤ 同上书，第41页。

⑥ 没有一个理性主义范畴能够幸存下来。精神、愿望、最终原因、先验设计、固有原则、离奇的想法、经院学派。理性本身像幽灵一般从语言习惯中突然出现。(《理性的天食》，第201页)

　　启蒙运动哲学家借理性之名抨击宗教……宗教则充分利用新的现实：
理性的形式化使得它免于遭受形而上学或哲学理论的攻击……纯理论推理的
理性起先为宗教服务，后来成为宗教的敌人，而它的死亡对宗教来说是一
种灾难。①

　　实证主义，即"哲学上的技术官僚主义②"，就是这种主观理性的结果。它
比起新托马斯主义或一切回返实用理性的形式都更显幼稚。盲目成分的增加产
生了这种幼稚；科学简化为物理中所应用的方法，而且忽视了其固有的矛盾。
这种矛盾肯定了纯粹意义上的科学是一种理性，而非一种手段。③主观理性掩
饰自己从目标向方法的转变，这正是它深层的和全局的堕落。理论不仅仅是一
种操纵（opération）。我们居住在一个迷失方向的世界中，这种困惑与所要寻找
的解放是背道而驰的。
　　我们借助一条更为隐秘的原则便能够清楚地看到这种堕落。科学、意识
形态、容忍着现行的恶④的各种教会和工程师－哲学家都为这种奴役服务。
从某种程度上来说，它是由理性的这种用途衍生出的社会的"本质"。"视世
界为猎物"⑤的理性的弊病在这一终极形态中显现出来。自然的一切相异性都
烟消云散了。霍克海默尔有句漂亮的口头禅："恩赐不再。"⑥"理性或许能凌
驾于自然之上，但条件是它必须对自己的'自然本性'有着清醒而具体的认
识——它的'自然本性'就在于它奴役一切的趋势——而自相矛盾的是，这
种趋势本身使得它疏远了自然。"⑦在拷问这种弊病的起源之前，先要问问看

　　① 《理性的天食》，第27—28页。
　　② 同上书，第68页。
　　③ 有关与现时逻辑无休止的激烈讨论的问题，参考阿多诺、卡尔·波普尔（K.Popper）《从维也纳到
法兰克福——德国社会科学的争辩》，布鲁塞尔，复杂出版社，1979年。同时参考瓦尔特·欧什那（Walter
Euchner）的完美作品《德国社会学中的方法论矛盾》，《哲学档案》，1970年，第177—221页。
　　④ 《理性的天食》，第74页。
　　⑤ 同上书，第283页。
　　⑥ "实证主义者是18世纪启蒙思想的追随者，在道德哲学方面他们显示出作为苏格拉底弟子的本
质。苏格拉底认为，知识必然造就美德，而无知必定蕴含着邪恶。他试图将美德从宗教的控制中解放出
来，这一理论后来被英国的一名修道士所接受，他就是贝拉日（Pélage）。他对恩赐是达到道德完美的条件
这一观点表示怀疑，并坚持认为教义与法则才是达到道德完美的基础。"（同上书，第92页）
　　⑦ 同上书，第183页。

它所造成的后果会是什么。

回返神话的内在性

　　阿多诺与霍克海默尔在《启蒙运动概念》一文中论证了由理性向神话的巨大转变这一大胆的论点。此文深刻有力而又显得异常混杂，大段冗长的文字——"就像在一场鲜为人知的灾难中平静地坠落人间的大石头"——其中的逻辑关系让人感到费解。比起那些多少有些饶舌的神话，清醒的思将世界更严密地封锁起来。比较这些不同之处，肯定历史内部被重复的神话加上了节奏，承认现实世界几乎无药可救的僵局，这份罪行录让人感到不可思议，也做好了接受各种讨论的准备。但无论如何，还是存在这样的说法："正午时分，人们突然产生了一种意识：自然是一个整体。而正午突如其来的恐慌在如今随时都有可能出现的恐慌中找到了它的等价物：人类等待着，这个没有出路的世界将会被整体摧毁，整体由人类自身构成，但人类却对其无能为力。"[1]

　　这里所讨论的理性并不是一种"官能"，而是一种态度。诚然，理性随着对认知问题的深入研究而发展，但它并不等同于从神话狂乱的玄想向科学平静的章法过渡。它产生于情感和恐惧，衍生出的是奴役。这就是为什么它扎根在各种社会组织模式中，这其中政治、经济、宗教和伦理道德为了同一个目的交织在一起。如何才能阐明理性与神话之间的近似——同一性呢？

　　作者在文章开头痛心地通观了事物和思想的状态。启蒙运动结束后，追求真理的自由认知的幸福随之终结，享受生活之乐的思想也受到了遏制，取而代之的是"一种方法的建立，是对他人劳动的剥削和资本的构成"[2]；在文化层面上则是"轻信，对怀疑的憎恶，浮于表面的回答，文化的炫耀，面对矛盾时的畏缩，宽宏大量的缺乏，个人研究时的漫不经心，口头上的拜物主义以及对部分知识的接受"[3]。这是怎样一个斩头去尾的乌托邦！理解力与事物本质的结合

---

　　[1] 《启蒙辩证法：哲学断片》，第45页。

　　[2] 同上书，第22页。

　　[3] 同上书，第21页。

是不幸的。这是因为从神话想象到理性话语，一种同样的姿态始终如一，区别之处仅仅在于方法，即在于力量。

"面对神话，理性感受到一种传奇式的恐惧。"[①]荷马是第一个艰难而成功地与外部力量中断关系的人。从他以后，理性借助掩藏在理智诡计之下的暴力，一刻不停地将这个外部中有可能不属于理性法则统辖之下的东西驱逐出去。神话的空想烟消云散。然而他们所代表的外在性却藏到了别处。这种从未被完全消灭的抗力正是始终困扰理性的问题。理性清空或是推开了天空，消抹了诸神或上帝的痕迹，或让他们缄口不言，然而它又开始担忧起一切神话自然的残余物。它们尽最大可能不停地接近自我，侵入到身体、言语活动和一切躲避规则与数的事物中。启蒙运动是一种警诫，是一座监视塔楼，甚至是一座在思、欢乐和聆听中禁止产生遗忘的瞭望台。

《启蒙运动概念》中两条令人赞叹的主线——"尤利西斯，或神话与理性"和"朱丽叶，或理性与道德"[②]——让人们看到了理性历险的开端、方向和终结。规则与运动尽在尤利西斯的盘算之中。人们了解他的艺术，他不仅借此将诸神之间的不合成功地转化为对他有利的因素，挫败了岩洞、岛屿和山石间居民们的诡计，还使得他们永远变得无害于人类；他消灭了仅以盲目信仰为基础的力量。这样他便达到了一定的高度，这种高度并没有使他与遥不可及的诸神们并驾齐驱，而是使他成为自己世界中至高无上的，清醒的和无情的人，就像那些神灵一样。不过他还是保留了牺牲者们的形象和对他们的回忆。而萨德这位"最真诚的资产阶级作家"[③]则与他完全不同。"资产阶级主体从一切奴役中解放出来。"[④]去神话化的过程完成了；理性作为完整的形式化，不再惧怕任何天上或地下的事物，它仅仅是对赞同理性的自然毫不留情的剥削。女人，女人们不拒绝对征服自然的一切方法进行拜物教化的游戏。"朱丽叶的**信条**就是科学。"[⑤]她只保留了一种迷信，即对失去了一切温柔和超越任何个性的欢乐的迷

① 《理性的天食》，第45页。
② 《启蒙辩证法：哲学断片》，第58—92页，第93—129页。
③ 同上书，第125页。
④ 同上书，第96页。
⑤ 同上书，第106页。

信。而比这种欢乐范围更广的是一种智力上的愉悦，带来这种欢愉的是用文明创造的武器摧毁文明的倒退。消除了所有烦恼的控制者爆笑起来。果敢的大无畏精神是"资产阶级唯一真正的优点[1]"，它并没有助长诡计的发展，而是加强了对科学的要求。但它所能做的仅仅是象征资本主义的政治经济力量，并使这一力量提前发生（anticiper）。然而如果说萨德的作品引导人们走向与自然的分裂，那么从某种程度上说来，这实际上是自然的报复行动[2]。这一行动通过废除两个术语得以实现。[3]

理性在坚决地清除了一切障碍之后，最终建立了一个与神话世界同样协调、稳定和重复的世界。[4]

当不再有陌生事物存在时，人们便会相信自己已经从恐惧中解脱了出来。正如神话将无生命物视为有生命物一样，理性将有生命物视作无生命物，这就是理性的去神话化之路。理性是神话恐惧的激进化。作为理性最终产物的实证主义所具有的纯粹内在性正是我们可以视作为普遍禁忌的东西。外部不应该再留下任何东西，因为仅仅是"外部"这一想法就会成为恐惧之源。[5]

概念的普遍性深得人心，它是内在性的基础和框架。那些拥有足够的力量、艺术和耐力去战胜一切反叛的人们将内在性建成一处安身之所。

然而，在澄清和驯服一切属于自然的事物的意愿深处掩藏的灵魂是什么？

---

① 《启蒙辩证法：哲学断片》，第110页。

② 参考《理性的天食》，第三章，"自然的反抗"。

③ 瓦尔特·本雅明极为全面地展示了当下与神话的亲近性及其诱惑，尤其是他对歌德的研究，《歌德的选择性亲属关系》，《神话与暴力》，德诺埃尔出版社，1971年，第161—261页。然而尽管神话这一主题贯穿了他的整个作品，却很难对神话作出一个明确的定义。对此最优秀的研究之一：维因夫瑞德·迈尼甘斯《门槛科学——本雅明的神话理论》，《本雅明与巴黎》，塞尔夫出版社，1986年，第529页向后。以及他的作品*Walter Benjamin Theorie der Strachmagie*，1980年。

④ "'儿子，瞧，在这里时间与空间融合在一起。'这是古尔曼兹（Gurnemanz）的第一幕对帕西法尔（Parsifal）说的话，观众眼中的场景发生了变化。显然，这一席话对神话作了最深刻的定义。"（克劳德·列维-施特劳斯：《远去的目光》，普隆出版社，1983年，第301页）

⑤ 《启蒙辩证法：哲学断片》，第33页。

是什么力量使得神话与理性最终变得相像? 似乎是一种嫉妒, 一种与位于他处的力量之间的对立。从某种程度上来说, 人在自我构成或者说以为在自我构成的时候创建了一副权力的形象。"只有在这种看不见的权力形象中人类才能够达到我的同一性。这个我不会在与他者的同一化过程中消失, 而是决定性地占有自己, 就像一张不可穿透的面具。"① 这种形象有着双重作用: 它偷走了人类没有找到的同一性, 将它固定在一张永恒不变的面具上; 它幻想着将上帝与自己等同起来, 使他不断靠近直到静止不动, 能够为自己所取代。这种获得的力量最终是一种合并的力量。②

事实上, 嫉妒只是面对他者、自身和自然时产生的恐惧的另一面, 是它活跃的另一面。阿多诺和霍克海默尔用魔幻世界与神话相对立。过去这里存在与外部之间忧虑的、受折磨的关系, 从某种意义上说来, 这种关系现在仍然处于活跃状态。这里还有二者的游戏, 却没有单边的颠覆, 这就是复杂性。③ 但这个野蛮而多元的他者让人感到可怕。人类始终对这种彻底的复杂性心怀恐惧, 因为这使得他自身的同一性问题永远得不到解决。在神话之后, 科学用更为巧妙的方法消除了这一复杂性, 让人们忘记没有找到的同一性, 但这样做正是以这一同一性为代价的。"所有事物之间同一性存在的代价是每个事物不可能与自身达到完全相同。"④ 一项同样艰辛的劳动奴役着这个世界: "消除不可通约"。这是一场千年的追捕, 它的动因来自对那些与我们分离、绝不仅仅是事物的东西的恐惧。

在发生偏航的起源处: 丢失 (自我) 的恐惧

霍克海默尔将理性以及进步和倒退所固有的暧昧性系统化, 并冒险对从一

---

① 《启蒙辩证法: 哲学断片》, 第27页。

② "造物神与具有组织功能的理性作为自然的最高主宰, 它们彼此有相似之处。人类在存在方面有着至高无上的权利, 他们的目光就像主人们的目光, 并且不断发号施令, 在这一点上, 他们就像上帝。"(同上书, 第27页)

③ "人类祖先们所认为的超自然事物绝不是一种与物质实体相对的精神实体, 而是一种与un élément pris individuellement相对立, 属于自然范畴的复杂性。"(同上书, 第32页)

④ 《启蒙辩证法: 哲学断片》, 第30页。

开始就激起认知冲动的事物作出假设。"欲望不应当成为思维之父。"①这道最终的禁令将自我保护和自我保存的想法退回给那些暗中为思维确定原始方向的人。思维与自我顾虑之间本能的联合从一开始就打乱了解放一切的纯洁理想，它很可能就是法兰克福学派批评理论最终所围绕展开的话题。

荷马生动地展示了尤利西斯这个"既敌视自己的死亡，又敌视自己的幸福"②的形象，他是思维与幸存、识别真相的判断与自己和他人共同遵守的纪律之间紧密而痛苦的结合。在《塞壬那》的一个决定性的片段中，尤利西斯强迫他的同伴们用被堵住的耳朵划桨，而孤独的他把完好的一只耳朵连在桅杆上，绝望地倾听着被拒绝的欢乐发出的迷人的声音。这样他才逃过了危险的劫难。这种苦行的意义是深远的。"文明史就是牺牲的内倾性历史。"③这种内倾性的发展从未停滞，其速度与充分发展的具体**实践**的理性同样快。随着新教的发展，在现代社会诞生之初，这种内倾性甚至获得了一种正式的地位，它成为实施理性所必需的开端。霍克海默尔多次强调路德的社会功能与获胜的理性效能之间的协调性："宗教的革新使得即时生活取决于远景目标……新教打破了传统。它把殉难的圣具（十字架）深插入人类的灵魂，使得它产生了一种难以磨灭的推动力④。"然而自我浪费与牺牲之间的交流是多产的；自我保存赐予人们对直接经验的把握，这使得人们能够控制这种交流。从《奥德赛》开始，伴随着自我保存的艺术同时出现的还有各种力量的关系。理性从端倪时就是自私的，它的占有者是那些因为能够控制自己从而能够控制别人的人。随着理性的发展，从开始便根植于其中的专横的恼怒日益膨胀。如果说"理性是集权的⑤"这句突如其来的话首先意指理论的系统化，它同时也涉及理性的发明在政治和社会层面所产生的作用。集权制绝不是启蒙运动发展的最高峰——资产阶级霸权地位的偶然产物。

———————————

① 《启蒙辩证法：哲学断片》，第70页。

② 同上书，第49页。

③ 同上书，第49页。

④ 《理性的天食》，第212—213页。同时参考另一些评注："对于理性就相对于新教一样，那些满足于现状，不去理性地借鉴自我保存的人便会向一种史前状态倒退。"（《启蒙辩证法：哲学断片》，第45页）以及"斯多葛主义——资产者的哲学……"（同上书，第106页）

⑤ 《理性的天食》，第24页。

从那以后，被广泛宣扬的理性的普遍性与它所组织的世界一样，都只不过是特殊的历史形成物，在自我保存欲望的驱使下，在不为理性所知的阴影中形成。然而这种历史形成物是我们的也是全球的。这种自我保存隐藏的能量具有许多特点。一切社会秩序都集中在商品的生产过程中。在这里，等价关系是最高法则。对生产的占有和把握或生产的潜在能力决定了社会的等级分化，政治被减缩为对各种蓄势待发的力量的管理，这些都是利益统治的明显标记。利益是唯一顾虑**自我**的另外一种表达。马克思本身或许就被资产阶级理性所控制。在这种形式主义中，意义、乌托邦和信仰都为了劳动和能够颠倒各种角色的政治做出牺牲。①同样的原则也对言语活动产生了影响。作为"资产阶级思想原型"②的唯命论恰恰表达了可操纵套用语和工具—语言的张力。后者没有给否定留下任何余地，对于它来说，一切其他用法都只是装饰性的。

但这种原动力绝没有忘记对某些初生事物进行遏制。一切可能阻碍这种动力发展的抗力如果说不是遭到拒绝的话，至少立刻会受到怀疑，它具有边缘性和可疑性。理性的秩序是一块从来没有被完全占领的飞地，对于所有从侧面使得人们对这一秩序和这个隐约带有反叛性的幽灵产生忧虑的事物，阿多诺和霍克海默尔有着洞察其微的论断；女人，犹太人，疯子，艺术家似乎总是使得自我保存小心谨慎建构的大厦处于崩溃的边缘。"爱是奴役一切的理性不共戴天的仇敌。"③当我们认为已经揭开了自然的秘密时，幸福和痛苦就会突现出来，像反常状态一样令人担忧，又像过剩物和衰颓一样让人感到恐惧。至于反犹主义，如果说它的产生别有他由，那么与常理相悖的是，它只有在理性艳阳的高照下才会膨胀起来④。犹太人参与了启蒙运动，然而由于种种原因，他们始终处于运动的边缘，被认为"没有劳动而获得财产，没有权力却得到幸福，拥有一

---

① 与马克思之间复杂的终极关系问题，参见马丁·杰简练的文字《辩证想象——法兰克福学派与社会研究院历史，1923—1950》，第293页。

② 《理性辩证法》，第73页。

③ 《理性的天食》，第228页。同时参考对于理性秘密地禁止享乐这一做法的评语："一切享乐都揭示了一种偶像崇拜：它使得自我沉溺于其他事物中。"（《启蒙辩证法：哲学断片》，第114页）很少有哲学试着对留给妇女的地位及其意义进行探索。

④ 参考富有新意的文章《反犹主义因素》，它的副标题意味深长："理性的限制"，《启蒙辩证法：哲学断片》，第177—215页。

块没有边境的土地和一种没有神话的宗教①。"他们无法逃避这样一个事实：在他们眼中，忧虑的理性的警惕性变得越来越冷酷，乃至最终发展成为一种不宽容。理性对自然的仇恨如此强烈，以至于它在一切自然走近的地方和对待动物的问题上明目张胆而残忍地表现出来②。这些文章中有关动物的主题并不是一种怪现象，它被视作一种征兆：理性从没有停止过与自然的较量。在这里，对自然的厌恶毫无保留地表达出来，超越了一切法律和惩罚。最后，理性显得如此高傲和无拘无束，它与对自我的保存紧密相连，这从某种程度上来说证实了它的来源：哲学。直到现在为止，常胜的哲学从来都只是资产阶级的哲学。对此，霍克海默尔在1942年给勒文塔尔的一封信中俏皮地解释道："启蒙运动恰恰代表了资产阶级思想，或者更确切地说，它代表了普遍的思考。因为在城市之外便找不到真正意义上的思考了。"③

理性与理性的具体化日趋成熟，而这一成功的阴影中理性的脆弱性颇为引人注目。使理性辩证化的努力关键在于让理性—自然坚不可摧的联系显现出来。在两者之间设置鸿沟，通过对他者的赞扬来使其物化，这样便为一种巨大的转变创造了条件。如果我们一味地相信自我保护的理性具有至高无上性，这就意味着重新落入了暴力的魔掌中，而我们无情地抛弃自然正是为了避免这一倒退的发生。

理性是自然之外的事物，但同时又是自然中的一个时刻，这正是理性的史前史。它由此变成了理性内在的一个决定性特点。作为一种转向为自我保存服务的精神力量，它隶属于自然秩序的统辖之中；但它同时又是与自然分离和对立的。就这样，对于自然来说，它变成了一种相异性。理性以昙花一现的方式从自然中逃逸出来，它与自然既是同一的又是非同一的，这就是其自身概念的辩证法。但在这种辩证法中，理性越是与自然绝对对立，并因此忘了自己，它就越会向自然倒退，就像是一种无节制的自我保存。只有当

---

① 《启蒙辩证法：哲学断片》，第207页。

② 参考"人与动物"，《启蒙辩证法：哲学断片》，第268—277页。

③ 转引自马丁·杰，第293页。同时参考"资产阶级哲学——不是别的，因为思（das Denken）在城市中出现——本质上是理性主义的。"（《理性的天食》，第200页）

理性成为对自然的反思时，它才能够成为一种超自然。

对于哈贝马斯来说，《否定的辩证法》中这一段简短的总结包含了"启蒙辩证法"①的中心思想。·

摹仿、回忆、批评……理性的另一种用法？

讨论理性的整个系统将它的惯用武器——批评的矛头对准理性，但这一过程却显得有失慎重。不仅它的方法遭到人们的质疑，它所造成的结果——行动的冻结、思维的静止——亦是如此。然而它的作者们从没有抛弃过这些结论；更确切地说，他们不断地强调这些结论。布朗肖将"灾难（dés-astre）"这个词拆开，逐字进行思考，他赋予这个词以历史和哲学的意义。说实在的，批评已经预料到今天许多人所共有的困惑。②而就在法兰克福学派的批评将它的强光照耀在理性的流浪之上的同时，它的另一大功绩就是出于同样的动机提出了理性的问题。不带奴役性的理解是什么？不使之物化的形式赋予又是什么？一个个世界都变得支离破碎，每个人发狂般地寻求一片立身之地和获得拯救的空间。这时基要主义和本体论的诱惑在所难免，阿多诺和霍克海默尔对于这一切给予了尤为尖刻的批评。他们拒绝用理性之外的东西去面对理性中的非理性。我们相信字里行间孕育了一场思维之梦。犹太人相信无神论、不可知论或世俗化，但他们并未完全患失忆症，似乎他们还在考虑如何正确地运用理性，才能够不与无所不知的上帝的模糊形象形成对立，才能够不为了夺得权利而进行残暴的斗争，从而摆脱恐惧、障碍和导向灾难的深渊。"哲学信仰与对减弱我们思维能力的恐惧的拒绝不谋而合。"③

① 哈贝马斯：《政治与哲学轮廓》，伽利玛出版社，1974年，第242页。
② M.布朗肖（M.Blanchot），《灾难写作》，伽利玛出版社，1978年。参考《耐心练习》为M.布朗肖做的专号，1981年冬天，第二期。最尖锐与最谨慎的批评莫过于J.-F.里奥塔尔（J.-F.Lyotard）的作品：《纠纷》，子夜出版社，1984年。
③ 《理性的天食》，第169页。

摹仿是最难把握的概念之一，但似乎也是理性辩证法的承载者。①这个词四处出现，却没有过真正明确的定义。它是一个纲领的草案，是对与自然之间关系的追忆，这种关系显然有着一定的结构，但却又与唯一为人们所认识的表现形式有所区别。是毫无保留的和一系列的概念，这其中名称退化成为符号。但摹仿却没有成为理论审视的对象。艺术是一个占有优先地位的话题，对于阿多诺来说尤其如此②。它或许为研究摹仿提供了一种独特的视角。艺术在特殊中拯救普遍。如果说它也能够抵挡得住即时的文化需求，那么我们可以直白地说，艺术总是对不同之处的赞美。它拒绝总体化，因为美就在于任何一种总结都无法一言以蔽之的多重和多元所散发出的光芒。③这是否意味着用另一种眼光来看，审美也会变为理论的模式？因为审美是对所有转瞬即逝的事物以及人与外在性的关系最微小的细节的形象化和回忆，艺术指明了一条道路。它所建立的不连续性将人们重新领向一切不为理性包容、被牺牲和被压迫的事物上来。它代表了那些人们以为被废除或被粉碎的事物出人意料的继续存在。它从边缘上对与外部的关系模式进行修整，这种关系模式不会将艺术转化为物，而按照自身逻辑运转的思维也会从中得到启发。

这时哲学实践的第一个教训由此而生，即防止对他者进行命名的倾向的产生。这种倾向是难以抗拒的。从这个意义上说来，禁止给上帝命名的犹太教传统具有深刻的教育意义，因为可以说它消除了占有一块没有被取消但却被清空的地盘的可能性。

"犹太教不允许用任何词来安慰对万物必有一死的绝望。禁止赋予他者以上帝之名，赋予有限以无限之名，赋予谎言以真理之名，这是犹太教唯一的寄托希望之处。对救赎的保证就在于对一切有可能替代犹太教的信仰的拒绝。认

---

① "与科学一样，魔幻也有自己的目标，但它是借助于摹仿而不是与客体逐渐拉开距离来达到自己的目标。"（《启蒙辩证法：哲学断片》，第28页）同时参考《理性的天食》，第122—125页及第185页："言语反映了被压迫者们强烈的愿望与自然的命运。它解放了模仿的本能。"这一概念很可能来自本雅明对言语极为复杂的研究。

② 参考马克·基梅内（Marc Jiménez）：《走向否定美学——阿多诺与现代性》，假挪威械出版社，1983年，第422页。

③ 《启蒙辩证法：哲学断片》中对于艺术的影射是多种多样的，尤其是第35—36页。

知就是对空想的揭露。"①

　　即使说在这篇文章别的地方，人们也能够发现《创世纪》中发出的占有土地的命令与理性自发的冲动甚为接近，但上帝的名字所代表的难以企及的起源的附加物还是保留了一种终极的客观性，也因此划定了一条难以逾越的界限，它的作用就在于重新推动否定和言语活动的发展；不论这条界线的名称是什么，它阻止了"一"的系统化。阿多诺著名的格言"全即非真②"的提出在理性传统中令人感到惊愕，它呼唤一种不给总结以安慰的劳动。在一篇十分精美的螺旋式探索性文章《有关哲学的概念》③中，霍克海默尔用同样的方式要求人们具有一种睿智，这并不是实现的同义词。"一切形式的一元论都是在为奴役辩护④。"禁止给上帝命名并不是承认一种信仰。它重新建立了一道分水岭，使得人们不会在虚假的超验性或内在性中失去知觉。上帝的名字就像一个没影点，或许十分有效，但它并不是为了"以上帝的名义"专断地将内在性和超验性拆散，而是为了让此时此地的自我与他人显现出来，从**自我**偏执狂的阴影中走出来，就像摆脱了唯物主义的愚弄。⑤

　　界限的重新设定意味着批评的重新展开。任何现实都是被生产和变化而来的，具有潜在可变性。因此"问题不在于把握现实，而在于批判现实"⑥。这种新的批评具有两面性。一方面，它涉及对当下的研究，当下有缺陷也有进展，它是属于我们的历史时刻，具有自己的密集性、晦涩性和多产性。另一方面，批评是也应该是自我反思，是对表面看来与其本质截然对立的自我的回返。这一回返并不单单是对各种特殊程序的澄清。它同时也是一种回忆。有时回忆看上去就像是理性最美好的前途，是对它最确定的修正，似乎理性的历史

---

　　① 《启蒙辩证法：哲学断片》，第40页。

　　② 阿多诺，《最低限度的道德——源于对受损生活的反思》，拜约出版社，1980年，第47页。

　　③ 《理性的天食》，第169—193页。

　　④ 同上书，第174页。

　　⑤ "偶像们走过了……在上帝面前，我们的思维停止了。"（艾玛纽埃尔·贝勒[Emmanuel Berl]《不合时宜》，伽利玛出版社，1969年，第216页。）

　　⑥ 《理性的天食》，第74页。"康德的格言：'批评道路是唯一一条永远开放的道路'，它使得人们重新面对教条主义的客观理性与英国式经验主义的主观推断之间的矛盾，它更适用于当下的情况。"（《理性的天食》，第180页）《启蒙辩证法：哲学断片》用很长一段文字（第54—56页）概括了批评的任务。

性从未如此清晰地显现出来，而此时它甚至能够不断地拉开主体与客体之间的距离。[1]霍克海默尔说过这样一句至理名言："试着从荒谬结局的瓦砾中拯救出相对的真理。"[2]这样，如今的哲学就"可以说成为历史的修正"。[3]

批评理论一方面不可能忠实于理性，另一方面又不愿放弃这种忠实，被夹在两者之间的它显得紧张却又大胆而尴尬。这种理性辩证法时代的批评理论是我们所经历和目睹的具体历史的产物，它建立在对真理的怀念基础之上，这种怀念从我们的时代看来或许略显陈旧。如今的真理是不可表达的吗？无论如何，我们还要寻找一种言语活动的实践，它使得真理蕴含了所有事物和自我之间的同一性，这一特性超越了神话或总体化的混乱。即使真理没有任何承诺，哲学仍然肩负着永不放弃真理的天职。在这一开端时刻，存在于其中的不是自发性，而是批评。"只有产生暴力的思想才具有足够的硬度去抵御神话的摧毁。"[4]即将来临的不是乌托邦，而是一种常新的回忆，是对作为"犹太教最高价值"[5]的和解的回忆，是专有名称的狂喜。因此，与其说这是欢乐的知识，不如说这是忧伤的科学。

---

① 参考《人与动物》（《启蒙辩证法：哲学断片》，第277页）绝妙的总结，是对于自然的回忆而不是自然本身变成了控制的敌人。

② 《理性的天食》，第189页。

③ 同上书，第192页。

④ "哲学不是综合，不是一种基础的或权威性的科学，它是对暗示的抵触，是为了获得真正的精神自由而作出的果断选择。"（《启蒙辩证法：哲学断片》，第265页）

⑤ 马丁·杰的答辩论文。同时参考："基督教试图通过被钉在十字架上的神灵的法则迫不及待地获得文明与自然之间的和解，然而这种和解对于犹太教和严格的理性来说都是陌生的。摩西与康德并不宣扬情感的作用，他们冷酷的法则中既没有爱也没有火刑。"（《启蒙辩证法：哲学断片》，第122页）在对理性进行控诉的过程中对各种宗教的作用和基督教的研究是十分必要且大有教益的。

理性的批判与怀念:

对霍克海默尔与阿多诺文章的几点注释 ①

彼此势不两立的信仰与理性, 哲学与神学曾经主宰着真理, 但愿如今人们能够对他们重新进行探索, 不论这些探索有多么的精细, 最终都能见证一种或许不是人们所想, 但确实存在的融合, 以至于对可思考的反思不再排斥可信仰之物, 对可信仰的反思也难以逃避对可思考的反思。这种融合最终说来是以相同的主–客体关系模式为基础的。各种形式的哲学赋予理性以过大的权利, 理性所产生的作用被认为是可以核查和证实的。神学使得对上帝确信的认知成为一种更为强大的控制力, 这种力量得到团体权威的保证, 并被其缓和。

现代诠释学思想诞生于德国唯心主义的边缘地带。一个多世纪以来, 从施莱马赫到伽达默尔, 现代诠释学思想从来没有停止过对这种理性关系进行无限细致的表达, 这样做既是出于对唯科学主义或宗教的教条主义的厌恶, 也是由于人文科学所显示出的复杂性将暴力引入科学中来。人文科学不仅是观察科学, 同时也是一种阐释科学。传统图示发生了进水现象。哲学或神学的理性主义传统似乎只能向历史主义求救, 尽管如此, 人们很快就在它的杰出代表人物诸如狄尔泰身上发现了它令人难以接受的限制。②诠释学作为对文本和人类世界开放式的重新阅读, 它变成了一项没有明确的任务; 它要应对意义的退化; 它并没有解构所有系统化整体, 而是将它们置于第二位。意义总是被承诺的, 但它就像被衍射的光线, 始终不以完整的面目展示于最高理性面前。正因为此, 话语的多元性被认为是合理的, 它呼唤介入者多元性的产生, 由此打开一

---

① 本文是对一场讲演会的笔记进行的整理。这场讲演的目的仅仅是引起人们对现代性条件下信仰与理性关系的思考(这已经算是一个野心勃勃的计划了), 我们现代性的标志是对理性进行揭露, 同时按照哈贝马斯的理论重建理性。有关这一思想运动的全过程, 请参考加尔比·科蒂安(Garbis Kortian)简洁而严密的作品Métacritique, 巴黎, 子夜出版社, 1979年。

② 参考狄尔泰:《在精神科学中建构历史世界》, 由西尔维·梅祖尔译介到法国, 公鹿出版社, 1988年。

片对话的空间①。

即使是借助一篇如《理性辩证法》②一样艰涩、洗练和容易引起争论的文章来对法兰克福学派这一帮特征模糊的学人进行回顾，看起来也会有热衷于考究亡故要人名单之嫌。这场各种零散的思想纷呈的运动充斥着没有完成的发展步骤，从对新马克思主义的信仰到被人们讽刺并揭露的资产阶级的屈从，它成为诸多出版作品的研究对象。在经历了一段迟到的兴奋之后，批评接替了这场运动，哈贝马斯则得出了走投无路的结论。③法兰克福学派文学中混杂着各种狂乱的思想，但这一文学对于细节却有着惊人的穿透力，各执一词，尖酸辛辣，它呼唤着一种反驳的声音。然而在这种拒绝中不是暗藏着一种更加隐讳的动机吗？或者换句话说，对理性命运的反思不像是一间实验室吗？在这里，无论从理论层面还是从历史的行动层面来说，我们的当下在它的张力，同时也在它的遮蔽物中得到最为明晰的阐释。无论如何，对于这篇文章的回顾就是对于具有双重意义的陌生的回顾。

《启蒙辩证法：哲学断片》作为黑格尔历史法庭令人毛骨悚然的说法，要理解其让人感到世界末日的特点，首先必须把它与它的创作时代紧密结合起来。霍克海默尔与阿多诺生活在废墟之中；纳粹统治，斯大林恐怖政策和战争使得他们最终流亡美国。当然，美国对他们来说是个避风港，然而暗中支配这个国家的是生产和谋算的理性法则，它试图在世界矛盾的旋涡中将美国引领向幸福和必要的胜利，而它在本质上与美国的敌人们所建立的理性法则同出一辙。因此这本书穿越了世界表现的历史和为统治意愿所掌握的单义表现。构成了一个巨大的恐惧的圈，其中有自然对起源的恐惧，也有人类对这一时代的恐

---

① "对于阐释学理论和我们对世界的总体经验的语言特征而言，对话始终处于中心位置。"（H.G.伽达默尔：《黑格尔的心路历程》，《批评》，第413页起，1981年10月，第887页——文章作于1979年）

② 《启蒙辩证法：哲学断片》这部在战争期间完成的作品包括许多篇文章：《启蒙的概念》，两个附论《奥德修斯或神话与启蒙》及《朱莉埃特或启蒙与道德》分别是论尤利西斯与萨德，《文化工业：作为大众欺骗的启蒙》《反犹主义要素：启蒙的界限》以及多篇《笔记与札记》。这部作品于1947年首次在阿姆斯特丹出版，1969年在法兰克福再版时添加了新的序言。尽管时间不断推移，但作者们很少改动1944年的原版。

③ 哈贝马斯从没有忽视法兰克福学派的熔炉作用，学派人物的名字和他们所讨论的主题经常在他的文章中出现，如《现代性哲学话语》（由克里斯蒂安·布西安多姆和雷纳·罗什利兹翻译成法文，伽利玛出版社，1988年）。在《政治与哲学轮廓》的《纪念阿多诺》（伽利玛出版社，1974年）一文中，他细致入微地向人们展示了一幅感人至深的肖像，但这同时也是分离的象征。

惧，这种恐惧似乎被与普遍之死的临近所震惊。这些文本的历史性说明成为文本本身的藩篱，同时也为文本带来益处。历史的损害成为思想之源。①

其次，正如法兰克福学派星座中的每一颗星宿一样，霍克海默尔与阿多诺都是犹太人，但他们都远离了犹太教正统，很少顾虑犹太宗教的问题，似乎这是独立于主流文化以外的事物。尽管他们是处于边缘的人物，但从来没有被精英主义的隔都所封闭，似乎他们与犹太教的关系仅仅是一种变为乡愁或乌托邦的淡泊的回忆。然而这种像是尚带睡意的潜在在场让人们理解了宗教的功能，但由于一种恐惧和对纯理性庇护所的依赖，这种功能从未得到完全开发。事实上，它只在弥赛亚主义和救赎等零星的词语中得到表达，而这些此起彼伏出现的范畴却变得十分鲜明：它们不仅是幸福的乌托邦的同义词，同时也是彻底批判、以正义的名义进行判断和人类以外的他者不为人知的侵入的代名词。对这种相异性迂回的关注对于加大了力度的批评和在"辩证想象②"中呈现的伦理导向来说并不是陌生的。

就这样，一段史前史在这篇文章中呈现出来。逐一审视它的每个细节（对过去的阐释，对艺术的阐释，对马克思的解读，与自然和女人的关系，反犹主义，权威、牺牲和残暴的概念），我们便会发现这篇文章的尖锐性。以下两根主轴或许最明白地揭示了文章的原始结构。

一条与绝对有关。"与犹太宗教一样，德国哲学认为命名和建立上帝并不重要，重要的是认识这个有限的世界，取代偶像。"③这条引人注目的评注似乎是在为哲学中理性发生的可怕的偏航辩解，这个**主导主题**从没有被霍克海默尔与阿多诺忽略：他们还在期盼着理性能够放射出光芒，去"认识这个有限的世界，取代偶像"。可惜哲学，也包括德国哲学发生了能够辨认的逐渐转变，似乎淡忘了与绝对唯一最高的接近，乃至于取代它，用整理，建立和同一化来取代认知。各种偶像也不知不觉地换了名称。金钱和权力取代了人类手工制作的各种小雕像。更为严重的是，从某种意义上来说，女仆式理性的消失有可能使

①　"……有一种理论认为，真理的中心与时间的流动是紧密相连的，而不是与之相对立的历史运动中永恒不变的事物。"（《启蒙辩证法：哲学断片》，1969年版前言，第9页）

②　借指马丁·杰伊：《辩证想象——法兰克福学派与社会研究院历史，1923—1950》。

③　霍克海默尔：《犹太精神，德国精神》，1961年，《精神》，1979年5月，第23页。

得神话式理性和一切僭越理性权利的神话的杀手（唯科学主义的，种族主义的，政治的）与我们相对峙。绝对使得世界远离其暴力整体，而不对绝对开放使得这个世界在完全谋杀性的神话之光闪烁下变得如此非人性化，我们应当选择什么样的手段去面对这样一个世界？

另一条主线与团体有关。如果说理性从诞生之初起，其意义就在于解放，那么随着理性辩证法的发展，它的意义被颠倒为对个体的聚集和损害。从20世纪30年代起，法兰克福学派的文章被打上了卢卡奇物化概念的烙印，它们申明了进行社会各阶层变革的意图。[①]如今这种"信誓旦旦要获得解放"的呼声似乎被遏制。如果说霍克海默尔、阿多诺和本雅明失望地认为马克思主义传统的革命行动模式是失败的，那么作为理性意义的解放或自由则呼吁人们谋划出新的计策和行动模式，也就是独特性的抗力以及对它的捍卫。为了使团体能够生存或幸存，**虎头蛇尾**的现代性方案需要被重新明确提出。1956年到1969年间，作为阿多诺助手的哈贝马斯提出了一点不同意见：**虎头蛇尾**的现代性计划的重新实施意味着需要走与法兰克福学人不同的道路[②]。

启蒙运动理性的辩证法

《理性辩证法》开篇就下了一个判断。只有冷峻而清醒的理性才能够将人们从对自然、神灵、神话迷宫和自身的恐惧中解放出来，让自由和幸福突至。而我们作为理性的继承者和门徒，我们目睹了什么？与不幸的接近，不幸的现实。我们不能把这种不幸归咎于嫉妒的神灵，而应当归咎于似乎变得比往日的魔鬼更加强大的人类自身。原始的恐惧不再隐藏在自我的心灵深处：这是一种普遍的煎熬。如何理解这种被思想变化本原加深的迂回退化和堕落？

它们的历史是漫长的，但16世纪标志着一个转折点。实验科学得到了发展，培根如果说不是这方面的理论家，至少也是它的颂扬者。确实，培根多少

---

① 参考让·格隆丹（Jean Grondin）清楚的概括，"从卢卡奇到哈贝马斯的物化"，《哲学档案》，10月—12月刊，1988年，第627—647页。

② 哈贝马斯在这一问题上多次发表自己的观点。参考《现代性，一个未完成的计划》，《批评》，第413期，1981年10月，第950—970页。

有些幼稚，有父权思想，总而言之是一个希腊式人物：对于他来说，比起几何与哲学，技术在更大程度上解除了自然的束缚，并在人类知性与自然切实而默契地结合的基础上给予人们一定的幸福。在他看来，自然仍然是值得钦佩和尊重的。知性更多的是一种理解，快乐的结盟和默契，而不是奴役—驯化。牛顿、德·达朗贝尔^①和孔多塞^②也抱有与培根同样的幻想。因为幻象仍然存在。科技的突飞猛进直截了当地揭示出超越了一个阶段的理性知识的本质。知识就是力量，技术就是知识的决定性武器。技术将引领着知识向其真正现代的形式发展，即工具化的、具有操纵和操控能力的理性。这种技术，对它所奴役的事物冷漠无情，漠然地向它的使用者们——皇帝、商人、暴君——拱手投降。我们所谈及的是其并不是概念与图像的时代，抵抗力量的勉强调和已经预先占领了其空间。工具化理性最终真正的操纵者是工程师而不是作为隐退的国王和奴隶的学者。培根高唱对技术的赞歌，却幼稚地忽视了它的内在逻辑和它的代价。路德对此则有所预见，他使自己的法则深入人心，要求人们献身工作，拒绝享乐。技术要求一切。作为理性的一道支流，它不仅将人们从恐惧中解放出来，还让人们窥见到秘密。

　　"从巴门尼德到罗素，人们始终奉行的座右铭就是统一。人们继续要求摧毁神灵和质量。"^③现代技术理性施展巨大的操纵能力，使得苏格拉底的前人们已经开始进行的运动激进化。帕门尼德斯的主人色诺芬尼的讽刺极为准确地预料到了下文，但却没有想到它的悲剧性："他注视着天空的全，说一就是上帝。"这句隽永的名言还表达了希腊时刻所包含的不确定因素。不论如何，从色诺芬尼开始，人们觉得奇怪的只是对模糊自我的投射，他们在恐惧的驱使下想象着将自我分成两份，对于尤利西斯所证明的强大的自控力无能为力，他诡计多端，而最终在他出生地安然无恙并成为战胜者。苏格拉底的前人们完成了一项具有决定性的精神伟业。在同样没有解决神性问题的情况下，人们可以认为，整个宇宙是由水、物、气、火这四样普遍原则构成的，以此来代替神的存

----

　　① 达朗贝尔（d'Alembert, 1717—1783），法国哲学家，数学家。——译者注

　　② 孔多塞（Condorcet, 1743—1794），法国经济学家、政客、哲学家、数学家。主要作品有：《人类精神进步的历史草图》以及若干篇经济论文等。——译者注

　　③ 《启蒙辩证法：哲学断片》，第25页。

在。希腊哲学所做的只是使得这种**形而上学**更加抽象化。

这种向原则霸权和"可命名的**原始**"过渡产生了双重的后果。一方面为知识树立了一条规范。从此知识有了一条准则，形成严密的体系，在统一的理念中显现。理论上说人们能够理解一切，每个人都能够获得知识，并都能够检验它。一的法则能够阐明总体性，与这样的法则不同，真不能容忍有偏差的存在，这是合理的。经验论者和理性主义者争吵的焦点在于证据而不是规则。另一方面是主体的降生。这一论断或许明显显得有些过时。从柏拉图到笛卡尔，这之间存在一道鸿沟。但是如果说一切奇特的外在性的显现都是一种不能容忍的分裂，那么真正的知识就一定会遵循这样的法则：回返自身，在自身中在场，到达自身。普罗达格拉斯①没有撒谎。获得知识的条件就是拥有打开宇宙可理解性之门的钥匙，出人意料地把握它。这种主体的降生是理性发展的刻板模式，是其最自然的反应。未来的唯心主义由此萌芽。

现代形式主义不论是以科学权威的形式出现，还是在逻辑实证主义中出现，都完成了去神话化的过程。种种迹象证明了它的成功，但它很难自夸这是一种具有解放性的成功。首先，传统哲学更像是一座博物馆，而不仅仅是一种知识或智慧。谈及本质，原因，最终基础和绝对，这都是迷信。它们反映出对于"形式逻辑这所教授统一的大学校"幼稚的抵抗。此外，数学化成为一种思维模式，"数成为启蒙运动的正典"。由此产生了"难以用数来衡量"后果，即等价性。在数的体制下，一切都是可兑换的，fongible，可互换的。交换价值变成了唯一价值。最终谁又感觉不到呢？个体言语活动经历了一次急转直下的堕落和一种内部的崩塌。抗议和反叛就如诗兴发作时的情绪；事实上没有人能够抵挡言语活动的理想模式，即唯一真正有效的形式性的诱惑；经济政治的管理是对这种有效性日常的验证。诗歌、家庭琐语和日常闲话如果得不到一种可以度量的利益作为回报，那它们就是在浪费时间。对作为特殊个体的命名是对他者说话或作出回答的言语活动的灵魂，然而人们彻底地抹杀了它的作用。名词的前途就是作为非名词的数。从那以后，非正式和非有效的交流像是从内部被

---

① 普罗达格拉斯（Protagoras，公元前485—公元前410年），希腊诡辩家，作品有：《论存在》《论神灵》等。——译者注

禁闭了。彼此之间没有任何话好说。如果说有，那只不过是一种从中**得不到好处**、没有被定位的经验性的遗迹。大众的观点离这种判断决不会太远。最终具有解放性的理性变成了对世界的奴役，一些人对另一些人的奴役和一些人被另一些人奴役。原则上说，一切外部的抗力都是可以战胜的，简而言之是可以解释的，因此也就不是真正的抗力。从某种程度上来说，在缺乏意义的世界中堕落或许是启蒙理性的代价，也是它的痛苦。

对《启蒙辩证法：哲学断片》的这一番粗略浏览不仅像其他现代解读一样向人们展示了对历史和哲学的阐释；同时它还有近乎弗洛伊德式的诠释学意义，即对历史不幸的一种总结。作者们并没有以起源的观点作为基础，而历史则揭示了不幸的主宰地位。一种长期隐藏的原因导致了不幸的产生，这种不幸即对自然的剥削。将一切质的不同都缩减为主－客体关系是促成这种剥削秘密的原动力。被普及的客观化表明了一种真正的奴役，从各个方面来看，这种奴役都是对厄运的战胜，是条件的改善与和平。但这种客观化的努力在暴力般的"深层"动力、统一性原则和将相异转化为相似的倾向和强制力的影响下，不可避免地向唯一的意义发展。"撒旦是辩证的"（本雅明）。最终我们发现了什么? 不仅是一个被剥削、被蹂躏和失声的自然，还有被剥削和变成了万物中的一个物体的人。因此如今权力的威望，对奴役的崇拜，对他者（犹太人，女人，甚至还有动物）的畏惧，对领袖的呼唤以及对自身的羞辱使得主宰这个世界的不再是每个人作出的努力，而是一种无名的统治和官僚作风。没有人对自己有信心；人人都在众生之间溃逃，成为技术政治的传送带或齿轮。

由此我们得出一个悖论：进步最终表现为倒退。解放的历程是回归神话和神话的回归，这是比任何特殊的意识形态都更具概括性、更意味深长的说法。粗略地说，这种神话的思关键在于何处? 这是开始为他者所有后来被人类据为己有的话语，**但**人们却不敢确定是否真正理解了这种来自自然和神性世界的奇异声响的意义。有关该话语的**真实性**存在种种不确定因素，尽管对此有各种回答，但这种话语却没有消除他者与我之间暗藏的敌对情绪。在所有神话甚至是宗教话语中都寄居着一种被削弱的暴力。理性战胜了这种让人们不断发话的"自然"暴力。人类将他们所追捕的自然的控制力赋予自己。这其中只是角色互换的问题。奴役始终是**自然**的。

因此仍然可以说是自然战胜了变得理性的人类。对于阿多诺和霍克海默尔来说，理性–自然（超自然）辩证法建立在一种确切地说被限制和被玷污的原则基础上：一者与另一者之间的对抗性和嫉妒。同一性原则支持并最终解决了这一竞争，在这场竞争中必有一者战败。一切真正的二元性都被取消。统一成为口号。然而理性的统一无法使人们走出神话的内在性。

我们可以用保存自我的原则来解释这种相同延续了千年的奇特的持久性。从哲学降生和其著名的先驱尤利西斯到来的那一刻起，人类的一切努力都被丢失自我的恐惧所支配。自我的畸形发展以及一切适应和屈从的举措（包括对存在的适应和屈从）都只不过是对死亡的忧虑的变体。诚然，对自我疯狂而聪明的固守使得人们走出了神话世界具有创伤力的复杂性，但却走不出对它的畏惧。人类从来没有像如今这样为了自己战战兢兢，而造成这一结果的并非神灵或自然，而是他者。

《启蒙辩证法：哲学断片》之反驳

这篇战时作品文笔粗暴，有时显得有些过分，经常让人感觉难以厘清头绪，甚至带着漫画般的夸张，让人有骑虎难下之感。在其他许多作品中，阿多诺和霍克海默尔缓和了判定的语气，我们可以斗胆说，他们让人们看见了从一开始就受到愚弄的理性的黑色太阳光明的一面。无论如何，残酷的世界具备了被实现的哲学的各种特征，这一哲学为一种内在虚弱所影响。那么，承载这一哲学而不重复它、仍然自称为一种思而不抛弃解放的承诺所点燃的原初微光的思是怎样的？阿多诺不会放弃这样一种令人感到不适的立场：不再属于通过继承的理性来实现普遍化的这一类人，既拒绝新浪漫主义，又拒绝理性纯逻辑的用途。他的"哲学遗言"①《否定的辩证法》在岁月的流逝中日趋成熟，将带有启蒙运动理性残余思想的要求、方法和欲望形式化，它们

———————
① 哈贝马斯：《政治与哲学轮廓》，第249页。

虽然陷入困境却仍然咄咄逼人。《否定的辩证法》并不是一种成形的哲学理论，更不是新资本主义社会的概念化，而像是各种"模式"在假定性前提下的一种组合。它郑重其事地承认了对体系的拒绝，从某种意义上来说，这是对疑难的发现和关注。万幸的是，这种疑难不是像帕门尼德斯的夺目光彩那样最终沉寂下去。它向多个方向发展，一方面是驱魔避邪的批评，另一方面是谨慎的打开和扩大；前者极具活力，一针见血，锋芒毕露，后者就像梅洛-庞蒂在谈及富于表达力的话语时所说的"雪桥"一样，具有试探性，与隐藏的欲望中纯粹和疯狂的事物紧密相连。[①]

　　霍克海默尔和阿多诺痛苦而惊讶地听到了一种既是幻灭又是觉醒的隆隆的坍塌声：从人们把握总体性开始，不论知识是来自唯一的理性还是来自由理性产生的信仰，它都没有带来与自由最接近的形式下的救赎。这种知识受到双重压制，一方面是外部的自然，另一方面是我们自身中的自然。历史应当了解这种双重牺牲的内在化。然而仅仅局限于这唯一的判断是无意义的，也是无结果的。恰恰相反，应当承认，对自然的剥削是必要的，不论抗议声多么斩钉截铁，它们总是做作的：技术理性不仅战胜了世界，还获得了自治；这种同一性原则的普及最大限度地塑造着世界和生活方式；它带来了交换的普及，这是交换价值所必需的。它不无暴力地巩固了世界性新资本主义的发展。在这以后，哲学进展得如何？首先哲学认识到了一切主观主义之上的客观性的优先地位——哈贝马斯在谈及阿多诺时不断强调这一点：内在于历史原动力的多种形式限制的客观性；痛苦的客观性、自然和一切外在性的客观性，它们使得人们认为不会受到损害的最深处的皱褶产生幻想。让惬意的和解变得危险；最终，自然在经历了各种磨难后所保留的相异性的客观性不同于使得绝对认知变得不可能的思想。其次，我们由此得出了批评思想的一个公式"全即非真。"理性的思想应当作出的正确努力是通过概念让非-概念，特殊和非-同一突现出来。黑格尔的哲学历程经历了逆转，用"限定性否定"代替了用否定性进行的概念化调解。这种对黑格尔的效仿中总是伴随着对这位哲学家的钦佩之情，他

―――――――――

　　① 《否定的辩证法》（第340页）作于1959年到1966年。参见苏珊·贝克-莫斯（Susan Buck-Morss）：《否定辩证法的起源——阿多诺、本雅明与法兰克福学派》，纽约：自由出版社，1977年。

或许比任何人都更清醒地意识到特殊产生的抗力。对特别，非－概念和非－同一的关注为法兰克福学派带来了全新的和非系统化的哲学创作，它们在细节处掷地有声，十分具有煽动性。它们大量地借鉴美学理论，被人们理解为一种形式和征兆①。

《否定的辩证法》的最高意义在于给法兰克福学派献上了一条具有全局意义的策略：通过回返理性自身来革新理性的劳动。与任何一种生来就具有普遍性的理性相比，自我反思标志着与这样一种信仰拉开距离：认为新型的思考不是一种非理性主义，因此理论上讲对于他者来说是可接受的，无暴力的。从《传统理论与批评理论》（1937年）开始，为了能够得到部分真理，霍克海默尔要求哲学家进行带有派性的介入②。这篇文章显然是受了马克思主义的启发，它在这种传统中引入了一种众所周知的变体，即哲学家所表现出的与党的教条主义相对立的特殊意识。人们宣扬一种反抗的、带有派性的和根深蒂固的哲学，它将一切实证主义排除在外，同时也排除了一切超验的表现形式。后者即使是通过现象学或经过海德格尔调整之后的现象学这样前所未有的路径也要达到一种总结性的普遍性。战后，阿多诺与现代逻辑大师们之间无休止的和极度尖刻的论战不断重复强调理性的自我维护，这里的理性是反对形式主义的理性，而形式主义被认为是可理解性的唯一法则。阿多诺并不是为自然语言唯一的源泉辩护；然而在他看来，胜利的形式逻辑，包括它给思想强加的限制最深晦地隐藏了启蒙运动理性的暴力。它始终是总体性模式的囚徒，遗忘了它所尊重和所强加的事物，遗忘了被体系"无形的手"所奴役的主观世界。

总体性的代价就是损害。这一说法曾给阿多诺以启发，写出了他最艰涩但也最优美的文章之一《最低限度的道德》。或许这篇文章的价值更多地在于其社会－心理学观察的敏锐性，而不是其哲学构架③。作者向人们醒目地展示了个

---

① 《用哲学超越哲学》，阿多诺《本真的行话——论德国的意识形态》的跋，艾丽安·埃斯古巴（Éliane Escoubas）译并作序，帕约出版社，1989年，第117—198页。

② 霍克海默尔：《传统理论与批评理论》。本书搜集的文章对于理解霍克海默尔及其思想变迁十分重要，书中写于1968年的序十分有趣。有关霍克海默尔研究，参考《哲学档案》1986年4月—6月专号，尤其是A.斯施密德（A.Schmidt）和M.刚勒（M.Gangl）的文章。

③ 阿多诺：《最低限度的道德》。

体在各个方面受到的损害：认知与感受力，与他者的关系，同时还有自身的内心最深处，似乎个体在人们认为不会受到伤害的地方也是一个陌生人。这篇文章是对自由人文主义的怀念，是被历史征服的马克思主义者的失望，是敏感的主观性的展示，这里的主观性经验似乎充满了骗局和伤害，相比自我的缺失，它更多的是一种幸福的缺失。面对戴着假面的粗暴的经验论，本文重新表达了占统治地位的唯物主义的忧虑。那么是否意味着从此以后一切行动都注定失败？不是，但首要条件是绝不要将直接经验神圣化；直接经验不是天然的。它是一种作用的结果，是演变物，是产品和各种调和的交会。缺少这样的解构，行动就是盲目的，不具有改变作用。人们会发现，日常生活的灾难在阿多诺的作品中显现出来，似乎解放的行动如果不说是完全不可能的，至少也是可能性不大的。这难道是继理论疑难之后实践上的疑难？许多作者以嘲讽的目光无情地谴责这一绝境。① 而相反，哈贝马斯的判断则显得尤为引人注目，他意识到无法接替阿多诺继续他的道路，但并不拒斥他所开辟的景况："在这一个阶段中，阿多诺的帮助是必不可少的。他的去世使得他的帮助也离我们远去了。对于我们来说，没有任何东西能够代替这种帮助。"②

这是法兰克福学派的悲哀吗？还是在对启蒙运动理性难以克制的哀悼中理性的混乱？又或是由于真理存在场所的缺失或对真理没有明确的观点，因而被弱化的对于各种意识形态绝对必需的批评？确实，这一涉猎广泛的文学就像对现代性失败和牺牲的一种叙述和收集。然而同样奇怪的是，今天，在法兰克福学派的整体创作中起源、开端，进入理性或感情的主题很少能够渗透所有学科和写作方式。③ 灾难性的威胁，对当下清醒的意识，诸如世界幻灭这样的事件所采取的措施，各种形式的集权制，犹太人灾难的深渊，孤独的流放者和流浪者的生活，这一切都在正视非 – 真的现实。然而无论如何，放弃解放的理性是一个错误的决定。正如我们所说，开放的过程是谨慎的，但前景却是光明的。这一承诺来自三个方向。

---

① 参考汉斯·阿尔贝特（Hans Albert），《成为问题的批判社会学》，法国大学出版社，1987年。

② 哈贝马斯：《政治与哲学轮廓》，第256页。

③ 参考阿尔布莱希特·韦尔默用哈贝马斯的观点对这一现象进行的澄清：《现代性与后现代性辩证法》，《哲学书册》，第五期：《让–弗朗索瓦·罗亚塔尔》，里尔，1989年，第99—163页。

很久以后，在阿多诺被严密监视的话语中，一个词像重现的过路天使般突现出来：摹仿。尽管很难将这个词的轮廓明确勾勒出来，但它却不是一种不可理解的现象，也不是孩子般的胡思乱想，尽管这个词与孩子之间不无关系。它听起来有些过时，但却包含了令人吃惊的道德上的迫切需要。说它过时，是因为摹仿将人们重新带入神话时代甚或是前神话时代；在这个时代中，诚然人与自然的关系被恐惧所主导，但这种恐惧并没有扼杀人们对自然的归属感以及与自然之间的联系，结盟和亲密感，简而言之即有生命物体之间的关系。那个时候的自然不仅仅是一种统治，也还不是一个纯粹的客体。因此这其中包含了一种相互的教诲，一种对自我的尊重和扩展。这或许是理想化的观点，即一种假设，然而与真实的原始天堂的观点却毫不相干。更确切地说，摹仿表达了对人与自然之间切实存在的二元性的怀念，这种二元性能够超越一切唯我论，带来自我的增长和幸福。不放弃幸福或许是摹仿在如今留下的痕迹。理性将劳动置于第一位；幸福是对劳动昂贵的回报；作为劳动的结果，它被打上了劳动获得的烙印；它是对客体的治理。它不再是使得世界变得有活力的没有理性的恩赐或赠礼、欢乐与和平。摹仿让人们想起在那些遥远的事物中，自我与自然之间最原始的关系，从某种程度上来说，这是一种放松的关系，不那么专横或充满疑虑。没有算计和占有，只有与自我和与外部游戏的空间，这其中包含着接受性和相异性。孩子在这一点上超过了工程师。

对于阿多诺来说，如今艺术作品几乎是解放的理性欲望唯一的藏身之处，简而言之，它是理性在起主导作用的理性法则之外的祭献品。这一审美的角度或者说对审美的赞颂与席勒的概念有着本质的不同。席勒在《美育书简》中谈及在艺术中存在的这样一种世界的经验——哲学与道德综合的训导：由艺术来完成这一教育的过程。阿多诺认为，现代艺术以及对前现代艺术的现代感受性有着一种完全另类的力量。真正的艺术形式中（不一定是先锋的）的艺术表现两种元素，它们是启蒙运动的理性难以辨识的。[1]一方面，与公众自发的期

---

① 参考阿多诺在《棱镜——社会文化批评》对勋伯格、普鲁斯特、本雅明、卡夫卡、巴赫等人的研究，热内维尔维和雷纳·罗什利兹由德文译出，拜约出版社，1986年。阿多诺本身也是一位钢琴家，他对于音乐颇有研究。

盼相反，有着可塑性乃至煽动性形式的艺术揭示了社会的不可调和性。它向人
们展示了客观世界与主观性之间的张力。尽管公共空间中存在着巨大的能量，
尤其是时尚与市场的力量，它们驯化艺术，使之变得过激，干涸，但艺术仍然
揭露了一种不和，不一致与不和谐。另一方面是斗争本身的理性。在这场斗争
中艺术绝没有保证不被战败——艺术或许是一座孤岛，只有在这里特殊性才
敢以真面目示人。不论艺术家的命运是悲剧性或喜剧性的，他总是以自己的作
品为代价来进行反抗，拒绝在强加于集体同一性之上同时也是被集体同一性
所强加的模式中塑造自己。艺术的意义不在于表达的自发性，而在于革新的模
式，这种模式在最隐秘的伤口和对它们在个体心灵最深处引起的万千反映的关
注中突现出来。艺术家和诗人几乎是当着自我的面将这种奴役揭露出来。这就
是为什么人们总是不断残杀诗人的原因。艺术家在非自愿的情况下成为其他事
物的见证人。在控制者们具有杀戮性的对立之外，艺术家主要通过感性经验来
召唤和解。"在艺术作品中，思想不再是自然的宿敌；它变得缓和，试图与自然
和解。"①阿多诺的整个作品略带怨诉，这是巴洛克风格的关键元素。对于这一
点，本雅明在他的论文《论德国悲悼剧的起源》中有着极为精准的把握。

　　不知不觉中，摹仿和艺术作品以思想的两种倾向同时也是两种要求作为自
己的基础。

　　首先是记忆。它包括回忆但又超越回忆。从某种意义上来说，人们应当尽
力激起自己对令人惋惜的事物的回忆，重新找回那些成为工具式理性胜利，即
文化胜利的牺牲品的人们的绝望之路，这是一条"难以抚平的忧伤的坡路"。
但这种回忆与编撰史书的态度有所不同，它或许在模仿已经被宽容的、极富创
造力的无意识回忆。在这一点上，普鲁斯特或福楼拜给予哲学家和活动家们
以诸多启示。无意识回忆将长眠于自我深处的事物从遗忘冰冷无情的坟墓中拖
了出来，不论它涉及个人还是民族，它重新唤醒了对错误、义务和具有鼓舞力
量的债务的感情。回忆推动理性向一种意想不到的形式发展：它使理性变得失
眠，苏醒，成为问题和批评。它让人们看到了真理的前景，并成为当下话语的

---

　　① 阿多诺：《美学理论》，马克·吉姆内译，克兰克斯耶克出版社，1974年，第211页。

准则。"言辞的真理与按照真理来生活的意愿是紧密相连的。"①哈贝马斯的这一评价极为准确地定义了阿多诺与霍克海默尔思想活动的本质：当不可能指出什么是绝对正确的时候，就要指出当下的恶在何处。

其次就是乌托邦。霍克海默尔于1937年写道："真理最终会昭显于世；诚然，理性社会如今只存在于人们的想象中，但它的目标已经真正地铭刻在了全人类的脑海里②。"作者在人生的终点上似乎屈服了，变得如此接近他的导师叔本华；阿多诺普遍和解的思想在哈贝马斯看来是"无源之水"，它暗含了一种自然复兴的马克思主义推进，这一切似乎最终承认了他们对手的合理性。然而，这是不是以经历神学迂回为代价呢？在这里，救赎或弥赛亚思想与其说起到一种调节作用，不如说承载着一种具有爆发性的力量，人们永远无法测知这一力量之大，因为它总是被转移到这个世界**以外**的地方，这其中一种希望始终处于清醒状态。继本雅明之后，阿多诺只是带着新手的羞涩才登上了这片被弥赛亚及其正义和条件所打断的土地。不论是在消除神学因素还是急于占有神学时，最引人注目的总是事物蕴含的尖锐意义，即距离或尊重的姿态，以及不可减缩为任何概念的绝对的地位。它与启蒙运动理性概念在一个封闭的体系中所连接的事物之间结成联盟并彼此承认。"和解的倾向或许不会影响到令哲学帝国主义感到陌生的事物，但是却在人们赋予其临近性中找到了幸福，它仍然是一种遥远而不同的事物，超越了均质性和本我。"③

草草了事或未完成的启蒙运动理性的任务

衰落的理性无力履行解放一切的使命，却在对人和物的奴役上显示出越来越大的能耐，《启蒙辩证法：哲学断片》对理性的黄昏所做的十分零散的评注既不是要促使人们消除宗教因素，也不是让人们急于借助宗教来拯救世界。阿多诺多次强调，与理性为敌的神学传统常常被理性形式，即同一化的原动力所

---

① 哈贝马斯：《政治与哲学轮廓》，第252页。

② 《传统理论与批评理论》，第88—89页。

③ 《否定的辩证法》，第152页。

束缚。然而如此这般犀利的文章或许包含了双重的教训，一种能够重新抛出哲学与神学话语的警告。

一方面是人们或许略带夸张地称为历史之声的事物。即使该文本被当时的情形打上了时代的烙印，并被其所伤害，但它的影响仍然如此巨大。因为除了它本身所蕴含的观点之外，它还唤醒了当下的暴力，这种暴力在战争、仇恨和不幸中爆发出来，并将自己深藏在秩序、纪律甚至是善良意图的外表之下。梦想突然产生另一个世界，走出工具化泥潭，如果说这不是一种错误，至少也是一种空想。愤怒是徒劳的。当下的暴力唤醒了以觉悟和关注为起点的任务的信仰与理性。"宗教告诉人们，存在着一个全能和善良的上帝。然而面对几千年来统治这个地球的丑恶，这一教义显得苍白无力。"[1]被创造的世界的即时物质性阻止理性和信仰从它们的九霄苍穹中走下来。这样的世界警示人们提防如神学家一样的哲学家最原始的诱惑，即逃逸和背叛。

除此之外，如果说这一文本呼吁人们将眼光移向外部，那么它同时也让人们向里看，向自我的内心最深处看。西方理性暗含的原则或许就是保存自我。那么是否存在另一种态度：即使不像列维纳斯说的是自我展示，开放和无私，但至少不会引起新的对立？同意为了他者而使自我消失，这或许成为彼此存在的条件，这是理性另一种用法的再创造。在这样的视角下，上帝本身也有了另一副面孔。简而言之，从这里我们了解到，绝对，神性和上帝不是过去的事件。奇怪的是，总是**已经**过去的上帝不是回来，而是正在走来。他不是确切的在场，而是来的诺言，不会失信的诺言。除了"我在这"为人间的他者作证明之外，别无其他准则……保存自我的这一转变解释了与法兰克福学派息息相关的阿本索尔一句经典的话："这是一种流放的思想？"

哈贝马斯在多次对现代性计划进行复杂的研究过程中，从不掩饰他的债务，不否认他"往昔的导师们"分析的有效性，他只是不声张地作出了极为重要的偏移。在他看来，这是我们如今的世界所允许的。启蒙运动计划或许是在统一的理性基础上神人合一的意识计划。普遍的主观科学、道德、权利以及

---

① 霍克海默尔: *entretien accordé au Spiegel*, 1970年1月5日, 第81页。

以改变日常生活为目的自治艺术之间有着默契的关系，这成为19世纪乐观主义建立的基础。然而事实最终证明这一思潮是错误的，人们要为之付出巨大的代价。20世纪疯狂的人们惩罚了统一理性的失败，他们认为这种理性是对意义的迫切要求。如今我们发现了什么？我们发现了行动领域与存在领域之间日益明显的区分。它将生产、科学、道德、艺术和直接经验毫无关联地并置在一起，这也许是极为有害的。如果说"生活世界"中的科学、道德和艺术实践得到充分发展，"经济体制的运作几乎能够自我调节，而自行完善起来的社会制度将一些限制强加给这一体制的内在动力、迫切需求以及其成员们"①，那么，比起自发成为普遍的理性，交流互动的机遇和意愿能够更有效地挫败野蛮。除了承认话语规则外别无其他要求的交流观没有限制，也没有奴役，就像是被中和的康德的理性实践；理性首先是在无限不同的主体间进行交流的能力。这样的理性似乎在解放的乌托邦幻想和华丽的辞藻上略输一筹，但却更具具体和有效性，因为它可以阻止暴力的产生，不会借独一无二的权力，以意义透明的名义消灭他者，有效地防止了"被经历的世界的殖民化"。被经历的世界在交流中获得并巩固了它存在的合理性。只有哈贝马斯精心建构起来的这种交流体系才能够有效地实行解放的计划。是解放，还是适应，甚或是批评？围绕哈贝马斯展开的激烈争论至少明确地说明了我们当下理性的荒谬地位。

阿多诺："本真的行话"

对于一部分人来说，它是一种法则，对于另一些人来说，它十分乏味。《本真的行话——论德国的意识形态》是一本来势凶猛的书。它以一则讽刺性的趣闻开头，这是一个颇具迷惑性的开端。很快，讽刺就变成了大张旗鼓的攻击，负荷越来越重，也越来越集中。尤其罕见的是，除了反对斯特拉文斯基之外，阿多诺在文章中只给批评留下了一席之地。从海德格尔开始，一

---

① 哈贝马斯：《现代与后现代》，《外国文学》1987年秋，第43页。

片静止的浓雾垂挂在山的侧翼，除此之外别无他物，确切地说这就是行话，是一种征兆和威胁。然而这张速写图与白描肖像不是一回事。十分明确的是，它的最终特点是道德意义上的，这并不令人感到吃惊，因为这一判断在实践中酝酿、成熟。人们或许以为现代的悲剧性的尊严在"真实性"中得以昭显，而事实上这种真实性比恶意的模仿或谬误更加糟糕：它不是继超人之后人类形象的嬗变，不是"本我"（Eigen-tlich）；它挖空了保证一种思想或一种态度的尊严的东西，或者更确切地说，将这种东西淹没在它那能够摧毁一切和动员一切的雄辩之中。①

　　需要重复的是，阿多诺不是一个容易满足的人。很少有思想像他的思想一样被坚决地固定在批评的距离中；或许可以说这是对痛苦负有的痛苦的使命，这一思想没有进行艺术或哲学的创造。阿多诺认为，有必要将当今的哲思理论化甚至是系统化。而《否定的辩证法》作为《本真的行话——论德国的意识形态》同时期的作品，它正代表了这种崇高的，但从某种程度上来说是失败的尝试。人们沿着纯否定的道路走向"真理——这一形而上学诸思想中的最高点②"，然而否定辩证法这一说法本身便明确地揭示了这条道路的扭曲程度。但是在阿多诺的许多随笔中，他不仅仅是一个摧毁者；对于那些在他看来颇为可疑的作品，他总是善于从中归纳或者说"拯救"出这样或那样的观点，这使得他不会产生那些普遍无用的偏见或各种各样的套语/意识形态③。然而在《本真的行话——论德国的意识形态》中，阿多诺却没有给海德格尔留下任何余

---

　　① 首先需要提醒的是，《真实性的行话——论德国的意识形态》绝不是阿多诺唯一一篇论海德格尔的文章，更不是最全面的文章。然而尽管阿多诺的思想在不断地丰富，但他从没有摒弃过这里进行的批评，言语的运用问题对他来说是最重要的；他在各种文章中不断地重复"本真的行话"这一说法（如在《美学理论》中），其目的都是一样的。尤其是在战后，海德格尔在阿多诺的思想体系中占据了重要的位置，这说明两者思想之间的关系比人们初读《本真的行话——论德国的意识形态》时所能体会到的要复杂得多。参考赫尔曼·摩尔斯什（Hermann Mörschen）：《阿多诺–海德格尔——拒绝交往的研究》，斯图加特，1981年，第716页。此外，在对阿多诺的诸多批评中，有人认为所谓的本真的行话表达实际上是"非本真的行话"（O.凯瑟：《本雅明–阿多诺——两篇论文》，法兰克福，1974年），克拉克维斯基（Kolakowski）认为阿多诺的思想是彻底"不结果实"的。有关《本真的行话——论德国的意识形态》作品本身，参考拉德米拉尔（Ladmiral）：《阿多诺对抗海德格尔》，《阿多诺的表现》，10/18，1975年，第207—234页。

　　② 阿多诺：《否定的辩证法》，拜约出版社，1978年，第313页。

　　③ 比如《凡勒伦对文化的攻击》，《乔治与霍夫曼斯塔尔——论他们的通信》，《棱镜——社会文化批评》，热内维尔维和瑞勒·罗希利兹由德文译出，拜约出版社，1986年，第59—80页及第164—201页。

地。糟糕的心情就接近于糟糕的信仰。怒火暴发就表现为对一切的摧毁。即使说海德格尔只是在缔造一种语言的纯粹神秘主义，他刮起的只是一股扶摇而上的浮夸风，就像在词语–火炭上升起的一阵烟，但阿多诺从中甚至没有看出一丝修辞的成分。而对于阿多诺自己的哲学来说，修辞是必不可少的[①]，他认为，海德格尔的作品中没有任何粉饰的成分。对各种已被接受的形式的过度使用和逻辑系统化的诱惑需要人们创造一种主观性言语，而这种工作的效果不是用成功、即时有效性和对真的保证来衡量的。阿多诺不知道，或者说装作不知黑格尔也是哲学的地位与形式问题的一部分[②]。阿多诺既不向沉默低头，也不屈就于当下的嗜好，他在包括自己作品在内的当下哲学作品中看到的只是一盏盏指示灯，就像爱伦·坡的作品《瓶中的手稿》一样，这是一只仅靠修辞存活下来的"海中的瓶"。

这样说来，《本真的行话——论德国的意识形态》是否只是一种心情现象，是对文化和政治不合时宜的介入？阿多诺从这古老的争执中脱出身来，毫不犹豫地与他出于本能的极度反感而揭露和拒绝的思想或风格坚决划清界限。事实上，首先震撼阿多诺的不是思想，而是一种话语的表现模式，一种口吻和一种精英式的礼节，但这种礼节更为质朴，这也是这一话语的不连贯性和产生反响的原因。然而争论逐渐消沉下去。有人说阿多诺没有能力解读海德格尔，他从海德格尔那里读到的只是零星的言语而不是一个完整的体系，无法给文本以呼吸的空间。但不论如何，他对海德格尔的总体印象是没有被扭曲的。阿多诺另辟蹊径，在一种寄生性和具有官方庄重性的语言中重新发现了哲学终结时日暮途穷的氛围，对于他来说，这是一种折磨。哲学的历史用尽了重复和重新引用的方法；任何充满前途的革新，比如现象学，都会像新马克思主义一样被掺进杂质，变得苍白无力。哲学似乎必须向其他形式发展。此外，阿多诺

---

①　"哲学只能在言语范畴中对修辞进行思考。……辩证法……试图用批判的方式拯救修辞时刻：拉近事物与表达的距离直至无区别状态。"（《否定的辩证法》，第50—51页）

②　……如果说存在者的完整性被分散到各种不同的科学中，那么哲学还剩下什么呢？剩下的只是对科学的认知，而不是对存在者的认知。"以上是海德格尔对卡西尔的回答，这时的海德格尔与马尔布格学派划清了界限，并指出了自己的选择。参考《卡西尔–海德格尔——有关康德主义与哲学的争论》（达沃斯，1929年3月），以及写于1929—1931年的文章，博彻斯内，1972年，第29页。

在《否定的辩证法》中塑造了自己的哲学模式，其中海德格尔，也只有海德格尔以陪衬的身份被召唤，但他同时也是一种不同的开端最引人注目的代表。海德格尔的错误在于他的建议，而不在于他的判断：我们的时代受到波及人类每一片土地的工具化灾难的威胁。[1]阿多诺预感到了这种同形关系的深度。它加深了恼恨，却也使得复制变得复杂起来。

阿多诺：海德格尔与一种行话

对阿多诺的批评进行总结，无异于给自己展现一个美好的空间。然而更严重的是，这样做有可能造成对作者及其目标的误解。阿多诺认为，对整体哲学和他自己的哲学的总结是一种骗局，对此他十分警惕[2]。然而在《本真的行话——论德国的意识形态》整本书中，阿多诺不断地将这样三个问题交织在一起：什么是行话，行话掩盖了什么，行话还缺什么。它们最终有可能构成一个主要疑问和一种拒绝。

行话是对语言的一种运用。首先，人们仅仅通过对这种语言的感性印象来理解它。它像一种艺术作品一样在逃避中成为必需。它吸引着人们。一种魔力赋予了它作为根基的威望。读者被牢牢地抓住。思想在词语中凝固不动，词语要求它们的周围是一片寂静，以便它们仅仅作为词语存在。思想不再是判断，关系和建构；它凝聚成发出沉闷声响的小岛。突然间，纯词语[3]包含了一个世界，缔造了一个世界。海德格尔就像聪明绝顶的魔术师，不用借助诗歌的种种技巧，却比诗人更能够散发出夺目的光芒。他所借助的是一种完全自给的表达方式，无须以外在作为自己的衡量尺度，也不存在任何标准。阿多诺发现，海德格尔绝不是不可理解的，但他怀疑一切推理式的理解形式，认为它们是思维堕落的和过时的形式。建议的口吻和其毫不夸张的稀有力量促使人们对其赞同，并向思的深度中后退一大步，这种深度使一切否定失去了影响。不再

---

① 初次了解阿多诺与海德格尔之间的比较，可参考居伊·珀蒂德芒热：《阿多诺-海德格尔：怎样的一种不和？》，《海德格尔。开放的问题》，哲学国际学院，奥斯里出版社，1988年，第97—113页。

② "从本质上来说，哲学是不可以被总结的，否则它就成为一种多余。"（《否定的辩证法》，第34页。）

③ 《本真的行话——论德国的意识形态》，第100页。

存在一个真正意义上说话的和被定位的主体；作为人类和事物之声的言语是对
一种不可确定的真理最初的表达、召唤、回忆和承诺，因为真理附着在这种呼
之欲出的言语之上。阿多诺变换着各种形容词——语言神秘主义者、语言哲学
家、语言玄学家——给被他称为"戴着面具的唯心主义"打上烙印。这一唯心
主义使世界与存在在"思维"和主观性中完全重现，但条件是对任何自称有着
类似表达高度的逻辑保持警惕。言语只因自身而产生价值。极少有人能够留给
言语这样的自主权，它要求言语对一切罕见事物的动向保持高度的灵敏，并最
大程度地与一切调和的理智保持距离。海德格尔不是在宣扬，而是在实践对言
语类似的颂扬，而这在阿多诺看来则是一种堕落。这是处于最微妙而又最可怕
的形式中的意识形态。话语消失在言语的神圣化过程中，而言语活动强加于言
论之中。单有词语就够了；一切艺术归根到底就在于找到合适的词，这些合适
的词聚集在一起，做出决定，走向真理，走向需要发现、展示和完全揭露的事
物，直至自我牺牲。

　　向言语的回归具备一切先锋的特点，但这远不是一场革命。从诞生的那一
刻起，它就恰恰是革命的反面。它揭示的同时又掩盖了世界上个体的忧虑。个
体无法在外部世界中表达自我，也无法向另一个外部——神灵祈求，它只能沉
溺于"内在性的礼拜仪式"①中。但这种内在性从来就没有大步地向自我后退，
没有真正在情感上达到与"精神"或"被遗忘"相通契，也即没有正处于话语
的位置上。阿多诺揭示出这种受伤的和怀恨的主观性的诸多消极特点：记恨，
不满，虚伪，故弄玄虚，学究气。这次面向自我内心深处的朝圣与对外省、黑
森林、乡村世界和出生地的赞美混同起来，这一点丝毫不令人惊奇。同时，它
还要求人们对语言中的方言和最古老的形式进行挖掘，但也不应当对主观性咒
语的另一面——暴力——视而不见。它的本质就是独裁，而这一本质被发展到
了极限，因为它潜在地包含了一种刽子手的举动②，这一点完全属于陷于绝境的
主观自发性的"逻辑"。这种逻辑处于眩晕状态，因为除了死亡这位"上帝的助
理"之外，这一逻辑没有更确定的前途了。它存在于真实性完全受到质疑的英

---

　　① 《本真的行话——论德国的意识形态》，第89页以下。
　　② 同上书，第127页。

雄神话中，这是一种最明显的非理性。不论是在行话的主人还是其追随者们那里，行话最终都表达了存在哲学的激愤。克尔恺郭尔这位"存在哲学的宗师"对此已经有所感触，但他的宗教信仰和他的对手黑格尔的不断出现使得这种激愤没有最终爆发出来。[1]

那么什么东西消失在言语四射的光芒中？客体，世界，事物："言语对事物本身是冷漠无情的。"[2]阿多诺发现，海德格尔与严格意义上的现象学的意图决裂[3]，然而现象的失败或许也意味着客观性的贬值。在这种哲学中所缺失的是距离[4]：与其说它是唯心主义的，不如说它是唯命论的。尽管它赋予了时间一席之地，但对于包括历史在内的外部的不同来说，它则是陌生的。然而自我完全的单一化却因为注入了另一种强大的元素而丰富起来：世俗化和去实体化了的神学遗产。它强化了主体使命的过度悲怆（*pathos*），这使得它几乎属于抹去了上帝和世界的超验性范畴。海德格尔赞扬了混淆一切的界限："创造物在模仿创造者。"[5]从此，问题的焦点不再是"永恒生活之门"，而仅仅是"门"[6]：不再面对面的出神，也不再为人们领会的断言，在最明显的事物中恍惚地存在，死亡。这是对古希腊人的回归吗？绝不是，然而德国意识形态的本质比起它或浪漫或理智的前者们要危险得多。对具体的怀念使得具体消失在权威性话语不确定的形式中，这一话语以掌握真的关键为荣。简而言之，封闭自我，享受与自我的亲密关系，内部空间在具有难以言传的特点的语言被重新听见的奇迹中变成整个空间，民族主义暗流汹涌，人们鄙视社会现实，所有这些德国意识形态的配料都被集中在一锅即将沸腾的大杂烩中，因为从一开始，作为一种反动的民主就属于启蒙运动平庸的一面。

阿多诺显然是被激怒了。然而与其说批评总具有说服力，不如说它更具震

---

① "以至于我们看到这样一种奇怪的现象：黑格尔自己成为对黑格尔批判和最强烈的反黑格尔主义的先驱。"让·瓦尔：《克尔恺郭尔研究》，奥比耶出版社，1938年，第166页。

② 《本真的行话——论德国的意识形态》，第74页。

③ 让-弗朗索瓦·古尔蒂纳：《现象学的原因》，《海德格尔——耐心练习》，奥布斯蒂安出版社，1982年，第63—85页。

④ 《本真的行话——论德国的意识形态》，第69页。

⑤ 同上书，第151页。

⑥ 同上书，第152页。

撼力。确实，阿多诺能够灵活地运用普遍化，他擅长于重新建构一种使得海德格尔的散文颤动起来的情感和回忆的光晕。但是，我们同样不能忽略这样一个事实：他采取与波普尔同样的办法对待自己的文章：同样冷淡无情的减缩，同样对语言充耳不闻，同样**先验**的意识形态。当然也存在着一种不同：尽管阿多诺激情似火，但他仍然将自己视为一个失败者。只有一个人反对《本真的行话——论德国的意识形态》中的海德格尔，他就是卡夫卡。作为一个失去了勇气的孤独的文学人物，他对于阿多诺来说极为关键，因为就像他一样，卡夫卡对于潜伏着理性主义与非理性主义双重危险的当下的混沌有着同样的敏感。卡夫卡运用了限定性否定，这是阿多诺辩证法的核心。

如何用几行字来概括限定性否定？它是阿多诺真正的方法论的避难所，是他反对海德格尔主义的基本点，这一概念在他的诸多文章中反复出现。然而在《否定的辩证法》中，这一概念提醒人们不要只关注它形式上的定义，而是要把形式放在一边，通过其简明扼要的语言的孤独性来接触和理解这种概念。简而言之，阿多诺试图将自己的力量重新赋予这种为黑格尔所赞颂的"否定的神奇力量"。限定性否定是否定的和非断言的思想的纲领。它直接将自己归入《启蒙辩证法：哲学断片》（1947）的历史哲学范畴。人类赋予自然以神话色彩，面对它涵盖一切的统一性，尤利西斯的理性尚是一种诡计。如果说随着从那时起业已萌芽的理性的充分发展，自由意识也日趋强烈，那么，这种理性将与自然一样，最终发展的结局是具有强制性的系统化统一。理性重复并实现了这种统一：在黑格尔去世125年以后，各种集权制度在对具体奴役的无意识中死灰复燃，法西斯主义便是最好的明证。这种奴役是对个体的消解，是对主客体区别的抹杀，它在一种被普及的拜物主义的统治下变为现实，这是阿多诺的研究要素：客观思想，被统治的世界和文化本身就是一种物化，个人不论对于自己还是对于他者来说都是陌生的，他们已经丧失了区分自我与事物的一切意义：交换价值高于一切，无处不在。在这种情况下，限定性否定或许会用另一种眼光来看待事物，以此作为一条研究主轴。就自然与文化而言，文化被认为是第二自然，是对自然的复制，是"采集到的自然"。它坚定的乌托邦式目标或许就是让个体以本我的姿态重现。个体与自我之间是一种非暴力关系，这种关系被称为没有概念的总结、没有判断的判断，是一种非占有性区别。从某种程度上来说，这一关系是双重和相互的出生诺言。这样，限定性否定成为各种可能唯一的开口，这是先验无法想象的可能，因为这里的操作过程首先是一种否定，是批评的研究方法，一种减法；作为自由举动唯一的空间，它的核心同样是对自由的怀念，对摆脱数和量普遍奴役的向往。从这个意义上来说，它的首要目的是揭示现代自我意识的非–真实性。然而它是否有属于自己的行动空间？在本雅明强大动力的驱使下（当然，这也是符合逻辑的），只有在我们最隐秘和最普通的日常生活所抛弃的废料、无意义、遗迹和过去的遗迹中，阿多诺才找到了属于这种限定性否定的开阔大道，构成这一生活体系的是我们与他者，自然和语言的关系。

从"几乎一无所有"到回归极端特殊性的这一过程使得相异性不可逾越的二元性显现出来。它首先唤起人们对人类自身的自然、与外部自然非奴役性的关系以及一种固有的和决定性的非–同一性的回忆。因此要相信普通的缺陷，伤痕和事故以及对普遍的无知，人们在维护事物**秩序**时没有考虑到这些因素。对限定性否定的这一定位对于理解最终占据阿多诺脑海的超验性思想来说是至关重要的。从某种程度上来说，一开始限定性否定就迫不得已放弃了任何有关起源或绝对新的观点。作为一种析取、分解和解构的过程，它始终是批判和理论的行动，很难真正找到与之相似的严格意义上的实践性否定，或者说它是一种始终停留在"流浪"和否定中的迫切需要。艺术，尤其是音乐具有非标准化的形式，它便是这一否定的模式：这是一些连贯的，经过加工乃至于有可能无法表达的形式，因此可以说是一种即时的非–证明。它们对四处消散的事物进行非暴力的总结，为此需要付出的代价就是主观毫无保留地全身心投入。然而限定性否定不是艺术，它是一种哲学的方法或命题；它需要借助理性尚停留在"狡诈"层次的用途来创造属于自己的形式，尽可能地将曾经并一直作为奴役工具的理性转化为和解的工具。对于阿多诺来说，哲学之路之所以继续延伸下去，因为人们错过了实现哲学的时刻；这也是为什么说，限定性否定在它崩溃的时刻与形而上学是连成一体的。

赞颂死亡意味着使这种否定提前消失在它最终的崩溃中（c'est dissoudre

par anticipation cette négation dans la chute finale）。海德格尔置身于一间过于空旷的剧院中。然而打破思想的藩篱，从不平等和他者中重新走回来，再次赋予限制以力量，这些不正是阿多诺的目标吗？如何从黑格尔传统出发来实现这些目标[①]？这是否意味着一上来就无法理解海德格尔？1929年，从长期反对黑格尔的斗争中走出来的罗森茨维格不期而然遇上了海德格尔的一篇文章。从他讨论起是颇有教益的。

罗森茨维格、海德格尔与"新思维"

在罗森茨维格最后的作品中，有一篇简洁而铿锵有力的文章，其中包含了他对海德格尔的支持，并勾勒出一张谜一般的谱系关系网，这篇文章在他生前没有出版："海德格尔是胡塞尔的门生，也是经院式的亚里士多德主义者，……他反对卡西尔的哲学思想，捍卫一种属于我们的哲学立场，即直接来自'最后一位科恩'的新思维。"[②]最后一位科恩即《起源于犹太教的理性宗教》（1920）的作者，他一直深深地吸引着罗森茨维格。他是马尔堡学派的掌门人，该学派是一个构成主义学派，它近乎虔诚地追随纯理性的脚步。纯理性既是认知的裁判又是伦理的迫切要求。科恩在生命的最后显示出自己犹太人的本源。一种无法追忆的声音告诉人们，正义与道德不仅是理性的产物，因此也不仅仅是遵从法律的一些形式，它们从有了原罪和与他者关系的经验开始就成为一种必需。科恩用"相关性"一词来代指这种关系，以便明确地将其与任何理性的产物区

---

① 对罗森茨维格来说这一比较极具启发性和教育意义的例子，克萨维埃·蒂利埃特：《绝对与哲学——论谢林》，法国大学出版社，1987年。参见《与黑格尔对峙的谢林》，第120—143页。

② 弗朗兹·罗森茨维格：《掉转额头》，马克·B.罗奈译成法文，《哲学》，第18期，1988年春，第89—92页。文章作于1929年5月。"新思维"这一说法借鉴了罗森茨维格一篇名为"新思维"的文章，Franz Rosenzweig Les Cahiers de la nuit surveillée（奥克斯蒂昂出版社，1982年，第39—65页）。阿多诺是否与罗森茨维格相识？马丁·杰在一本书中谈到《救赎之星》对阿多诺的间接影响（马丁·杰：《阿多诺》，剑桥（Mass.）哈佛大学出版社，1984年，第20页），而且回归到一种假设中来（苏珊·贝克－莫斯《否定辩证法的起源——阿多诺、本雅明与法兰克福学派》，纽约，自由出版社，1977年，第5页）。很难想象阿多诺会不认识罗森茨维格，不了解他的作品；谈到间接影响，也就意味着对犹太宗教思想的回归同时也是拯救正在萎缩的哲学的一种尝试。这一尝试影射了肖勒姆于1930年写过的一篇文章，文中谈到《救赎之星》对整整一代激进的思想家（不论是不是犹太人）的影响。阿多诺没有读过这篇文章（参考肖勒姆：《论1930年版的〈救赎之星〉》，《犹太弥赛亚主义》，加尔曼－勒维出版社，1974年，第449—454页）。

分开来①；在科恩听来，先知们的声音具有一种晦涩的实质，从来没有被否定，但也从来没有被表达。科恩或许已经给存在主义的限制以及过去放行。尽管这种过去被哲学掩盖，驱赶，或是被其同化，但它仍然存在。早期的海德格尔，正如其在达沃斯的晤谈中表现出的那样，除了人类对自身全新的回归之外，他是否在研究其他问题？没有。这就是为什么会出现这样一种如此反常的现象②：最终是海德格尔而不是犹太人卡西尔成为罗森茨维格"新思维"的拥护者和继承者。

阅读达沃斯讨论和罗森茨维格激情四溢的文字，不难发现其中一些事物之间彼此的沟通。罗森茨维格具有极为敏锐的洞察力，或许我们会发现他的特殊嗜好使得其关注点产生了一定的缺陷，但我们不能因此或因为快速的阅读就将上述判断相对化。对于这一思想的力量、这种力量使人们产生的对自我成熟肯定的印象③以及它所打开的前景，罗森茨维格只能保持敏感，并在重新审视从柏拉图到康德再到科恩的哲学时协调各种新的概念。

确切地说，罗森茨维格不是在发展海德格尔的基本信条，而是使之产生反响。它是海德格尔与卡西尔分道扬镳的转折点："出发点（Le *terminus a quo*）是我要探讨的中心问题。然而我是否已经十分明白什么是目标（*terminus ad quem*）？总而言之，对于我来说，它不存在于文化哲学的全之中，而是一个的问题，或者还有'存在意味着什么'这样的问题。以这个问题为起点征服自我，这已经成为形而上学的基本问题：对于我来说，'此在'（Dasein）的形而上学问题由此产生。"④为了解决这个问题，我们无须立刻对事物或是绝对进行探讨，对唯心主义、后唯心主义的总结进行归纳，而是应当对"两者之间"⑤

---

① "基本概念使人们超越了唯心主义的界限。"（卡尔·洛维特、海德格尔与罗森茨维格：《存在与时间》附录，《论文选集》，斯图加特：W.克拉梅尔·韦拉吉出版社，1960年，第69页）

② 洛维特强调了这一现象，同上。

③ 卡西尔夫人对这一肯定表示怀疑："如今我们明确地看到此人在向哪一条道路招手。"（《卡西尔-海德格尔——有关康德主义与哲学的争论》，第7页）种种迹象证明了海德格尔身上这种模糊的力量；参考让娜·赫斯什（Jeanne Hersch）："在亚斯贝尔（Jaspers）看来，海德格尔是那个时代唯一一个真正的哲学家。他具有进行形而上学哲思的天赋，却没有相应的存在主义的介入……海德格尔是个敦实的矮个子，他额头朝前向前走，我几乎想说：两角朝前……我们能够在他身上感到对他者和外部世界极为强烈的抵触。"（《照亮晦暗》，人类的年龄出版社，1986年，第30页）

④ 《卡西尔-海德格尔——有关康德主义与哲学的争论》，第43页。

⑤ 同上书，第34页。

进行质疑。正是在这里，"此在"发现自己正面对着"不可能性的可能性"、死亡、虚无和表象荒漠般的反面①。作为有限性的唯一经验，"此在"就像"原初单位和内在结构"②，让人们理解了"本体论的需求"③，迫使人们"重复柏拉图的问题"④。当下的时刻属于"本原"的统治；基础是无效的；必须回归表象，并由此回归构成"此在"的开端："始终存在于存在中的开端，这就是我说的在真理中存在。"⑤对康德的影射已经显示出对存在与时间的超越；在普遍存在中理论范围内解读康德，人们发现他似乎赋予了表象以积极的姿态，使得它不再是一种简单的限制。以此为基础，"他阻止人们将严格意义上的土地变为深渊"⑥，即变为既非虚无也非自在的事物。抛开一切意识哲学对此在的分析不谈，这篇文章集中讨论的问题显现出来：为什么是有一些东西而不是一无所有？从这以后，"哲学研究的基本特征就在于使得此在的内在超验性变得自由"⑦。罗森茨维格引用了海德格尔预兆性的总结，但我们可以说，他使得这一总结存在主义化："……深陷入精神的无依无靠和矛盾中，……让此在从生活的慵懒中脱离出来，重新投入命运的刚硬之中。"⑧从两个方面来说，第一次世界大战结束之后，一个世纪走到了尽头。这是"一个资产阶级的世纪，一个同时被技术进步的宗教、看到有保障的自由的希望和具有开化作用的求全思想打上烙印的世纪"。这里的终结不是一次简单的放假，而是"最彻底的判决⑨"。新时代产生新思维。

　　时势造就了罗森茨维格与海德格尔的相似性。它来源于一种关系的简化和对震撼整个德国的大危机的敏感。对于德国，尽管罗森茨维格有着清醒的意

---

① 请参阅列维纳斯在一篇作于1947年的文章中对这一问题极为精妙的解释："存在主义，忧虑与死亡"，海德格尔。《耐心练习》，引文注9，第23—29页。

② 《卡西尔-海德格尔——有关康德主义与哲学的争论》，第44页。

③ "只有有限存在才需要本体论"，同上书，第31页。

④ 同上书，第50页。

⑤ 《卡西尔-海德格尔——有关康德主义与哲学的争论》，第35页。

⑥ 同上书，第43页。

⑦ 同上书，第44页。

⑧ 同上书，第46页。

⑨ H.G.伽达默尔：《20世纪哲学的基础》，瓦蒂莫（Gianni Vattimo）指导，《思维的世俗化》，瑟伊出版社，1988年，第198页。

识并充满怀疑，却仍然恋恋不舍。罗森茨维格对海德格尔迟到的承认除表达了
上述观点，还有别的什么吗？此外，逝世于1929年的他还了解海德格尔的其他
文章吗？尤其值得一提的是，《救赎之星》在赤裸存在的突然性中迈出了第一
步，这——还有罗森茨维格的其他作品——是海德格尔万万没有想到的。至
少，有条不紊的发展节奏和模式，无数内容的涌现，面对生命的强大张力，这
一切与海德格尔的任何一篇文章都形成了鲜明对比。尤其是直面生命时产生的
强大张力，它被神秘地改写为"星星"①这一天文学暗喻，人们在其上能够隐约
看见上帝的面孔。最终可以说，在第一次真正的阅读之后我们会发现，《救赎
之星》是一种神学沉淀。罗森茨维格以一如既往的敏锐观察力发现了这样一个
事实：从此以后，对于哲学和神学，我们不应当再按照它们千年以来的分工和
争执来审视它们。对于这一点，罗森茨维格并没有进行详尽的表达。叔本华、
克尔恺郭尔和尼采在他们共同的矛盾中看到了这种分裂过时的特点。哲学深陷
入主观主义或抽象的泥潭中，而神学则落后于理性，或幽闭在既虔诚且专断
的自足信仰的内在性之中。面对这样的哲学与神学，罗森茨维格提出了一种颇
令人吃惊的划分方法，这与基督徒所想象的新旧约之间关系的划分有些类似之
处：神学的任务是让人们看清"没有界限的主观性"，而哲学的任务则是推导
出使**事物**的组合方式产生效益所必需的理性条件。这张方法论的草图始终在罗
森茨维格的酝酿之中，它与海德格尔所宣扬的分离是相对立的。后者就像一个
罗马的将军，毫不留情地斩断一切。②对于他来说，神学是这些限制中的实体
的（ontique）、区域性与合法的科学；哲学对于神学来说是一种完全陌生和不可
能的思维方式。然而《救赎之星》同时被犹太事实与基督事件结构化，正逐渐
走向存在的象征性神圣化，这是在双重光芒照耀下世界中的存在。尽管这部书
是辩证的，但人们却没有看到其中任何"理性"成分的发展。它难道不是实体
的吗？比起向柏拉图缓慢地回归，它不是更明确地接近卡斯通·费萨尔（Gaston

① 《救赎之星》，瑟伊出版社，1982年，第493页.
② 海德格尔：《神学与哲学》，《卡西尔-海德格尔——有关康德主义与哲学的争论》，第101—131页。
文章作于1927年。

Fessard）的辩证神学[①]吗？罗森茨维格对神学言语的运用完全是即时的，他自己赋予这种言语以价值；在完整地运用这一语言时，他所取的只是其混乱的意义。然而对于《救赎之星》的神学式阅读是不可或缺的。那么诸如肖勒姆、索斯曼和列维纳斯等人对该书所作的另类阐释又是怎样的呢？[②]它们仍属于犹太思想的范畴，然而却不像基督思想那样受到信仰——理性的巨人——神祇战争（gigantomachie）问题的羁绊。不过，罗森茨维格的"这一车人马"[③]不会在自我寻思中消耗殆尽，而是在对上帝的肯定中时而活跃，时而平静。

卡尔·勒维兹（K.Löwith）试图以比较主义者的尖锐笔锋勾勒出罗森茨维格与海德格尔之间的相近性。在他看来，这一相近性是无可置疑的。但他同样也没有触动解放性神学概念的传统意义。海德格尔与罗森茨维格以同一块哲学基石为出发点，即时间中存在的虚假性。这一存在在回返自身时得不到任何拯救性概念的帮助。位于这块基石两旁的是一种相同的决心和相同的发现：继续使用更普遍、更适合新思维经验的言语的决心，以及对一种需求的发现。他们通过重新开发一些"范畴"来给存在"分红"，这些范畴包括死亡、意识、错误、烦恼、忧虑和精神的无助等。尽管如此，一种不同彻底地将这两种话语区分开来：一方面接受启示，另一方面将其世俗化，躲避它，远离它，事实上就是公开地（Aufdeckung）代替它。也许这种分歧有其特殊原因，阿多诺或许也不会否认勒维兹的敏锐发现。扎根于犹太传统的罗森茨维格更多地强调不加修饰的我；而海德格尔式的"此在"则不是那么个体化，不是纯粹的"人类自身的此在"，因而属于没有被明确的归纳。在这一过程中，人类既没有达到自我，也从没有走出自我。"理解的圆圈"是对此的明证；在"离存在比离邻居更近"的海德格尔身上，他人的相对缺失很可能也是一种证明。然而对于罗森茨维格来说，正是启示的时刻放射出照亮他人脸庞的光线。因此，海德格尔的

---

① 卡斯通·费萨尔（Gaston Fessard）"*Pax nostra*"，1936年。他以异教徒、犹太教徒、基督教徒三者关系为起点发展了整个辩证法。

② 肖勒姆：《弗朗兹·罗森茨维格与〈救赎之星〉》，《弗朗兹·罗森茨维格》，引文注11，第17—39页（文章作于1930年）；埃马纽埃尔·列维纳斯：《弗朗兹·罗森茨维格，一种现代犹太思想》，同上书，第65—81页（文章作于1964年）；索斯曼：《弗朗兹·罗森茨维格》，*Gestalten und Krise*，苏黎世：迪亚那·韦拉格出版社，1954年，第287—312页。

③ 暗指《救赎之星》的题词："真理事业的凯旋与骑马远行"，普索姆出版社。

"此在"从没有离开过时间化运动"微乎其微"的超验性，这一运动在1933年面临颇为尴尬的挑战。与之相反的是，对于罗森茨维格来说，永恒性超越了概念化的表达，代表了另外一种时间，并以完全不同的方式影响了时间中面对他者的行动。因此，在知识界的各种压力之下，罗森茨维格最终证明了怀疑论的合理性①，这一合理性对于海德格尔这位"无神论基督教神学家"来说是完全陌生的。

为了更好地理解罗森茨维格的作品，揭开纯神学所具有的特殊的玄奥②，我们应当从其突现的过程来对其进行重新把握。这样，罗森茨维格与海德格尔之间一定的相近性和将它们分开的任何距离或许都会更明了地显现出来。

罗森茨维格在"新思维"中论及了"我们思想的操纵者，一种暗箱操作的知识"。这一知识最隐秘的能量来自一种"统一的冲动"③。从某种意义上来说，统一是一个最终发展阶段，甚至是最高发展阶段，而为此要付出的代价则是一种被遗忘的原始经验，当人们直面死亡而无脱身之计时，这一经验便会被唤醒。《救赎之星》的第一卷就阐释了这种解构。那么，这种原始经验是什么呢？是作为略带幻象的实体的四散，而非各种现实"元素"（上帝、世界、人）的分散；我们可以想象它的结构，而罗森茨维格则借助于谢林的抽象来达到这一点。理性倾向于通过提出"是什么"这样聪明的本质性问题来进行概括和综合。然而颇为奇怪的是，对于罗森茨维格来说，这种概括是一种套套逻辑，是根据出发点的不同对世界、上帝或人的减缩：其最讲究的模式便是黑格尔在与自身精神平等的观念指导下进行的概括。这不是真理，而是一种表现，一种极富教育意义和颇有成效的客观化，而它的支持者只是主体的"代表"，第三人称的代表，是一张面具。事实上，任何来自这三个并列星座内部的必要性都无法将它们彼此联系起来。理性法则始终属于投射性秩序。神话中的奥林匹斯

---

① 埃马纽埃尔·列维纳斯：《弗朗兹·罗森茨维格，一种现代犹太思想》，引文注29，第83页。乔治·斯坦纳似乎对这种后神学氛围尤为敏感，在他看来，海德格尔否认这一氛围；参见乔治·史坦纳：《马丁·海德格尔》，由丹尼斯·德·科普洛那英文译出，阿尔本·米歇尔出版社，1981年，第199页。

② 有关这一问题充满激情的研究，参见德里达：《如何能不说话。否认》，《心灵》，加里雷出版社，1987年，第536—597页。

③ 《新思维》，引文注11，第45—48页。下面几行文字对这篇文章作了一个简要的概括。

山、可塑性世界和悲剧英雄之间是没有交流的；全是一个沉静的世界，好奇的人类思想处于窥伺状态，它内部发出的声音不会打破这种宁静。

即使参考史蒂芬·莫塞极为细致的点评[1]，我们仍然会发现，罗森茨维格的启示概念是十分复杂的，但或许不是无法理解的。黑暗的内心斗争[2]，与相对主义、正统观念、卫道士式的反应以及黑格尔的压制之间激烈的争吵；在死亡与重生之间长期摇摆不定的对犹太教的回忆[3]；对避免任何超世俗异质因素的理解性的嗜好：这么多因素最终导致了一种否定性指称；超越自然的生产力和理性预感之外的启示是一个纯粹的奇迹。这一教唆蕴含了怎样的意味？

新思维并没有使逻辑形式失去意义；但后者比起最忠实于"感觉，忍受，回忆等经验"[4]的思想来说，显得偏离了正道。然而对世界和言语的感性经验包含了整个感动、忧虑、等待和欢乐的情感世界，这既是我们在世界上的存在最直接的经验，又是最隐蔽、最受抑制、内部面临着逐渐消失、被用损以及死亡危险的经验。启示只有在时间化的身体被埋藏的层面上才会显现。它首先以纯经验的方式突现，不是对理性密码的破解，而是存在于一种随意性中的回忆。"并不是在时间中发生了事件，而是时间本身就是一种事件。[5]……人们不应当脱离时间的控制。"显然，罗森茨维格在这里只是审慎地提及犹太因素在他身上的再生，这与摩西和先知们对时间发出的命令是联系在一起的，这是一种被新的开端所引领的时间。从某种程度上来说，这种个人化的研究手段仍然是外在于启示的。

"第二卷讨论的是在场的启示。"[6]这一历史事件极富意义，并在回忆中重现。这种回忆在虔诚或唯意志论影响下显得手无寸铁，并有可能出错。然而，

---

① 史蒂芬·莫塞：《体系与启示——弗朗兹·罗森茨维格的哲学》，瑟伊出版社，1982年。

② 这场宗教信仰的危机与海德格尔在1917年所经历的危机不无相似之处，勒维特对两者进行区别，认为一者以基督教为起点，而另一者则是对犹太教的回归，引文注12，第17页。

③ 《小论文》中许多文章对这些问题进行了讨论。如《无神论神学》，居伊·普蒂德芒日作序，让-路易·斯什勒格尔翻译，《宗教科学研究》，1986年10月—12月，第537—538页；以及由让-路易·斯什勒格尔翻译的晦涩的文章"《〈救赎之星〉的原始核心》"，《弗朗兹·罗森茨维格》，第99—115页。

④ 新思维，引文注11，第47—48页。

⑤ 同上书，第49—50页。

⑥ "第二卷是整部书，也是所有作品的核心。"同上书，第52页。

这或许不仅仅是一个极具特殊性的历史事件。它是否有突然转向神秘主义之嫌? 罗森茨维格对阐释概念进行了极具独创性的重新阐发, 从而避免了这一转向。[①]按照某些概念的说法, 与事件相比, 阐释从不会使阐释者失去一种被流放, 甚至是被开除的感觉。事实上, 这一事件是不可阐释的, 是自在的。它是一种呼唤, 一种可能的呼唤和对话。作为一个事件, 它的特性就是要确切地成为一个事件, 一种瞬间——瞬间, 转瞬即逝的中断, 一种提前或推后的表现, 一种转向。认知的这一瞬间或者说认知的现在时与其他历史事件是不可分割的, 它在一种非简单回忆的记忆中实现了现实化。诚然, 这是一种特殊的经验, 但它对于人类是如此开放, 以至于罗森茨维格不仅将这一经验的起源追溯到摩西, 甚至追溯到了亚当。正如人们会对事实提问一样, 人们也要问, 是谁保证了启示的产生? 没有任何证据。启示没有足够的证据, 但也不是丝毫不留痕迹的。从根本上说, 圣经和有关圣经连续不断的评论就是它的痕迹。因此, 启示并不是事物—原因(chose-cause); 它因其造成的各种影响而产生意义。这里, 我们无须深入细节之中便能够发现同一种行动所产生的三重突变(转变): 主体由第三人称上升到第一人称, 自我突然侵入, 与自我侵入同时产生的还有他者的侵入。这里所说的对话语的掌握不再是一种强迫, 而是一种回答。而他者则是难以击败的邻人, 是无与伦比的挑衅。启示是不是超验"认知"的一种更高级模式, 是奥林匹斯山的具体化? 更确切地说, 它或许是对这一"认知"的损耗。实体在一种以我为中心的话语中隐退, 这一话语同时揭示了各种"元素"之间的结合。因此, 依据一种自我并不知道其源头的节奏, 启示的中心变成一种连接和行动。罗森茨维格有一句富有雄辩力的格言: 上帝不是爱, 但他在爱。诸如此类对各种受煽动行为进行的接合所构成的并不是封闭的世界, 而恰恰相反, 在历史的嘈杂与合理性中, 它向超历史打开了大门。我们只是这种超历史的参与者, 而不是其最终裁判者。

哲学难道只是盲人们的流浪, 是对神话看似可靠实则虚假的接替? 这似乎

---

① 有关这一问题, 参阅列维纳斯的解读, 如《异于存在或在本质之外》, La Haye, 尼约夫出版社, 1974年, 第190页及以下。另参阅让-皮埃尔·瑞斯维博尔(J.-P.Resweber)更为通俗的文章:《什么是阐释? 论阐释学的基础》, 塞尔夫出版社, 1988年。

并不是罗森茨维格的观点。确实，他试图"将传统哲学推向荒谬的边缘"①，并借用海德格尔的话断言，这一哲学的嬗变只不过是对平等的回归。但他同时也希望能够"拯救"这一哲学，似乎理性主义指向却又掩盖了哲学的目标，最终归于失败，又似乎哲学被禁锢在一个施了魔法的圆圈中。只有来自"完全他者"②的事物才能够打破这一圆圈。简而言之，这种"完全他者"的事物即启示的馈赠。这是否意味着宗教范畴将代替哲学话语？如果我们读史蒂芬·莫塞③对罗森茨维格最后的日记作的精彩点评，就会发现，罗森茨维格预感到了象征性事物过分提升价值的危险。于是他几乎从反面来思考启示：它打开了人们的眼睛，赋予他们真正清醒的机会。在它去神圣化强大的"结构性"力量推动下，人们获得了真理中的真。视角的这一惊人变化或许正是罗森茨维格的预见性所在。"完全他者"（小写）意味着主体在不回归唯我论或奴隶般的畏惧情况下的一种非奴役，意味着不可减缩的多元所具有的完全不受拘束性，以及以行动、言语、讲述、对话、颂歌和话语等多种形式与他者共存的邀请。哲学所追寻的真理始终难以企及；启示揭示了可能接近真的条件。启示作为"经验闪电"中的距离和闪现，它是固有的去本质化过程，而不是现象或表现。这就是为什么从科学上讲，启示必定产生的地方是不存在的，能够恰当地表达启示的"代表"也是不存在的。但启示是有证人的。犹太教和基督教就是重要的象征。④

海德格尔神秘的事件（Ereignis）也是一个瞬间，它的突现是以假设为前提的。在这里，"人类与存在相适应，存在则寄存于人类之中"⑤，它们所依据的模式与形而上学所提供的基础是没有关系的。将海德格尔的这一观点与罗森茨维格的启示观进行比较是否纯属偶然？正如启示只不过是一种直接经验一样，事件也只不过是一种表现。它总是已经发生在无法追忆的事物中，历史性使之重现，就像一个没有保证的诺言。它或许是一种区别，一段间隔，是到达当下

---

① 《新思维》，引文注11，第43页。

② 同上书，第44页。

③ 史蒂芬·莫塞，《弗朗兹·罗森茨维格》，引文注11，第207—223页。

④ 保罗·利科，《〈救赎之星〉中的"重要人物"》，《精神》，1988年12月刊，第131—147页。

⑤ 乔阿尼·瓦蒂莫：《辩证法与区别》，《海德格尔》，第113页。这份研究是对《在问题1中的同一性与区别》（伽利玛出版社，1972年）十分清醒的解读。

与隐藏的传统之间的交会点。它总是非思的，其中掩藏的不是对回归源头的渴望，而是对源头在回忆中呈现的等待。①这样看来，人们当以什么样的态度来面对存在者？

谈到这里，罗森茨维格与海德格尔之间的不同随即出现。勒维兹所提及的"永恒"暗示她将海德格尔的时间性与罗森茨维格所谓永恒的超时间性对立起来，尽管这样做是不无风险的。海德格尔的时间性受到衰落的威胁，日落的西方，象征着目的地的黄昏，这一目的地赋予我们的只是一种遥远的，被减弱了的动力，而罗森茨维格的超时间性或许会让世界变为双重的世界，最终由于人们天真的盲从，超时间性得以拯救世界。对于罗森茨维格来说，启示既是对证据的要求，也是它标志着各种特殊性的诞生和创始。在统一于上帝的法则下，这一派遣以重新铭刻入历史为自己的责任，因此它是不能够被表现的。人们或许能够理解罗森茨维格对统一怀有某种神秘的激情。关键在于将这些"元素"联系起来，始终保持上帝—人—世界之间的区别；罗森茨维格反对用技术统一一切，他坚持认为《圣经》就是对区别最明显的召唤。勒维兹在海德格尔的哲学中发现了自然哲学的缺失。诚然，这并不是因为这一短语在他的哲学中没有一席之地，而是因为世界受存在的影响如此之大，甚至被遗忘，以至于它失去了利益、过于繁重的任务或转瞬即逝性所特有的强度，这是十分矛盾的。对于罗森茨维格来说，永恒并不意味着遗忘时间，它是时间的危机，是对时间的批评以及对其吞噬性的反抗。它不是夜间的避难所；相反，它是对历史和世俗（mondain）具有强烈的清醒意识的可能性。它提供了一种使时间和自然非神圣化的距离的维度。勒维兹认为，1933 年海德格尔对此的探讨是极为缺乏的。在新近翻译出版的一本小册子《论健全与不健全的理解力》（*Livret sur l'entendement sain et malsain*）中，罗森茨维格激情洋溢地向人们展示了以时间

---

①　"区别只有传递性和过渡性的特征之中才能发现。因为区别首先在于使一切加以区分，就像 Ankunft 和 überkomnis 一样，而'存在'在现时中的产生以及超越自身时的突然出现，使之吞没在事物的发展过程中，并且持续不断地存在下去。"（《海德格尔》，第137页）瓦蒂莫在其身光敏锐的研究中认为海德格尔的思想中有赫拉克利特思想的影子，这一观点是极具启发性的，但多少有些强加的成分。按照这一观点，海德格尔更像是一个新式的希腊人而非德国人。同时参考《海德格尔入门》，J. 罗兰由意大利文译成法文，塞尔夫出版社，1985年，第186页。

的永恒为起点进行去神圣化的过程。

对待技术的态度为我们认识海德格尔与罗森茨维格①的区别提供了重要的参照，并让我们清楚地了解了阿多诺的批评。"技术的强制作用被普及"——没有人能够无视海德格尔这一判断的严峻性，但对此的解释却颇费周折，达到了如此的高度以至于产生了令人担忧的眩晕。作为哲学的一个"时代"，技术全球化通过存在者明显可见的统治实现了形而上学。这里的存在者既具有操控能力，又被操控着，乃至于被撤销。简而言之就像形而上学中的存在一样，在使得一切平等且合并的普遍功能间性中缺乏自己的空间。这是一种完全另类的关注点。可以说，对于形而上学来说十分重要的"在场"清晰地揭露了它的骗局。类似这样的判断是可以被理解的。人们能够从中听到一些恋旧的声音；他或许会讽刺挖苦这个时代，让它变得像魔鬼一般，而不去寻找治疗这个时代邪恶疮疤的良药，不去看着人们或自己亲自将自己的决定铭刻在这个时代。海德格尔曾试图将存在的历史与世界悲惨的命运重新联系在一起，然而他的努力最终在使人麻痹和丧失信心的暧昧性中草草收场。一方面，技术是致命的，几乎只是致命的。同时，我们或许处于一个绝望缺失的世界中，即使与存在的哀悼相比，**思维**还是没有给人类的苦难增添过多的沉重。另一方面，如果说技术符合存在的逻辑，那么它同时也是一种祭献品，是必经之路和命运。它呼唤屈从。诚然，在存在的隐退中被遗忘的事物处于危难之中，但过早的回归或许也是荒谬的。首先应当屈从，这并不意味着无视危险，只是无法进行任何反抗，至多是思考一下非思——可能存在的事件。就这一点而言，将虚无主义与我们所无法乞求的上帝的拯救分离开来是十分困难的。

海德格尔或许比任何人都更深刻地，简而言之在所有人之前，提出了形而上学所固有的暴力问题。他并没有将思维的最终成果仅仅归于这一形而上学，也不是没有向人们警示这一秘密的暴力。但他拒绝，或者仅仅是压抑住一种宗教的忧虑，将一切不受本体论神学束缚的神学传统排除在外。这一决定显然是合理

---

① 参考米歇尔·哈阿尔（Michel Haar），《技术的本质》，《地球的歌唱》，赫纳出版社，1985年，第161—191页。我们密切地关注米歇尔·哈阿尔对海德格尔的阐释，他能够毫无牵强地把海德格尔的诸多文章联系在一起。

的。然而他夸大了存在的先行历史，他的夸张在人类历史的深度和曲折坎坷中打下了烙印（Prägung）。这难道不是重新打开唯一一片严格意义上的神圣空间，将我们托付给从没有说出自己名字的游戏之神吗？这是一场无可避免，深不可测的悲剧性游戏，它完全改变了人类历史内部的面貌，以至于任何不与这种"上天"的节奏合拍，不受之启发的行动都会变成哑剧。神圣的事物难道最终不是注定要带着虚无主义色彩屈从吗？这一彻底保守的屈从与亲–纳粹的决定之间难道毫无关系吗？①在海德格尔看来，纳粹主义是一场完全特殊的革命，它或许代表了以思想的另一种用途来超越技术的弥赛亚任务？这种弥赛亚主义就像一场滔天大火，开端在它终结时显现出来。②这一神圣化过程难道不是来源于一种长期使用的言语概念吗？通常来说，这一言语的第一效应正是蛊惑人心。难道不存在一种自在的言语，即言语—自然吗？这是一种极好的言语，却又是不加区别的"人与物的声音"。这种言语是自生的，纯粹的独白③，其中没有争辩，祈求和对话。一个世界在说话，但这其中既没有恨也没有爱。艺术中存在一种例外，即地球的歌唱。它能突破神圣性的藩篱吗？人们赢得和接受到的安宁能否驱散流浪的愁云？人们通常以为流浪是神圣所开启的唯一道路。确实，海德格尔卓越地提出了超验性，或者说产生区别的相异性问题。然而在这超验性隐退的褶皱中不是藏有一座被清空的、寂静的奥林匹斯山吗？"建一座庙比请圣物下凡要容易得多"（贝克特）。对《本真的行话——论德国的意识形态》一书的题词表达了阿多诺最强烈的感情，并让人们看到了将海德格尔与罗森茨维格最终分隔开的深渊。

阿多诺难道只是罗森茨维格"新思维"的旁观者吗？我们不会忽视他们在时间上的微小差距，他们所采取路线的多样性，以及他们风格上的不同。他们

---

① 奥多·波格勒（Otto Pöggeler）是对海德格尔的评注者中最审慎，掌握资料最多的一位。他最终也得出这样的结论：在一个时代（斯潘格勒[Spengler]、容格尔[Jünger]、克拉日[Klages]）所共有的意识形态之外，海德格尔与纳粹主义之间存在固有的亲近性，阿多诺对此颇为敏感。参考奥多·波格勒, *Den Führer führen? Heidegger und keine Ende, Philosophische Rundschau*, 1985年（32），第26—67页。

② 德里达：《论精神》，加里雷出版社，1988年。

③ "一个世界将使徒让的话语（le verbe johannique）与海德格尔的话语区分开来：孤独的话语所能做的只是让人类去聆听。它是，并始终是一种独白。它让我们说话，却不对我们说话。"亨利·比洛（Henri Birault），"让自己说……" *Heidegger.Cahier de la nuit surveillée*, 第33页。

中一个人更注重重新赋予公共经验被压抑的意义以声音，而另一个人则要打破各种明证。但两者的思想都充满了冲击力，这正是他们所追求的。他们精神上的相似性由此而生。两者之间的交会点是多种多样的：通过回归偶然性的主观经验对总体性进行必要的解构，对同一性产生抗拒的物性（choséité）被普及，在总结或集中时没有暴力的存在，言语观建立在似乎消失了的名词真实性基础上，在脆弱的在场所构建的总体氛围中，罪恶性、不公正、不幸、对欢乐的承诺以及对所有形而上学批判的必要性重新显现……推到极限来说，《最低限度的道德》难道不是十分阿多诺化的"新思维"吗？更为隐秘的是，如果说关系是罗森茨维格思维火花的迸发点，那么它同样也是阿多诺思维的倾向所在，他发现并赞颂荷尔德林所谓的"最高被动性"，这是"使得意义的范畴发生动摇的诗意运动"所特有的。当然，他们之间的区别仍然是无可避免的，肖勒姆在1930年简明扼要地揭示了这一区别。罗森茨维格或许希望能够"拔掉犹太教身上可怕的毒刺"，但他同时也十分清楚，"救赎不仅仅是一种解放的力量，同时也是一股摧毁的力量"。阿多诺从没有将这两方面分离开来。而他对此所作的评注不论停留在最直接的经验层面，还是上升到理论层面，都带有自由与灾难之间不可调和的矛盾的印记。

面对黑格尔的阿多诺、海德格尔和罗森茨维格：客观性

海德格尔将客体、与客体的关系和世界作为祭品供在他的祭台上。[1]对虚无的强调使得限定性否定变得无意义。阿多诺的盛怒起源于对客观性的平庸化的控诉。这种客观性是不可减缩的，它影响着整个主观性，对人起到束缚作用。[2]而如今哲学的任务也许就在于猛烈地反对这一平庸化，以拯救人类与事物。这是新黑格尔主义的尝试吗？对于阿多诺、海德格尔与罗森茨维格来说，他们身上留下了哪些黑格尔哲学的印记？对此进行简要的概括能够澄清他们之

---

① 参考迪迪耶·弗朗克有关"世界"一系列问题的研究，《存在与生命》，《哲学》，第16期，1987年，第73—92页，结尾尤为重要。

② 战后法兰克福学派捍卫自己思想的堡垒之一；参考马丁·杰伊的《辩证想象——法兰克福学派与社会研究院历史，1923—1950》，帕约出版社，1977年，第310页。

间的不和与分歧。

阿多诺经常毫不留情地批评黑格尔，他关注的焦点是所谓总体性真理的至高无上性。

> 理性变得无法把握现实，这并不是一种自身的无能，而是因为真实不是理性。在从康德到黑格尔的运动中，黑格尔的严密性具有最后的决定权，这场运动尚未结束，或许因为对于康德被摧毁的思想来说，全能的逻辑所具有的严密性是一种非真理。诚然，黑格尔能够在正式范畴之外展开哲学批评，但同时他也因此逃避了最关键的批评时刻，即批判已实现的无限所具有的总体性。他还专断地消灭了不可减缩为意识的整体，康德的超验哲学在这里能够找到它的核心经验；黑格尔明确地阐述了认知的单义性，这一认知正因为其缺陷的存在而显得没有缺陷，它包含了某种神话的盲目成分。①

人们十分准确地发现了精神世界的辩证互动。然而如果说是精神的辉煌胜利完成了这一互动，人们便会认为这是偏执狂的荒谬。事物与人之间（corpore absente）的他者性消失了，死亡变得符合逻辑②，而那些死者即使没有得到安慰，也被意义的荣誉笼罩了起来。这一主题随后激起了霍克海默尔强迫性的反抗，甚至可以说是一股难以平息的怒火。这一点在从 1930 年开始一直到他临终前的思考中都有所体现。③黑格尔的唯心主义尽管没有费希特唯心主义的

---

① 阿多诺：《三论黑格尔》，帕约出版社，第98页。

② 有关一种完全相反的观点，请参考皮埃尔-米歇尔·克莱因（Pierre-Michel Klein）：《死亡的逻辑》，Cerf出版社，1988年，第134页。

③ "这一思想（黑格尔）中隐含着某种不仅成问题，而且可怕的成分：个体唯一的、真实的死亡在其思想体系中占有一席之地，它就像一个纯粹的幻象，或者至少说从幸存下来的精神实质——绝对精神或超验意识——角度来看，它是合理的。然而从理论上来说，我们不能赋予死亡以任何'意义'；更确切地说，在死亡面前，任何能够'赋予意义'的形而上学都显得无能为力……历史以一个不是十分完美的社会为起点，实现了一个较为高级的社会，在它的发展过程当中，它还将继续实现一个更为高级的社会，这是事实；然而历史发展的道路超趋于个体的痛苦与不幸之上，这也是事实。"（《资产阶级历史哲学的开端》，帕约出版社，1974年，第109页）同样："我不知道形而上学家们的思想有多少合理的成分，或许存在一种极具说服力的形而上学体系或体系片段。然而我知道的是，人类的痛苦在形而上学家们的思想体系中仅仅占了微不足道的一小部分。"（马丁·杰伊：《辩证想象——法兰克福学派与社会研究院历史，1923—1950》，第65页。《黄昏之歌》[1910]）

爆发力①，但它同样也是疯狂的，因为它建立在思想与无限似是而非的相近和对等基础之上。这是一种近乎神学的观点，它最终导致了无限性、总体性之间虚假的平等。因此黑格尔认为②，由于全对所有内容产生了即时的和有保证的控制③，最高逻辑同时也是形式主义逻辑④，它从不是为自身而存在，而是像**标本**，呈无序状态，只有另一种秩序的暴力才能够成功地调整它，但这种行动的代价是将其摧毁。思想向整体进行幻影般的升华，这种升华即使再完美，它也只能使得其绝对囊括一切的体系的形式僵化——主义之前，只不过是资产阶级贪婪与忧虑心态的表达，是自我保存本能的一种升华。这一过程很早就已经开始，然而直到资产阶级发展的鼎盛时期其能量才全部爆发出来。阿多诺认为，黑格尔又进了一步。对于黑格尔来说，19世纪是个体解放的年代。黑格尔体系是自给自足的主体庄严的象征，用音乐术语来说，是开放的资产阶级胜利步伐的延音符。⑤控诉不是拒绝。阿多诺更多的是判断本质，而不是贬低以批评理论为主的黑格尔化的马克思主义。他始终认为黑格尔是难以企及的，因为只有他构思的辩证法才能"达到异质的高度"⑥。辩证法的极端主义受到人们的怀疑，它是对概念全能的调解。从某种意义上来说，其企图是好的：它走出了晦涩的外在性的事实，驱逐了内在性这座"史前人类的历史监狱"⑦所谓的真理。实证主义与主观主义双重的和对称的拜物化倾向被废止了。调解不是在最初具有至上地位的概念的引导下进行的，但它始终是可理解性与自由的关键。因为它所揭示的是一个人类世界——即使这其中存在异化，即在劳动和一切形式行动的作用下，主体与客体、内部与外部、个体与团体之间具有改造作用的结合。绝对知识的空想来自向无限性的跃进。或许正是在避免

---

① 《否定的辩证法》，第25页。

② 同上书，第37页。

③ "黑格尔的辩证法想拥有一切"，同上书，第34页。阿多诺对总体化中的和解（"一切都好！唯心主义的精华"，《并列句》，第175页）和"黑格尔对个体的蔑视"（《否定的辩证法》，第268页）问题的研究文章为数众多，形成了一套富有表达力的作品集锦。

④ 《否定的辩证法》，第37页。

⑤ 克尔恺郭尔对黑格尔胜利的一面十分敏感，或许忽视了其忧郁的一面。

⑥ 《否定的辩证法》，第12页。

⑦ 马丁·杰伊：《辩证想象——法兰克福学派与社会研究院历史，1923—1950》，第88页，引自阿多诺对克尔恺郭尔的研究文章。

这一跨越的过程中，黑格尔仍有可能实现"与多元之间的有益和解"①。重新利用黑格尔思想，使之"模型化"，同时不忘记康德和马克思，不忽视将我们与黑格尔分离开来的那一段可怕的历史，这样也许可以防止陷入实证主义者的教条主义和相对主义的屈从②之中，前者是许多强大思想的大本营，而后者则象征着弱小思想对失败的承认。阿多诺承认辩证法的这一变体所具有的力量，它无可否认地掩藏了一种政治乌托邦的梦想。这并不是一个英雄式的梦想，它甚至带有神学的色彩，勾勒出一幅和平无政府主义的画面。

对"没有唯心主义基础的纯理论思维"③的运用有一种称法，即我们说过的限定性否定。在阿多诺看来，它具有一种纲领性的价值。阿多诺不计其数的批评随笔比《否定的辩证法》更为详尽地展示了这一否定的内容。《否定的辩证法》代表了一种难能可贵但却颇为艰苦的概念化过程。严格说来，限定性否定避免了双重的和具有灾难性的现代错误，即对形式主义以及对即时的信仰④；原初的思被认为是自由的，海德格尔颇具代表性地阐释了它所导致的绝境和产生的诱惑，它们使得人们无法融入充满关系的世界；在这一意义上，我们可以说海德格尔证明了变成体系的社会所具有的幽闭恐惧症，这一带有神话色彩的体系以内在为起点，用反体系的形式表达出来。⑤限定性否定辩证法是"虚假条件的本体论"⑥。它意味着一切关系所蕴含的特殊事物或许是转瞬即逝的重现。这就是为什么现在不是对哲学的"重大"问题进行思考的时候，而是应当转向那些看似无足轻重、残余的、没有被发现的事物。从某种程度说，我们应当从底部开始，借助"辩证法的刺激"⑦使得非概念、个体、个人和非标本重新显现出来。这不是美学的选择，而是被痛苦所强加

---

① 《否定的辩证法》，第14页。

② "对通俗唯物主义的相对主义辛辣的批判是限定性否定的范式。"（同上书，第36页）

③ 同上书，第22页。

④ 阿多诺对即时的批判在1929—1930年间反对克尔恺郭尔的早期文字中便有所体现。

⑤ "乔治与克拉吉在这种现象（对原始力量的崇拜）中预见到了国家社会主义的某些不良倾向。神话学家们不停地指出并摧毁这一倾向，认为这是他们的要旨所在。他们是那些诸如死亡、内在性和真实性等所谓原始词汇的预报者，这是一项在希特勒极权统治时期得到大力发展的实践活动。"（《棱镜——社会文化批评》，帕切出版社，1986年，第198页，第17期）

⑥ 《否定的辩证法》，第17页。

⑦ 同上书，第22页。

的："表达痛苦的需要是一切真理的条件。"①这里的痛苦是个体化地位问题的痛苦，它不是文明所感到的不适，而是其病情转变期："对人类来说，个体化变成了如此艰难和不确定的任务。因此，当遮在个体化面前的帷幕微微掀起的时候，人类被一种死亡般的恐惧所震慑……"（卡夫卡所谓的）晦涩或许有一种保护的功能，即"防止集体化的侵入，也即防止自身集体化的产生"②。因此限定性否定的工作在于让人们看到"事物凝固的历史"③，这一艺术在很大程度上反映了阿多诺的独创性。它来源于一种敏感的和充满斗志的关注，是各种关键的细微差别被重新激活后的产物。这些差别使得客体、作品和环境变成了历史文本以及产生活力的关系的对等物。但对于这种艺术来说，理论是至关重要的，因为这一艺术首先是设置距离的艺术；理论保护我的陶醉；然而如果它想避免被黑格尔的总体化扼杀我的一切自发性，那它就必须警惕这种自身的陶醉。这一平衡的保持是具有杂技般的高难度的。阿多诺设想通过理论化的努力和对语言极为审慎的运用使得这一平衡成为可能。对于阿多诺来说，这一结合始终是他密切关注的。这里的语言是最具自发性、与阿多诺融为一体的母语——德语，似乎——一种奇怪的巧合——德语为思维提供了更为分散的潜在可能性。④

在黑格尔思想的关照下，阿多诺与海德格尔之间的区别是显而易见的。在其他人之后，阿多诺试图重新运用黑格尔思想；而海德格尔则给予黑格尔的精神以一定的高度，并接受了这一精神。对于一方来说，他要打破黑格尔的神话；辩证法的神圣化使得自我意识绝对化；重新对辩证法进行启发性否定，可

① 《否定的辩证法》，第22页。

② 《棱镜——社会文化批评》，第223页。

③ 《否定的辩证法》，第48页。

④ 语言是阿多诺回归德国的最重要原因之一。"这不仅因为我们永远都无法像使用自己的母语一样用一种新的语言准确表达连贯思想的细微差别和节奏，同时也因为德语与哲学之间，或简而言之与哲学的纯理论推理时刻之间表现出一种特殊的亲近性。"（转引自马丁·杰伊：《辩证想象——法兰克福学派与社会研究院历史，1923—1950》，第317页；文章写于1969年）但后来这种情形发生了细的改变，阿多诺的文章，尤其是其中《美学理论》引进了越来越多的外来词（拉丁文、法文、英文）："外来词能够保留住属于语言乌托邦的某种事物，这是一种没有源头的语言，历史地存在着的事物不会对其产生历史的影响，它无意识地活在其中幼稚的用法之。"（转引自H.G. 霍勒的《哲学档案》，1982年4—6月刊，第248页）这里对本雅明的言语理论的影射是显而易见的。

以避免意识与客体的消亡。对于另一方来说，黑格尔在接受绝对的启示表现时，是否用理性主义代替基督神学并不重要：黑格尔在形而上学的历史上是唯一的，他代表了形而上学的顶峰，以一种无与伦比的睿智终结了历史中的存在逻辑。之所以说这种睿智是无与伦比的，是因为他将时间、过去的生成物和未来的终极目标融合在一起，这三者在现时的十字路口相遇。黑格尔将历史的不同节奏视为同一，他在那些看似不相协调的哲学思想中读到了意义的相互交织；他明白，任何一种世界的降生都是一种相同和一种存在—思维关系重新调整的结构化。这一关系的参与者们并不了解总体的法则，因为这一法则直到最后才会显现。作为现代哲学家的黑格尔不需要宣扬什么；他只需要在属于他的恰当时候阐释和澄清存在—思维转变的变化与节奏。从哲学伊始，存在—思维的关系就是其发展的源泉和进退两难的窘境。黑格尔完成了形而上学。而尼采的形而上学则更富想象力。对于他们，我们需要去阅读，然而对于即将到来的哲学来说，他们的思想没有值得铭记的确实之处。

对于海德格尔来说，黑格尔的建构是具有贬义内涵的"世界观"，但同时也是一个时代的自我意识。它为技术的自我意识做好准备，这种意识相比前者维度更加单一，然而本质与前者是相同的。这样的建构正是我们要抛弃的。更确切地说，它已经被抛弃了。我们处于其外，这并不是逻辑作用的结果，而是一种原因不明的决裂使然，它使得我们重新面对真正涉及的问题。我们有充分的理由谈及黑格尔与海德格尔之间的相似性或是被颠倒的黑格尔主义。[①] 对于两者而言，他们以同样的暴力方式审视了整个哲学史的历程；同样感受到了起源问题的压力，这个问题被静静地搁置在过去—— un gewesen ——我们需要去回忆而不是消灭它；他们还有着同样的忧虑，即让自然摆脱时间、行动和言语的束缚；最终，他们同样意识到将现时视为一道门槛的必要性，人们需要借助终极目标来穿越这道门槛，否则失去了严密性的思维便会自行消亡。然而海德格尔正是在黑格尔按照建筑学原理构建起来的大厦中发现了一道裂痕。

---

① 米歇尔·哈阿尔：《存在的历史与其黑格尔模式》，《地球的歌唱》，第141—161页；马尔兰·扎哈德（Marlène Zarader）：《海德格尔与起源的话语》，弗兰出版社，1986年。

或许黑格尔以最高方式来表达时间的通俗经验。[1]最为果敢的哲学先知或许也是目光最短浅的人：出现的裂痕起先消失，而后由于学会了对自我意识的掌控而重新沉浸在无限性的洪流中。对于我们来说，这一束光线让我们更清楚地看到了它周围的阴影。它没有名字，超越了任何表现，总是被形而上学排斥，而同时又在形而上学中悄悄地产生。[2]这一非思的事物如今产生了同时涉及其本身和人类两者的问题：用什么来给那些不再受存在感染的事物命名？它要解决的是"相互适应的关系"问题，这或许可以被称为事件[3]，它是海德格尔最令人困惑和羞恼的概念之一。在这个问题中，哲学失去了其身份："就让我的思维之路没有名字吧。"[4]

与其说黑格尔被颠倒了，不如说他被超越了。然而，在海德格尔变得至高无上之后，他的引领导致了一种限制，阿多诺预感到了这一点，并认为这是无法容忍的，即使他承认海德格尔的质疑引起了巨大的轰动。从某种意义上来说，黑格尔认为存在者是绝对的具体化。它在绝对中牺牲的同时实现具体化。主观性总是在感性确信的震颤中重新开始，然而不论其来回盘旋多么令人感到眩晕，黑格尔的纯理论作品最终还是变成了一种政治原则，《法哲学原理》便是证明。黑格尔将一种精神的高度赋予处于他限制中的存在者、此时此地和特殊，他清楚，绝对在艺术、宗教和哲学中都有所反映。对于海德格尔来说，缺席者和有所表现的事物的自省是如此之深，以至于最终缺席物就像一个无底的奥秘，需要一种没有基础的承诺；我们的历史性使我们远离了看似近在咫尺实则被篡夺的起源。由此产生了一种被普及的犹豫、对不确定和不可避免的历史的屈从。错误的步伐、懦弱和致命的妥协都是可能的。然而

---

① "……黑格尔的时间概念代表了一种最彻底的概念建构，它几乎没有被对时间的通俗理解所察觉。"（《存在与时间》，第83页）

② "在迟到的绘画作品中，来到画面中的事物与来自画面本身的事物之间的／区别／在同一道褶皱中得到统一，这一区别被实现／同时被变成一个谜。／通往诗与思维／共属的道路会打开吗？"（海德格尔：《塞尚》，《勒内·夏尔》，赫内出版社，1971年）

③ 米歇尔·哈阿尔：《技术和本质》，《地球的歌唱》，第180页。

④ 同上书，第161页。

旧的标准已经过时，谁又能够起判断作用呢？①既然看——Schauen（德
语"看"。——译注）——看不见了，行动——黑格尔的 Tun（德语"行"。——
译注）——便必然并彻底地开始流浪。阿多诺不能够接受对手的这种非现实
化，它偏移了存在者不坚定的坚定，偏移了"历史即命运的观点"，总之偏移了
一种普遍性。海德格尔对于这一危险既非无辜的，也非无意识的。阿多诺反驳
他说，斗争最好"不从视线中消失"。最高或最简单的期待变成了对手之间的
串通，时间首先是属于人类的时刻，它不应当是倾听着自然中闻所未闻的话
语、在乡间小道上踽踽独行的时间。

　　罗森茨维格与海德格尔同样认为，只有在超越第一次世界大战的事件基
础之上对黑格尔的思想进行解构，才能避免使其成为不可寄居的过去。是一
战揭穿了历史的谎言，它象征了德国的崩溃，给《黑格尔与国家》的结论蒙上
了一层阴暗的色彩。然而走出黑格尔的拘囿并不意味着必然遭受流浪之苦。
罗森茨维格的思想确实有一种悲剧的强度，但同时也不乏一种年轻的氛围；
光线，生活和多元性重新显现；没有对本体论地位问题的任何忧虑，首先存在
的是一些"存在物"，即作为事物、物质、独特性、叫喊、名和姓的世界、上
帝和人。我们可以斗胆说，人是最先存在的。面对黑格尔的这一复数形式，罗森
茨维格既拒绝他的总体化原则，也拒绝为排斥任何统一视角的分离进行辩护。
格尔茨（Görtz）写过一篇分析精透的研究文章，完全围绕黑格尔、罗森茨维格
的对峙展开讨论。他断言，"思维的目的论辩证法（Geist）与上天世界的末世
论辩证法之间"②有一种相互冲击的作用。在换了一种眼光的罗森茨维格看来，
处于人际关系的多元性之中的一切事物都井井有条。人际关系的多元性是《创
世记》中阐述的概念，这一概念对于罗森茨维格的思想来说是十分重要的。他
坚持不懈地撰写鸿篇巨制《黑格尔与国家》，这证明了他对黑格尔"目目相视"
的关注。他的目的是要在避免僵化的概念产生废渣的情况下，重建这一人际
关系的多元性。《救赎之星》的侵入显然具有一种解放的爆发力；谢林、叔本

---

　　① 参考哈贝马斯观点的最后一次调整，《马丁·海德格尔——作品与介入》，雷纳·罗什利兹译，Cerf
出版社，1988年，第74页。

　　② 海因茨—于尔根·格尔茨：《死亡和经验，罗森茨维格〈经验哲学〉和黑格尔〈意识经验的科学〉》
（杜塞尔多夫出版社，1984年，第324页）。

华、尼采和克尔恺郭尔都曾为他摆脱黑格尔的钳制提供帮助，但最终还是罗森茨维格自己的思想挫败了神学意识形态。作者从没有被虚张声势所震慑，确切地说，它具有揭示性而不是挑衅性。面对唯心主义，他最终坚持以完整的经验主义作为坚强的后盾。

著名的"**仍然是个体**"①是罗森茨维格的口号，它当然指的是处于偶然存在状态，并被从来没有远去的死亡的毒刺所纠缠的一切个体。但它同时也单独指作为犹太人的罗森茨维格。犹太教有些像谢林所谓的"物质"，它是一个"游走性的哲学块体"②，在罗森茨维格对"现象，这一唯心主义的十字架"③的发现中有所反映，他断言，犹太教是"一个对纯理论的唯心主义阐释学产生抗拒的意义核心"④。同一性与非同一性之间的同一性原则遇到了一种限制，即与特殊内容的非一致性，这一限制的力量首先并不存在于一种理论中，而是存在于犹太存在的事实和在启示中出现的躯体虚假性中。**对此**的思考不仅仅是对犹太教的思考，同时也是一种"新思维"。

黑格尔对犹太教的阐释有时极具否定性，但同时也是多种多样的。他在犹太教中发现了一种总是残留的思想的滑坡。以往犹太教能够代表一个世界。它将自然的神性转移到精神中来，完成了向思维的跨越，并在对与弥赛亚主义紧密相连的道德的坚持中发现了历史的大陆。坦白地说，这一弥赛亚主义的概念是十分模糊的，但犹太教从没有脱离一种不好的开端，即坚持与超验分离。由此产生了一种对自我近乎固执的依恋，这是犹太人的固守，但同时也有对其他事物痛苦的怀念，这些事物总是被否定、被区别，并被置于他处。对于黑格尔来说，在各种宗教表现的秩序中发生的显然是神与人按照基督理念进行的结合。他发现，固守于由律法强加的分裂是丑陋的，因为这一经久不变的法则使得完美变得不可接近；幸福和自由被禁止了，人们的差错总是层出不穷。对于黑

---

① "……（海德格尔在达沃斯斩钉截铁地宣告的）哲学任务除了'仍然是个体'对'博学的资产者的思想'进行强烈的抵触之外，还有别的什么吗？"（罗森茨维格：《掉转额头》）

② 参考克萨维埃·蒂利埃特：《最晦涩的事物：谢林的物质观》，《罗伯特·施佩曼纪念文集》，Acta Humaniora，魏斯海姆：R. Löw出版社，1987年，第303—319页。

③ 史蒂芬·莫塞：《罗森茨维格最后的日记》，op. cit.注44，第217页。内容涉及的是《救赎之星》中的一段引文。

④ 雅克·瑞夫莱格（Jacques Rivelaygues）：《罗森茨维格与德国唯心主义》，同上书，第155页。

格尔来说，这正是形而上学的一种特点，哲学知道如何来对其命名：有限在无
限面前是微不足道的；它受到伤害，被损毁：就像灰尘一样。对于这种困扰
着犹太人同时又造就了犹太人的感情，作为哲学楷模的斯宾诺莎有着自己宏
大的概念化和情感化的理解。然而奇怪的是，罗森茨维格正是以作为"烟和
尘"的个人为起点，建构了他反黑格尔的思想大厦。

　　争吵、口令（schibboleth）所关注的焦点正是连接的问题。罗森茨维格极
为准确地发现了神学辩证衔接的严密性。战胜的逻辑表达了思想的自由。然而
这其中难道没有暴力、束缚和对极具强制性的法则的回归吗? 这一法则由内容
宽泛的辩证三段论命题构成，黑格尔或许通过一种纯理论的抽象使得这一法
则内心化，并最终使其僵化。在这一点上，该法则不同于其他任何法则，它
也许丧失了它在康德思想中尚存的意义，即产生崇高感的一种动力。它使得自
由的"奇迹"在现象的秩序中产生，这是一种先前事物的突现。罗森茨维格在
审视科恩思想时，对这一现象十分敏感。这一法则不仅仅是连接—分离、秩
序、整理和义务，它同时也是，甚至在此之前就是一种刺激、赠予、呼唤和声
音。罗森茨维格的启示是话语的诞生，严格地说来，它是这一法则同时代
的产物，是该法则的表达。这一启示是原始的松绑，是一者与另一者之间活动
着的不对称的位置关系。罗森茨维格将他的思想融入连词"和"之中，这是
一种看似简化了的朴素做法。①在一切包含关系之前与之后，"和"代表了一种
展示，如果我们愿意，也可以说是一种在场。它不是照亮一切的光芒，而是朝
向爱的运动的祭献品。

　　"末世论辩证法"这一表达十分有见地地意识到了罗森茨维格的颠覆。末
世论（L'eschaton）不会在概念中出现；概念不是真理的最终集中地，因此也
不是对言语形式按等级排列的视域。从某种意义上来说，宣扬语言思维的罗
森茨维格从末世论中汲取了教训。简而言之，一切又重新变为始终处于运动和
动荡中的表现，其中没有任何一种能够作为唯一适合的表现强加于人们的观点
之上。然而真理离我们并不远；它私下里被托付于最隐秘、最混乱和最没有条

---

　　① "这个'和'曾经是经验中的首要事物；我们必须在真理的终极性中重新找到它。"（《新思维》，
op. cit. 注11，第60页）

理的经验，但是如果自我并没有封闭于隐秘的严谨性之中，那么我们还应该相信自我。①罗森茨维格用具有《密西拿》风格的讲述来代替系统的和封闭的概念性话语，这种讲述有数不清的形式，其中就包括严格的哲学话语。一种从未完成的阐释或许可以用来接替自我真的知识。然而这一阐释不是荒蛮的；它被启示法则的光芒照亮，也就是说这一法则促使它越来越明显地揭示真的本质，即各种区别之间的联系。这种阐释或许是对"理解力进行的一场不明确的改革"，也许它永远也无法达到另一种认知的高度；这一知识解放了成群地向希望之乡迁移的人，而不是使他们伤心。这种迁移是在面向元历史的历史中进行的旅行。

他者或超验性的问题

读完《荷尔德林》之后，马克斯·科默莱尔（Max Kommerell）给海德格尔写了一封信，信中带着令人伤感和困惑的美感。②这封带有悲剧色彩的来信真诚而动人，见证了科默莱尔对海德格尔特殊的理解；海德格尔在给他的简短答复中承认了这一点。科默莱尔本身也是一个荷尔德林主义者③，他头脑十分清醒，"在这份偶遇的资料中……发现了一种注定的和最终的冲击力……这种冲击力本身就是一个谜、一场灾难"。同时，他还发现海德格尔的冲击力及其意义。"对于斗争的顾虑是崇高的，又是极端执着的，它构成了一种特权，但同时由于自身的暴力使得对其阅读具有了一种可怕的特征。"推到

---

① 1917年致父母的信："真理是一片海洋，只有那些有着一颗比'真理'更沉的心灵的人们才能够完全投身其中，也就是说这些人必须充满牢不可破的现实性。"（转引自V. von Weitsäcker，《遭遇和抉择》，斯图加特：科什勒·韦拉格出版社[Kochler Verlag]，1951年，第222页）

② 《马克斯·科默莱尔—马丁·海德格尔》，《通信集》，马克·克瑞朋作序，《哲学》，第16期，1987年秋，第3—17页。阿多诺在作品中经常提及荷尔德林，并写过一篇最通俗易懂、最优美和最能代表其方法的研究荷尔德林的文章。与海德格尔的批判性阐释和乔治的cercle不同，阿多诺的阐释建立在语文学、历史、与黑格尔的关系以及诗学的基础之上。阿多诺：《并列句》，收录于荷尔德林：《赞歌、挽歌与其他诗歌》，弗拉马里翁出版社，1983年，第131—181页。

③ 他在去世前曾写过一篇《纪念荷尔德林》。

极限来说，这就是"灾难"①。因此，即使经历了"从一种深奥的语言到另一种深奥的语言的翻译"之后，这种风格仍然与荷尔德林的"诗"所具有的最隐秘的冲击力配合得天衣无缝。荷尔德林就像我们的命运。从这一意义上来讲，"我们的命运在他的话语之上发生……一个世界的解散与建立"。科默莱尔扪心自问，如今"宗教和哲学意义上的诗歌是否发现自己变得更加**随和**"。不论科默莱尔②在信中如何含糊，这封信绝不仅仅表达了一种普通的敬意，它与《本真的行话——论德国的意识形态》的主旨是背道而驰的。从中可以看出，作者领会了海德格尔的观点所具有的广博性。与此相比，阿多诺的文章不像是一种批判，甚至不算一场笔战。更确切地说，它是一种前文本意愿的结果，这一意愿否定的是思想的表达方式而非其表达内容，它通过这种否定来摧毁思想。事实上，阿多诺并没有在任何地方说话。对于海德格尔的问题，他并不完全是一个旁观者。他揭露了其中夸张和戏剧化的成分，一个对《启蒙辩证法：哲学断片》十分熟悉的人可以通过回忆来防止这一点。无可奈何的海德格尔或许仍然身陷于《启蒙辩证法：哲学断片》的矛盾旋涡之中。

　　一方面，海德格尔将历史搬移到赠予和存在的隐退近乎野蛮的运动中来，从而改变了历史的面貌。③这使得明察秋毫的沉思者陷入了极度的绝望中。间接地说，对于无知者也一样，然而他却发现不了这一点。可惜的是，这一观点蒙蔽了人们的眼睛，使人们看不到历史的大灾难，看不到即时的软弱和无耻，因为命运从内部削减了一切具体责任的价值。从本意上来讲，具体责任

---

　　① 海德格尔于1920年致洛维特的信中也是同样的语气："我们无须像接到'拯救文化'命令一样去刻意提高自身修养，而是应当在一种彻底的瓦解、减缩和摧毁中坚定地相信'唯一的事物'，不去顾及聪明而大胆的人们的闲言碎语和骚动……我的意愿在于其他事物，事实上我生活于一种革命的环境中，坚定地追求我认为'必要'的事物，而并不急于知道这样事物是否会产生一种'文化'，又或我的研究是否会加快毁灭的步伐。"（转引自J.巴拉什[J. Barash]，《存在与历史》，《海德格尔——耐心练习》，奥布斯蒂安出版社，1982年，第85页）

　　② 本雅明心有疑虑却不乏欣赏地阅读过他的作品*Der Dichter als Führer in der deut- schen Klassik*（1928年）。参考《通信集》，1929年7月27日与1929年9月18日致肖勒姆的信。本雅明就这部作品写过一篇十分精彩的研究文章：《德国人的救赎历史》（*Heilsge-schichte des Deutschen*），《选集》，Bd Ⅲ，第252—260页，《反杰作》。

　　③ 这是《现代性哲学话语》（由克里斯蒂安·布西安多姆和雷纳·罗什利兹翻译成法文，伽利玛出版社，1988年，第157—191页）中哈贝马斯对海德格尔批判的主题。

只属于那些智者的团体，他们通过思维或情感共同承担一次选举。它或许能够划出一方"故土"，即"祖国"（Vaterland）的界线。然而对于阿多诺来说，这是面对技术的一种逃避，这意味着理性在失去了控制权时仍暗藏着统治的企图，这是一种倒退。在《启蒙辩证法：哲学断片》之光的映射下，海德格尔对于技术问题的坚持以及他的反驳都只是在理性之战中战败者的一种诡计。

另一方面是语言问题。像投入一片原始的海洋一样重新投入语言的洪流，像发掘被遗忘的踪迹一样去发掘其中被掩藏的宝藏，这既是开端的一场虚幻的梦，又意味着在启蒙运动拂晓之前，在尤利西斯之前重新出发，回到启蒙运动的界限时刻，回到魔幻的时代，回到专横的、承担圣职的自治语言的时代。那时的世界还不是客体，而是有着捉摸不定的形式的氛围，被一种神秘而可怕的力量支配。言语只有一种功能，即预见性。念咒取代了知识，但它丝毫没有做好接受讨论的准备。海德格尔是唯一一个揭示了语言巫术的人。面对向语言巫术倒退的海德格尔，阿多诺作出通晓多种语言、背井离乡的爱推理者的样子。但在他看来，反对启蒙辩证法首先要运用理性的方法，这是必需的。[1]

越说《本真的行话——论德国的意识形态》是否定的，《否定的辩证法》这一哲学的反建议就越令人困惑。它的发展建立在对海德格尔广泛引用的基础之上。如今从多方面研究来看，我们都能从强调其具有疑难甚至是矛盾的特点中找到乐趣，并将它比作寿终正寝的黑格尔传统最后的挣扎。然而，阿多诺却坚守在一个被许多人抛弃的领域中。在他看来，海德格尔在这一领域中放弃了自己的职责：存在与虚无之间的具体历史。如果说在普及的技术主义中发作的力量与在所谓被掌握了的普遍法则支配下产生的"世界观"紧密相连，那么对于阿多诺来说，首要采取的措施，就是注意到个人所受的损害以及对生活极端的冷漠，并及时作出回应。这种对生活的冷漠有着一个永远抹不掉踪迹的名字：奥斯威辛。对于不可逆转的事物，是否就要屈从呢？世界的进程是否如同地狱一般？不是，"他反对将绝望升格为绝对，这是一种绝望意识的

---

[1] 参考汉斯—古特·奥勒（Hans-Günther Holl）：《阿多诺，精神自传的元素），《哲学档案》，1982年4—6月刊，第221—257页，以及同一期中米格尔·阿本索尔带有阿多诺式标题的文章：《批评理论：流放的思想？》（第179—201页）。同时参考马丁·杰伊的《阿多诺》，Cambridge（Mass.），Harvard Vniversity Press，1984，第200页。

企图"。但这一反对的条件是重新赋予过时以新的面孔，赋予表象以价值。表象对于阿多诺来说是个十分重要的议题，它或许证明了生命唯物主义的合理性。概念的霸权驱逐了感性。然而感性的活力仍然影响着我们。人们几乎把对幸福的追求和承诺看作是一种羞耻，然而我们正是在这一过程中感受到了感性的活力。相信这一或许仍然遥远的诺言，就是相信在我们心灵的最深处仍然保留着某些人性的和反抗奴役与异化的力量。

　　philosophico-politique 的最低纲领与本雅明、卡夫卡和勋伯格（Schönberg）密切相关。然而这些最低限度的道德与复杂的理论野心联系在一起。这里的视角是十分清晰的："《否定的辩证法》是由概念转向非概念化的交接点"①，它使得主客体之间的区别凸显出来，并产生效果。为此，个人需要掌握话语权。这里的个人不是普遍主体或权威人物，而是像通行手段（Durchgangsinstrument）一样，是必经之地；哲学无法避免专横，它接近游戏、艺术（尤其是音乐），向"唯一的意义"②发展。类似的"组合"方式有一种终极目标，它不是纯客观化过程，而是一种认知，是特殊主体与特殊客体之间的区分、互换、共属和模仿。认知的模拟时刻即"认知者与被认知物有选择地相亲和的时刻"③，这是阿多诺的空想，同时也是他最难明述的论点之一。一方面，它似乎被否定辩证法的话语禁止，这一话语是"不会变为一种立场的否定之否定"④；另一方面，它就在概念与事物的中心："概念并不像本体论的证明所希望的那样是真的，然而如果事物中的某样东西不朝它推进的话，我们便无法对其进行思考。"⑤对于瓦蒂莫（Vattimo）来说，不论阿多诺的批评多么尖锐，他始终是一个"前尼采主义者和前海德格尔主义者"⑥，因为他仍然怀念使人与物之间产生和解的真实存在，但同时也意识到了这一问题现有的疑难，或许他不得不进行不幸的与不确定的辩证法化。

---

　　① 《否定的辩证法》，第18页。

　　② 同上书，第51页。

　　③ 同上书，第42页。

　　④ 同上书，第317页。

　　⑤ 同上书，第314页。

　　⑥ 参考《思维的世俗化》，瑟伊出版社，1988年，第94页。瓦蒂莫在《海德格尔入门》中的判断似乎更加细致入微：《海德格尔的介绍》，Cerf出版社，1985年，第169页。

为了对这个绝非轻而易举可以解决的困难作出回应，人们也许应当在审视阿多诺整个思想历程的最后，仔细观察他的他者概念发出的微光。十分奇怪的是，他与海德格尔之间的相对相似性在这里显现出来，然而从某种意义上来说，那只是一小部分相似性。

海德格尔在给科默莱尔的回信中，有这样一句总结性的话："如今首先要做的，是去面对那些**值得成为问题**的问题。最终任何一种基督教式的神学理论在这一哲学中都不再能找到庇护所，即使这是一种附有保留条件的庇护。"[1]非思与神学传统的超验性不属于同一范畴。然而对于海德格尔这位埃克哈特的忠实读者来说，非思难道不是与非说和不可承认紧密相连的吗？它难道不是不愿意对在表现之外的形式下进行思考的超验性发表任何看法、并让即将来到的希望成为一种开放的可能性吗？如果说这种希望不是救赎，至少能够激起我们的主动性，并超越这一主动性。这一可能性在他对黑格尔的研究文章中不也有所体现吗？"如今我们在没有朋友的世界的一间房子里流浪。"[2]对惋惜和哀悼的回忆难道不是意外地、几乎不情愿地向一种不可追忆发展吗？这种不可追忆与海德格尔某些文章中的宗教成分密切相关，而与其中的异教成分毫无关系。除了将被遗忘的事物从遗忘中夺回，海德格尔从没有走得更远些，他没有这种胆量和冲动。

肖勒姆的朋友阿多诺对一切客观超验性的反抗是尽人皆知的。他在《否定的辩证法》的最后几页中写道："对任何绝对不可通约的他者的参照都是教条的。"[3]然而同样是在这几页中，他对于带有神学内容的表达从不回避，这样做是为了防止对相似性不明确的回归所造成的虚构的危险，同时也是为了反对"存在物之间紧密的和内在的相互依存"[4]。它们既关系到一种过分希望的必要性[5]，也关系到赎罪的可能性。"尽管这一可能性是遥远且渺茫的"，但没有

---

① 《通信集》，《哲学》，子夜出版社，马丁·海德格尔致马克斯·科默莱尔的信，1942年8月4日，《哲学》杂志第16期，第13页。

② 转引自米歇尔·哈阿尔：《技术的本质》，第183页。

③ 《否定的辩证法》，第316页。

④ 同上书，第313页。

⑤ "如果说救赎是一切希望最为内在的动力，那么只有在完全放弃中才会有希望。……"（同上书，第305页）

了它，"希望就会变成空想，有限主体就会作为思想的承载者被简单地神化"①。
对类似这些问题的探讨与他者问题是紧密相连的。阿多诺显然避免提出他者
的概念，然而他在对本雅明著名的总结——"希望只赋予绝望者"——的回忆
中十分明智地发现，只有在那些对他们的生存并不是无动于衷的人看来，他者
问题才不是空洞而无意义的。②人们对于他者并不确信，也没有借助他者确定
自身。然而正是在这种唯一的和谜一般的光线的照耀下，人们才会用向地狱堕
落之外的另一种眼光来看待世界的进程："面对绝望，我们唯一还能够委以重
任的哲学是用救赎的眼光来审视一切事物的哲学。认知只有在探讨对世界的
救赎时才会散发出其光芒；剩下的一切都在重建中消耗殆尽，沦为普通的技
术。……既不专断，又无暴力，仅仅从与客体的接触开始逐渐地形成这样的视
角，这就是思维的唯一任务。"③阿多诺并没有发表过多的言论，但他似乎逐渐地
改变了一种哲学。历史地看来，这种哲学无法避免对神圣文本的思考，也不能
将其完全纳入自己的体系，但它同样有义务对其进行阐释。④

　　相比之下，甚至是在阿多诺与海德格尔激烈的辩论之前，罗森茨维格的
"行话"似乎代表了一种天真与纯朴。这或许是另外一回事。他没有忘记禁止
形象化的传统，在这一禁令中他还发现了话语的效用。在给定的话语和真实发
生的"结盟"中，话语的极限作用就在于放弃给他者定位或不再寻找对他者实
体化了的保证。肯定的回答解放了一切，使得它们走到别处，走向外部，而不
是试图去囊括一切。⑤

　　这是否意味着阿多诺就像自我封闭一般拒绝接受解放的超验性？为了回答
这一问题，我们必须极为审慎，并能够细心地阅读零散的片断。即使这样，回
答仍可能是令人困惑的。然而在这一过程中，两个由各种元素构成的整体似乎
成为一种必要。首先，将阿多诺重新带回"与丧失了权力的自然和解的公共领
域"是不对的，至少是不够的。阿多诺恰恰总是怀疑布洛赫对自然的再生力量不

---

① 《否定的辩证法》，第312页。
② 同上书，第310页。
③ 阿多诺：《最低限度的道德》，第230页。
④ 《否定的辩证法》，第50页。
⑤ 考列维纳斯对《异于存在或在本质之外》绝妙的总结，题目就叫"在外部"，第221—233页。

可思议的信仰，这是被重新发现的自然所具有的绝对力量。此外，阿多诺认为，与哲学同样具有构成性和包容性的神学的传统资源已经枯竭。如果说这一判断是仓促的，那么，他不断重复地参考从《启蒙辩证法：哲学断片》出现以后便能够定位的"神圣文本"尚未说出的内容，这一点则反映了他对自然在当下产生的秘密限制、对内在性与超验性分离的模糊踪迹都极为敏感。其次，正是在受到总体性问题的纠缠或包围的过程中，阿多诺的他者观逐渐形成；总体性成为一种必需，其力量如此强大，以至于对于我们这些盲目的人来说，只有在对弥赛亚的怀念或希望中才能够想象超越这种总体性。简而言之，他者或其他方式只是理性和感性众望所归的假设。它不是新的纯理性所做的假设，这种理性以居高临下的姿态对生成的理性进行修改。同时它又扎根于生成的理性所造成的结果中。这些结果使得阿多诺产生了一种强烈而罕见的负罪感，似乎此时此地的我们，尤其是在历史中的我们欠了一笔多余的债务。这就是为什么阿多诺排斥"绝对他者"的观点，排斥表现或神话。在他看来，这是即时性冲动的产物。从克尔恺郭尔开始，人们便对这一即时性进行批评，它发展到极限就是对真实过早地神圣化，而这正是禁止形象化的犹太传统所反对的。如果说就像对他者的怀念一样，对超验性的回忆是可能的，那么这种回忆首先要求人们拥有另一种自然经验来摆脱同一性的束缚，这正是阿多诺思想的引人之处："……天才与自然有种相近性，就如柏拉图所预料的那样，没有了它，拥有他者经验便成了不可能。"[1]有一种观点坚持认为不要跳过某一发展阶段，同时认为对外在性的另一种担忧也是必要的，这样可以避免使超验性成为只对内在性起作用的安慰。在完成内在性过程的长期策略不被否定辩证法挫败的情况下，有些人幻想着能够走出内在性，然而他们忘记了自己与这一内在性本身存在着不明确的关系，事实上，他们走的是一条没有前途的、容易引起错觉的道路。"在内在性的条件性或其自身的完整概念被神化的条件下，任何一个绝对都无法在这种内在性的内容和种类之外得到表达。"[2]在限定性否定的逻辑中，对超验性的回忆只有借助于对废墟和灾难的审视才能顺利完成，它们是总体性近千年的自我发展

---

① 《并列句》，收录于荷尔德林：《赞歌、挽歌与其他诗歌》，第179页。

② 《否定的辩证法》，第317页。

中所牺牲的事物留下的踪迹。

　　对阿多诺来说，由"此在"哲学产生了无法容忍的东西。只有一种完全主观的必要性才能够让人去面对它。**普遍**无法避免经过自身这一环节。正是言语所做出的巨大努力，才揭示了摆脱惊讶的方法。然而，阿多诺却并不反对将精确的言语比作孩子的一场游戏、一个举动以及我们的童年、所有行话的唾手可得的猎物、成人的反应。